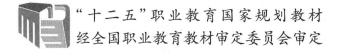

"十二五"职业教育国家规划教材
经全国职业教育教材审定委员会审定

Luji Lumian Binghai Chuzhi
路基路面病害处治

（第二版）

王进思　程海潜　主　编
　　　　李洪军　副主编

人民交通出版社股份有限公司
China Communications Press Co.,Ltd.

内容提要

本书为"十二五"职业教育国家规划教材。全书共有7个学习情境，分别为：高填方路堤病害处治、路基不均匀沉降病害处治、路基边坡病害处治、软土路基病害处治、特殊地质环境路基病害处治、水泥混凝土路面病害处治、沥青路面病害处治。

本书可供道路桥梁工程技术、高等级公路维护与管理等专业教学使用，也可供从事公路设计、施工、养护和管理的相关人员学习和参考。

* 本书配有教学课件，读者可于人民交通出版社股份有限公司网站下载。

图书在版编目（CIP）数据

路基路面病害处治／王进思，程海潜主编. —2版.
—北京：人民交通出版社股份有限公司，2015.2
"十二五"职业教育国家规划教材
ISBN 978-7-114-11995-8

Ⅰ.①路… Ⅱ.①王…②程… Ⅲ.①路基－灾害－防治－高等职业教育－教材②路面－灾害－防治－高等职业教育－教材 Ⅳ.①U416

中国版本图书馆 CIP 数据核字（2015）第 013859 号

"十二五"职业教育国家规划教材

书　　名：	路基路面病害处治（第二版）
著 作 者：	王进思　程海潜
责任编辑：	袁　方
出版发行：	人民交通出版社股份有限公司
地　　址：	（100011）北京市朝阳区安定门外外馆斜街3号
网　　址：	http://www.ccpress.com.cn
销售电话：	（010）59757973
总 经 销：	人民交通出版社股份有限公司发行部
经　　销：	各地新华书店
印　　刷：	北京市密东印刷有限公司
开　　本：	787×1092　1/16
印　　张：	16.5
字　　数：	380千
版　　次：	2010年5月　第1版 2015年2月　第2版
印　　次：	2020年1月　第2次印刷　总第4次印刷
书　　号：	ISBN 978-7-114-11995-8
定　　价：	48.00元

（有印刷、装订质量问题的图书由本公司负责调换）

前 言
PREFACE

　　路基路面病害处治是公路养护工作的重要内容，围绕该内容开设的专业理论课是高等级公路维护与管理专业的必修课程。因此，我们参考最新公路养护规范和相关文献，借鉴国内外公路病害处治新技术成果，并结合高职高专教学的要求，编写了本教材。

　　本教材是在第一版的基础上，结合当前高等职业教育发展和公路行业发展的实际情况进行修订后形成的第二版。

　　本教材将路基路面病害处治的内容分为7个学习情境，重点讲述各类病害的形成及其处治措施。书中还介绍了目前病害处治的新工艺，并增加了病害处治案例内容。

　　本教材学习情境1由武汉交通职业学院王进思编写；学习情境2由四川交通职业技术学院聂忠权编写；学习情境3由贵州交通职业技术学院贾军政编写；学习情境5由新疆交通职业技术学院纪丽君编写；学习情境4、学习情境6和学习情境7分别由湖北交通职业技术学院李峰、程海潜和李洪军编写。全书由王进思、程海潜担任主编，李洪军担任副主编。

　　本教材在编写过程中，得到湖北省潜江市公路管理局章登芳高级工程师的指导，参考并引用了本书参考文献中作者的部分成果，在此致以诚挚谢意。

　　由于编写水平有限，书中必有错漏之处，诚挚希望读者在学习和使用过程中及时批评指正，以便我们进一步修改和补充。

编　者
2014年11月

目录
CONCENTS

学习情境 1　高填方路堤病害处治 ……………………………………………………… 1
　任务 1.1　高填方路堤病害类型认知 …………………………………………………… 1
　任务 1.2　高填方路堤病害处理措施和方法 …………………………………………… 8
　任务 1.3　编写高填方路基病害整治的施工组织设计 ………………………………… 13
　案例 ……………………………………………………………………………………… 14
　思考与练习 ……………………………………………………………………………… 28

学习情境 2　路基不均匀沉降病害处治 ……………………………………………… 30
　任务 2.1　路基不均匀沉降病害类型认知 ……………………………………………… 30
　任务 2.2　路基不均匀沉降病害处理措施和方法 ……………………………………… 34
　任务 2.3　编写路基不均匀沉降病害整治的施工组织设计 …………………………… 54
　案例 ……………………………………………………………………………………… 55
　思考与练习 ……………………………………………………………………………… 61

学习情境 3　路基边坡病害处治 ……………………………………………………… 62
　任务 3.1　路基边坡病害类型认知 ……………………………………………………… 62
　任务 3.2　路基边坡病害处理措施和方法 ……………………………………………… 69
　任务 3.3　编写路基边坡病害整治的施工组织设计 …………………………………… 80
　案例 ……………………………………………………………………………………… 81
　思考与练习 ……………………………………………………………………………… 87

学习情境 4　软土路基病害处治 ……………………………………………………… 88
　任务 4.1　软土路基病害类型认知 ……………………………………………………… 88
　任务 4.2　软土路基病害处理措施和方法 ……………………………………………… 92
　案例 ……………………………………………………………………………………… 107
　思考与练习 ……………………………………………………………………………… 116

学习情境 5　特殊地质环境路基病害处治 …………………………………………… 118
　任务 5.1　膨胀土地区路基病害 ………………………………………………………… 118
　任务 5.2　黄土地区路基病害 …………………………………………………………… 124

任务 5.3　盐渍土地区路基病害 ·· 130
　　任务 5.4　多年冻土地区路基病害 ·· 134
　　任务 5.5　沙漠地区路基病害 ·· 138
　　任务 5.6　山区路基病害 ·· 141
　　案例 ··· 145
　　思考与练习 ·· 147

学习情境 6　水泥混凝土路面病害处治 148
　　任务 6.1　水泥混凝土路面病害类型认知 ······································· 148
　　任务 6.2　水泥混凝土路面病害处理措施和方法 ··························· 156
　　任务 6.3　编写水泥混凝土路面病害处治的施工组织设计 ············ 187
　　案例 ··· 187
　　思考与练习 ·· 199

学习情境 7　沥青路面病害处治 200
　　任务 7.1　沥青路面病害类型认知 ··· 200
　　任务 7.2　沥青路面路况调查和评定 ··· 205
　　任务 7.3　沥青路面病害及其处治措施 ··· 206
　　任务 7.4　沥青路面的再生利用 ··· 237
　　案例 ··· 242
　　思考与练习 ·· 254

参考文献 ··· 255

学习情境 1 高填方路堤病害处治

任务 1.1 高填方路堤病害类型认知

【知识目标】
　　掌握高填方路堤的定义,熟悉高填方路堤的主要病害、高填方路堤沉降的部位及高填方路堤病害的成因。
【能力目标】
　　能依据相关规范进行高填方路堤病害监测与调查。

1.1.1 高填方路堤病害的类型

【学习任务1】 认识高填方路堤病害类型,掌握高填方路堤的定义与主要病害,了解高填方路堤沉降发生的部位。

一、高填方路堤的定义

路堤是高于原地面的填方路基,其作用是支承路床和路面。路床以下路堤在结构上分为上路堤和下路堤,上路堤是指路面底面以下 0.80~1.50 m 范围内的填方部分;下路堤是指上路堤以下的填方部分,即路面底面以下超过 1.50 m 的填方部分。

高填方路堤也称高路堤,《公路路基设计规范》(JTG D30—2004)规定:高边坡路堤与陡坡路堤设计应贯彻综合设计和动态设计的原则。应在充分掌握场地水文地质条件、填料来源及其性质的基础上,综合进行路堤断面、排水设施、边坡防护、地基及堤身处治等的设计。当实际情况有变化时,应及时调整设计,保证路堤稳定。对边坡高度超过 20 m 的路堤或地面斜坡坡率陡于 1:2.5 的路堤,以及不良地质、特殊地段的路堤,应进行个别勘察设计,对重要的路堤应进行稳定性监控。据此,高填方路堤与低填方路堤只是一个相对的概念。高填方路堤的稳定不仅与边坡高度有关,也与路基填料及其性质、边坡坡度、地基所处水文地质状况、路基压实机具、施工方法等有关。所以说,高填方路堤只是笼统地指填方较高的路堤,见图 1-1。

图 1-1　高填方路堤

二、高填方路堤的主要病害

高路堤工程完工后,随着时间的延长与车辆荷载的重复作用,常出现路堤的整体下沉或局部下沉。特别是桥涵结构物台背回填与路基填方交接处、填方与挖方交接处,路基下沉尤为突出。高填方路堤施工虽然已配备了素质较好的施工队伍、先进的机械设备、施工管理和技术管理严密、质量保证体系健全,并按照《公路路基施工技术规范》(JTG F10—2006)的要求施工,但是,由于公路是线性工程,高填方路堤所处的环境千变万化,所在地段的水文地质情况错综复杂,又暴露在野外环境中,填土的密实与自然的固结都需要时间,且常年受车辆荷载重复作用,因此,在施工过程和工程完工后的运营阶段发生的病害较多,而且较难处治。高填方路堤常见的病害有以下3类:

(1) 整体下沉或局部沉降;
(2) 路基不均匀沉降引起的纵横向开裂;
(3) 路基滑动或边坡坍塌(图1-2)。

图1-2　高填方路堤边坡坍塌

三、高填方路堤沉降发生的部位

高填方路堤的沉降主要表现为均匀沉降和不均匀沉降。均匀沉降一般发生在路基所处环境条件基本一致(如路线通过地区地形、水文地质变化不大,且路基施工采用的填料、机械设备、施工单位的管理水平和质量控制水平等方面无显著变化)的路段。均匀沉降的沉降量较小时,一般不会造成路面破坏,也不影响行车安全和观感效果;但过量的沉降将会导致路面、构造物台背等处出现台阶,引起跳车,路面过早损坏,公路纵面线形不连续,既影响视觉效果又影响行车安全。不均匀沉降一般发生在地形、水文地质、路基填料发生显著变化和填挖接合部处。路基的不均匀沉降,必然导致路面断裂、不平整以及构造物两侧路面错台,严重影响公路的行车安全。因此,有效降低路基沉降,消除路基沉降危害已成为公路建设者急需解决的问题。

1. 工程地质变化处

公路是一条带状构造物,一条公路少则几十公里,多则上百公里,公路沿线的地质不尽相同;加之地基土和路基填料的工程性质不同,所表现出的强度、压缩沉降量亦不同。当路线通过不良地质,特别是在泥沼地段、流沙、垃圾以及其他劣质土地段填筑路堤,若填筑前未经换土或很好压实,则填筑完成后,原地面土壤易产生压缩下沉或挤压变形。

2. 地形变化处

路基填筑随地形变化其填方高度也发生显著变化。当路线穿越冲沟、台地时,路基填方变化在零至几十米范围内,沟谷中心往往填土高度最大,向两端逐渐减低至零;不同的路基填方高度所发生的沉降亦不同,特别是在填挖交界处填筑土和原地面土具有不同密实度和不同的沉降量,在荷载作用下出现不均匀沉降,使路基纵向呈马鞍形。在路线通过地形横坡较大的路段,出现半填半挖断面,填筑土和原地面土密度不同,受施工作业面的限制导致填筑土和原地面土结合不良而使路基两侧发生不均匀沉降,表现为一侧高、一侧低。

3. 水文与气候的影响

地表水、地下水的影响是导致路基沉降的重要原因之一。黄土、粉土、湿陷性土等在干燥情况下土体结构性强,承载力大,路基稳定不变形;在受到水浸泡后,土体结构性迅速破坏,承载力大大降低,导致路基变形破坏。如新疆地区属干旱荒漠区,年降水量少,一般几十毫米,但到6~8月份的降雨高峰,易出现洪水冲蚀浸泡路基。此外,农田灌溉、春季融雪也常造成局部路基受水浸泡,导致路基沉降。

4. 桥涵结构物台背回填段与路基结合处

路桥过渡段和台背沉降是高填方路堤沉降的重要表现形式之一。由于桥涵结构物台背回填受到施工作业面的影响,该段路基压实往往不如整段路基压实好,工后沉降大。且在台背处,台背一侧为刚性体,路基一侧为柔性体,结构差异性大,导致不均匀沉降,易引起桥头跳车。

在以上诸多因素的影响下,致使高填方路堤发生不同程度的沉降,轻则路面纵向线形不连续,视觉不良,行车不平稳;重则路面开裂、松散形成坑槽,导致路面破坏,严重影响正常行车。因此,必须认真面对高填方路堤沉降变形问题,在勘察设计、施工、养护管理方面应采取有效措施防止沉降,确保路基填料、地基土强度符合设计要求。

1.1.2 高填方路堤病害的成因

【学习任务2】 结合高填方路堤的工程特点,分析并认识高填方路堤病害产生的原因。

高路堤工程完工后,随着时间的延长与车辆荷载重复的作用,常出现路堤的整体下沉与局部下沉。特别是桥涵结构物台背回填与路基填方交接处、填方与挖方交接处,路基下沉尤为突出。

高填路堤下沉主要有堤身下沉与地基下陷两种类型。其沉降主要表现为均匀沉降和不均匀沉降。均匀沉降一般发生在路基所处环境条件基本一致(如路线通过地形、水文地质变化不大,且路基施工采用的填料、机械设备、施工单位的管理水平和质量控制水平等方面无显著变化)的路段。均匀沉降的沉降量过小,一般不会造成路面破坏,也不影响行车安全和观感效果;但过量的沉降将会导致路面、构造物台背等处出现台阶,引起跳车,路面过早损坏,公路纵面线形不连续,既影响视觉效果又影响行车安全。不均匀沉降一般发生在地形、水文地质、路基填料发生显著变化和填挖结合部处。路基的不均匀沉降,必然导致路面断裂、不平整以及构造物两侧路面错台,严重影响公路的质量和行车效果。因此,有效降低路基沉降,消除路基沉降危害已成为公路建设者急需解决的问题。高填路堤下沉原因如下:

(一)工程地质变化

公路是一条带状构造物,一条公路少则几十公里,多则上百公里,公路沿线的地质条件不尽相同;加之地基土和路基填料的工程性质不同,所表现出的强度、压缩沉降量亦不同。当路线通过不良地质,特别是在泥沼地段、流沙、垃圾以及其他劣质土地段填筑路堤,若填筑前未经换土或很好压实,则填筑完成后,原地面土壤易产生压缩下沉或挤压变形。

(二)地形变化

路基填方随地形变化其填方高度也发生显著变化。当路线穿越冲沟、台地时,路基填方变化在零至几十米范围内,沟谷中心往往填土高度最大,向两端逐渐减低至零。不同的路基填方高度所发生的沉降亦不同,特别是在填挖交界处填筑土和原地面土具有不同密实度和不同的沉降量,在荷载作用下出现不均匀沉降,使路基纵向呈马鞍形。在路线通过地形横坡较大的路段,出现半填半挖断面,填筑土和原地面土密度不同,受施工作业面的限制导致填筑土和原地面土结合不良而使路基两侧发生不均匀沉降,表现为一侧高、一侧低。

(三)水文与气候

地表水、地下水的影响是导致路基沉降的重要原因之一。黄土、粉土、湿陷性土等在干燥情况下土体结构性强,承载力大,路基稳定不变形;在受到水浸泡后,土体结构性迅速破坏,承载力大大降低,导致路基变形破坏。如新疆地区属干旱荒漠区,年降水量少,一般几十毫米,但到6～8月份的降雨高峰,易出现洪水冲蚀浸泡路基。此外,农田灌溉、春季融雪也常造成局部路基受水浸泡,导致路基沉降。

(四)结构物差异

路桥过渡段和台背沉降是高填方路堤沉降的重要表现形式之一。由于桥涵结构物台背回填受到施工作业面的影响,该段路基压实往往不如整段路基压实好,工后沉降大。且在台背处,台背一侧为刚性体,路基一侧为柔性体,结构差异性大,导致不均匀沉降,发生跳车。

在以上诸多因素的影响下,致使高填方路堤发生不同程度的沉降,轻则路面纵向线形不连续,视觉不良,行车不平稳;重则路面开裂、松散形成坑槽,导致路面破坏,严重影响正常行车。因此,必须认真面对高填方路堤沉降变形问题,在勘察设计、施工、养护管理方面应采取有效措施防止沉降,确保路基填料、地基土强度符合设计要求。

(五)设计与施工原因

公路受到自然环境多样性影响,同时也受到路基本身自重荷载和车辆荷载的作用。能否保证高填方路堤长期稳定,关键取决于设计和施工。

1. 设计方面原因

(1)由于路线几何线形指标采用得较高,通过不良地质路段的情况也增多。不良地质地段土基强度低、承载力低,设计处理不当,土基易产生压缩沉降或挤压移位,导致高填方路堤沉降变形。

(2)路线穿越宽浅游荡性的河床时,路基与桥梁衔接处填土较高,路基填筑与桥梁修建所涉材料弹性模量相差较大,如过渡段结构设计不合理将导致不均匀沉降,易引起桥头跳车。

(3)通道、涵洞铺砌未考虑防水设计,易导致地表水渗透浸泡路基,使路基承载力下降而发生沉降变形。

(4)高填方路段纵、横向排水设计考虑不周,易造成路基两侧长期积水而降低地基承载力,使路基产生沉降。

(5)高边坡路堤坡脚防护与加固不妥。如抗滑桩设计的起止点不合理,往往造成起止点处因抗滑力不足引起路基下滑而使路基沉降开裂。

(6)路基排水系统设计不完善,在路基范围内排水不良会引起路基填土含水率大、土质松软、强度降低、边坡坍塌、堤身沉陷或滑动以及产生冻害等。

2. 施工方面原因

(1)路基施工前,未认真做好临时排水设施建设与永久性排水系统的有机结合(见图1-3),使得路基排水系统不畅通;长期积水浸泡路基致使地基和路基土承载力降低,导致沉降发生(见图1-4)。

(2)原地面处理不彻底,如未清除草根、树根及其腐化淤泥等不良土壤,在进行换填处理时处理不彻底,加之地基土压实度不足等因素,在静、动荷载的作用下,使路基沉降变形。

(3)不良地质路段未予以处理或处理不当而导致路基沉降变形。

(4)填筑顺序不当。在高填方路堤施工中,填层超厚或未严格按分层填筑、分层碾压工艺施工,路基压实度不足而导致路基沉降变形;未全断面范围均匀分层填筑,而是先填半幅,后填另半幅而发生不均匀沉降。

图1-3 路基施工前未建立临时排水系统　　　图1-4 路基排水系统不畅通

(5)高填方路堤在分层填筑时,没有按照相关规范或设计要求的厚度进行铺筑,随意加厚铺筑厚度;压实机具未按规定的碾压遍数压实或压实度未达到规范规定的要求,当填筑到路基设计高程时,必然产生累积的沉降变形,在重复荷载与填料自重作用下产生下沉。

(6)路基填方在填挖交界处未按规范要求挖台阶,或因原地面土和填料密度、承载能力不同,如填挖交接处软土、腐殖土等未清除干净或填筑方式不对及压实不足,就会出现接合部衔接不良而导致路基不均匀沉降。

(7)施工组织安排不当,先施工低路堤,后施工高填方路堤。往往高填方路堤施工完成后就立即铺筑路面,路基没有足够的时间固结,而使路面使用不久就被破坏。

(8)桥涵结构物台背回填和路桥过渡段(一般距台背10~20m范围)填筑时,台背回填由于大型机械作业不便,小型机具压实不足或填层超厚;而路桥过渡段因路、桥先成型,过渡段后填筑,两者均易造成压实度不足而产生差异沉降。

(9)路基填料原因:高填方路堤施工时采用的填料如果混进了种植土、腐殖土或泥沼土等劣质土,或土中含有未经打碎的大块土或冻土块等;由于劣质土抗水性差、强度低,路堤将出现塑性变形或沉陷破坏;在冰冻或季节性冻土地区,由于劣质土或冻土块的存在,路堤极易出现冻融翻浆现象。在填石路堤中若石料规格不一、性质不匀或就地爆破堆积,乱石中空隙很大。这样,在一定期限内(例如经过一个雨季)可能产生局部的明显下沉(见图1-5)。

图1-5 填方路段填层超厚、填料粒径超标

1.1.3　高填方路堤病害监测与调查

【学习任务3】 结合高填方路堤病害的成因,进行高填方路堤病害监测与调查。

一、高填方路堤病害监测

以《公路路基设计规范》(JTG D30—2004)和《公路路基施工技术规范》(JTG F10—

2006)中对高填方路堤等特殊路基稳定性要求的内容为依据,进行高填方路堤病害监测。

1. 高路堤稳定性分析的强度参数

高路堤稳定性分析的强度参数应根据填料场地情况,选择有代表性的土样在室内试验,并结合现场情况确定。

(1)路堤填土的强度参数 c、φ 值,采用直剪快剪或三轴不排水剪试验获得。试样的制备要求及稳定分析各阶段采用的试验方法详见表1-1。当路堤填料为粗粒土或石料时,应采用大型三轴试验仪进行试验。

路堤填土采用的强度指标　　　　　　　　　　　　表1-1

控制稳定的时期	强度计算方法	土 类	试验方法	采用的强度指标	试样起始状态	备 注
施工期	总应力法	渗透系数小于 10^{-7}cm/s	直剪快剪	c_u、φ_u	填筑含水率和填筑密度。当难以获得填筑含水率和填筑密度时,或进行初步稳定分析时,密度采用要求达到的密度,含水率按击实曲线上要求密度对应的较大含水率	
		任何渗透系数	三轴不排水剪			
运营期	总应力法	渗透系数小于 10^{-7}cm/s	直剪固结快剪	c_{cu}、φ_{cu}	同上	用于新建路堤的稳定性分析
		任何渗透系数	三轴固结不排水剪			
		渗透系数小于 10^{-7}cm/s	直剪快剪	c_u、φ_u	同上,但要预先饱和	用于新建路堤边坡的浅层稳定性分析
		任何渗透系数	三轴不排水剪			
		渗透系数小于 10^{-7}cm/s	直剪快剪	c_u、φ_u	取路堤原状土	用于已建路堤的稳定性分析
		任何渗透系数	三轴不排水剪			

(2)分析高路堤的稳定性时,地基的强度参数 c、φ 值,宜采用直剪固结快剪或三轴固结不排水剪试验获得。

(3)分析路堤沿斜坡地基或软弱层带滑动的稳定性时,应结合场地条件,选择控制性层面的土层试验获得强度参数 c、φ 值。可采用直剪快剪或三轴不固结不排水剪试验;当可能存在地下水时,应采用饱水试件进行试验。

2. 路堤稳定性分析

路堤稳定性分析包括路堤堤身的稳定性、路堤和地基的整体稳定性、路堤沿斜坡地基或软弱层带滑动的稳定性等内容。

(1)路堤的堤身稳定性、路堤和地基的整体稳定性,宜采用简化 Bishop 法进行分析计算。

(2)路堤沿斜坡地基或软弱层带滑动的稳定性,可采用不平衡推力法进行分析计算。

3. 路堤的稳定安全系数

路堤稳定性计算分析得到的稳定安全系数不得小于表1-2所列值。

推荐的路堤稳定安全系数　　　　　表 1-2

分析内容	计算方法	地基情况	计算采用的地基平均固结度及强度指标	安全系数
路堤的堤身稳定性	简化 Bishop 法		按表 1-1 确定	1.35
路堤和地基的整体稳定性	简化 Bishop 法	地基土渗透性较差,排水条件不好	取 $U=0$,地基土采用直剪固结快剪或三轴固结不排水剪指标,路堤填土按表 1-1 确定	1.20
			按实际固结度,采用直剪固结快剪或三轴固结不排水剪指标,路堤填土按表 1-1 确定	1.40
		地基土渗透性较好,排水条件良好	取 $U=1$,采用直剪固结快剪或三轴固结不排水剪指标,路堤填土按表 1-1 确定	1.45
			取 $U=1$,地基土采用快剪指标,路堤填土按表 1-1 确定	1.35
路堤沿斜坡地基或软弱层滑动的稳定性	不平衡推力法		采用直剪快剪或三轴不排水剪指标,路堤填土按表 1-1 确定	1.30

4. 路堤基底处理

路堤基底处理应符合《公路路基设计规范》(JTG D30—2004)第 3.3.5 条有关地基表层处理的规定,当地基中分布有软弱土层时,应按软土地段路基的有关规定,做好地基加固设计。当路堤稳定安全系数小于表 1-2 中相应的稳定安全系数时,应采取改善基底条件或设置支挡结构物等措施。

5. 路堤稳定性监测

(1) 路堤施工监测项目

路堤施工应注意监测路堤填筑过程中或填筑以后的地基变形动态,对路堤施工实行动态监测,监测的项目参照表 1-3 选定。

高路堤稳定和沉降监测项目　　　　　表 1-3

监测项目	仪具名称	监测目的
地表水平位移量及隆起量	地表水平位移桩(边桩)	用于稳定监测,确保路堤施工安全和稳定
地下土体分层水平位移量	地下水平位移计(测斜管)	用于稳定监测与研究,掌握分层位移量,推定土体剪切破坏位置(必要时采用)
路堤顶沉降量	地表型沉降计(沉降板或桩)	用于工后沉降监测,预测工后沉降趋势,确定路面施工时间

(2) 设计应明确监测的路堤段落、监测项目、监测点的数量及位置等,确定稳定性监测控制标准,说明施工中的注意事项。

二、高填方路堤病害调查

为预防或处治高填方路堤病害,首先要开展高填方路堤病害调查。通过病害调查,弄清楚高填方路堤病害产生的部位、表现的形式、形成的原因与危害,有针对性地选择病害的预防措施和处理措施。其具体的调查内容如下。

(1) 自然地理位置:包括行政区划位置、工程名称与位置、路线起始点坐标、海拔高程等内容。

(2) 地形地貌条件:包括沿线区域地形条件、地貌条件、地层岩性、地质构造、地震条件、水文地质条件及人类工程活动条件等。

(3)病害基本特征:包括病害的类型、面积、沉降的大小,路堤破坏程度等。
(4)病害的形成条件。
(5)病害的稳定性及危害性分析。
(6)病害的治理方案建议。

任务1.2 高填方路堤病害处理措施和方法

> 【知识目标】
> 熟悉高填方路堤在设计与施工阶段采取的预防高填方路堤病害的措施;掌握高填方路堤沉降各种病害类型的整治技术。
> 【能力目标】
> 能依据相关规范并结合病害的工程条件,编制常见的高填方路堤病害整治设计文件。

高填方路堤由于施工和工程完工后在自然环境影响和车辆荷载重复作用下,出现一些路基病害,引起路基的整体下沉、局部沉陷、边坡坍塌,影响了公路的正常使用。因此,对高填方路堤出现的严重病害,必须采取行之有效的处理办法,使路基处于良好的工作状态。在此介绍几种常见的预防措施及整治措施,以供处理路基病害时参考。

1.2.1 高填方路堤病害的预防措施

【学习任务4】 熟悉高填方路堤在设计与施工阶段采取的预防病害的措施。

从高填方路堤沉降原因不难看出:高填方路堤产生沉降的原因主要来自于设计和施工两个方面。因此,在设计时只要道路勘测者认真进行勘察设计,详细调查拟建公路沿线地形、地貌,查明其工程地质和水文地质情况,采取有针对性的工程设计方案;施工中严格按照施工规范和设计要求,合理组织施工;公路养护中加强养护,及时排除险情,必将起到积极作用。

一、设计方面应采取的合理措施

(1)路线选线中,在坚持路线总体走向通过主要控制点的原则下,因地形、地质环境布设路线,尽量避让不良地质地段,不需要追求高指标的线形,努力做到线形指标搭配合理,即可取得良好的视觉效果。

(2)加强工程地质勘察。严格按照工程地质勘察规程开展工作,详细调查和探明拟建公路沿线工程地质和水文地质情况;对工程地质和水文地质情况有怀疑的地段应增加探坑数量,在设计外业验收中,将工程地质勘察作为重要的检查内容之一。

(3)对原地面明确提出压实度和地基承载力要求。其目的在于防止路基填方在自重和车辆荷载作用下,因地基承载力不足而产生沉降;对地基承载力低的路段应采取有效的工程处理措施。

(4)路线通过较陡的横坡及沟谷地段时,应按要求设置纵横向台阶,使填筑路基和原地面形成良好的结合,同时宜放缓边坡。

(5)尽量避免设计高填方路堤和陡坡路堤,由于地形等因素无法避免时,应按照路基设计规范要求进行设计,并提出工后沉降量要求。

(6)做好路基排水系统综合设计,使地表、地下水顺利排出路基以外或将地表水阻隔在路基以外,不能在路基范围内积水。涵洞、通道底铺砌设计中要考虑防水,避免积水浸泡基底而发生沉降变形。

(7)高填方路堤路桥过渡段要采取特殊设计,避免直接由柔性到刚性的路基设计结构,可以考虑采取半刚性的路基过渡。

(8)对软土、盐渍土等不良地质路段,要采取特殊设计,提高路基的承载能力和水稳性;同时要由试验计算路基的压缩沉降量,设计中要考虑超填厚度,使竣工后的沉降能维持路基设计高程。

二、施工方面应采取的有效措施

(1)做好路基施工的准备工作。开工前施工单位、监理单位的工程技术人员要认真审阅设计文件,详细了解公路沿线地形地貌、工程地质、水文地质、路基填料、各段的填方数量和特殊路基分布等情况,并进一步核实设计文件提供的资料,做到心中有数;如发现实际情况与设计文件提供的资料有出入时,应及时上报业主,并妥善处理。同时要与设计单位做好技术交底工作。

(2)施工组织设计是保证工程质量的前提。路基施工也不例外,施工单位必须重视高填方路堤的施工组织设计,合理安排各施工段的先后顺序,明确构造物和路基的衔接关系,尤其对高填方段应优先安排施工,给高填方路堤留有足够的时间施工和工后沉降,从而有效防止高填方路堤工后产生过大的沉降。在施工中,以施工组织设计为依据,结合施工现场的实际情况,合理调配人员、设备,保证高填方路基施工质量。

(3)重视原地面处理。路基填筑前必须彻底清除地表植被、树根、垃圾和种植土,加大原地面的压实力度。地表植被、树根、垃圾、不良土质暴露于自然环境下,相对比较松软,不易压实,有的土壤易产生病害,如盐渍土、膨胀土等,因此必须予以清除。土是三相体,土粒骨架的空隙被水分和空气所占据。土在压实过程中,因土粒受到瞬时荷载或振动力的作用,使土粒重新调整位置,重新组合,彼此挤密,空隙缩小,土的单位质量提高,形成密实整体,从而导致强度增加,稳定性提高。土基压实后,土的塑性变形、渗透系数、毛细水作用及隔温性能等均有明显改善,因此施工中应加大地表的压实密度。

目前的设计理论强调活载影响的作用,越接近路面,活载的影响越大,因此要求有较高的压实度。然而在高填方路段,活载影响土基的应力随着深度的增加越来越小,而恒载对土基的影响将随路基的高度而增加。一些设计文件要求地基的压实度达到85%~90%,这已不能满足高填方路堤对地基土承载力的要求。地基土的压实一般和土壤类别、土中含水率、压实机具密切相关。对于细粒土、黏土等土质,土中含水率大小对土质的密实程度比较敏感,在压实过程中要求含水率接近于最佳含水率;对于砾石土等,压实含水率不起关键作用。在地基压实中,由于没有进行分层碾压,光轮压路机作用深度比较浅,压应力提供不足,一般采用大吨位振动压路机效果较好。

(4)填筑路基前抓紧做好路基临时排水工作,做到临时排水系统与永久性排水系统有机结合。施工过程中通过路基两侧纵横向排水系统及时疏散路基范围内的积水,避免路基受水浸泡。当地基土和路基填料为细粒土(如粉土、黄土、湿陷性土、黏土等)时,在干燥状态下其结构性比较强,有较高的承载能力,一旦受水浸泡后其结构性很快破坏,强度也很快降低,失去应有的承载能力,导致地基、路基沉降。因此,做好路基排水是保证路基稳定的前提条件。工程监理和施工质量检查人员,应认真监督检查。

(5)严格选取路基填料,并控制好填料质量。对高填方路基路段施工在填料料场选择时,除按规范要求的液限、塑性指数、含水率和 CBR 等指标外,还应根据填料的性质(如:水稳性承载能力)综合选择水稳性好、干密度大、承载能力高的砾石类土填筑路基为宜。在路基填筑前必须将料场盖山土清除干净,防止树根、杂草、种植土等混填于路基之中。施工中严格控制填料含水率,严禁过湿的土填于路基之上;且要求不同土质分层填筑,剔除填料中超大颗粒,以保证各点密实度均匀一致。

(6)严格控制路堤填筑工艺。在高路堤填筑全面铺开前,各施工单位必须根据不同填料、各种施工机械组合铺筑试验路段,以获得最佳机械组合方式、填层厚度、碾压遍数和填料的施工含水率范围。路堤填筑方式应采用水平分层填筑,即按照横断面全宽分层逐层向上填筑;对原地面纵坡大于12%的地段,宜采用纵向分层填筑施工,填筑至路基上部时,仍应采用水平分层法填筑。每层应保证层面平整,便于各点压实均匀一致。在路堤施工过程中要严格控制填层厚度,根据不同的填料和场地要选择不同的压实机具。一般情况下,轻型光轮压路机(6~8t)适用于各种填料的预压整平,重型光轮压路机(12~15t)适用于细粒土、砂类土和砾石土,重型轮胎压路机(30t 以上)各种填料均适用,尤其是细粒土;羊足碾最适用于细粒土,但需要光轮压路机配合对被翻松表层进行补压;振动压路机具有滚压和振动的双重作用,用于砂类土、砾石土和巨砾土,其效果远远优于其他压实机具。在高填方路段,压实质量要求高,选用重型轮胎压路机和振动压路机效果比较好。

(7)抓好路基特殊部位的施工质量控制。如桥涵结构物台背回填、路桥过渡段填方以及填挖接合部,这些地方地形条件特殊,填方施工难度大。台背、路桥过渡段往往是路基和桥台完成后而剩余的缺口,因此,有必要将该段作为路基施工的管理点,抽调组成专门的回填队伍。台背处大型设备不易工作而采用小型夯实机具时,填筑的分层厚度若太厚就很难压实,一般宜控制在15cm 左右,同时应加大抽检频率保证压实。对于填挖接合部,应彻底清除接合部的松散软弱土质,做好换土、排水和填前碾压工作,按设计要求从上到下挖出台阶,清除松方后逐层碾压,确保填挖接合部的整体施工质量。

(8)做好压实度的检测工作。在压实过程中,施工单位自检人员应按规定的频率检查路基各层的压实度。规范规定"按200m 抽检4处"的频率,施工单位感觉工作量偏大,面对检测工作量大的问题,可以考虑采用传统的环刀法、灌砂法与快速检测核子密度湿度仪法相结合,对薄弱地点,如路基边缘、台背处采用传统方法检测,路基中可考虑采用核子密度湿度仪检测,这样可提高检测速度,确保工程质量。

三、加强养护技术

为保证路基有完好的使用功能,路基养护工作必不可少。由于设计和施工过程中或多或少存在着一些不足,道路通过长期使用也会表现出不同程度的破损,因此,通过及时养护修补缺损,保证道路正常使用是养护工作的中心。在养护工作中应做好以下工作:

(1)加强对防水、排水构造物的养护工作,确保路基范围内纵横向排水设施畅通无阻;发现水毁地段应及时加固修补,避免路基遭水浸泡;对地下水位高的路段,要挖排水沟降低地下水位。

(2)对沉降量大形成跳车的路段,应分析原因并采取注浆加固等有效措施稳定路基,及时修补破损路面保证车辆安全行驶。

(3)对风蚀、水蚀的路基边坡,要及时修补加固,确保路基安全。

(4)在有条件的情况下做好坡面植被防护,稳定路基边坡。

1.2.2　高填方路堤病害的整治技术

【学习任务5】　掌握高填方路堤沉降等各种病害类型的整治技术。

一、换土复填法

因填筑土质不符合要求,路基出现下沉但面积不大且深度较浅,采用换土复填方法,简便快捷。此法是将原路基出现病害部分的土挖去,更换符合规范要求的土。一般采用级配较好的砂砾土,塑性指数满足规范要求的亚黏土为宜。回填时,挖补面积要扩大,且逐层挖成台阶状,由下往上,逐层填筑,碾压密实,压实度要求高出原路基压实度1%~2%为宜。这种方法是只要掌握好路基的填筑方法即可,没有复杂的技术要求(见图1-6、图1-7)。

图1-6　开挖换填

图1-7　填方路段压实度检测

二、固化剂法

对高填路堤病害,如果更换路基填料受到限制,且填筑料数量不大时,可在原填料中掺入固化剂处理路基病害。这种方法在我国部分省市已有应用的先例,实践证明,效果较好。固化剂作为一种特殊的建筑材料,其不同的物理性质和化学组成成分决定了不同的类别、特点和固化方法。路用材料固化剂从形态上看,可分为固态和液态两大类;从化学构成上看,可分为主固化剂和助固化剂两大部分。其中,固体粉状固化剂中主固化剂以石灰、石膏、水泥为主,助固化剂采用高聚物如聚丙烯酚氨、聚丙烯酸或含有活性基的有机化合物;液态固化剂中主固化剂多采用水玻璃,助固化剂则采用各种无机盐如碳酸镁、碳酸钙等。前者与土混合分层碾压密实即可,适合于表层或浅层土的固化;后者使用时,采用特殊工艺将浆液注入土中使土固结,适合于深层土的固结。

目前,固化剂的种类很多,在道路工程中使用时,可根据路用土的种类与固化剂的成分、类型选用。其各种固化剂的性能与使用方法可参照有关资料。

三、粉喷桩法

处理10m以内路基下沉病害时,采用粉喷桩加固技术是较为理想的一种方法。粉喷桩处理软基土是通过专门的机械将粉体固化剂喷出后在地基深处就地与软土强制搅拌,利用固化剂和软土之间新发生的一系列物理、化学反应,在原地基中形成强度与刚度较大的桩体,同时也使桩周土体性质得到改善,桩体与桩间土体形成复合地基共同承担外荷载(见图1-8)。

使用粉喷桩加固路基应认真调查路基病害的情况,认真做好粉喷桩施工的设计(桩径、桩距、固化剂掺入量、桩身强度等),施工中要严格掌握固化剂掺入量、粉喷桩龄期、土样含水率、混合料搅拌的均匀性。施工中着重抓好以下两个环节:

(1)严格按粉喷桩施工规范施工,严格掌握钻机的就位、钻进、停钻、提升、停喷等工艺流程。

(2)做好粉喷桩的质量控制。粉喷桩处理软基属隐蔽工程,通常是昼夜连续施工,必须做好粉喷桩的质量控制,内容包括桩距、桩位检查,逐桩控制喷粉量、桩长等。

四、灌浆法

1. 灌浆法的概念及其应用

灌浆法是利用液压、气压或电化学原理,通过注浆管将浆液均匀地注入地层中,浆液以充填、渗透和挤密等方式占据土粒间或岩石裂缝中的空间,经人工控制一定时间后,浆液将原来松散的土粒或裂隙胶结成一个整体,形成一个结构新、强度大、防水性能高和化学稳定性良好的"结合体"。灌浆法已在我国煤炭、水电、冶金、建筑、交通等部门广泛使用,并取得了良好的效果(见图1-9)。

图1-8 粉喷桩施工

图1-9 灌浆法施工

高填路堤是山区高速公路的一大特点,而填料多取自于路基附近的挖方段,常以碎石土为主。由于受多种因素的影响,高填方路堤路基边缘的压实度往往难以达到标准要求,随时间的推移势必影响路基的稳定性,继而影响行车安全。用灌浆法使水泥浆液在适当压力下充分填充于路基孔隙,形成新的"结石体",这对于提高路基的强度将起到良好的作用。

由于浆液的扩散能力与灌浆压力的大小密切相关,对不同填料及形态的路基采用多大压力灌浆,主要取决于路基的密实度、强度和初始应力、钻孔深度、灌浆位置及灌浆顺序等因素。而这些因素又难以准确预知,故必须通过现场试验来确定。水泥浆液在不同地质条件和不同灌浆压力条件下,在地下流动的形式不同。当灌浆压力较低时,路基填料渗透性较好,水泥浆在中等浓度的情况下以渗流的方式渗入路基土的孔隙,这时认为路基原结构未受扰动和破坏,灌浆量及浆液扩散半径常用线性渗流理论求解。当压力逐渐加大,其他条件不变时,浆液的流动由线性转变为紊流。在紊流条件下的灌浆量与浆液扩散半径常用紊流理论求解。上述两种情况总称为渗流注浆法,适用于碎石土、砂卵土夯填的路基。对于黏性土夯填的路基由于其渗透性很小,通过渗入灌浆法难以奏效。当灌浆压力提高到一定程度时,会发现单位时间注浆量明显上升,实际上黏性土路基已在注浆孔周围发生径向劈裂,浆液沿裂隙流入土体,并将土体切割成不规则的块体,在块体之间形成互相穿插的脉状水泥结合,黏性土又受到充填浆液时的压缩,形成一种复合型岩土,从而提高了路基的强度和刚度。这种方式称为劈开式或胀裂式灌浆。

用渗入式灌注碎石路基,灌注压力可由小到大,压力控制在 0.5~1.5MPa 即可。黏性土类路基适宜采用劈裂法,常用注浆压力范围为 1.0~4.0MPa。

公路灌浆法施工程序为:布孔→成孔→注浆这3个阶段。

(1)布孔原则与方法

根据路基的强度要求,结合固结灌浆的特点、路基形态等因素考虑。遵循既要充分发挥灌浆孔的效率,又能保证浆液留在路基有效范围以内的原则,布孔时应视路基实际情况而定。若全幅灌浆,应采用等距离梅花方格网布孔,中间孔浅,边缘孔较深,孔间距以 2.0m 为宜。

(2)成孔钻机选型

成孔必须是干法钻进,钻进时绝对不允许加水,因此应尽量选用小型潜孔钻成孔较好。其优点是进尺快、易搬动、操作简单,钻进成本低;尤其对碎石类路基其效果更为显著,宜广泛推广。

(3)下注浆花管

首先选取适当的注浆管,注浆花管应根据钻机钻孔的孔径与孔深而定,应根据简单易行的方法选用。一般来说,注浆结束后注浆花管很难拔出,如果强行拔出则会破坏路基。因此,注浆结束后将注浆花管作为非预应力锚杆留在路基内,可以起到管架的作用,对于提高路基强度有很大好处;尤其对高填路堤边坡稳定效果更佳。

注浆管底部预留 20~30cm 空隙,确保浆液的灌注流畅。钻孔口要密封,一般用木塞填充膨胀水泥的方法,以保证浆液不从钻孔口溢出。

2. 灌浆施工的方法

灌浆施工主要包括灌浆压力、浆液浓度、灌浆顺序等内容。如何选择和控制灌浆压力和浆液浓度等因素,是灌浆施工中首要解决的问题。灌浆压力是保证灌浆质量的重要因素之一。如果压力过小,浆液射流达不到预计范围内,扩散半径小,易形成空白区;如果压力过大,则会破坏路基原结构,抬升路面或冲垮边坡,还会使浆液沿路基薄弱部位冲出路基,达不到灌浆的目的。因此,在大范围灌注前应先做试验,根据注浆段的路基类型结合单孔注浆量选择适宜的注浆压力。浆液浓度通常以水灰比(重量比)1:1 较为合适。在密实度较好的黏土路基中,可适当增大水量,使稀浆更易充分进入黏土路基中。

灌浆顺序是指灌浆孔的受注顺序。一般以3次灌注为好,事前应根据灌浆孔平面图设计好灌浆顺序。第1、2灌次孔以单孔注浆量为控制标准,第3灌次为加压灌注。灌浆结束应以设计的终孔压力和平均单孔注浆量为双重控制标准。

单孔灌注量 = 排距×孔距×孔深×路基孔隙率。路基孔隙率依据路基压实度确定。

任务1.3 编写高填方路基病害整治的施工组织设计

【知识目标】
掌握高填方路基病害形成的原因、设计和施工采用的预防措施以及各种病害整治技术;掌握高填方路基病害整治施工组织设计编写内容。

【能力目标】
能按照高填方路基病害的工程特点,编写高填方路基病害整治施工组织设计。

施工组织设计是根据国家或建设单位对施工项目的要求,设计图纸和编制施工组织设计的基本原则,从施工项目全过程中的人力、物力和空间等三个要素着手,在人力与物力、主体与辅助、供应与消耗、生产与储存、专业与协作、使用与维修和空间布置与时间排列等方面进行科学、合理的部署,为施工项目产品生产的节奏性、均衡性和连续性提供最优的方案,从而以最少的资源消耗取得最大的经济效益,使最终项目产品的生产在时间上达到速度快和工期短;在质量上达到精度高和功能好;在经济上达到消耗少、成本低和利润高的目标。

高填方路基病害整治施工组织设计,是指高填方路基病害整治施工前,根据设计文件及业主和监理工程师的要求,以及主客观条件,对工程项目施工的全过程所进行的一系列筹划和安排。它包括如下内容:

(1)编制说明,其中包含编制依据、编制范围和编制原则。

(2)工程概况,其中包括自然条件、施工资源条件、主要工程数量、工程的重点与难点。

(3)施工组织、施工力量的设想和施工期限的安排。

(4)编制施工进度计划;人员、设备、材料、资金的组织与安排,其中包括本工程所需各工种名称、数量及进退场时间,拟投入本工程的主要机械设备仪器的名称、型号、数量、进退场时间,所需材料的品种、规格、数量分期供应计划、材料来源与运输方法,资金使用计划。

(5)施工准备和临时工程。对施工用水、电、便道、便桥的安排,对材料场、预制场、生活设施的安排。

(6)施工方案、施工方法。列出总体施工方案和各整治项目的具体施工方法。

(7)确保质量、安全、工期和环保的技术措施(允分考虑施工中可能发生的问题,采取哪些监测手段进行预防)。

(8)冬、雨季的施工安排及措施。

(9)应提交以下图表:

①施工场地总平面布置图;

②主要工程数量表;

③施工进度计划横道图、网络图;

④劳动工日、材料(包括成品、半成品)、机械台班(包括运输工具)、资金需要量计算表;

⑤劳动力需要量计划表、材料供应计划表、主要施工机械设备计划表;

⑥临时工程数量表;

⑦各分项工程施工工艺流程图。

案 例

案例1　高填路堤下沉治理技术在××高速公路上的应用

1.高填路堤下沉概述

随着高速公路的大规模修建,高填路堤不断增多,根据《公路路基施工技术规范》(JTG F10—2006)规定:水稻田或长年积水地带,用细粒土填筑路堤高度在6m以上,其他地带填土或填石路堤高度在20m以上时,按高填路堤施工。

高填路堤完工通车后,随着时间的延长和车辆重复荷载的作用,常出现路基的整体下沉或局部沉降,特别是在填挖方过渡段和路桥过渡段,路基下沉尤为突出。高填路堤下沉的表现形式有以下3种:

①路基纵横向开裂;
②路基整体下沉或局部沉降(如桥头跳车);
③路基滑动或者边坡坍陷。

每种形式都不同程度地影响了道路的正常使用,危害极大。

2. 高填路堤下沉的原因

高填路堤下沉首先是设计方面的原因。公路路线必须通过复杂山区时,按照《公路路基设计规范》(JTG D30—2004)的要求,应对高填路堤进行稳定性验算,且施工工艺、填料应作特别要求说明。否则,只按一般路基进行设计,在工程施工过程中或工程完工后,高填路堤将会产生较大的整体下沉或局部沉降。

造成高填路堤下沉的原因,主要是地基下沉或路堤本身的沉降引起。

(1)由于地基下沉引起

①原地面清理不彻底。由于一般路基基底的压实度要求较低(不小于85%),而高填路堤基底压实度要求高(不小于90%)。因此,要按设计要求控制好高填方路段地基的处理,否则,当路基填料不断增加时,原地面的土壤会发生压缩变形和挤压位移,地基的压缩变形致使路堤随之沉降或开裂。

②受外界因素影响地基承载力下降。一些路段虽按设计要求进行了处理,经检测各项指标满足要求,施工期间或通车后,受外界因素影响,例如受水浸泡,致使地基的承载力急剧下降而导致路基下沉。

③高填路堤与一般路基过渡段的地基沉降不均匀引起。

(2)由于路堤本身下沉引起

①填料不合格。除淤泥、沼泽土、冻土、有机土、生活垃圾以及含草皮、树根的腐殖土不能用作填料外,填料中严禁大的土块掺入,否则,这些土块掺夹在填料中会形成夹层,遇水即变成淤泥,特别是在经常受水淹的地段。通车后,微弱沉降变形累积起来即会引发高填路堤的下沉。

②纵向分幅填筑、半填半挖没做好台阶搭接,造成不均匀沉降。

高填路堤和一般路基填筑一样,最好是整幅分层填筑,但有的路段受各方面条件的限制,需沿纵向分幅填筑,对高填路堤的填筑就更应严格控制,坚决杜绝垂直式无搭接填筑,每填筑一层都应有台阶作搭接处理。

对半填半挖路段也是同样的要求,必须在山坡上从填方坡脚向上挖成向内倾斜的台阶(台阶宽度不应小于1m)。

③每层填料碾压时的含水率控制不均,造成压实度不均匀。

细粒土、砂类土、砾石土等用作填料时,均应严格控制在其最佳含水率±2%以内压实。当填料的实际含水率在上述范围内时,应均匀加水或将土摊平晾干,使其达到上述要求后方可进行压实作业。运至路堤上的土需要加水时,用水车均匀地浇洒在土中,一定要用拌和设备拌和均匀。否则,碾压完成后,每一层的压实度不均匀即会导致整个路堤的不均匀沉降。

④其他方面的原因。

在一些大型压实机械无法施工的地方,如一些路桥过渡的死角和有管线等设施压路机不能靠近的地方,没用小型夯实机械配合施工,这些薄弱点会留下隐患。

压实厚度应严格控制,每一层都应整平,方能碾压,否则,大型机械碾压时会导致局部压实度不够。

填料来源不同,其性质相差较大时,应分层填筑;如作分段或纵向分幅填筑,则会引起不均匀沉降导致路基开裂或局部沉陷。

3. 高填路堤下沉的防治措施、治理实例

为了更好地发挥公路的正常功用,对高填路堤出现的严重病害,必须采取行之有效的处理办法,使路基处于良好的技术状态。防治的措施一般有:换填土复填法、固化剂法、粉喷桩法、灌浆法和铺设玻纤土工格栅法。下面结合吐乌大高速公路和乌奎高速公路上治理高填路堤下沉、路面开裂等病害的情况介绍以下三种治理措施。

(1) 换填土复填法

采用换填土复填法主要是针对填料不符合要求而引起的路基下沉,其下沉面积不大、深度不深。这种方法比较经济,操作上也比较方便快捷。

此法是将原路基出现病害部分的填料挖除,把扰动的浮土清理干净,整平碾压达到压实度要求后,用符合规范要求的填料回填。换填时挖补面积要扩大,且每层挖成台阶状,由下往上,逐层整平碾压,压实度要求高出原路基压实度1%~2%。

(2) 灌浆法

如果路基下沉的面积很大、深度很深,最好是采用灌浆法。灌浆法是利用液压、气压或电化学原理,将下沉部分钻孔,孔深应穿透薄弱层;然后通过注浆管将浆液均匀地注入地层中,浆液以充填、渗透和挤压等方式灌入填料的空隙,经人工控制一定时间后,浆液将原来松散的土粒或裂隙胶结成一个整体,形成一个结构新、强度大、防水性能高和化学性能稳定的"结石体",防止或减弱路基的再下沉。

由于浆液的扩散能力与灌浆压力的大小密切相关,所以对不同填料及形态的路基,采用多大的灌浆压力主要取决于路基的密实度、强度、初始压力、钻孔深度、灌浆位置及操作规程等因素。而这些因素又很难准确预知,因而必须通过现场试验来确定。水泥浆液在不同地质和不同灌浆压力条件下,在地下流动的形式不同,当灌浆压力较低时,路基填料渗透性较好,水泥浆在中等浓度的情况下以渗流的方式渗入路基土的孔隙,这时认为路基原结构未受扰动和破坏,灌浆量及浆液扩散半径常用线性渗流理论求解。当压力逐渐加大,浆液的流动由线性变为紊流。在紊流条件下的灌浆量与浆液扩散半径常用紊流理论求解。上述两种情况总体上称为渗流注浆法,压力控制在0.5~1.5MPa,适用于碎石土、砂砾土填料的路基。对于黏性土填筑的路基由于其渗透性很小,通过渗入灌浆法难以奏效。当灌浆压力提高到一定程度时,会发现单位时间内注浆量明显上升,实际上黏性土路基已在注浆周围发生径向劈裂,浆液沿裂隙流入土体,并将土体切割成不规则的块体,在块体之间形成互相穿插的胶状水泥结石;黏性土又受到充填浆液时的压缩,形成一种复合型岩土,从而提高了路基的强度和刚度。这种方式称为劈开式或胀裂式灌浆,注浆压力范围为1.5~4.0MPa。

灌浆法施工程序:

①布孔原则。为满足路基强度的要求,布孔要结合灌浆的特点、路基形态等因素来考虑。既要充分发挥灌浆孔的效率,又能保证浆液灌充在路基加固范围内,防止留下空白区和跑浆,布孔时还应视路基实际情况而定。

②布孔方法。根据原路基施工时的原始记录,估算路基孔隙率,通过试验测定灌浆量,然后确定钻孔数量。如果需要全幅灌浆,应采用等距离梅花形方格网布孔,中间孔浅,边缘孔较深。孔距一般以2.0~2.5m为宜。

③钻孔。为确保原路基不受损坏,成孔的孔径应尽量小,且必须采用干钻法,严禁加水,

否则路堤受水浸泡,路基原结构受到破坏,造成不必要的经济损失,还将给注浆带来不必要的麻烦。钻孔深度视路基高度和路基填料的情况而定。

④下注浆管。首先选取适当的注浆管,注浆管底部预留20～30cm空隙,确保浆液的灌注流畅。钻孔口要密封,一般用木塞填充膨胀水泥的方法,以保证浆液不从钻孔口溢出。

⑤注浆。

灌浆的主要内容是灌浆压力、浆液浓度和操作规程。

灌浆压力是保证灌浆质量的重要因素。如果压力过小,浆液流不到预计范围内,扩散范围小,易形成空白区;如果压力过大,则会损坏原路基结构,顶破路面或冲垮边坡,致使浆液沿路基薄弱部位冲出路基,达不到灌注的目的。因此,注浆压力应通过现场试验而定。

浆液的浓度一般采用水灰比(质量比)1:1较为合适,但起始浆液浓度要大些,正常灌浆时再采用标准水灰比的浆液比较合适。

在××高速公路第××合同段大挖方与高填方过渡段实际灌浆时,通过实际操作试验,大范围灌浆时采用表1-4操作规程:第Ⅰ阶段,因原路基孔隙率较大,压力在0.2～0.5MPa,用1.2:1的水灰比的浆液即可,第Ⅰ、Ⅱ阶段间隔20～30min,目的是确保浆液充分渗流到位。第Ⅱ、Ⅲ阶段压力逐渐加大,但第Ⅱ、Ⅲ阶段仍要间隔20～30min。2001年初,对处理过的地段进行观测,发现路基再没出现沉降。这说明灌浆法处理高填路堤下沉是成功的,达到了预期的目的。

××高速公路第××合同段高填路堤下沉灌浆操作规程   表1-4

注浆程序	注浆压力(MPa)	浆液浓度(水灰比)	注浆时间间隔(min)	注浆方式
第Ⅰ阶段	0.2～0.5	1.2:1	20～30	线性渗流式
第Ⅱ阶段	0.5～1.5	1:1	20～30	紊流渗流式
第Ⅲ阶段	1.5～4.0	1:1		胀裂式

高填路堤下沉注浆见图1-10。

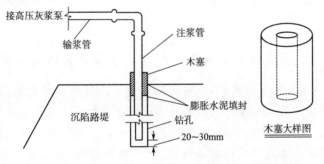

图1-10 ××高速公路第××合同段填方路基下沉注浆简图

(3)布设土工格栅法

有的高填方路段路基下沉不明显,只是在路面上出现了纵向的开裂,经过一段时间的观察,发现路面高程变化很小,可采用布设土工格栅法。此法只是将裂缝两侧的沥青路面用切割机对称切除(宽度以1.0～2.0m为宜),铺设玻纤土工格栅,用钢钉固定,最后恢复沥青路面。这种处理措施既经济又方便,比较实用。

另一条高速公路第××合同段是在1999年冬季来临之前完成沥青混凝土中面层铺筑的,1999年冬季到2000年3月份期间,发现局部沥青混凝土路面在行车道部位出现了1～5mm宽的纵向裂缝,长度有2～50m不等,出现裂缝处为高填土路段。根据所做的标识、测量情况以及掌握的数据发现:沥青路面的裂缝一旦形成便不再延伸,宽度也不再增大,1999年11月份发现的裂缝通过用钢钉镶入有裂缝段的路面,在不同时期(1999年11月、2000年3月)测量钢钉顶面的高程,发现高程没有变化,对今年发现的裂缝通过近期所作标识也没有发现裂缝的长度、宽度发生变化。2000年5月,对裂缝用铺设玻纤土工格栅进行了处治。处治完成至今,已开放交通一年多,再没有发现裂缝,效果良好。可见,以玻纤土工格栅为主要材料的处治方案是行之有效的。土工格栅搭接固定,如图1-11所示。

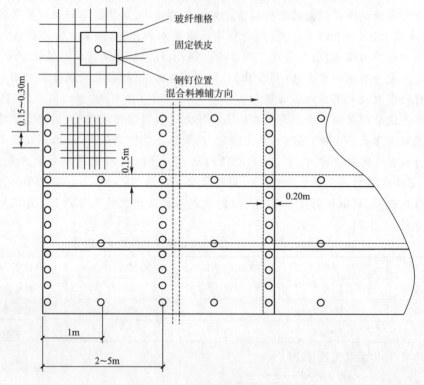

图1-11 土工格栅搭接固定示意图

案例2 高填路堤局部下沉治理技术在××国道上的应用

近年来,随着高速公路的不断修建,有力地促进了山区经济的发展,加快了山区人民脱贫致富的步伐。同时各种工程质量问题和病害也摆在了工程技术人员的面前。其中山区高填方路段路基下沉、开裂和沉陷等病害尤其突出。××公路局在公路工程建设和日常养护管理方面逐渐积累了一些成功的经验和做法,对于处理路面开裂、路基不均匀沉降等病害,选择了技术可靠、经济合理、施工工艺可行、工期短、病害周边影响小的方案,既保证道路的正常营运和车辆行驶的安全,又不破坏原有路基和路面结构层。

1. 一般高填路堤下沉的原因

(1)设计方面的原因

①因条件限制公路路线必须通过复杂山区时,设计未按照《公路路基施工技术规范》(JTG F10—2006)要求认真地对高填路堤做特殊设计。

②未进行高路堤的稳定性验算,而按一般路基进行设计。因施工工艺、填料等未作特殊要求,在工程施工过程中或工程完工后,高填路堤将会有较大整体下沉或局部沉陷,以致影响公路的正常使用。

③未考虑工程地质方面的原因。在工程地质不良、泥沼软基丰富的地段填筑路堤,由于地表土壤密度小、压缩变形大、承载能力低,当路堤填料不断,增加时,原地面土壤容易发生压缩和挤压移位,土基的压缩变形致使路堤随之沉降或开裂。这是该段路基局部下沉的主要原因。

(2)施工方面的原因

①路基的填筑与碾压工艺:高填路堤的填料在分层填筑时,应按照施工规范要求的厚度进行铺筑。随意将铺筑厚度加厚,压实机具按规定的碾压遍数压实时,压实度达不到施工规范规定的要求;当填筑到路基设计高程时,必然产生累计的沉降变形,在重复荷载与填料自重作用下产生下沉。高填路堤施工中,应按要求配备相应的整平碾压机具,并按规范进行操作。未按要求的压实工艺进行碾压,路基的压实强度不均匀,压实度达不到规定要求,将会导致高填方段路基产生较大的沉降变形。该段路基局部下沉也有这方面的原因。

②路基填料:如果路基填料土质差,填料中混进了种植土、腐殖土或泥沼土等劣质土,由于这类土壤有机物含量多、抗水性差、强度低等,路堤将出现塑性变形或沉陷破坏。

③路基排水:路基排水的任务是把路基工作区的土基含水率降低到一定的范围内。土基含水率过大、排水不良会引起土质松软、强度降低、边坡坍塌、堤身沉陷或滑动以及产生冻害等。

④工程施工过程中质量管理与技术管理:工程施工中,工地现场人员的责任心不强、技术管理力度不够、施工现场混乱,使工程质量降低,造成施工过程中的隐患,甚至造成大的质量事故,危及了路基的稳定性。

2. ××国道高填路堤下沉的治理措施

近年来针对××国道两处高填路堤局部沉陷、路面裂缝、路基整体沉降的病害,该段公路部门组织技术人员多次现场调查、实地勘测,综合分析,经专家多方论证后采取了注浆法加固的处治方案。

(1)注浆法加固路基的原理:注浆法是利用液压、气压或电化学原理,通过注浆管将浆液均匀地注入地层中,浆液以充填、渗透和挤密等方式占据土粒间或岩石裂缝中的空间,经人工控制一定时间后,浆液将原来松散的土粒或裂缝胶结成一个整体,形成一个结构新、强度大、防水性能高和化学稳定性良好的"结石体"。使路基在行车荷载和自重作用下不再产生沉降,使路面的地表水不再从裂缝中下渗而导致路基、路面病害的发育。

(2)注浆法对原材料的技术要求和浆液的配合比例。

①水泥。施工中采用普通425号硅酸盐水泥或425号早强硅酸盐水泥。施工前必须对所使用的水泥进行抗压强度、抗折强度、初凝时间、终凝时间等项目的室内试验,各项技术指标均应达到规范要求,详见表1-5,否则应更换水泥品种。根据水泥的技术指标确定外掺剂的品种和掺量。

水泥技术指标　　　　　　表1-5

强度等级	抗压强度(MPa)		抗折强度(MPa)		凝结时间(min)	
	3d	28d	3d	28d	初凝时间	终凝时间
42.5级	16	42.5	3.5	6.5	≥45	≤600

②粉煤灰。粉煤灰中SiO_2、Al_2O_3、Fe_2O_3的含量应不小于70%,烧失量不应超过20%,使用时必须将凝固结块的粉煤灰打碎或过筛,对粉煤灰中的有害杂质必须清除干净,以免影响浆液质量和增加施工难度。

③外掺剂。外掺剂包括早强、速凝剂、减水剂。根据以前路基注浆加固的施工经验,选用技术可靠、经济合理的产品,外掺剂的单价一般比较高,因此在保证质量的前提下尽量少用或不用,但在关键部位必须使用。

④浆液配合比:关键部位如路基边坡注浆孔永久性注浆管部位的浆液,采用纯水泥浆液,加适量外加剂。其水灰比为 0.7~0.9,相对密度为 1.4~1.5,浆液凝固体抗压强度大于 10MPa。

一般部位路基加固浆液的水料比(料为水泥+粉煤灰)(0.8~1.0):1.0,相对密度为 1.38~1.42 之间,浆液凝固体抗压强度为 5~7MPa。

施工过程中应根据路基实际情况,及时适当调整浆液配合比,做到既要保证施工过程中没有较大变形,又要确保加固质量和经济合理性。

(3)注浆设计及修补沥青路面。

现结合该国道 K21+414~K21+470、K27+332~K27+384 两段路基病害处治方法来说明注浆设计及修补沥青路面技术。

①注浆设计。

K21+414~K21+470 段全长 56m,由于该段为高填方路段,最大填土高度 14m,而且原地面边坡较陡,施工过程中台阶做得不理想,原地面与填料接合部位比较薄弱,没有形成整体,填体部分有总体下滑的趋势。路基边缘为了防止填体下滑,对于路基边缘注浆孔作特殊设计的注浆管既作为注浆管又作为锚杆穿过填方体进入原地面 1~2m,注浆结束后长期锚设在土体中,起到抗滑作用。共设置锚杆 44 个,进尺 482.5m,其余注浆孔按一般路基注浆布孔,注浆孔 27 个,进尺 165m。总计注浆孔 71 个,总进尺 647m,注浆工程量 884m³。路基注浆加固孔位平面布置详见图 1-12。

K27+332~K27+384 段全长 52m,该段为高填方路段,最大填土高度为 12m,根据病害类型按一般高填路堤沉陷进行布孔,共布孔 59 个,总进尺 558m,注浆工程量 804m³。K27+332~K27+384 注浆孔位布置平面图详见图 1-13。

②沥青面层的修补。

由于路基沉陷导致路面裂缝、错台,使路面平整度明显下降而不能满足行车要求,另外注浆过程中对路面局部有抬升现象,所以注浆后必须把上面层 3cm 细粒式沥青混凝土铣刨,重新测量后加铺一层细粒式沥青混凝土。材料的技术要求和施工质量控制应按原设计文件执行。

③施工要点及注意事项。

设计参数的试验:由于每段路基病害的成因、类型、范围、严重程度以及所在地域地质水文、路基填料的类型和施工时填料厚度、压实度、含水率等的不同,因而设计参数必须在施工过程中不断总结,随时进行调整,以确保工程质量。

采用间隔注浆法或梅花注浆法,保证早期强度和有效注浆量。

注意漏浆现象,特别是路基边坡跑浆,发生时应采用速凝停止或堵漏等措施,尽量避免浆液浪费并使土体得到充分加固。

注浆过程中应密切注意路面、路基及边坡的变形,必要时用仪器进行观测,使注浆过程中路面、路基、变形最小,又要保证被加固土体的加固效果。

注浆施工过程中做好施工原始记录,如单孔注浆压力、注浆量及终止条件。对于土体中含水率、干密度变化较大的孔位,应及时调整浆液的配合比例,并详细做好记录。

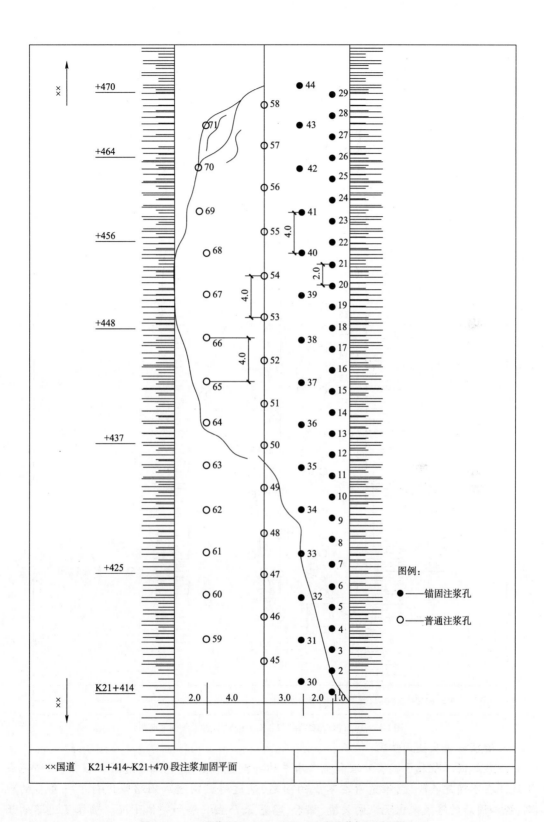

图1-12 ××国道 K21+414～K21+470 段注浆加固平面图

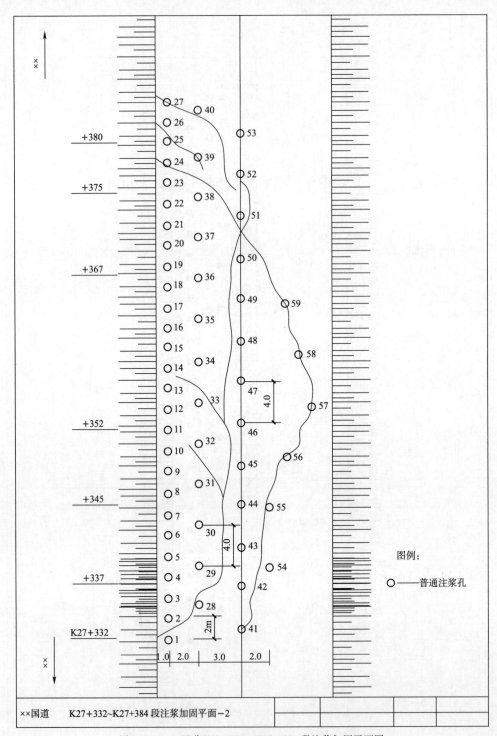

图 1-13 ××国道 K27+332～K27+384 段注浆加固平面图

3. 治理效果及使用情况

注浆加固工程属于病害处理和施工质量的补救技术措施,也属于隐蔽工程,该项研究成果还正在不断完善阶段,难免存在不少的问题,通过对该国道加固路段进行了一年多的观测,经加固后的路段未出现纵向裂缝、错台,路基未产生沉陷和整体下沉。确保了道路的正常营运和车辆行驶的安全。

案例3 CFG桩施工组织设计案例

1. 工程概况

本合同段CFG桩工程数量为108387m。其主要分布于主线、H、J和L匝道,施工范围内主要有3个鱼塘和1处藕塘,处理范围较大。其中,主线CFG桩68408m,H匝道CFG桩28243m,J匝道CFG桩10440m,L匝道CFG桩1296m。

2. 施工工艺流程

清理→填土整平→定位→钻机就位→成孔→提升、浇注混合料→成桩。

3. 施工工艺及方法

CFG桩即为水泥粉煤灰碎石桩,施工前进行场地处理,测量定位后进行成桩试验,试验桩数量为5~7根。

(1) 材料要求

对CFG桩的材料有严格的标准,碎石应根据施工方法,选择合理的集料级配和最大粒径;水泥选用42.5级普通硅酸盐水泥;粉煤灰选用不低于Ⅲ级粉煤灰。

(2) 施工要求

水泥粉煤灰碎石桩施工应符合以下标准:

①桩体施工选择合理的施工顺序,避免对已成桩造成损害。

②成桩过程中,对已打桩的桩顶进行位移监测。

③混合料应拌和均匀。

在钻进过程中随时校正钻机的准确位置,使沉管垂直对准桩心,保证CFG桩垂直度容许偏差不大于1%,平面差不大于15cm。沉管过程中应做好记录,激振电流每米记录一次,对土层的变化应特别说明,直至沉管至设计高程。施工中混合料应严格按照设计配比配制,坍落度为80~100mm,碎石和石屑含杂质小于5%。成桩后桩顶浮浆不超过500mm。料投完后,沉管应原地留振10s,然后边振边拔管。拔管速度控制在1.2~1.5m/min,在淤泥层中应放慢速度。施工桩顶高程宜高于设计高程0.5m。

桩施工时应隔行隔桩跳打,相邻桩施工时间间隔大于7d。采用从中心向外或从一边向另一边推进的方案。为防止缩径、断桩及桩身强度不均,CFG桩沉管时间宜短,控制拔管速度1.2~1.5m/min,不允许反插。

施工过程中,注意地面隆起及桩顶浮浆情况,必要时进行桩体静压。CFG桩地基加固完成7d后,开挖至设计高程,截去保护桩长后铺设褥垫层。CFG桩施工完成28d后,方可填筑路基。

4. 质量标准

CFG桩质量要求:水泥应符合设计要求;根据成桩试验确定的参数进行施工;在施工中必须隔行隔桩跳打;为防止缩径、断桩及桩身强度不均,CFG桩沉管时间宜短,拔管速度控制在1.2~1.5m/min,不允许反插(见表1-6)。

5. 资源配置

为优质按期完成本项目CFG桩施工任务,根据工程工期、工程量等情况项目部为此配备了各类相关专业人员(见表1-7)。

CFG桩工程主要施工机械设备、材料试验、工程测量和质检仪器,如表1-8所示。

CFG 桩质量标准 表 1-6

序号	检查项目	规定值或允许偏差	检查方法和频率
1	桩距(mm)	+100，-100	抽查 3%
2	桩径(mm)	不小于设计	抽查 3%
3	桩长(m)	不小于设计	查施工记录
4	竖直度(%)	1	抽查桩数 3%
5	强度(kPa)	不小于设计值	取芯法，总桩数的 5%
6	单桩和复合地基承载力	不小于设计值	成桩数的 0.2%，并不少于 3 根

CFG 桩工程主要管理人员表 表 1-7

序号	姓 名	职 务	备 注
1		路基处主任工程师	
2		CFG 桩工程具体负责人	
3		试验负责人兼质检工程师	
4		机材科长	
5		测量工程师	
6		资料负责人	
7		施工班组长	
8		机手	
9		机手	
10		机手	

施工机械设备、材料试验、工程测量和质检仪器表 表 1-8

序号	机械名称	规格型号	单位	数量
1	振动沉管桩机	DZ90	套	3
2	振动桩锤	30kW	套	3
3	装载机	南骏	台	3
4	混凝土搅拌机	新津	台	3
5	抽水机	$100^{3/h}$	台	3
6	全站仪	索佳	台	1
7	精密水准仪	索佳	台	3
8	水泥试验设备	沧州	套	1
9	水泥抗折试验机	KZ50	套	1
10	水泥浆试模	7.07cm×7.07cm×7.07cm	组	12
11	混凝土试模	15cm×15cm×15cm	组	12
12	精密标准天平	TP25—90	台	1
13	台秤	TGT—500	台	1
14	水泥胶砂搅拌机	JJ—5	台	1
15	水泥净浆搅拌机	SJ—160	台	1
16	混凝土、砂浆振动台	ZT96	台	1
17	干燥箱	DB—210	台	1
18	混凝土维勃稠度仪	标准	台	1
19	电子秤	HP—1B	台	1
20	电脑	联想	台	3

6.质量保证措施

(1)建立以处领导负责制的现场质量保证体系

处质检科、工程科重点检查、督促,施工班组设兼职质检员,班组设 QC 小组,形成 TQC 管理网络。

①采取以下保证措施:在施工过程中,各级都要坚持"质量教育"的原则,全面推行质量管理教育,在全体施工人员中树立强烈质量意识。

②技术保证:坚持做好 CFG 桩技术交底,使技术交底深入到施工现场,深入到施工班组施工人员心中;对关键工序安排有经验和责任心强的人员负责,实行挂牌施工,严格按照规范和图纸施工。

③经济保证:工、料、机落实到位,质管职责分明、奖惩过硬。

(2)现场主要技术管理人员

为确保 CFG 桩质量的有效控制,项目部成立了质量管理体系。其主要负责人及其相应职责是:

×××:现场 QC 小组组长,负责本工程的全面质量管理工作。

×××:技术主管,负责本工程质量、技术工作。

×××:软基工程具体负责人,负责本工程的具体实施。

×××:试验工程师,负责本工程中的原材料检验及施工过程中的抽样工作。

(3)工程施工中的主要控制措施

①严格控制施工中所需的砂、石、水泥等原材料进场这一关口,不合格的材料坚决不许进场,对进场材料严格按规范要求进行自检。

②实行质量目标管理,把质量目标层层分解,落实到施工的每一道工序上,把质量目标落实到每个施工人员。

③工程施工技术工作上,严格执行施工技术交底制度和他人复核制度。

④施工操作上严格按招标文件和现行施工规范执行。

⑤内部质检上要严格执行现行质量验收规范。

⑥工程试验上严格执行现行试验规范。

⑦做到试验资料不充分不开工,测量放样不复核通过不开工,施工技术交底不合理不全面不开工,技术工作不复核不开工。

⑧不能确保安全的施工方法不采用。

⑨质检工程师领导工地专职质检员对 CFG 桩进行全过程质量检查,按规定做好现场检查原始记录,每一道工序完工后进行自检,报质检工程师复检。上一道工序验收合格后才能进行下一道工序,不合格的项目一定要返工重做至合格。

⑩认真负责,实事求是地做好施工原始记录。

⑪积极配合监理工程师及其代表对软基工程质量的检查验收工作。

7.安全保障措施

安全是企业的生命,是企业发展的保障。在施工生产中我公司全体员工将严格遵守如下安全管理措施,以确保安全生产无事故。

(1)统一安全的管理方针

坚持"安全第一、预防为主"的国策。在计划、施工、检查上,坚持以安全为核心,渗透于生产的各个环节。

(2)安全管理模式

以公司安全管理委员会为指导,项目经理为主管,工地专职安全员执行日常工作的安全管理网络,确保安全管理工作有序有效地进行。

在项目部成立以项目经理为第一责任人、总工程师为第二责任人的安全生产领导小组,负责生产过程的安全工作。

(3)职工的安全教育和管理

在工程开工之前,由项目经理部牵头,施工队组织对进场职工进行安全规程教育,对关键工序的工作人员严格要求持证上岗。

(4)安全管理基本措施

①安全用电措施。

a.采用通用的安全配电箱,实行一机一闸一漏电保护装置。主要配电箱均作接地以防止感应电伤人。

b.照明线路不能与动力线路混用,钢筋木工机械、搅拌机等电动机械使用的电缆必须严格检查,不能使用绝缘性能差的或有破损的电缆。

c.机械设备移位、电器检修时必须断电操作,严禁带电作业,并挂上警示牌。移位时须有专人指挥,专人照看电缆,防止电缆压坏损伤。

d.动电器修理电器由专业人员进行,非专业人员严禁操作。

②防火措施。

a.食堂、宿舍及机料仓库均设置灭火器,特别是油库和炸药库。

b.冬季施工禁止用明火与电炉取暖。

c.生活区禁止乱拉电线。

③施工现场操作区防护措施。

a.各种机械的传动外露系统均设置封闭防护罩。

b.大型机械移位多垫枕木、垫平枕木、垫牢枕木、搅拌机移位将进料斗用钢链锁牢。

c.吊机作业区严禁站人,靠近居民区生活区的施工作业面在其周围用铁丝网与外界隔离。

d.施工危险地段(包括场所)设相应的醒目标志和标语,严禁非作业人员进入施工危险地段。

e.高空作业要设置相应的安全网和其他的安全设施。

④施工操作安全措施。

a.严格执行各种安全操作规程和安全规章制度。

b.加强安全生产的宣传教育工作,做到"人人讲安全,事事讲安全,时时讲安全"。

c.执行岗位责任制,加强特种作业人员的上岗培训。

d.高空作业人员,一律配戴好安全带、安全帽。

e.起重机械、牵引机具与材料在使用前须全面检查消除一切事故隐患,桥梁架设由专人指挥。

⑤交通安全措施。

各路段车辆出入口由专人指挥、避免施工路段交通事故的发生;重型运输机械的施工通道要及时养护,避免车辆倾覆。

⑥夜间施工安全措施

施工作业面的照明要有足够的高度;施工人员安排合理,不能过度疲劳。

8. 文明施工及环保措施

(1) 文明施工

①加强文明施工宣传力度,对全体施工人员进行文明施工、遵纪守法教育,创造团结、进取、友爱的共事环境。

②做好施工沿线的宣传工作,取得沿线工厂、群众及过往车辆的支持和配合。

③施工地段设立醒目的施工标志牌,做到挂牌施工。公布工程名称、开(竣)工日期以及监督电话等。

④重点施工地段、工区驻地,均应设置鲜明醒目的施工宣传标语,树立施工企业形象的宣传标志及开辟宣传栏,对工程进展情况及好人、好事进行宣传报道。

⑤搞好施工现场的管理工作,做到清洁东西堆放整齐,一目了然。

⑥参加劳动人员,按不同工种、不同岗位发放劳动保护用品,并做到上岗前检查。

⑦班组长以上人员及安全监督员、质检员均应配戴岗位证,实行挂牌上班。

⑧搞好与当地群众的团结和友好关系,防止施工队伍与当地民众的纠葛,有事必须通过单位,有领导、有组织地解决,避免个人的不适当行为和言论扩大事态。

⑨外地民工进入工地务工,需向当地劳动力管理部门办理有关手续,经批准后录用。

⑩搞好施工组织项目的社会治安综合治理,对赌博、迷信、打架、偷盗等不法行为进行防范和管理。若发生上述事件,通过当地治安管理机构处理。

为将本工程建成一条生态工程、环保工程,在施工中我们将采取一系列环保措施,减少工程对环境的影响。

(2) 施工期人员的管理

①进场后我们将配备专职环保监督人员,负责宣传、检查本合同段的环境保护和水土保持工作,并加强对施工人员的环保意识的宣传,严格要求施工单位和施工人员文明施工。施工单位和施工人员将采取措施积极保护野生动物。

②对噪声较大的机械设备的安放,尽量远离人口密集区,如学校、医院等。

③弃土、弃料在指定位置堆放,并堆放整齐,必要时进行植被保护和采取措施以防水土流失造成周边生态环境和农田污染。借土区开挖后要进行场地整平、边坡修整,并进行植被保护。

④施工中采取措施避免和减少水土流失,当发生水土流失或因水土流失对农田和周边生态环境造成污染时必须及时处理。

⑤工程完工后,应清除所有占用场地的杂物。临时工程用地在征用完土地后进行恢复,并进行植被保护。

⑥严格组织施工和管理,保护周边环境、河流和鱼塘,确保排灌系流及河边不间断和堵塞。施工中损坏的水利渠道、道路、排水沟渠要及时恢复或加以接引。

⑦土方用混合料运输时,自卸汽车车厢应完整、密封以免撒落。运输过程中,为防尘土扬起,配备一定数量的洒水车,经常洒水,保护周围居民的生活环境。

⑧工区附近的居民区外围设置防尘网,或设置隔尘墙,防止施工过程中对居民区的尘土污染。

9. 施工进度计划安排

根据路基总体进度安排,本合同段CFG桩软基处理总工期为3个月,以2008年1月1

日开始计算,至2008年3月31日完工。在施工中应协调好各匝道CFG桩工程的施工,发挥人员、设备等的最大效率。既要见缝插针,又不能互相干扰,并要相互提供有利条件。

10.其他需要说明事项

编制依据如下:

①××大桥设计文件、图纸和招(投)标文件。

②《公路工程技术标准》(JTG B01—2003)。

③《公路路基施工技术规范》(JTG F10—2006)。

④《公路工程质量检验评定标准》(JTG F80/1—2004)。

⑤《建筑地基处理技术规范》(JGJ 79—2002)。

⑥现场实际情况,本合同段工程任务情况,质量、工期要求。

⑦公司机械设备,技术力量,施工能力等具体情况。

思考与练习

一、选择题

1.因填筑土质不符合要求,路基出现下沉但面积不大且深度较浅,采用(　　)法,简便快捷。

　　A.灌浆　　　　B.固化剂　　　　C.换土复填　　　　D.粉喷桩

2.用(　　)使水泥浆液在适当压力下充分填充于路基孔隙,形成新的结石体,这对于提高路基的强度将起到良好的作用。

　　A.粉喷桩法　　B.固化剂法　　　C.换土复填法　　　D.灌浆法

二、填空题

1.高填方路堤常见的病害有类:_____、_____、_____。

2.高填方路堤的沉降主要表现为_____沉降和_____沉降。

3.均匀沉降一般发生在路基所处环境条件_____的路段。不均匀沉降一般发生在_____、_____、路基填料发生显著变化和_____结合部处。路基的不均匀沉降,必然导致路面_____、_____以及构造物两侧路面_____,严重影响公路的质量和行车效果。

4.高填方路堤沉降原因有:_____原因、_____原因、_____原因。

5.高填方路堤沉降预防措施:_____应采取的合理措施,_____应采取的有效措施,加强_____技术。

6.高填方路基病害常见的处治措施:_____法、_____法、_____法、_____法。

三、名词解释

1.换土复填法

2.固化剂法

3.粉喷桩法

4.灌浆法

四、问答题

1.什么是高填方路堤?

2.高填方路堤的主要病害有哪些?

3. 高填方路堤沉降的部位有哪些?
4. 高填方路堤沉降的原因有哪些?
5. 请简述高填方路堤病害的预防措施。
6. 高填方路堤病害的整治技术有哪些?

五、能力训练

1. 根据案例1和案例2,并查阅高填方路堤病害的相关资料,编制高填方路堤病害的整治设计。
2. 根据案例3,并查阅高填方路堤病害整治的施工组织设计相关资料,编制高填方路堤病害的施工组织设计。

学习情境 2　路基不均匀沉降病害处治

任务 2.1　路基不均匀沉降病害类型认知

【知识目标】
　　掌握路基横向与纵向不均匀沉降病害的类型及其危害性。
【能力目标】
　　能根据路基不均匀沉降病害的成因判定路基横向与纵向不均匀沉降病害的类型，进行路基横向与纵向不均匀沉降病害调查。

2.1.1　路基横向不均匀沉降病害类型

【学习任务1】　掌握路基横向不均匀沉降病害的类型及其危害性。
　　路基横向不均匀沉降的发生是多方面因素综合作用的结果。其中,内因在于地基及路基本身;外因是车载、地下水及自重等作用。路基横向不均匀沉降病害的类型与其成因直接相关,如由于车载、地下水及自重等作用,路基横向不均匀沉降引起的公路工程病害已成为公路工程质量通病之一。高等级公路改扩建工程中,新老路基衔接不良可能会导致新加宽路基失稳、路面损坏、路面整体性能下降等病害。

一、路基横向不均匀沉降病害的类型

1. 由地基引起的路基横向不均匀沉降病害
(1)由路堤地基处理不当引起的。
(2)特殊地基地段引起的,包括软土地基和岩溶地基地段。
2. 路基本身引起的路基横向不均匀沉降病害
(1)路堤填料不均匀引起的。
(2)路基填土压实不足引起的。
(3)半填半挖部位产生的不均匀沉降病害。
(4)路基加宽部位或改扩建新老路基部位引起的。
3. 水文气候因素引起的路基横向不均匀沉降病害
(1)气候原因引起的。
(2)地下水引起的。
4. 施工原因引起的路基横向不均匀沉降病害(后有详述)

二、路基横向不均匀沉降病害的危害性

1. 路基失稳

路基失稳主要表现为路基发生滑移,严重时甚至发生整体坍塌。这种病害容易发生在山区陡坡地形、软弱地基、高填方路堤等路段,给路基稳定性留下更大的隐患,当路基滑移量较大、甚至整体坍塌时,会造成路面整体破坏。

2. 路面损坏

路面损坏,主要表现为出现面层破碎、接合料松散、道路横坡改变等症状,严重时会产生沿接合面走向的纵向裂缝。

3. 路面整体性能下降

随着路面病害的产生和道路纵横坡的变化,道路结构性能和服务性能也随之下降。当路面状况指数(PCI)、结构承载力、平整度等下降到一定程度时,还将影响行车安全。

2.1.2 路基纵向不均匀沉降病害类型

【学习任务2】 掌握路基纵向不均匀沉降病害的类型及其危害性。

路基纵向不均匀沉降主要表现为路桥过渡段桥头跳车和纵向填挖交界处不均匀沉降,致使路、桥过渡段出现不同程度的台阶,且路面平整性受损,严重影响了公路的使用功能。

一、路基纵向不均匀沉降病害的类型

1. 路桥过渡段桥头跳车病害

桥头跳车是指桥梁、涵洞等构造物本身及台背填土由于行车荷载和自重的作用而继续沉降,通常构造物沉降与台背沉降不一致即产生不均匀沉降,导致台背与构造物连接处的路面出现台阶,从而出现高速行驶的车辆通过台背回填处产生颠簸跳跃的现象。路桥过渡段病害变化破坏的模式包括:

(1)路基整体滑移

①路基整体侧向滑移。路基的整体侧向滑移主要是由于路堤边坡过陡或是受到破坏后,在上部重复荷载作用下形成纵向裂缝或沿坡裂面整体下滑。其破坏模式,如图2-1所示。

②路基整体向桥台方向滑移。对于桩柱式桥台,台前土体基本处于无侧限受压状态。当锥坡受到破坏,且在自重和车辆的冲击荷载作用下,土体有向桥内移动的趋势,形成横向裂缝或整体下滑,使得桥头部位的路基、路面产生较大的竖向位移,从而引起桥头跳车。其破坏模式,如图2-2所示。

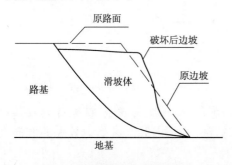

图2-1 路基整体侧向滑移示意图

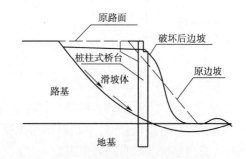

图2-2 路堤整体向桥台方向滑移

此模式的共同特征为:
①路堤填土较高,整体性较差;
②路基边坡受到破坏或者由于地形的限制使得路基边坡过陡;
③路堤边坡的整体或部分沿滑动面下滑引起路面出现纵向错台或裂缝。

(2)路基与桥台间形成台阶

①局部沉降发生在台背与过渡段接合处,即最大沉降深度 D 距离桥台背很近,形成错台,如图2-3所示。

②路基相对路面设计高程整体下沉,当桥台与过渡段接合处的差异沉降 D 达到一定值时,引起了桥头跳车现象。其破坏模式,如图2-4所示。

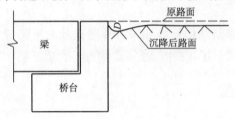 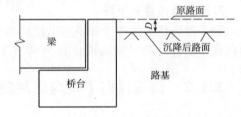

图2-3 近台背路基沉降过大引起的差异沉降　　图2-4 路基整体下沉引起桥台与路基差异沉降

此模式的共同特征是:台背填土的均匀或者不均匀沉降较大;沉降差最大值产生在靠近台背处。

(3)路面凹陷

路面凹陷也是公路在运营过程中的一种常见病害。局部沉降的最大深度 D 点距离桥台背有一段距离,局部沉降范围较错台要大。局部沉降是过渡段上局部位置土体与桥台及其他位置上过渡段土体之间不均匀沉降较大而产生的。局部沉降使得行车颠簸,迫使车辆减速,也会引起路面破坏。特别是垂直错台,不但使汽车产生较大的附加冲击和振动作用,而且对桥台也造成水平冲击力,以致桥台破坏。其破坏模式,如图2-5所示。

该模式的主要特征是:过渡段内的路基沉降不均,局部沉降较大,路面出现凹陷;沉降的最大值 D 距桥台有一定距离。

(4)搭板断裂

搭板断裂是采用搭板法预防桥头跳车过程中产生的一种新的病害。其破坏模式,如图2-6所示。

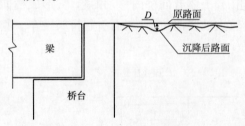 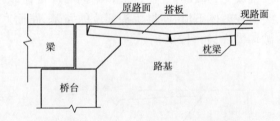

图2-5 路基不均匀沉降引起路面破坏　　图2-6 路基不均匀沉降引起的搭板断裂

其病害特征主要表现为:路基局部发生不均匀沉降,搭板底部脱空;枕梁部分及其以外的路基沉降较小;搭板较薄,不足以单独承受上部荷载;搭板沿脱空区受力较大的方向发生断裂;搭板与路堤形成纵向坡度差。

设置桥头搭板在防止桥头跳车方面也有其不足之处。其中,当台背填土路堤沉降较大或搭板长度不够,搭板与路堤形成纵向坡度差超过一定范围时,就会在搭板与路堤的衔接处产生转角(图2-7),车辆通过该处同样会产生类似桥头跳车的感觉,即"二次跳车"。

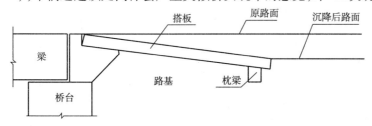

图2-7　搭板与路堤形成纵向坡度差示意图

此病害的主要特征是:路基整体沉降过大;搭板较短,不足以使桥台与路基间的差异沉降实现平稳过渡;搭板一端简支于桥台,沉降相对较小;搭板末端产生差异沉降。由于路桥过渡段问题比较突出,因此在施工和设计中都采取了一定的措施,如在设置桥头搭板的同时,对搭板的路基进行注浆处理,这样减小了过渡段的下沉,但同时往往忽略了对搭板以外路基的处理与压实,经过一段时间的运营后在这一部位产生了差异沉降,从而形成新的跳车现象。其破坏模式,如图2-8所示。

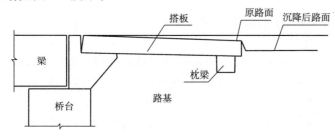

图2-8　搭板与路堤形成台阶示意图

该破坏模式的主要特征是:搭板段路基处治较好,下沉量较小;搭板末端路基整体或靠近搭板处路基沉降变形较大。

2. 纵向填挖交界处不均匀沉降病害

(1)在山区公路施工中,路基填方与挖方接合处产生的不均匀沉降病害。

(2)在高填方路段和挖方路段,由于工后沉降量的不同产生的不均匀沉降病害。

(3)在填方路段填挖衔接处,由于没有按要求采取挖台阶处理或者处理的宽度及高度不满足要求而产生的不均匀沉降病害。

二、路基纵向不均匀沉降病害的危害性

1. 路桥过渡段桥头跳车病害的危害性

(1)影响行车速度

当车辆行至桥头台阶处,为防止车辆的剧烈冲击跳动,驾驶员被迫制动减速;同时车辆颠簸、跳动也影响了行车驱动力的传递,使车辆的行驶速度受到不同程度的影响。车速降低幅度视桥面类型、台阶高度、车辆类型和行驶速度等而异。

(2)影响行车安全

当车辆通过路桥过渡段的台阶处时,车辆产生跳动和冲击,使司乘人员感到颠簸不适,影响行车的舒适性;同时对驾驶员产生相当不利的心理影响,严重时则会影响其对车辆的正常操作,造成车辆失控,引起行车事故。

(3)影响车辆运营费用

因跳车而不得不在桥头处频繁减速,以减轻汽车的颠簸。无论减速行驶还是颠簸现象的发生,都会造成汽车机件不同程度的损坏和轮胎的磨耗;同时汽车行驶速度的不稳定,无形中既浪费了油料,又增加了废气的排放。另外,还增加了车辆的行驶时间。因此,桥头跳车的出现,提高了车辆的运营成本。

(4)影响公路养护费用及使用寿命

台阶的存在使得车辆通过时产生跳动和冲击,从而对桥梁和路面造成附加的冲击荷载,加速桥头路面及伸缩缝的破坏。为了维持良好的使用状况,对路桥过渡段出现的台阶要进行及时维修与养护。不断的维修养护不仅花费大量的人力、物力和财力,而且也产生了不良的社会影响。

2. 纵向填挖交界处不均匀沉降病害的危害性

(1)路基失稳

纵向填挖交界处不均匀沉降造成路基发生侧向滑移,严重时甚至发生整体坍塌,路基稳定性存在隐患,当路基滑移量较大、甚至整体坍塌时,会造成路面整体破坏。

(2)路面损坏

路面损坏,主要表现为面层出现裂缝等症状,严重时会产生路面错台。

(3)路面整体性能下降

随着路面病害的产生和道路纵横坡的变化,道路的基层强度或路基的整体强度随之下降。当路面状况指数(PCI)、结构承载力、平整度等下降到一定程度时,还将影响行车安全。

任务2.2 路基不均匀沉降病害处理措施和方法

【知识目标】

了解路基横向与纵向不均匀沉降病害的成因,掌握路基横向与纵向不均匀沉降病害预防措施与整治技术。

【能力目标】

能根据路基不均匀沉降病害的成因,编制路基横向与纵向不均匀沉降病害整治设计。

2.2.1 路基不均匀沉降病害成因

【学习任务3】 掌握路基横向与纵向不均匀沉降病害的成因。

一、路基横向不均匀沉降病害的成因

路基横向不均匀沉降的发生是多方面因素综合作用的结果。其中,内因在于地基及路基本身;外因是车载、地下水及自重等作用。

1. 地基对路基横向不均匀沉降的影响

(1)路堤地基处理不当

①伐树除根及表土处理不彻底或是路基基底的压实度不够,致使路堤形成后,一旦杂质腐烂变质,地基将会发生松软和不均匀沉降。

②地面横坡>1:5的路段,路堤填筑前地基未按规定要求挖成台阶,填料与地基接合不良,在荷载作用下填料极易失稳而沿坡面发生滑移,从而产生横向不均匀沉降。

(2)特殊地基地段

①软土地基对路基横向不均匀沉降的影响。当路基修筑在软土地段时,软土层在附加应力作用下,会发生固结沉降、次固结沉降和侧向塑性挤出,导致明显的沉降变形。河谷、水塘地段清淤处理过程中,由于处理不彻底或回填材料控制得不好,从而形成人为的相对软土层,造成路基的不均匀沉降。在高填方填筑后,地基出现不均匀沉降,甚至路面开裂。在地表水和地下水排泄困难的地方,地基土中的软土层在固结过程中的较大沉降变形,也是产生过大沉降和沉降差的重要原因。有些路段所处地基不属于软土地基,但处于低洼、河谷处,长期受水冲蚀,天然含水率较高,在设计时未发现或未作特殊处理,在施工时也未做等载或超载预压,也会产生不均匀沉降。

②岩溶地基对路基横向不均匀沉降的影响。在碳酸盐岩地区,路基下有时分布有岩溶洼地或漏斗,其中的沉积物松软,在行车动载的作用下,沉积物压实、侧向流动和下陷,造成路基沉陷。一般说来,土层的天然含水率越高、天然孔隙比越大,则压缩系数越大、承载力越低,则路基的沉降量和沉降差越大;抗剪强度和承载力越低,则侧向塑性挤出甚至局部坍滑的可能性越大。故地基中存在岩溶,容易导致路基的横向不均匀沉降。

2. 路基本身引起的路基横向不均匀沉降

(1)路堤填料不均匀

在公路施工过程中,对填料、级配很难得到有效的控制。若填料中混入种植土、腐殖土或泥沼等劣质土,或土中含有未经打碎的大块土或冻土等,或在填石路堤中石料规格不一,性质不匀,空隙很大,在雨季可能产生局部明显横向下沉。

(2)路基填土压实不足

由于压实度不足往往导致填方路基的横向不均匀沉降变形,路基两侧出现纵向裂缝。压实度不足的主要原因有如下几点:

①路基施工受实际条件的限制时,如天气太干燥,局部路堤填料含水率低,土块粉碎不足,致使路基压实度不均匀;暗埋式构造物因其长度限制使路基边缘不能超宽碾压,致使路基边缘压实度不够;加减速道与行车道没有同步施工,当拼接处理得不好时,其拼接处也产生压实度不足的情况。

②在填方路堤施工中,当路堤施工到一定高度以后,路堤边缘土体往往存在压实度不足,其结果是土体前期固结压力小于自重应力和各种附加应力之和,在自重作用下就会发生沉降变形。这些附加应力引起土体中有效应力改变,从而导致土体发生压缩变形。土体压实度不足还会导致填土路基的侧向完全受限,仅有竖向变形。实际路基土中存在有侧向变形,这种侧向变形会引起沉降。

③由于填方土体的最佳含水率控制不力,压实效果达不到要求。

④考虑到施工安全和进度,使得压实作用时间不足,路基压实不充分,致使路基压实度达不到要求。

⑤其他原因:如路基填料的含水率、压实时的松铺厚度、碾压机具选择不当等,都易造成路基压实不足,使路基土的密实度达不到要求,这样土体仍会发生积水,造成水分积聚和侵蚀路基,使路基土软化或因冻胀而产生不均匀沉降。

(3)半填半挖部位产生的不均匀沉降

由于填方与挖方的沉降系数不同,在行车荷载的作用下,随着时间的推移,填方与挖方的沉降差值越来越大,易在交界处出现土基不均匀沉降,路基产生纵向裂纹。

3. 水文气候引起的路基横向不均匀沉降

(1)气候对路基横向不均匀沉降的影响

降雨量过大、洪水、冰冻、积雪或温差过大,都可能使高路堤产生横向不均匀下沉。

(2)地下水对路基横向不均匀沉降的影响

在地下水的交替作用下,路基土体内含水率反复变化。土体重度在一定范围内波动,由毛细管张力引起负孔隙水压力可以达到相当的数值,再加上水的软化、润滑效应,有可能使路基产生横向沉降变形。

4. 施工方面的原因

填筑顺序不当,未在全宽范围内分层填筑,填筑厚度不符合规定,填料质量不符合要求,填料水稳性差,不同性质的填料混填,因不同土类的可压缩性和抗水性差异,都会形成不均匀沉降。路基填料含水率控制不严,又无大型整平和碾压设备,使压实达不到要求。施工过程中,未注意排水,遇雨天时,路基积水严重,无法自行排水,有的积水浸入路基内部,形成水囊;晴天施工时,未排除积水和控制含水率就继续填筑,以致造成隐患。

5. 加宽路基病害机理分析

高等级公路改扩建工程路基加宽出现的各种病害,其产生的原因与地质勘察、设计施工等有关。按照病害的类型,可以从稳定性和变形两个方面分析其产生机理。

(1)稳定性不足

稳定性不足是指加宽路基自身稳定性不能满足稳定要求,或者新老路基接合部接合强度不足。其主要表现有如下几个方面:

①地基坡面过陡。在山区加宽工程中,地形条件复杂,经常需要在陡坡地基上进行加宽路基的填筑(图2-9)。为保证加宽路堤的稳定性,加宽常采用重力式挡墙或者轻型挡墙的支挡结构。当原地基边坡存在潜在破裂面或滑移面时,加宽路基将沿此破裂面或滑移面产生滑移,从而导致整体失稳;地基土的抗剪强度会因雨水浸入湿化,在干湿循环、冻融循环等外界因素的影响下降低;进行支挡结构设计时,获取的道路沿线地质资料不够完整,因此挡墙设计一般以经验为主,对挡墙缺乏必要的稳定性验算,实际施工时基础埋深随意性强,影响支挡结构的稳定性。

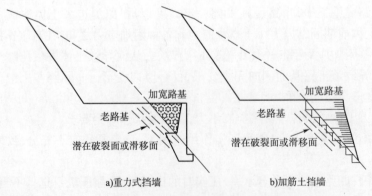

图2-9 地基过陡时的道路加宽

②地基存在软弱下卧层。当地基存在软弱下卧层,如压缩系数大、流变性显著的软土时,新老路基接合部接合强度不足,从而产生自接合面至软弱层顶面的滑动面(图2-10)。另

外,软弱下卧层具有流变性,侧向变形大,软弱地基土向路堤外侧挤出,加宽路基坡脚出现起拱现象,并伴随塑性区域的开展,最终导致边坡失稳。

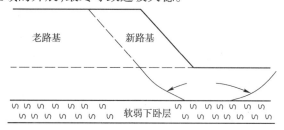

图 2-10 地基存在软弱下卧层时的道路加宽

③新老路基接合部强度不足。主要体现在以下几个方面(图 2-11):

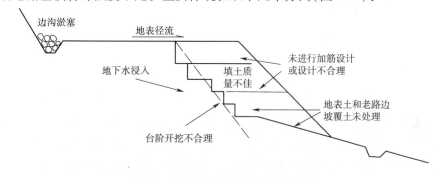

图 2-11 新老路基接合部强度不足示意图

a. 新老路基接合部施工工艺较复杂,施工难度较大,如密实度达不到标准、开挖台阶没有达到设计要求、老路基边坡没有处理完全等。因此,各种施工原因造成了接合部的强度不足。

b. 在新老路基接合部没有设置土工合成材料,或土工合成材料和填土之间的摩擦力较小,或土工合成材料埋入新老路基的长度不够,致使其未能充分发挥加筋性能。

c. 加宽路基填料较差,抗风化性能、抗淘蚀性能不足。施工过程中,路基填料多半就近选取,对材料粒径、级配及材料本身的物理力学性质等方面控制不严,填料中含有有机植物根茎及腐蚀性耕植土的现象较为普遍。山区路基填土多为土石混合料,对路表水和地下水有一定渗透能力,填料中细颗粒材料通常占很大比重,渗水时易发生淘蚀。

d. 排水设施不完善,设施布置不合理,导致地表水下渗,形成滞水、积水和渗水。路基土受水浸泡而湿软,强度急剧下降。另外,山区暴雨可能造成坡体发生很小的坍塌,淤塞道路内侧边沟,养护不及时可导致路基上侧雨水漫过路面,雨水可能从路面渗入路基。若路面已经开裂,雨水自裂缝进入路基,加剧裂缝扩张并导致路基强度下降。

因此,当地基地形和地质条件不佳时,加宽路基容易出现与一般新建路基相同的稳定性问题。但此类问题可以通过详尽的地质勘查、认真设计和严格施工来避免。

(2)变形不协调

新老路基变形不协调以不均匀沉降为主,是地基和路堤的固结沉降与压缩变形的空间差异在路基顶面的反应。按照变形形成的原因来分类,新老路基变形不协调主要由以下 3 个方面组成。

①新老路基的自身压缩变形。这种变形产生的主要原因是填土的压实度不足、填石路堤咬合状态不好而发生滑移,或者路堤采用压缩性大而固结时间长的黏土(图 2-12)。由于

老路基已经使用一段时间,在堤身荷载作用下的压缩变形已基本完成,而新路基在加宽施工结束后仍发生较大的压缩变形。

②新路基作用下地基的固结沉降。这种沉降主要发生在地基下卧层土质条件较差的路段。土体压缩性大、固结时间长,在施工结束后仍然发生很大的沉降。而老路基作用下的地基在老路堤自重荷载作用下固结变形已完成或基本完成,在新路堤自重荷载作用下地表发生不协调变形,并最终反映到路堤顶面,造成路面结构的损坏(图2-13)。当地质条件差,地基的固结变形在不协调变形中占主导地位时,老路基远离加宽路基部分产生的沉降较小,靠近加宽路基部分产生的沉降较大,从而在老路基顶面产生不协调变形,导致老路路面的损坏、开裂。

图2-12 新老路堤自身压缩和固结变形引起的变形不协调

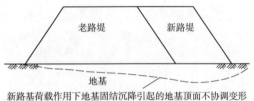

图2-13 由于地基固结变形引起的不协调变形

③新老路基接合部接合强度不足,造成新路基沿接合面的滑移,这种情况下不仅产生变形不协调,甚至可能发生错台及整体失稳(图2-14),导致新老路基接合部附近的路面损坏、开裂(沥青混凝土路面出现纵向裂缝,半刚性基层或水泥混凝土路面出现断裂)。

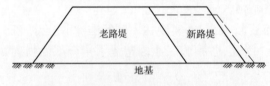

图2-14 由于接合部滑移变形引起的不协调变形

所以,在不同工程特点和地基地质条件下,加宽工程出现的新老路基不协调变形产生的主要组成机理是不同的,在路面结构上反映的损坏部位也是不同的,设计和施工时要有针对性地采用处理措施。

实际上,高等级公路路基加宽常见病害产生的主要原因有新老路基间的差异沉降、新老路基之间的不良接合、路基路面整体抗变形能力、路基稳定性,以及水文、地质条件等。病害的发生往往不是由单个因素决定的,而是由多种因素共同作用的结果,但新老路基间的变形不协调和新老路基的不良接合是导致相关病害产生的主要原因。

二、路基纵向不均匀沉降病害的成因

1. 桥头跳车病害产生的原因

(1)地基强度不同

桥头跳车产生的基本原因,是桥台与路基间的材料弹性模量不一致而引起的沉降差超过某个限值时所致。

(2)设计方面原因

设计人员若对碾压方式方法考虑不周、填料要求不严格、台背排水考虑欠佳、路堤填土处理不当等,必然产生较大沉降。

(3)施工方面原因

台后填料不当、压实不足等使得填料压实度满足不了设计和规范要求,产生较大的工后沉降。

(4)地基浸水软化

软土、黄土地基浸水造成路基沉降。

(5)桥台伸缩缝的破损,形成台阶。

2. 纵向填挖交界处不均匀沉降产生的原因

(1)在山区公路施工中,路基填方与挖方接合处的填方一般处于一个"倒三角"的地形。机械难以在底部展开工作,一般在倾填至机械能及的位置后才进行碾压。倾填的部分由于大石料集中、填料的空隙率大,极不稳定。尤其是基底未经处理,地基的承载能力不均匀也导致了变形过大;而挖方地段基础处于天然密实状态,即使有沉降也是均匀的。因此,在纵向填挖交界处易形成不均匀沉降。

(2)在高填方地段与挖方地段,由于工后沉降量明显不同,造成高填方与挖方地段易形成不均匀沉降。

(3)填方时,填挖衔接处如没有按要求采取挖台阶处理或者处理的宽度及高度不满足要求,易形成不均匀沉降。

2.2.2 路基不均匀沉降病害的处理措施和方法

【**学习任务4**】 掌握路基横向与纵向不均匀沉降病害的预防措施与整治技术。

一、路基横向不均匀沉降病害的预防措施与整治技术

1. 路基横向不均匀沉降病害的防治措施

1)设计方面

(1)做好地质勘探调查

对路线经过的地形、地貌、水文地质条件进行详细勘察,对特殊路基段应提供详细的设计资料。对于地表不良路段,设计可考虑换土或掺石灰、水泥及铺设土工合成材料等措施。

(2)确保路基最小填筑高度

路基最小填筑高度必须保证不因地面水、地下水、毛细水及冻胀作用的影响而降低其稳定性。按照路基设计规范要求,根据土基干湿类型及毛细水位高度确保路基最小填筑高度。土质挖方路基,需换填不少于60cm砂砾;石质挖方路基,需设置30cm砂砾垫层;横向排水不畅路段要加设盲沟。

(3)明确路基填料质量标准要求

在各级公路工程施工图设计中,必须明确不同填高内路基填料的CBR值(最小强度)及最大粒径要求。种植土、腐殖土、淤泥冻土及强膨胀土等劣质土,严禁直接用于填筑路基。砾(角砾)类土应优先选作路床填料,土质较差的细粒土可填于路堤底部。

(4)完善路基综合排水设计

县级以上公路工程设计中,必须进行路基纵、横向排水设计,避免造成两侧长期积水浸泡路基,使路基承载力下降而发生沉降变形。在居民区路段必须设置排水边沟,平坡路段边沟需设有纵坡,确保排水通畅。高填方路段采用集中排水措施,并与警示桩、防撞墙统筹考虑,要求在每20~40m及主要变坡点处设置简易或永久性泄水槽。挖方段应根据上边坡的汇水面积设计截水沟,并考虑边坡土质和边坡,设置挡土墙防止塌方,路基较低路段可以加设砂砾层及渗水盲沟,并加大、加深边沟等排水措施。

(5)确保路基边坡稳定性

高填、深挖路基的边坡应根据填料种类、边坡高度和工程地质条件等确定,且高填路堤

必须进行路基稳定性验算。填方边坡过高时,可考虑在边坡中部加置边坡平台。

(6)积极采用路基综合防护形式

积极推行植物防护与工程防护相结合的综合防护形式,在比较稳定的土质边坡采用种草、铺设草皮、植树等植物防护措施。岩体风化严重、节理发育、软质岩石、松散碎(砾)石土的挖方边坡以及受水流侵蚀、植物不易生长的填方边坡可采用护面墙、砌石等工程防护措施;沿河路基、受冰侵害和冲刷路段采用挡土墙、砌石护坡、石笼抛石等工程防护措施。

(7)设计方法方面

①强夯法是目前发展起来的处治路基不均匀沉降的有效措施。强夯法通过整体提高密实度来减少不均匀沉降变形。其作用效果明显,施工速度快。但是强夯法对结构物的动力冲击较大,限制了在桥头、涵洞等部位的应用。

②压力灌浆法是利用机器施加高压,把能固化的浆液压入土体空隙,浆液凝固后把压力区范围内的土体固结,使用松散的土颗粒形成整体,达到控制沉降、减少不均匀沉降的目的。特别是针对公路路基下软土基的处治,可以直接改善土体结构,固结土体,控制沉降。

③应用土工合成材料(土工格栅、塑料网格等)进行加筋或制成柔性褥垫层,使之调节和控制不均匀沉降。国际上普遍认为土工合成材料是处理不均匀沉降的有效措施,而且土工合成材料除了对地基有加筋作用外,还有滤层、排水、隔离、防护、防渗等作用。

2)施工方面

(1)做好施工组织设计

合理安排施工段的先后顺序,明确构造物和路基的衔接关系,以施工组织设计为依据,结合施工现场的实际情况,合理调配人员、设备,是保证路基施工质量的重要环节。

(2)做好施工前的准备工作

开工前要认真审阅设计文件,详细了解各段的填、挖情况,地质情况,填、挖土质和调配情况。对重要地段要作重点勘察,进一步核对设计资料,发现设计文件中有误应及时上报业主,妥善处理。

(3)认真清除地表土

不良土质、地表植被、树根、垃圾、不良土质(盐渍土,膨胀土等)必须予以清除;然后换填透水性材料,尤其是低填方路段要注意满足路基工作区的要求。有必要时要设置砂砾隔层,路基深度、宽度、长度都必须到位,不留丝毫隐患。

(4)严格控制填土含水率

施工时含水率要高于最佳含水率的1%~2%压实为宜,避免出现小于最佳含水率的压实情况。含水率偏小时,土粒间的润滑作用不足,即压力不足以克服土粒间的摩擦力,土中的空气不能排除、土粒间无法靠拢,因而难以达到最大密实度。特别是地基土为黄土、黏土等细粒土,在干燥状态下结构比较强,有较强承载能力,一旦受水浸泡,易形成翻浆或路基沉降。

(5)严格选取路基填料用土

路基填料确定前,需进行土质分析,做CBR值、标准击实等试验,对于种植土、腐殖土、淤泥、强膨胀土等劣质土的CBR值、最大粒径不能满足规范要求的材料,不能用于路基填筑。

(6)做好监测工作

路基填筑前,要根据设计进行施工放样,建立半永久性的临时水准点和坐标点,并做好相应记录。路基坡脚放样一定要准确,确保路基宽度满足设计要求。路基坡角范围内,要求清除杂草、树根、淤泥等,并进行整形碾压,压实度需达到规范要求。旧路加宽、半填半挖段应做好宽度不小于6m的向内倾斜的台阶。

(7)处理好特殊地段施工

填石路基与特殊地段路基施工,可利用重型夯实设备进行强夯处理,或将土工格栅(土工布)水平分层布置在填石路堤内,防止或减缓细料在填料空隙中的流动。

(8)做好路基填筑碾压工作

路基施工必须分层填筑、分层碾压,一般路段压实厚度不得大于30cm。不同性质的土不能混填,同一种土填筑厚度不能小于50cm(两层)。路基填筑需全幅填筑,一次到位,严禁帮宽。碾压过程中,要控制好含水率,压实度达到规范要求后,方可进行后续施工;压实度检测每层2000m²(不足2000m²按2000m²计)不少于4点。根据不同填土类型和压实厚度,选择好压实设备。对于砂砾土,振动压路机具有滚压和振动双重作用,效果较好。

(9)做好路基施工中的排水工作

路基施工中,首先按照设计要求,做好排水工程以及施工场地附近的临时排水设施。路基顶面做成2%~4%横坡,便于表面水及时排出。为了保持路基能经常处于干燥、坚固和稳定状态,必须将影响路基稳定的地面水予以拦截,并排除到路基范围之外,防止浸沉、聚积和下渗。同时,对于影响路基稳定的地下水,应予以截断、疏干、降低水位,并引导到路基范围以外,使全线的沟渠、管道、桥涵构成完整的排水体系。

①一般路段排水:路基排水沟渠(包括边沟、截水沟、排水沟)要注意防潜、防冲。当沟渠纵坡达到或超过3%时,即需采取加固及防止渗漏措施;边沟过长时,应考虑减小纵坡的容许值或做好出口设计,将水引离路基;边沟过于平缓,相反会引起边沟淤塞,一般纵坡不小于0.5%,受限制时不小于0.3%。

②特殊路段排水:在深路堑、高路堤、滑坡、陷穴等地段,应注意结合水土保持进行综合治理。如用挖鱼鳞坑、水平沟、种草、植树等方法对坡面径流进行调治与防护;在冲沟头植树,防止冲沟被侵蚀,危害路基;在沟谷布设路线,在沟谷中筑坝淤地,并保护路基坡脚不受水的冲刷破坏;还可做护坡堐、涝地、水窖等。

(10)对半填半挖部位产生的不均匀沉降的控制

将接合处挖方段下挖150cm,并依次做台阶,台阶宽1m,高为一个土方填筑层厚。每个台阶与填方整体填筑混压,150cm层面按94%控制压实度,150cm以上按96%控制压实度。其具体控制方案,如图2-15所示。

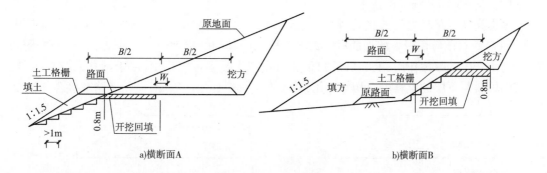

图2-15 半填半挖路面过渡示意图

(11)做好施工后的养护工作

路基土石方施工时或完工后,应及时进行路基防护工程施工和养生。

2. 高等级公路改(扩)建新老路基变形不协调控制技术

基于新老路基的修筑历史、施工工艺和填筑材料的不同,在其顶面不可避免地会产生变形不协调,继而导致加宽路基或路面出现相应的病害。

1)变形不协调控制技术分类

按照对新老路基变形不协调处治措施的部位来划分,其控制技术划分为3类,即路基内部处治、外部处治和综合处治(表2-1)。新老路基接合面处理和加筋路基的主要作用是增强新老路基接合部的接合强度,防止因接合部强度不足而发生滑移;填料及压实控制的主要作用是提高加宽路基的整体刚度并减小由于加宽路基自身压缩变形而引起的变形不协调;轻质路堤、支挡结构和地基处理分别从减小路基自重和增强地基抗变形能力的角度来减小地基的固结变形引起的变形不协调;综合处治则是整体控制变形不协调。

变形不协调控制技术分类　　　　表2-1

路基内部处治	新老路基接合面处理	综合处治	设置分隔带
	填料及压实控制		完善排水系统
	加筋路基		过渡性路面
	轻质路堤		内、外部综合处治
外部处治	地基处理		
	支挡结构		

2)增强新老路基接合部强度的工程技术措施

(1)新老路基接合面处理工程技术

路基加宽工程中,新填路基填筑前应对老路与新路交界的边坡坡面和部分地基表面进行预处理。其一般处理方法如下:

①清除原地面上的植被、树根以及表层富含有机质的腐殖土。

②老路与新路交界的边坡坡面0.3m厚度范围内以及外侧路肩0.5m范围内应挖除换填。如果不处理会在该交界面产生薄弱界面,路基整体抗变形能力下降,新老路基不协调变形增加,导致新老路基接合不良。

③老路与新路交界的坡面上应挖设台阶(图2-16),台阶设成向内倾斜3%左右的坡度。为保证新老路基良好接合,通常将老路边坡坡度处理为1:1~1:1.5,每级台阶宽度宜不小于1.0m,高度在0.6~1.0m之间。

(2)路基加筋处理工程技术

为提高新老路基之间的接合强度,公路改(扩)建加宽工程广泛地采用路基加筋技术(图2-17)。目前应用较多的加筋材料为土工格栅。其加筋机理包括3个方面:土工格栅的表面与土产生的摩擦作用;土工格栅肋条和节点产生被动抗阻作用;由于网孔的存在,网格上层的填料与下层的填料可以相互作用,对土产生锁定作用。因此,在新老路基接合部铺设

图2-16　新老路基衔接处开挖台阶

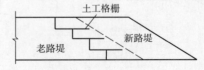
图2-17　某高等级公路加宽改建路堤加筋设计图

土工格栅可增强土体的抗剪强度和抗弯刚度,约束路基的侧向位移。同时,土工格栅与土颗粒之间的作用产生应力效应。在上部荷载作用下,土工格栅的张力产生的拉力承担了部分土体的竖直应力和水平应力,并将荷载应力较均匀地扩散到较大的范围内,减小了应力的过分集中而造成新填路基的土体坍滑变形,增强了新老土体的整体性,降低了新填路基地基的不均匀沉降。若控制土工格栅的设计应变(延伸率)在10%以下,土工格栅几乎不产生蠕变。

3. 高等级公路改(扩)建路基加宽施工的重点与难点

(1)选择与确定合理有效的施工方案

路基加宽工程是一个特殊的工程,是在开挖老路基边坡,同时又要在作业面狭窄的空间进行施工。施工材料、机具设备、人员进出都不是很方便,设备搬运困难,大型设备无法顺利开展工作,设备利用率很低,左右2幅还要设置2条便道。因此,必须选择与确定合理有效的施工方案,使工、料、机达到合理匹配,满足质量和工期要求的目的。

(2)选择与确定合理有效的软土地基处理方法

当路线通过软土地基时,为了确保新老路基的工后沉降和不均匀沉降满足要求,保证路面不发生纵向裂缝,如何针对不同的软土地基情况(软基厚度、硬壳层厚度、地下水位)、加宽路基高度,选择合理有效的软土地基处理方法非常关键。因此,软土地基处理是工程重点,在地基处理过程中应尽量减少对老路路基的扰动。

(3)新老路基有效衔接技术

新老路基的有效衔接是确保整个加宽工程质量的关键。在与老路基的有效衔接施工中,应将老路堤边坡一定范围内路基质量低劣的土体挖除,并将边坡开挖成一定高度和宽度的台阶,并在台阶顶面铺设一层土工格栅。在施工中若发现老路基有渗水现象或其他不良状况时,还应采取增设盲沟等措施及时进行处理,但应尽量减少对老路基的扰动,确保新老路基拼接质量。

二、路基纵向不均匀沉降病害的预防措施与整治技术

1. 桥头跳车病害综合防治技术

消除或缓解桥头跳车关键是减少不均匀沉降量、延长沉降特征长度、减缓不均匀沉降梯度,从而起到匀顺纵坡的目的。根据桥头跳车现有防治技术,从地基处治技术、台背路堤处治技术以及过渡段路面处治技术等方面研究综合防治措施,以期可以较好地解决桥头跳车现象。

1)地基处治技术

地基处治的目的是改善地基性能,提高承载力和抵抗自然灾害的能力,增强地基稳定性,减少或消除路桥过渡段的不均匀沉降,缩小桥台与路堤的沉降差。

从机理方面看,对软土地基进行处治就是要迅速消散软弱土层中的超静水压力,提高土颗粒间的有效应力,完成土体的二次固结过程。

针对不良地基的预防措施,目前国内已有换土法、超载预压法、排水固结法、高压喷射注浆法、振动碎石桩法、深层搅拌桩、挤密砂桩等。

目前,国内主要采用的桥台类型可归纳为重力式(U形台)和轻型(桩柱式和肋板式台)。前者多用于承载力较大的地基如基岩,后者多用于不良地基如软黏土、杂填土、冲填土、饱和粉细砂(包括部分轻亚黏土)、湿陷性黄土、膨胀土、多年冻土等。在已修建的高速公路中,常见的地基破坏模式有:地基的不均匀下沉、地基的均匀过量沉降及地基承载力不足

引起的剪切破坏等。高速公路投入运营后,在方法的选择上不但应达到治理地基的沉降和破坏的目的,还应考虑到尽量减小对路堤及上部结构的扰动,不影响交通、经济且方便施工。

在对台背地基进行处治时,要考虑路堤的纵向与横向2方面的变形协调问题。在详细了解桥头地基的地质情况前提下,选用处治措施时要注意以下2点:

①纵向上保证桥台沉降与路堤地基沉降的平衡过渡;

②横向上维持路堤中央变形和坡脚路肩处变形的协调稳定。

2)路堤处治技术

路堤是承受并传递上部结构及汽车荷载的载体。路堤的沉降和变形直接关系到公路的正常运营,一旦发生破坏后维修就比较困难。而且,在施工中受构造物的影响,大型的压实机械由于工作面较小难以展开压实工作;因此,台背部位回填土的压实质量难以保证,加之该部位路堤施工又晚于其他正常路段路堤施工时间,相比之下没有足够的时间完成固结沉降,因而在自重的作用下,路堤的压缩沉降一般也就比较大,这是引起桥过渡段不均匀沉降的主要原因之一。

路桥过渡段病害处治的目的就是使路基与桥台间实现平稳过渡。处治的原则是减少对周围稳定结构的破坏,工期要短,因此,减少路桥过渡段不均匀沉降。台背路堤处治,可从以下几方面入手:

①合理安排施工工序和时间,设法尽早对路桥过渡段路堤进行施工,保证有足够的时间完成沉降;

②设法提高台背回填区路堤的压实度,减少因填料自重和车辆荷载作用下压实度增加而产生的沉降;

③在考虑经济性的前提下,合理选择填料,设法减少路桥过渡段路堤的自重作用,避免因自重过大而产生过大的压缩沉降;

④设法提高台背路堤自身承载能力,如利用土工格栅予以加筋等,增加路堤填土的整体性,减少不均匀沉降的梯度。

(1)施工工序的合理安排

为使桥台台背填土尽早开始,在立柱、桩基础施工中应先安排桥台,再做其他桥墩。为保证桥台盖梁下填土的压实质量,要求必须先将台背填土至盖梁地面高程,再浇筑桥台盖梁。为避免桥梁、伸缩缝、路堤三者高程不一致而形成错台,要求铺筑路面时,先将伸缩缝预留槽,并临时用沥青填筑,待路面铺筑完毕,再对预留槽进行切缝,安装伸缩缝。

(2)优化台背填方碾压方法

施工过程中尽可能扩大施工场地,以便充分发挥一般大型填方压实机械的作用,当受场地限制时,可采用横向碾压法,以能使压路机尽量靠近台背进行碾压。对于大型压路机不能靠近台背时,可采用小型压路机配合人工夯实进行碾压。同时,可减薄碾压层厚度(15~20cm),提高压实度,最终使压实度满足设计要求。

在涵洞的翼墙周围特别容易产生因压实不足而引起的沉陷,给养护工作带来麻烦,应注意压实。扶壁式桥台在施工时很可能使用大型压实机械,这种情况下应与小型振动压路机配套使用,给以充分压实。

(3)强化台背回填材料

台背填料应选择强度高、渗水性好、塑性小、压实快、透水性好的材料。同时,为了改善填土的密实性,应设计好相应的级配,台后须设置横向泄水管或盲沟,以利排水,减少病害。

此外,应采用粗颗粒材料填筑桥涵两端路堤,或者设置一定厚度的稳定土结构层。用粗颗粒材料作为路基的填料,不仅改善了压实性能,使其易达到要求的密实度,而且对北方地区特别有利于减缓冻融的危害。设置稳定土的改善层能够使路基、路面的整体刚度有所提高,从而减少沉陷。

在挖方地段的台背回填部位,因场地特别窄小,应选择当地的石渣、砂砾等优质填料(在湿陷性黄土地区宜用水泥、白灰稳定土)。填料的施工层厚度,以压实后小于 20cm 为宜。无论填方或挖方地段的台背填料,最好不要采用容易产生崩解的风化岩的碎屑,以免因填料风化崩解而产生下陷,这一点在土方调配时应予以重视。

在高填方的拱涵及涵洞与侧墙的相接部位,应尽量使用内摩擦角大的填料进行填筑,而且,施工时应注意填料土压的平衡,不得发生偏压,以免造成工程事故。

受施工条件的限制,一般土方的内摩擦角较小,加之压实质量难以保证,因此,桥台背通常选用如岩渣、砾石、砂砾等摩擦角大、强度高、压实快、透水性好的填料。这类回填料不但有利于从台背缝隙中渗入的雨水沿盲沟或泄水管顺利排到路基外,减缓雨水的危害,而且也有利于改善压实性能,使路基容易达到设计要求的密实度。但这样的措施在缺石地区难以实现,且相应的成本也较高。

(4)土工格栅处治台背填土

随着加筋土技术的日趋成熟,土工格栅也逐渐被用于桥台台背,以处治桥头跳车问题。从 20 世纪 80 年代开始,国内外进行了大量的室内外试验,在美国怀俄明州公路局用土工格栅加筋处治了近 50 座桥台,结果表明该处治措施可以有效消除桥头跳车问题。在国内,通过室内模型试验和工程实例对土工格栅加筋土技术处治桥头跳车进行了分析,得出了台背填土压实度、铺网长度与台背填土沉降之间的关系。在 107 国道湖南湘潭段龙云立交桥、320 国道湖南株洲白关桥、广东深汕高速公路 4 座桥梁以及京沪高速公路 4 座桥涵等都有成功应用土工格栅加筋土技术处治桥头跳车的工程实例。

①土工格栅处治机理。土工格栅处治桥头跳车的原理是:在填土中沿路线方向分层平铺土工格栅,格栅层的一端固定于桥台,另一段与台背连接,利用土工格栅变形的连续性及其高强度、高弹性、大变形特性,将车辆荷载及上部土体的自重荷载部分地传递到桥台,在台背局部范围内,分层阻止填料沿台背沉降;与此同时,通过格栅与土体的相互作用,改善局部荷载作用下土体内部的受力状态,将荷载扩散到一个较大的范围内,从而减少外部荷载对土体的压缩沉降,延长沉降特征长度,使台背与填土交界部位的阶梯状沉降变为连续渐变沉降。

②土工格栅处治的设计方法。采用土工格栅处治,减少台背路堤不均匀沉降,通常将土工格栅一端锚固于桥台背,另一端向压实后的路基上水平展铺,最下一层铺设在构造物基础的顶面,最上一层铺设在路基的顶面,以使得桥台借助于土工格栅和台背的路基压实土成为一体,如图 2-18 所示。

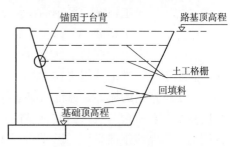

图 2-18 土工格栅处治台背示意图

格栅铺设间距,可按式(2-1)计算:

$$\Delta H = \frac{100 T_{GC} E_0}{E_r \gamma_m H_m \left[3.5 \dfrac{\gamma_m H_m}{P_0} \left(1 - \dfrac{Z^2}{H_m^2}\right) + \left(1 - \dfrac{Z}{H_m}\right) \right]} \tag{2-1}$$

式中：ΔH——距路基表面深度为 z 处的铺网间距，m；
T_{GC}——土工格栅的设计抗拉强度，按60%抗拉强度取值，N/m；
H_m——路基顶面与构造物基础顶面之间的高差，m；
Z——上一层土工格栅铺设位置距路基表面的垂直距离，m；
E_0——土工格栅的拉伸模量，Pa；
E_r——路基土填筑后的变形模量，Pa；
P_0——路基顶面所承受的来自路面自重与交通荷载的垂直压力，Pa；
γ_m——路基填土压实后的密度，N/m³。

一般情况下，首先根据土工格栅设计抗拉强度 T_{GC} 按式(2-1)计算不同路基深度处的土工格栅铺设最大层间距 ΔH_{max}，然后绘制 ΔH_{max}—Z 关系曲线，即为台背加筋最大布筋间距包络线，如图2-19所示。

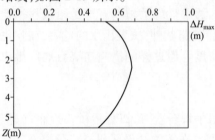

图2-19 最大布筋间距包络线示意图

在进行布筋间距设计时，加筋体任一深度 Z 处加筋材料的布设间距 ΔH 不能超出最大布筋包络线范围(图2-19曲线部分)。同时，在采用土工格栅加固时应注意，当桥台高度大于12m时，采用土工格栅加固的工程费用较高，故须慎重选择。此外，有限元计算发现，当铺网间距大于1.2m时，土体与土工格栅交界的界面上的剪应力很大，有可能导致两者之间的相对滑动，从而破坏了台背填筑体的整体性。因此，《公路土工合成材料应用技术规范》(JTG/T D32—2012)规定：在距路基顶面5m深范围以内，格栅间距以不大于1.0m为宜。依此原则，根据工程实际情况和设计需要，可以确定各加筋层合适的布筋间距 ΔH。这样，就使布筋间距设计过程更为直观，且能充分利用加筋材料的弧度，节省加筋材料用量，在减少计算工作量的同时达到优化布筋设计的目的。

土工格栅的纵向铺设宜上长下短(图2-18)，可采用缓于或等于1:1的坡度自下而上逐层增大纵向铺设长度，最下一层的铺设长度应不小于最小纵向铺设长度 L_{min}。L_{min} 可按式(2-2)计算：

$$L_{min} = 2 + \frac{0.5 T_{GC}}{C_{GC} + \gamma_m H_m \tan\varphi_{GC}} \tag{2-2}$$

式中：L_{min}——土工格栅的最小铺设长度，m；
C_{GC}——土工格栅与土体交界面上的界面黏结力，Pa；
φ_{GC}——土工格栅与土体交界面上的界面摩擦角。

③土工格栅处治的施工技术：

a. 土工格栅的摊铺其摊铺沿路线的纵向进行，将成捆格栅自桥台背部向外展开，按设计长度截断。若桥台与线路斜交，应将格栅靠桥台一端的端部截成与斜交角相同的角度，保证格栅铺向与路线走向平行。

b. 土工格栅的张拉、定位和锚固：

先将土工格栅靠桥台一端用膨胀螺钉或预埋螺杆锚固在台背(膨胀螺钉间距为60cm)；然后用一带钩横梁将土工格栅张紧，使之产生2%~4%的伸长率，后用U形钉定位(U形钉的布设间距不大于2cm，其长度宜为15cm左右)；再将土工格栅用膨胀螺钉锚固于桥台两侧的翼墙上(膨胀螺钉间距不大于1.0m)。

土工格栅的连接:对于每层的土工格栅,应采用连接棒将相邻的 2 幅连为一体。

填料的施工及检测:土工格栅铺好后,可在填料与台背交界部位填筑 20cm 厚的级配碎石,以便于台背排水。填料颗粒粒径小于 3cm,每层松铺厚度小于等于 20cm;整平后用 12t 以上压路机静压数遍后再起振碾压直至压实度符合公路路基施工技术规范的要求(路基顶面以下 0~80cm 范围内的压实度不小于 95%),压实后的厚度约为 15cm。

碾压时应严格控制填料的含水率,在达到最佳含水率±2%以内的含水率时,方可进行碾压,否则应进行翻晒。在施工过程中,对回填质量应进行检测,内容包括填料常规的物理指标和压实度等。

④注意事项:

a.砌筑桥台台背和翼墙时,其内侧表面应保证平整、规则,便于膨胀螺钉的安装和土工格栅的锚固,待圬工砌体达到规定的强度后再进行台背填筑。

b.台背填筑禁止在雨天进行。台背填筑时,底层土工格栅下的级配碎石应分层摊铺并用振动式压路机振动压实。当土工格栅摊铺在碎石层上时,应先在碎石层上撒铺 2cm 厚的粗砂,以免格栅直接与碎石接触而被压断。

c.土工格栅应储存在不被阳光直接照射和雨水淋泡处,根据工程进度和日用量按日取用。

d.运料车应避免在已摊铺并张紧定位好的土工格栅上行驶,以免对格栅产生推移作用。

3)路面处治技术

(1)设置桥头搭板

为了避免不均匀沉降对行车造成的不良影响,目前常用的方法是在桥台上设置桥头搭板。桥头搭板一端支撑于桥台,另一端通过枕梁或直接与路基相连,从而起匀顺纵坡的目的,使车辆通过时跳跃现象大为减少。

如图 2-20 所示,桥台与路堤衔接段内出现三次较大的路面纵坡变化。桥头设置搭板本质上只是辅助性弥补不均匀沉降的措施,试图改善三次纵坡突变不利状况,消除行车跳车感。显然,要达到消除桥头跳车的目的,搭板设计的关键是如何合理确定搭板长度。

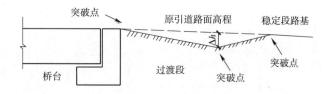

图 2-20 桥头处路面纵坡变化

以往,桥头搭板长度设计根据路桥过渡段不均匀沉降值 Δh 及容许纵坡变化为 0.5% 计算确定,即:

$$\frac{\Delta h}{L} \leqslant 0.5\% \Rightarrow L \geqslant 200\Delta h \qquad (2-3)$$

式中:Δh——路桥过渡段不均匀沉降值,cm;

L——桥头搭板长度,工程实践中一般常取 3~15m。

式(2-3)很难从根本上解决跳车问题,首先其要求对不均匀沉降 Δh 进行准确预估,这是很难做到的。即使可以做到准确预估 Δh,按式(2-3)计算搭板长度也可能出现下列三种情况,如图 2-21 所示。

①搭板长度 $L \leqslant$ 沉降特征长度 l,此时桥台和过渡段土体之间发生不均匀沉降后,搭板两端分别随两者下沉,即桥头搭板绕简支端转动,纵坡变化仍然存在,仍旧存在三次纵坡突变,即丝毫没有减轻桥头跳车的程度,这是最不理想的情况。

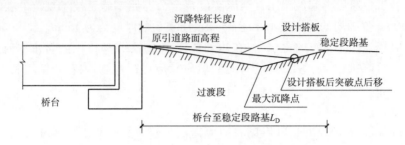

图 2-21 桥头处路面纵坡变化

②沉降特征长度 $l < $ 搭板长度 $L < $ 桥台至稳定段路基长度 L_D,此时突变点从最大沉降点处后移,跳车现象有所改善,但是仍旧存在三次纵坡变化,没能真正解决桥头跳车。

③搭板长度 $L \geqslant $ 桥台至稳定段路基长度 L_D,此时如果保证搭板末端不再发生沉降或者沉降很小,那么就可以实现消除纵坡突变状况,从而消除不均匀沉降引起的跳车现象。

因此,为了消除不均匀沉降引起的跳车的不舒适感,桥头搭板长度设计应该符合上述第③种情况,将搭板长度设计问题转化为如何确定桥台至稳定段路基长度 L_D 的问题。

如前所述,由于回填区一般压实比较困难,压实度也很难到达要求,所以称之为欠压实区;而回填区之外的路堤,在大型压实机械碾压作用下,压实度很容易满足要求,在此称之为压实区。由于压实区施工较早,路堤填土及地基有一定的沉降固结时间,相对台背回填区来讲,可以认为这部分路堤沉降已经趋于稳定。因此,搭板的末端应该设置在这段稳定的路基上,即搭板至少应该设置在欠压实区与压实区交界部位处,故搭板长度计算公式为:

$$L \geqslant b + \frac{H}{i} \tag{2-4}$$

式中:L——搭板长度,m;

b——回填区基底长度,m;

H——桥头高度,m;

i——压实区与压实区界面坡度,一般为 1:1。

由此可见,搭板长度与桥台高度成正比,桥台越高,搭板也就越长,反之亦然。当搭板设计长度为 L_0 时,由图 2-21 可知,此时搭板受力与简支梁类似,对于桥台由于基础稳固,所以沉降较小;而搭板末端的路基由于应力集中而通常会发生局部沉降,从而再次引发二次跳车。因此,控制搭板末端与路堤间的不均匀沉降值,是桥头搭板设置要解决的第二大问题。

为控制搭板末端与路堤间的不均匀沉降值,工程中一般在搭板末端设置枕梁,将搭板传下来的荷载分布到较大面积的路基上,同时还可增加搭板的横向抗弯刚度。枕梁截面底边一般取 60cm 以上,并且要求枕梁下地基容许承载力不小于 250kPa,据此限制枕梁下的计算应力。枕梁的内力与变形可按弹性地基梁计算。然而枕梁下的路基依旧是应力集中部位,必须作专门设计(见图 2-22)。建议布置碎石桩或水泥石灰桩,桩径约 35cm,桩长视填土高度而定,一般取 5m,间距 1.5m。该方法能较好解决搭板末端与路堤的衔接问题,但施工复杂、造价较高和工期较大,因此实际工程中很少采用。

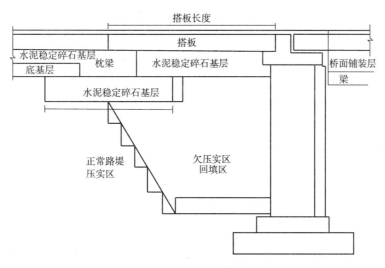

图 2-22 搭板改进设计

(2) 采用过渡性路面

根据桥涵的长度和路基的容许工后沉降值,在桥头一定长度范围内铺设过渡性路面,待路堤沉降基本完成(一般为 3～5 年)后,再改铺原设计永久性路面。过渡性路面可采用预制水泥;混凝土六棱块、条石铺砌、半刚性过渡层或沥青表处过渡层等类型。其中,水泥混凝土六棱块、条石铺砌仅适应于水泥混凝土路面,最大优点是翻修处理速度快;但不易铺砌平整,行车仍有抖动感觉,且其砌缝应采用防水材料,以防渗入雨水损害路基。值得推广的简便有效方法是铺设沥青表处过渡层,其优点是当出现较大沉降时,可及时补充铺设一层沥青混凝土或沥青砂,便能确保行车畅顺,有效避免跳车现象。

(3) 设置纵向反坡

所谓的纵向反坡就是在可能产生沉降的范围内,根据沉降的经验值设置一定的纵向路面超高,以抵消在运营过程中的路基沉降,从而达到消除桥头跳车的目的。通常有设置搭板和不设搭板 2 种,如图 2-23 所示。

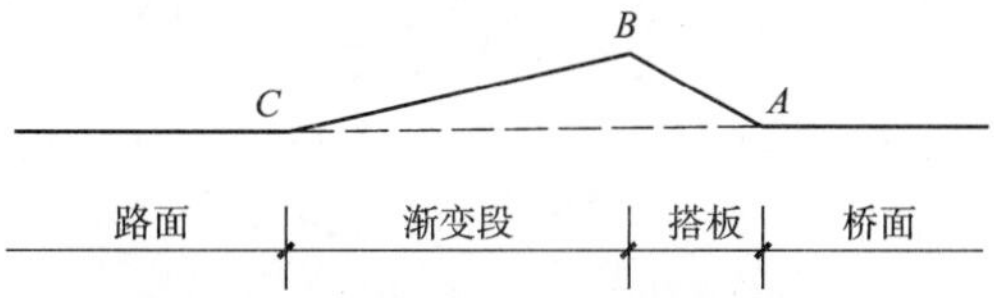

图 2-23 桥头搭板设置纵向反坡

(4) HD 掺胶混凝土修补处治

水泥混凝土路面结构与沥青混合料路面结构相比,有显著不同的特点。水泥混凝土强度高,强度形成的龄期长(一般需 28d),弹性模量大等,导致处治水泥混凝土路面桥头跳车变得复杂,如果用同种水泥混凝土材料修复,不仅存在最小厚度要求,而且由于强度形成的龄期长,在已通车的高等级公路上,必须要封闭较长一段时间的区间交通,这显然不适应现代高速公路建设、运营的需要。

试验表明,采用 HD 掺胶混凝土快速修补水泥混凝土路面具有黏结强度高、早期强度好、抗折强度及模量大、抗冷热交变性好、路面视觉效果好、通车时间短等优点,在高等级公路水泥混凝土路面处治桥头跳车施工中具有很好的应用前景。

(5) 采用可起吊的活动搭板

对部分桥头路基填土高、路桥过渡段施工进度快等特殊情况,考虑通车后剩余沉降量较大,很有可能出现跳车现象的路段,将桥头搭板设计为可起吊的活动搭板,通车一段时间后若出现跳车现象,可将搭板吊起,调整基层及枕梁高程,再将搭板放回原位即可通车。

4) 综合处治对策

在对桥头跳车处治时,往往是对破坏段路基、路面同时进行综合处治,而且在处治过程中往往是多种方法相结合。

(1)路基整体滑移或纵向开裂的综合处治对策

针对路基整体滑移或纵向开裂产生的原因,治理的目的就是要削弱乃至完全消除存在的内、外因素。从外因方面考虑,要加强边坡防护,阻止雨水渗入,把边坡和已形成的裂缝全部封闭起来;从内因方面考虑,不仅要改变填土的性质,同时还须增加其强度,提高抗滑移的能力。

因此,对其治理可以采用类似治理滑坡的方法,通常采用桩体与其他方式相结合的综合处治措施。抗滑桩是治理滑坡和路基纵向开裂隙的一种最常用方法,其作用原理是借助桩与周围岩土共同作用,把滑坡推力传递到稳定地层的一种抗滑结构。下面介绍一些比较常用的方法。

①抗滑桩+注浆法(图2-24)。在路桥过渡段病害处治时可采用抗滑桩法,利用抗滑桩可以阻止路基侧向变形发展,并提高抗滑移的能力;而注浆法既可以改善滑移面的力学性能,还可以防止地表水的下渗,从而达到治理的目的。

②密集弧形高压旋喷注浆+抗滑桩+注浆(图2-25)。当路基的下卧软弱层较厚、埋深较大时,可以采用密集弧形高压旋喷注浆+抗滑桩+注浆的处理措施。高压旋喷注浆水泥浆置换地基中软弱层部分土体,可以使其固结稳定,提高其承载力和抗剪能力;抗滑桩可以阻止路基侧向变形的发展,提高抗滑移的能力;注浆可以增加滑动面土体的整体性和防止地表水渗入。

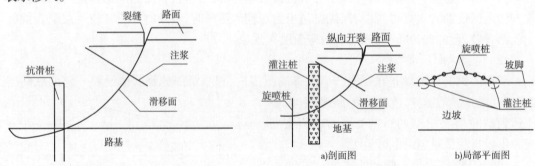

图2-24 抗滑桩+高压注浆法治理方案示意图　　图2-25 密集弧形高压旋喷注浆+抗滑桩+注浆

③高压旋喷桩+注浆(图2-26)。高压旋喷注浆是在填土中形成高强度的水泥与填土混合的固结体,以阻止路基侧向变形的发展,提高抗滑移的能力;注浆则是将路面下已破裂的土体通过注浆黏结起来,改变填土的性质,增加土体的强度和整体性,同时阻止雨水通过路面下渗。

该方法主要适用于地基较好的高填土质路基开裂或滑移。高压旋喷桩可以是一排或多排,注浆按其充填范围进行合理布置,待路基处理完毕后再根据具体情况做路面。

④挡土墙+注浆(图2-27)。低路堤段路面纵向开裂产生的原因,主要是由于存在切过地基的滑动面,缓慢蠕滑所致。其最初可造成路面架空,进而使路面形成纵向裂缝。雨水沿滑动面下渗,起到润滑剂的作用,促使滑动速度加快,裂缝渐渐变宽。如果路面纵向裂缝治理不及时,便会形成浅层滑坡。治理目的主要是阻止滑体蠕滑,阻止雨水沿滑面下渗。对于地基较好的低路堤,设置挡土墙可对滑动土体产生抗滑力;同时,对滑移面进行注浆不但可以有效增加滑动面土体的整体性和强度,还可以防止地表水沿裂缝渗入。

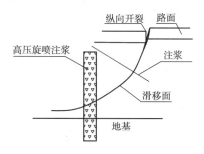 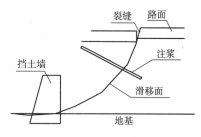

图 2-26　高压旋喷注浆 + 注浆　　　　　图 2-27　挡土墙 + 注浆

⑤反压护道 + 注浆(图 2-28)。当在较薄软土地基上填筑低路堤时,由于地基承载力不足,常常会出现堤脚外面隆起,路基剪切破坏或引起路堤滑塌现象,因此,需要对路堤边坡进行加固处理。其中,反压护道和注浆综合处理是一种经济有效的方法之一。反压护道法的优点是施工简单方便,不需要特殊的施工机具;填料可就地取材,经济实用。反压护道法与注浆相结合效果会更好,施工也比较方便。

⑥采用土工格室(栅)(图 2-29)。对于基础较好的矮路基,也可将滑移体开挖后,采用土工格室(栅)加土分层按台阶状回填,这里主要利用土工织物的加筋作用。埋置于稳定路堤上的土工织物可以限制滑体的侧向位移,增加土体的抗剪能力,从而改善土体的力学性能,减小或消除差异沉降。

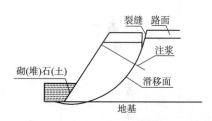 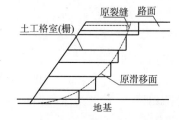

图 2-28　反压护道 + 注浆治理示意图　　　　图 2-29　土工格室(栅)治理示意图

(2)与路基沉降有关的桥头跳车综合处治对策

路桥过渡段病害主要包括台背差异沉降、路面凹陷、搭板断裂、搭板末端产生差异沉降或裂缝。实际中往往是路基、路堤、路面或搭板均发生破坏而产生桥头跳车。因此,治理时也应从地基、路堤、路面方面综合治理。对于路基发生了不均匀沉降的未设搭板或者搭板已发生断裂的路桥过渡段,可采用路基处治与设置搭板相结合的方法,常用的有钻孔桩、旋喷桩 + 搭板,树根桩托换 + 搭板,劈裂(压密)注浆 + 搭板等。

①钻孔桩、旋喷桩 + 搭板(图 2-30)。此方法主要适用于未设搭板或搭板已破坏,而且沉降范围较大的路基;钻孔桩、旋喷桩既可以在一定程度上改善土的性质又可以起支撑上部荷载的作用;而搭板可以起到防止桩体刺入路面和扩散车轮荷载的作用。

②树根桩托换 + 搭板(图 2-31)。此方法主要适用于路基的局部不均匀沉降或局部加固。通过在路基局部沉降处设置树根桩,可以使该处的荷载扩散到强度较高的路基,从而起到改善此处的受力情况,达到减小不均匀沉降的目的。

③劈裂(压密)注浆 + 搭板(图 2-32 和图 2-33)。劈裂和压密注浆均属于压力注浆,其中压密注浆主要利用的是其形成浆泡对土体的压密和抬升功能;劈裂不但有压密功能还可以通过掺入不同化学物质来改善土体的物理、化学性能。

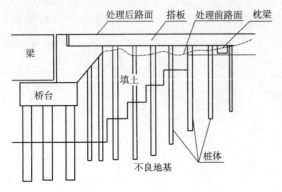
图 2-30 钻孔桩、旋喷桩+搭板

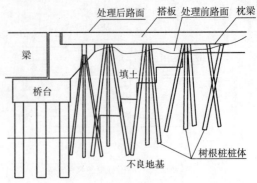
图 2-31 树根桩托换+搭板

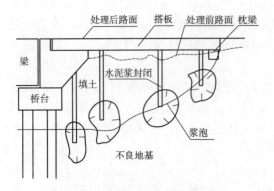
图 2-32 压密桩复合地基+搭板

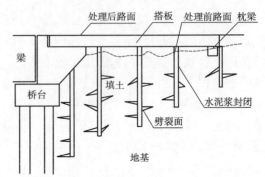
图 2-33 劈裂注浆+搭板

5) 排水措施的改进技术

在桥涵与路堤的连接部位,由于存在缝隙,雨水会沿缝隙渗入,从而对路面结构层和土基产生冲刷和侵蚀,增加路面各结构层和路基土的含水率,降低路面强度和路基整体稳定性。随着路基和各结构层的破坏,在外部车辆荷载冲击作用下,必然造成桥头路堤沉陷,产生跳车现象。因此,路桥过渡段应该设置完善的排水系统,尽可能减少不均匀沉降。

台背排水措施以往通常的做法是在台后填筑之前,在处治后的地基上设置泄水管或盲沟,如图 2-34 所示。在横坡为 3%~4% 均匀夯实的黏土土拱上挖一条双向排水的地沟,尺寸一般为宽 40~60cm、深 30~50cm,然后在台背后全宽范围内铺一层油毡或尼龙薄膜下垫层、上盖油毡的隔水材料。在地沟内铺设直径为 10cm 硬塑料泄水管,管壁上开有小孔,孔径 5mm,小孔间距控制在 10cm 以内并布置成梅花形,且其出口应伸出路基或桥头锥坡外。在硬塑料管四周再填筑粒径较大的透水性好的材料,由台背分层填筑至路基顶面。横向盲沟的设置与泄水管相同,应采用合适的材料(如大粒径碎石)填筑地沟。用土工布包裹盲沟出水口处,并对其作必要的处理。

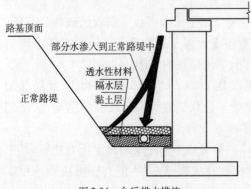
图 2-34 台后排水措施

分析如图 2-34 所示的排水措施,首先要求台背采用透水性填料,这在缺石地区难以实现,且相应的成本也较高;其次,即使台背采用透水性填料,渗入路堤内的水会造成填料中细料土的流失,从而在荷载和自重作用下导致沉降;最后,渗入路基内的水难以保证全部汇集于泄水管或盲沟内,可能会有部分水沿着水平方向浸湿正常路堤的填料,从而影响两种不同填料界面附近的正常路堤的强度和稳定性,同样在车辆荷载和自重作用下导致该部位的路基沉降。鉴于此,对台后排水措施应加以改进,如图2-35所示。

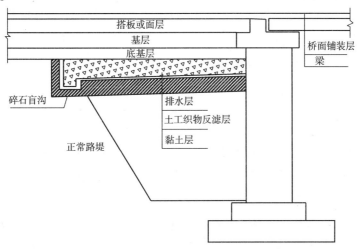

图2-35 台后排水措施的改进

改进后的排水措施从路基顶部向下依次设置透水层、隔离层和黏土层。黏土层和隔离层起隔水作用,防止渗入路面内的水进一步下渗到路基内,从而影响路基的强度和稳定性。隔离层可以用油毡或其他防水材料直接铺筑在黏土层上;然后在隔离层上铺设2~5cm中砂,以免透水层材料直接与隔离层材料挤压而损伤隔离层材料。铺设隔离层之前,最好在台背处涂设一层沥青,防止水沿台背渗入下部。最后在隔离层上铺设透水层,透水层可采用级配碎石填筑,厚度宜取20cm左右。盲沟可以采用大粒径碎石,除了与透水层接触的进水口处设置土工织物反滤层之外,盲沟周围均采用双层隔水层,一则隔离水渗入正常路堤,二则防止水继续下渗。此外,为了排水流畅,各结构层层底宜有3%左右的纵坡,这样就克服了传统台后排水措施的缺点,且台背填料不一定采用透水性材料(如粉煤灰轻质填料),可经济有效地解决过渡段排水问题,从而起到减少不均匀沉降的目的。

2.纵向填挖交界处不均匀沉降的预防措施与整治技术

(1)纵向填挖交界处不均匀沉降预防措施

①填方前应对基底进行处理,清除淤泥、腐殖土、杂草树根。

②做好临时排水设施。当坡面或坡脚处裂隙水比较丰富或有地下泉水时,应在沿坡脚位置每间隔2~3个填层高度设置一个盲沟,将裂隙水或泉水导流至填方区以外排水沟内。此外,路堤在填筑过程中要按设计纵横坡保持路拱,以便雨季排水畅通。另外,对于半填半挖、填挖交界处施工,最好不要用推土机直接进行填土作业,这样容易形成推堆区,且满足不了压实要求。

③高填方路基前边坡应用较大石块,码砌高度不小于2m,厚度不小于1m;控制倾填料颗粒径,避免大石料过于集中;采用大吨位机械振动压实,避免出现过大的工后沉降。

④填方前,填挖交界处或自然横坡陡于1:5时,将原地面挖台阶,宽度不小于2m,其顶做成2%~4%的内倾斜坡,压实度不小于85%,挖好横向连接台阶,分层压实,如图2-36所示。

⑤做好挖方段地表及地下排水工作,避免水对新填路基的危害。

⑥在进行填方区压实度检测时,应将纵向填挖交界处作为重点检测对象;若压实度不合格,要根据不合格原因坚决进行返工或补压。

⑦为了解决在公路建设中经常遇到的填挖交界路基非均匀沉降对路面结构的破坏,近年在高速公路建设中人们开始重视填挖交界路基非均匀沉降问题,并采取相应的处治措施。工程实践已证明,应用土工合成材料处治路基非均匀沉降,不失为一种有效的工程技术措施。

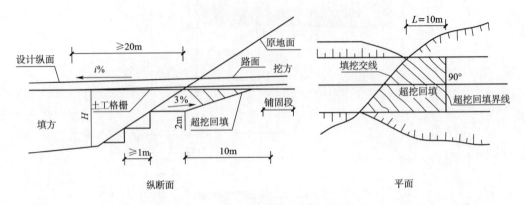

图 2-36 线路纵向填挖交界路面过渡示意图

为保证纵向填挖交界处路基的稳定性,减少不均匀沉降,对部分填挖交界路基进行土工格网加固处理。山体自然坡度比不小于1:2,且填高大于4m时,在路基顶部至$0.4H$(H为填土高度)高度处,每间隔100cm高度铺设一层土工格网。纵向填挖交界处土工格网沿横向铺设,当土工格网铺设长度超出路基边坡的范围时,则铺至离坡面30cm处即可。

(2)纵向填挖交界处不均匀沉降处理措施

如果纵向填挖交界处的沉降已经发生,我们必须采取一定的措施进行处理,以便使损失降到最低。目前,我们所采取的措施大致如下:

①分析产生的原因,观察沉降发展的情况,设计处理措施方案。

②错台差异不大的地方,对开裂的路面使用沥青砂或者水泥浆进行灌缝处理,避免路面水浸入而影响路面基层强度或路基的整体强度。

③如果沉降已经稳定,视差异高度加铺一层路面结构或重新填筑。

任务2.3 编写路基不均匀沉降病害整治的施工组织设计

【知识目标】
　　掌握路基横向、纵向不均匀沉降病害的成因、预防措施与整治技术;掌握路基横向、纵向不均匀沉降病害整治施工组织设计编写内容。

【能力目标】
　　能按照路基横向、纵向不均匀沉降病害的工程特点编写路基横向、纵向不均匀沉降病害整治施工组织设计。

路基横向、纵向不均匀沉降病害整治施工组织设计,是指路基横向、纵向不均匀沉降病害整治施工前,根据设计文件及业主和监理工程师的要求,以及主客观条件,对工程项目施工的全过程所进行的一系列筹划和安排。其包括的内容如下:

(1)编制说明,其中包含编制依据、编制范围、编制原则。

(2)工程概况,其中包括自然条件、施工资源条件、主要工程数量、工程的重点与难点。

(3)施工组织、施工力量的设想和施工期限的安排。

(4)编制施工进度计划;人员、设备、材料、资金的组织与安排,其中包括本工程所需各工种名称、数量及进退场时间,拟投入本工程的主要机械设备及仪器的名称、型号、数量、进退场时间,所需材料的品种、规格、数量分期供应计划、材料来源与运输方法,资金使用计划。

(5)施工准备和临时工程,即施工用水、电、便道、便桥的安排,材料场的安排,预制场的安排,生活设施的安排。

(6)施工方案、施工方法,即列出总体施工方案和各整治项目的具体施工方法。

(7)确保质量、安全、工期和环保的技术措施(充分考虑施工中可能发生的问题,采取哪些监测手段进行预防)。

(8)冬、雨季的施工安排及措施。

(9)要提交的图表:

①施工场地总平面布置图;

②主要工程数量表;

③施工进度计划横道图、网络图;

④劳动工日、材料(包括成品、半成品)、机械台班(包括运输工具)、资金需要量计算表;

⑤劳动力需要量计划表、材料供应计划表、主要施工机械设备计划表;

⑥临时工程数量表;

⑦各分项工程施工工艺流程图。

案 例

粉喷桩在公路软基横向不均匀沉降病害处治中的应用

1. 工程概况

某公路 K83+050~K83+230 段为傍山高路堤软基路段,最大填高约 20m。路基右侧下伏软土地基,软土地基厚度 3.2~7.2m,左侧傍山填筑,两侧地基承载力差异极大,为防止路基开裂和失稳,原设计在右侧软土地基部分布设了粉喷桩,粉喷桩桩径 0.5m,间距分别采用 0.9m 和 1.1m,并在路堤中增设土工格栅,以减少路堤两侧的不均匀沉降。路基左侧在开挖台阶时,发现原山体渗水较大,路基压实过程中存在较为严重的弹簧、翻浆现象,施工困难。同时该段右侧软土地基处理过程中,发现在地表下 5~8m 处有孤石存在,部分粉喷桩施工可能未能达到设计长度,在一定程度上影响了软土地基处理效果。当路基填高到 11m 时,观测沉降速率较快,为确保路基稳定及营运安全,特将本工点重新勘探、设计,并进行长期观测。

在对现场充分调查后,对 K83+050~K83+230 段路基选择了 3 处典型断面,分别在中心线右 17m、坡脚处、坡脚外侧 20m 布设钻孔;增大软土地基稳定性及沉降控制的监测力度,以进一步指导施工及确保施工后的营运安全。

根据原钻孔及补充钻孔资料综合分析,场地岩土层及其工程地质特征为:

(1)亚黏土(Q_4^m):灰黄色,以黏粉粒为主,湿,软塑,含粉细砂,手捏有粗糙感。

(2)淤泥(Q_4^m):青灰色,饱和,流塑。

(3)淤泥质亚黏土(Q_4^m):浅灰色,湿,软塑。

(4)含黏性土碎石(Q_4^{pl-dl}):浅灰黄色,中密,饱和,碎石含量30%~60%,呈棱角状,强-弱风化,黏性土含量30%~40%。

主要地层的部分物理力学指标见表2-2。

主要地层的部分物理力学指标　　　　　　表2-2

土层	$w(\%)$	e	$E_{s1-2}(MPa)$	$c_q(kPa)$	$\varphi_q(°)$
亚黏土	25.8~41.7	0.764~1.185	3.56~6.53		
淤泥	41.7~76.1	1.185~1.854	1.26~1.95	7.0~15.5	1.5~4.5
淤泥质亚黏土	36.0~42.4	0.854~1.242	2.73~4.27	7.0~27.5	4.0~15.4

2. 治理方案设计

(1)设计参数

对照野外岩土记录、描述、试验资料等情况,综合确定本处地基设计参数如下:淤泥 $c=8.0kPa,\varphi=2.0°$;淤泥质黏土 $c=11.0kPa,\varphi=4.5°$;路堤土层 $c=26.0kPa,\varphi=21°$;表层黏土层 $c=30.0kPa,\varphi=17°$;计算稳定安全系数取 $K=1.20$。

(2)稳定性分析与计算

路堤稳定性计算采用瑞典条分法,计算结果为天然状态下安全系数 $K=0.672$,总的下滑力为 $4010kN·m^{-1}$,总的抗滑力为 $2696kN·m^{-1}$(图2-37)。

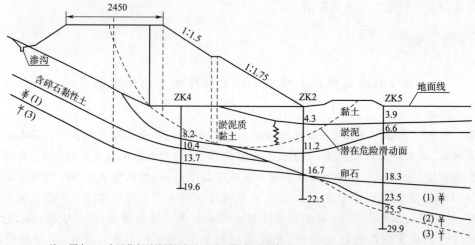

注:图中,(1)全风化角砾晶屑凝灰岩;(2)强风化角砾晶屑凝灰岩;(3)弱风化角砾晶屑凝灰岩。

图2-37　路堤稳定性计算条分图

由于路堤填筑前已设置了水泥搅拌桩,其无侧限抗压强度 $q=1.5MPa$,单桩抗剪强度取无侧限抗压强度的0.4倍,单桩抗剪力 $=117.6kN$,水泥搅拌桩部分桩距 $D=0.9m$,部分桩距 $D=1.1m$。通过图2-38中滑动面揭示:桩距0.9m的平均有7根参与抗剪,桩距1.1m平均有3根参与抗剪。

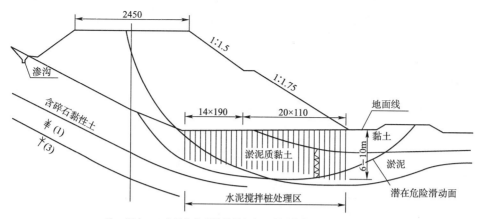

图 2-38 水泥搅拌桩处理断面示意图

经计算:安全系数 $K=0.98$,处于临界稳定状态,当安全系数取 $K=1.2$ 时,剩余下滑力 $E=881\mathrm{kN\cdot m^{-1}}$。

(3)治理方案

针对该工点下伏软弱地层、厚度不均匀、路基不稳定、施工条件限制等因素,设计中提出了如下 3 个方案:

①采用单排 61.8m 抗滑桩结合预应力锚索及反压护道进行处理[图 2-39a)]。

②采用双排 61.5m 抗滑桩及反压护道进行处理,两排桩在平面上交错布置,并用支撑梁相互连接[图 2-39b)]。

③粉喷桩加多级反压护道处理[图 2-39c)]。

方案的比较是从技术、经济、工期等多方面论证(表 2-3),设计最终推荐采用第(1)方案:采用单排 ϕ1.8m 抗滑桩结合预应力锚索及反压护道进行处理,并在路线左侧排水沟和边沟下设置纵向渗沟排除渗水等综合工程处理措施。其具体处理方案如下:

方案比较表 表 2-3

序号	方案	工程数量	估价(万元)	优缺点
1	单排 ϕ1.8m 抗滑桩 + 预应力锚索 + 反压护道	桩 3048m³/48;锚索 2300m/47;反压护道 6530m³	604	节省工期,费用较高
2	双排 ϕ1.5m 抗滑桩 + 反压护道	桩 3894m³/88;反压护道 6530m³	623	工期长,费用高
3	粉喷桩 + 多级反压护道	粉喷桩 105810m³/8818;土工格栅 18330m²;砂砾垫层 4240m³;反压护道 66060m³	580	工期长,费用较高,施工场地受限制

a. 排水设计。

地表排水:在原排水沟上侧补设山坡截水沟,防止坡面水直接从路堤与山坡面交接处渗入,从而降低滑面强度。

地下排水:在左侧靠山的排水沟及边沟下设置纵向渗沟,以拦截地下渗水,降低地下水位,提高路堤稳定的安全度。

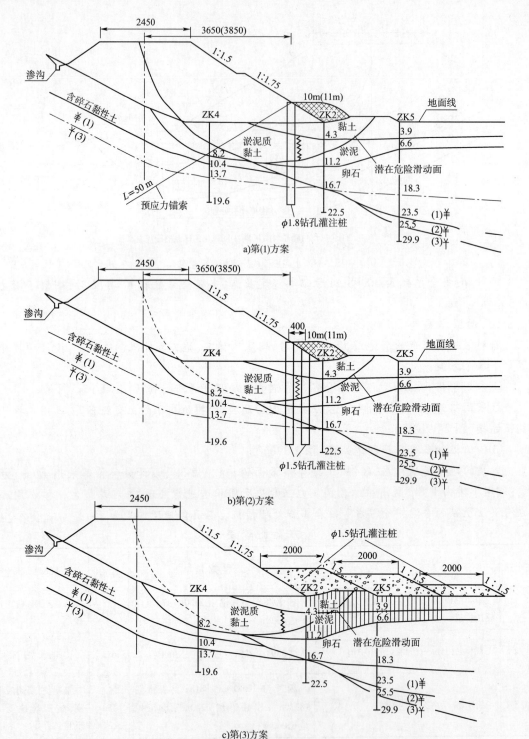

a) 第(1)方案

b) 第(2)方案

c) 第(3)方案

注：图中,(1)全风化角砾晶屑凝灰岩;(2)强风化角砾晶屑凝灰岩;(3)弱风化角砾晶屑凝灰岩。

图 2-39 不同方案剖面图

b. 反压护道。

由于路堤右侧 7.0m 处为宽 9.0m 的乡道,且道路旁是良田且有多处民居,反压护道的设置不宜多占土地,设计中仅在 K83+050～K83+230 段右侧坡脚与乡道之间设置宽度

10.0m的反压护道。通过稳定验算,反压护道可提供370kN·m^{-1}的抗滑力。

c. 抗滑桩结合预应力锚索。

考虑软土地基不宜采用人工挖孔桩及施工工期较短等因素,抗滑桩设计中采用直径1.8m的钻孔灌注桩。在抗滑桩桩顶设置一根1×0.85m的方形横梁,将抗滑桩连成整体,并在每段横梁的中间设置一根8索锚索,锚索设计锚固力为800kN。通过计算,抗滑桩在设置锚索后,其受力状态得到了明显改善。单根锚索抗滑桩设计受力为530kN·m^{-1}。

抗滑桩中心间距在K83+050~K83+130为4.0m,桩顶高程为10.0m,桩与路基中心线的水平距离为36.5m;在K83+130~K83+230为3.5m,桩顶高程为11.0m,桩与路基中心线的水平距离为38.5m;桩身及横梁均采用C25混凝土现浇。通过计算,钻孔灌注桩长度25.0m,为嵌岩桩,嵌岩深度约为6.0m。抗滑桩设置总根数为48根。

桩顶横梁的预应力锚索共46根,总长2300m,锚索孔径为φ150mm,下倾角为30°,采用8φ^{j}15.24高强度低松弛钢绞线,钢绞线标准强度不小于1860MPa;每孔设计吨位800kN,对应采用OVM15-8型锚具。

抗滑桩需采用跳桩法,必须隔两桩施工一桩,分三批施工,桩孔孔底沉渣不得大于5cm;滑桩桩头与横系梁应整体浇筑,在整体浇筑时,预埋锚索孔(图2-40)。

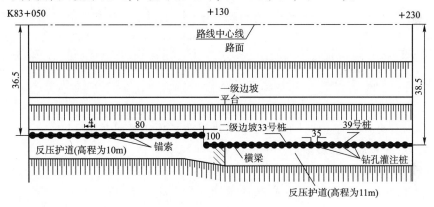

图2-40 傍山软基高路堤加固处理平面示意图

3. 监测

设计选取K83+175.5、K83+196.5作为现场监测断面,监测工作从2003年6月14日开始。

(1)施工稳定控制标准

路堤填土施工稳定控制标准为:沉降速率≤10mm·d^{-1},土体侧向水平位移速率≤3mm·d^{-1},抗滑桩及锚索所受应力小于设计要求。

(2)监测仪器布置与埋设

针对K83+050~K83+230段软土路基,对K83+175.5、K83+196.5现场监测断面布置与埋设情况如下:

测斜管:分别埋设在路中、路肩、边缘坡脚、抗滑桩内,共4处;

分层沉降管:分别埋设在路中、路肩边缘(每根分层沉降管安装沉降磁环8个),共2处;

沉降板:分别埋设在路中、路肩,共2处;

孔隙水压力计:分别埋设在路中(1处)、路肩(2处)、边缘坡脚(2处),共5处;

钢筋计:抗滑桩内侧(11处)、抗滑桩外侧(11处),共22处;

锚力计:锚索的锚头内,共1处;
水位管:边缘坡脚外,共1处。

(3)监测成果

监测工作从2003年6月14日开始,到路面施工完成后2年。

①深层测斜观测成果。

K83+175.5断面:该断面路肩处的水平位移变形最大,累计水平位移最大值为73.36mm,水平位移平均速率为0.17mm·d^{-1}(前190d),位移方向向路堤右侧外边坡。33号桩的水平位移最大值为47.4mm[图2-41a)]。

K83+196.5断面:该断面路肩处的累计水平位移最大值为64.45mm,水平位移平均速率为0.10mm·d^{-1}(前190d),位移方向向路堤右侧外边坡。对应39号桩的水平位移最大值为36.09mm[图2-41b)]。

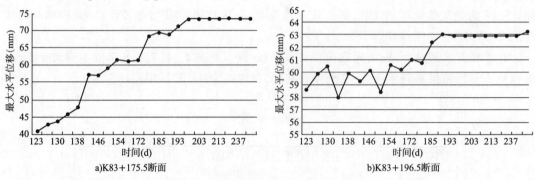

图2-41 时间与最大水平位移关系曲线(路肩)

两个监测断面的时间与水平位移关系曲线说明在观测时间约190d后—路面完成施工后1个月左右,路基水平位移渐趋于平缓稳定。

②沉降观测成果。

K83+175.5断面:该断面路肩沉降最大,累计沉降量178.0mm,沉降平均速率为0.21mm·d^{-1}(前190d)(图2-42)。

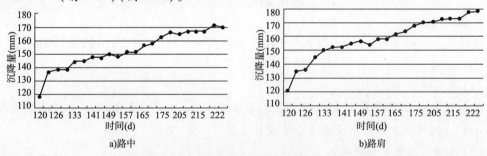

图2-42 K83+175.5断面时间与沉降量关系曲线

K83+175.5断面时间与沉降量关系曲线说明该断面路肩处沉降较路中稍大,沉降速率在路面施工完成后趋于缓和,但沉降仍在继续。

K83+196.5断面路肩沉降较路中大30%左右,累计沉降量147.0mm,沉降平均速率为0.17mm·d^{-1}(前190d)(图2-43)。

K83+196.5断面时间与沉降量关系曲线同样说明该断面路肩处沉降较路中大,沉降速率在路面施工完成后趋于缓和,但沉降仍在继续。

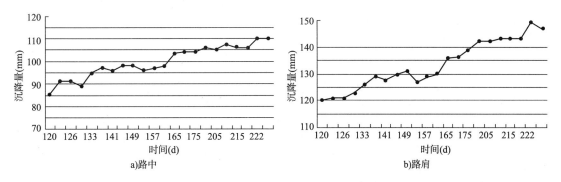

图 2-43　K83+196.5 断面时间与沉降量关系曲线

4. 结语

本工点采用抗滑桩结合预应力锚索、反压护道及排水等综合工程处理后,通过两年多的监测,傍山软土地基高路堤的水平位移速率已经稳定,沉降也逐渐稳定。经过 2004～2006 年多次台风暴雨考验,路基处于稳定状态,说明处理方案是成功的。

  思考与练习

一、名词解释

1. 静压注浆法

2. 旋喷桩法

3. 换填法

二、问答题

1. 路基横向不均匀沉降的原因有哪些?

2. 路基加宽病害的原因有哪些?

3. 简述高等级公路改扩建路基加宽施工工艺。

4. 路桥过渡段路基病害的破坏方式有哪些?

5. 纵向填挖交界处不均匀沉降原因有哪些?

6. 纵向填挖交界处不均匀沉降的处治措施有哪些?

7. 引起桥头跳车的主要因素有哪些?

三、能力训练

1. 根据案例,并查阅路基横向不均匀沉降病害的相关资料,编制路基横向不均匀沉降病害的整治设计。

2. 根据案例,并查阅路基纵向不均匀沉降病害的相关资料,编制路基纵向不均匀沉降病害的整治设计。

3. 查阅路基横向与纵向不均匀沉降病害整治的施工组织设计相关资料,选择编制横向或纵向不均匀沉降病害的施工组织设计。

学习情境3　路基边坡病害处治

任务3.1　路基边坡病害类型认知

【知识目标】
掌握路基边坡病害类型及分类。
【能力目标】
能判别路基边坡病害类型,能进行路基边坡病害调查。

3.1.1　路基边坡病害类型

【学习任务1】　认识路基边坡病害类型,掌握各种路基边坡病害的特点。

公路路基边坡长期大面积暴露于空间,受自然因素的影响。在水温条件作用下,岩土物理力学性质将发生改变。浸水后土体强度降低;岩体将加剧风化。路基边坡在温差条件下将形成胀缩循环,该种循环可导致边坡强度衰减和剥蚀。此外地表水流冲刷,地下水源浸入,可使岩土表层失稳,易造成或加剧路基边坡病害。常见的路基边坡病害类型有以下几种。

一、崩塌

崩塌是岩体突然而猛烈地从陡峭的斜坡上崩离翻滚跳跃而下的现象。崩塌可发生在陡峭的自然山坡上,也可发生在高陡的人工路堑边坡上。崩塌一般发生在岩石边坡上,但某些土坡也会发生崩塌。

崩塌的规模有大有小,由于岩体风化、破碎比较严重,边坡上经常发生小块岩石的坠落,这种现象称为碎落;一些较大岩块的零星崩落称为落石,规模巨大的崩塌也称山崩。

公路路堑开挖过深,边坡过陡,或由于切坡使软弱结构面暴露于空间,都会使边坡岩体失去支撑,在水流冲刷或地震作用下引起崩塌。

(1)崩塌根据其发生地层的物质成分,可分为黄土崩塌、黏性土崩塌、岩体崩塌等3种。
(2)崩塌按形成机理分类见表3-1。
(3)根据崩塌的特征、规模及其危害程度,可划分如下3类:
①Ⅰ类山高陡,岩层软硬相间,风化严重,岩体结构面发育,松弛且组合关系复杂,形成大量破碎带和分离体,山体不稳定,破坏力强,难以处理。
②Ⅱ类介于Ⅰ类和Ⅲ类之间。
③Ⅲ类山体较平缓,岩层单一,风化程度轻微,岩体结构面密闭且不发育或组合关系简单,无破碎带和危险切割面,山体稳定,斜坡仅有个别危石,破坏力小,易于处理。

崩塌按形成机理分类 表 3-1

类型	岩性	结构面	地貌	受力状态	起始运动形式
倾倒式崩塌	黄土、直立岩层	多为垂直节理、直立层面	峡谷、直立岸坡、悬崖	主要受倾覆力矩的作用	倾倒
滑移式崩塌	多为软硬相间的岩层	有倾向临空面结构面	陡坡通常大于55°	滑移面主要受剪切力	滑移
鼓胀式崩塌	黄土、黏土、坚硬岩层下有较厚软岩层	上部垂直节理，下部为近水平的结构面	陡坡	下部软岩受垂直挤压	鼓胀伴有下沉、滑移、倾倒
拉裂式崩塌	多见于软硬相间的岩层	多为风化裂隙和重力拉张裂隙	上部突出的悬崖	拉张	拉裂
错断式崩塌	坚硬岩层、黄土	垂直裂隙发育，通常无倾向临空面的结构面	大于45°的陡坡	自重引起的剪切力	错落

二、滑坡

滑坡是斜坡上的土体或基岩，在重力作用及地下水活动的影响下，沿一个或多个滑动面（或滑动带）整体向下滑动的现象。

滑坡根据其滑体的物质组成、形成原因及滑动形式等，可分为多种类型，其分类见表 3-2。

滑坡的分类 表 3-2

划分依据	名称类别	特征说明
滑坡物质组成成分	堆积层滑坡	各种不同性质的堆积层（包括坡积、洪积和残积），体内滑动，或沿基岩面的滑动。其中坡积层的滑动可能性较大
	黄土滑坡	不同时期的黄土层中的滑坡，并多群集出现；常见于高阶地前缘斜坡上，或黄土层沿下伏第三纪岩层滑动
	黏性土滑坡	黏性土本身变形滑动，或与其他土层的接触面或沿基岩接触面而滑动
	岩层（岩体）滑坡	软弱岩层组合物的滑坡，或沿同类基岩面，或沿不同岩层接触面以及较完整的基岩面滑动
	破碎岩体滑坡	发生在构造破碎带或严重风化带形成的凸形山坡上，滑坡规模大
	填土滑坡	发生在路堤或人工弃土堆中，多沿老地面或基底以下松软层滑动
滑动通过各岩层情况	同类土滑坡	发生在层理不明显的均质黏性土或黄土中，滑动面均匀光滑
	顺层滑坡	沿岩层面或裂隙面滑动，或沿坡积体与基岩交界面及基岩间不整合面等滑动，大都分布在顺倾向的山坡上
	切层滑坡	滑动面与岩层面相切，常沿倾向山外的一组断裂面发生，滑坡床多呈折线状，多分布在逆倾向岩层的山坡上
滑动体厚度	浅层滑坡	滑坡体厚度在 6m 以内
	中层滑坡	滑坡体厚度在 6~20m 之间
	深层滑坡	滑坡体厚度超过 20m

续上表

划分依据	名称类别	特　征　说　明
按引起滑动的力学性质	推移式滑坡	上部岩层滑动挤压下部产生变形,滑动速度较快,多呈楔形环谷外貌,滑体表面波状起伏,多见于有堆积物分布的斜坡地段
	牵引式滑坡	下部先滑使上部失去支撑而变形滑动。一般速度较慢,多呈上小下大的塔式外貌,横向张性裂隙发育,表面多呈阶梯状或陡坎状,常形成沼泽地
形成原因	工程滑坡	由于施工开挖山体引起的滑坡,此类滑坡还可细分为: ①工程新滑坡:由于开挖山体所形成的滑坡; ②工程复活古滑坡:久已存在的滑坡,由于开挖山体引起重新活动的滑坡
	自然滑坡	由于自然地质作用产生的滑坡。按其发生相对时代早晚又可分为: ①老滑坡:坡体上有高大树木,残留部分环谷、断壁擦痕; ②新滑坡:外貌清晰、断壁新鲜
按发生后的活动性分	活滑坡	发生后仍在继续活动的滑坡。后壁及两侧有新鲜擦痕,体内有开裂、鼓起或前缘有挤出等变形迹象,其上偶尔有旧房遗址,幼小树木歪斜生长等
	死滑坡	发生后已停止发展,一般情况下不可能重新活动,坡体上植被茂盛,常有居民点
按滑体体积分	小型滑坡	<5000m³
	中型滑坡	5000～50000m³
	大型滑坡	50000～100000m³
	巨型滑坡	>100000m³

三、坡面冲刷

路基边坡坡面冲刷是指降雨形成的水流冲刷边坡坡面,并带走坡面表层土体的现象。从坡面冲刷下来的大量泥土杂物,堵塞排水沟,掩埋道路,影响公路正常运营。同时造成公路沿线水土流失,生态环境恶化,边坡退化和变陡。如果不及时处理,边坡冲刷进一步发展,可导致边坡产生崩塌或滑坡。

1. 按坡面冲刷发展阶段和冲蚀痕迹的形态特征划分

(1)溅蚀:指在裸露的坡面上,雨滴直接打击坡面引起土颗粒分散和飞溅,或撞击地表薄层水流,增大水流的紊动,从而增大坡面水流的侵蚀能力。

(2)片蚀:片蚀是指由于分散的地表径流冲走坡面表层土粒的一种侵蚀现象,它是坡面侵蚀中最常见的一种形式。

(3)沟蚀:包括细沟侵蚀、浅沟冲蚀和冲沟冲蚀。

①细沟侵蚀:雨滴击溅及薄层坡面水流的共同作用,使坡面土体分散、飞溅、向下移动、坡面出现细小的坑洞及沟槽,坡面径流从这些轮廓清晰的坑洼和小沟槽中流过,时分时合,冲刷力不一致,坡面土层的抗冲性也出现差异。细沟的规模一般深度小于5cm,宽度小于10cm。

②浅沟冲蚀:指坡面流由小股径流汇聚成大股径流,既冲刷表土又沿细沟下切沟底,形成比细沟规模更大而且有一定深度和宽度的冲刷沟槽。浅沟一般深5～50cm,宽10～

50cm。

③冲沟冲蚀：浅沟在集中地表径流作用强烈的冲刷侵蚀作用下继续加深、加宽和加长，当沟壑发展到不能为耕作所平复，沟深大于1m、沟宽1~2m时，则称之为冲沟。

（4）冲刷坍塌：主要是指冲沟两侧和上游沟壁物质由于强烈冲刷作用在自重力作用下失去平衡，产生掉块、泻溜和塌落。是冲沟发展到后期的一种高强度冲刷形式。

归纳起来，冲刷发展阶段大致如下：溅蚀在一次降雨冲刷中最先发生，随后雨水形成的薄层水流对边坡坡面产生面蚀作用，将表土冲走，冲刷进一步发展在坡面形成大大小小的冲刷沟槽，包括侵蚀细沟、冲蚀浅沟和冲蚀冲沟。当坡面冲刷十分强烈时，冲沟不断加深和加宽，最终导致边坡发生重力坍塌，包括泻溜、陷穴、崩塌、滑坡等多种形式。

2. 按坡面土体运移方式和特征划分

（1）推移型冲刷：指在坡面径流作用下，坡面粒径较大的土颗粒沿坡面滚动、滑动、跃动，或呈层状沿坡面向下移动。土颗粒有时运动，有时静止，呈间歇性运动着的土粒与静止的土粒常常彼此交换，前进的速度较水流速度小。

（2）悬移型冲刷：指坡面土体中比较细小的颗粒在水流中呈悬浮状前进，其顺水流运动的速度与坡面流基本相同，它受水流的紊动尺度和土粒的大小影响显著。当水流的紊动掺混作用产生的上浮力大于土粒的重力时，则使悬移物质得以在水流中浮移前进。

3. 按路基边坡有无防护工程措施划分

（1）裸坡，如图3-1。
（2）植物防护边坡，如图3-2。

图3-1 裸坡

图3-2 植物防护边坡

（3）潜蚀性冲刷：潜蚀性冲刷是指坡面水流沿圬工护坡与坡面的接合部位或圬工护坡体裂缝破损处下渗和下灌，产生类似管涌作用，淘蚀护坡体内的土体，并将之带走，使圬工护坡工程坍塌、下陷和失效。

4. 按坡面冲刷量的大小划分

以单位面积和单位时段内边坡面被水流冲刷侵蚀并发生位移的土体重量来表示坡面冲刷侵蚀强度，按年平均冲刷侵蚀强度大小（单位为：吨/平方公里·年，$t/km^2 \cdot a$）可将坡面冲刷大致分为6种级别类型。

（1）微度冲刷：<1000$t/km^2 \cdot a$（分别指东北黑土区和北方土石山区，南方红壤丘陵区和西南土石山区，西北黄土高原区）。

（2）轻度冲刷：1000~2500$t/km^2 \cdot a$（地域界限同上）。

(3) 中度冲刷:2500～5000t/km²·a。

(4) 强度冲刷:5000～8000t/km²·a。

(5) 极强度冲刷:8000～15000t/km²·a。

(6) 剧烈冲刷:>15000t/km²·a。

四、剥落

剥落是指边坡表土层或风化岩表面,在湿热的作用下,表面发生胀缩的现象,从而引起零碎薄层从边坡上脱落下来。一般发生在路堑边坡下部,或构成边坡软硬互层的松软层,在节理发育的变质岩坡面尤为严重。该部位受风化作用的影响显著,边坡表面破碎,呈薄片状或小颗粒状,沿坡面向下滚落,往往造成侧沟堵塞。

五、泥石流

泥石流是山区特有的一种自然地质现象。它是由于降水(暴雨、融雪、冰川)而形成的一种夹带大量泥沙、石块等固体物质的特殊洪流。它爆发突然,历时短暂,来势凶猛,具有强大的破坏力。典型的泥石流,从上游到下游一般可分为3个区,即泥石流的形成区、流通区和堆积区。

泥石流的分类,可根据流域特征、物质组成、物质状态及工程分类。

1. 根据流域特征分类

(1) 标准型泥石流流域:流域呈扇形,能明显地分出形成区、流通区和堆积区。沟床下切作用强烈,滑坡、崩塌等发育,松散物质多,主沟坡度大,地表径流集中,泥石流的规模和破坏力较大。

(2) 河谷型泥石流流域:流域呈狭长形,形成区不明显,松散物质主要来自中游地段。泥石流沿沟谷有堆积也有冲刷、搬运,形成逐次搬运的"再生式泥石流"。

(3) 山坡型泥石流流域:流域面积小,呈漏斗状,流通区不明显,形成区与堆积区直接相连,堆积作用迅速。由于汇水面积不大,水量一般不充沛,多形成重度大、规模小的泥石流。

2. 根据物质组成分类

(1) 泥流:以黏性土为主,混有少量砂土、石块。特点为黏度大,呈稠泥状。

(2) 泥石流:由大量的黏性土和粒径不等的砂、石块组成。

(3) 水石流:以大小不等的石块、砂为主,黏性土含量较少。

3. 根据物质状态分类

(1) 黏性泥石流:含大量黏性土的泥石流或泥流,黏性大,固态物质约占40%～60%,最高达80%,水不是搬运介质而是组成物质,石块呈悬浮状态。

(2) 稀性泥石流:水为主要成分,黏性土含量少,固体物质约占10%～40%,有很大分散性,水是搬运介质,石块以滚动或跳跃方式向前推进。

4. 根据工程分类

根据《岩土工程勘察规范》(GB 50021—2001)附录C,按泥石流暴发频率划分为两类:Ⅰ高频率泥石流沟谷和Ⅱ低频率泥石流沟谷;再按破坏严重程度各分为3个亚类,具体内容见表3-3。

泥石流的工程分类和特征 表3-3

类别	泥石流特征	流域特征	亚类	严重程度	流域面积（km²）	固体物质一次冲出量（×10⁴m³）	流量（m³/s）	堆积区面积（km²）
Ⅰ 高频率泥石流沟谷	基本上每年均有泥石流发生。固体物质主要来源于沟谷的滑坡、崩塌。暴发雨强小于2~4mm/10min。除岩性因素外，滑坡、崩塌严重的沟谷多发生黏性泥石流，规模大，反之多发生稀性泥石流，规模小	多位于强烈抬升区，岩层破碎，风化强烈，山体稳定性差。泥石流堆积新鲜，无植被或仅有稀疏草丛。黏性泥石流沟中下游沟床坡度>4%	Ⅰ₁	严重	>5	>5	>100	>1
			Ⅰ₂	中等	1~5	1~5	30~100	<1
			Ⅰ₃	轻微	<1	<1	<30	—
Ⅱ 低频率泥石流沟谷	暴发周期一般在10年以上。固体物质主要来源于沟床，泥石流发生时"揭床"现象明显。暴雨时坡面产生的浅层滑坡往往是激发泥石流形成的重要因素。暴雨强一般大于4mm/10min。规模一般较大，性质有黏有稀	山体稳定性相对较大，无大型活动性滑坡、崩塌。沟床和扇形地上巨砾遍布。植被较好，沟床内灌木丛密布，扇形地多已辟为农田。黏性泥石流沟中下游沟床坡度<4%	Ⅱ₁	严重	>10	>5	>100	>1
			Ⅱ₂	中等	1~10	1~5	30~100	<1
			Ⅱ₃	轻微	<1	<1	<30	—

3.1.2　路基边坡病害调查及安全性评价

【学习任务2】　学习路基边坡病害调查知识，掌握边坡安全性评价。

一、路基边坡调查

随着我国公路的建设，高边坡越来越多。高边坡潜在的隐蔽的危害众所周知，边坡病害调查能掌握高边坡最新的病害情况，预知边坡的破坏，及时对边坡进行治理，为保证行车安全、人身财产安全起到较大的作用。

根据路基边坡的稳定性及病害情况，常采用经常检查、定期检查和特殊检查3种调查方式。

（1）经常检查，即采用目测的方法，配相机和直尺等简单工具，根据现场记录所检查项目的病害情况，估计病害范围，提出养护措施。

（2）定期检查，即在经常检查中发现重要部件达到较差状态时进行的检查。定期检查需配备专门仪器进行观测，必须接近各部件仔细观察并测量病害情况。在报告中提出病害处理措施，有无进行特殊检查的必要性及其理由。

（3）特殊检查，即对边坡稳定性处于极差和危险状态下，及现场发现边坡灾害迹象、难以判明损坏原因及程度的情况，应进行的检查。

边坡调查工作主要以边坡的设计图及边坡的地质情况为依据，初步判断影响边坡稳定性的主要因素，从而观察与其相关的现象，综合表3-4内容，制定相关调查内容表格。

路基边坡调查内容 表3-4

检查项目	检查内容
坡面	①有无滑坡、滑塌、错落等产生；有无危岩、浮石滚落； ②检查防护体流泥、流石、落石、碎落、裂缝、沉陷、异常渗水、滑落、表面风化、泄水孔堵塞、冲刷、鼓肚等情况。骨架是否存在开裂、脱落、起鼓等不良现象
挡土墙	检查是否出现裂缝、倾斜、鼓肚、滑动、下沉、表面风化、泄水孔不通、墙后积水、地基错台或空隙、砌体断裂或坍塌等情况，查明原因并观察其发展情况
边坡平台	检查裂缝、沉陷、错台、空隙、缺口等
排水设施	检查边沟与截水沟顺接、畅通情况，有无淤塞或长草现象，是否有裂缝、完整性状态

二、边坡安全性评价

根据上述边坡病害调查内容及方法，及病害严重程度，将边坡安全性分为4个等级，见表3-5。根据边坡安全等级提出相应的养护措施。

边坡安全性等级划分 表3-5

安全等级	安全状态	总体描述	维修加固规模
一类	完好、良好状态	坡面、坡体稳定，支挡结构稳定，各组成部分功能材料良好，排水系统顺畅	只需日常清洁保养
二类	良好状态	坡体稳定，局部坡面有剥落、侵蚀，支挡结构物稳定，排水系统顺畅，或有较少裂缝	需进行小修、保养
三类	较差状态	坡体整体稳定，但有浅层变形和局部破坏，支挡结构物有裂隙和变形，排水系统部分淤堵，或有较多裂缝	需进行中修
四类	危险状态	坡体有较大规模的错落、滑坡和崩塌或有明显的滑动趋势，支挡结构物损坏，排水系统淤堵，或存在较大裂缝	需要大修

路基边坡日常养护作业内容见表3-6。

路基边坡日常养护作业内容 表3-6

项目	养护作业内容
边坡裂缝的修补	①路基上边坡、碎落台、坡顶、坡脚等出现裂缝，裂缝宽度小于0.5cm时，应及时用土进行填塞，填塞时采用钢钎等细长工具分次进行。 ②路基上边坡、碎落台、坡顶、坡脚等出现裂缝，裂缝宽度大于0.5cm时，应及时进行处理，以防雨水渗入。处理时先沿裂缝挖宽、挖深，宽度以人工、机械方便操作为限，深度以挖到看不见裂缝为止。如裂缝较深，则至少挖深1.0m，开挖的沟槽两侧须坚实、平整。回填时须采用黏土回填，分层夯实，每层的松铺厚度不超过25cm，并在顶部做成鱼背形
清除路基塌方	①塌方或滑坡情况发生时，应采取积极措施，防止病害的扩大影响公路安全，如危及行车安全，应及时设立交通安全标志，引导交通。 ②路基塌方或滑坡造成路面或排水系统堵塞，应立即安排人员、机械进行清理，以保证排水畅通，行车安全顺畅。 ③清理滑坡造成路面或排水系统堵塞时应注意，如果滑坡体尚未稳定，应在滑坡体外缘堆沙袋以阻止滑坡对路面造成更大的堵塞；清理沙袋外侧的泥土时，做临时边沟将水排出

续上表

项　目	养护作业内容
填补路基冲沟、缺口	①路基边坡、碎落台由于雨水冲刷等原因形成冲沟、缺口、塌落等,应及时安排进行填补。 ②冲沟、缺口、塌落部分修补时,应先对外壁进行修整,清除悬空及松散部分,保证外壁上下垂直。填补时采用黏结性良好的黏土修补拍实,填补时应挖成台阶,每层不超过50cm,按照原坡度分层填筑压实,并应与原坡面衔接平顺。填补完成后,根据实际需要补植绿化。 ③路基冲沟、缺口、塌落等部分应根据实际情况完善排水设施
清理边坡浮石	①土石混合的路基边坡或石质边坡,在冲刷、腐蚀等自然条件的影响下,造成表面的石块松动等,影响公路行车及人员安全。 ②一般情况下,对石质边坡采用表面的防护措施,如挂网喷射混凝土防护、植物防护、石砌边坡、设立防落墙、防落网等措施。 ③清理表面松动的石块时,应切实做好安全措施。清理时应根据落石的影响范围采用划定安全区域或封闭交通,设专人指挥,并设立防落排架或防落网。如果落石影响路面及其他结构物,应采取有效的防护措施,如在路面或结构物上覆盖沙土、草袋等

任务3.2　路基边坡病害处理措施和方法

【知识目标】
熟悉路基边坡病害的成因,掌握路基边坡病害的处理措施及方法。
【能力目标】
能分析路基边坡病害成因,合理选择路基边坡病害处理措施和方法。

3.2.1　病害的成因

【学习任务3】　熟悉路基边坡病害成因。

造成路基边坡病害的因素有很多,如岩体工程地质结构、气候、水等,这些因素的综合作用,决定了路基边坡的稳定性。

一、气候因素

气候因素有气温、降水、风速、风向、最大冻土深度等。在典型的风化岩层剖面上,我们可以看到土壤层、强风化层、弱风化层、微风化层和未风化层(即新鲜岩石)岩层的层次特征。大面积裸露的土质或岩质坡面,由于温差对地表的影响,加上雨水直接冲刷坡面,很容易产生不同程度的风化,在一定深度以内形成一个相对的、低强度的破碎层或松散层。物理风化作用的结果,严重时能破坏边坡的稳定、产生自然削坡或自然剥落,而最终改变边坡的外形和坡度,导致边坡水土大量流失,或坡面产生裂缝,发生浅层溜方。

二、水文地质因素

水文因素如地表水的排泄、河流常水位、洪水位,有无地表积水和积水时间长短,河岸淤积情况;水文地质因素有地下水埋深、移动规律,有无层间水、裂隙水、泉水等。水是引起路基边坡病害的一个主要因素,大量工程实践证明,大多数边坡的破坏和滑动都与水的活动有关。在冰雪解冻和降雨季节,滑坡事故一般较多。边坡中的水大部分是来自大气降水,在湿热地带,因大气降水频繁,地下水补给丰富,水对边坡稳定性的影响比干旱地区更为严重。在土质路基边坡上因受雨水冲刷导致表层坑洼积水,地表水顺裂缝向下渗透而浸泡边坡;在岩石边坡上,由于水对岩体的物理和化学作用,使岩体不断发生膨胀和收缩,导致岩体原有裂隙迅速开裂和分解,加速岩体松散和破碎。全封闭边坡防护层材料的水稳定性差,冒出的地下水无法疏导使边坡内积水,或整个边坡结构排水不畅,引发边坡局部溜方和浅层滑坡。

三、地质因素

沿线地质因素,如岩石的种类、成因、节理、风化程度和裂隙情况,岩石走向、倾向、倾角、层理和岩层厚度,有无夹层或遇水软化的夹层,以及有无断层或其不良地质现象。在人工开挖的岩质坡面,尽管山体本身稳定,但岩层节理发育,长时间日晒雨淋,表面风化严重,经常发生坡面剥落和零星掉石流渣。若边坡地层岩性为岩质较软的砂土、页岩和变质岩,且节理发育、风化严重,或黏性土层和蓄水的砂石层分层蕴藏,特别是有倾向路堑方向的斜坡层理存在时,易造成路堑滑坡。

四、土质因素

土是建筑路基及边坡的基本材料,不同的土类具有不同的工程性质。砂粒土的强度构成以内摩擦力为主,强度高,受水的影响小;黏性土的强度形成以黏聚力为主,强度随密实程度的不同变化较大,并随湿度的增大而降低;粉土类土毛细现象强烈,强度和承载力随着毛细水上升和湿度的增大而下降。对于黄土质砂黏土或其他黏土质土,因其透水性弱、崩解性强、经雨水浸泡后土体表层含水率达到饱和状态时,易使边坡失稳而溜方;若路堤填料不合格,又没有进行土质改良将导致边坡结构层断裂破坏。

五、人为因素

(1)地质勘察不准确。例如对边坡土体地下水位的勘探不到位,未发现基岩面漏出的地下水,引发边坡溜方;勘察获得的土体内摩擦角、黏聚力、密度及承载力等数据不准确,导致设计不合理,而引发坍塌滑坡。

(2)边坡设计不合理。在设计当中,为减少初期工程投入,忽视了气候及地质因素的长期影响,对干燥少雨地区、岩层节理发育的坡面未采取护坡措施,致使坡面发生风化剥落;缺乏对不同土的水稳定性的认识,选择防护设施不当,未设排水设施,引发流动水冲刷边坡;设计选择的边坡坡度过陡,大于岩层本身所能维持的天然休止角,每级台阶高度与天然岩土层次的性质又不适应,而设计过程中对边坡稳定性的验算又不够准确,导致部分土体在重力作用下沿边坡内某一滑动面发生滑移。

(3)施工方法不当。施工时未严格按照设计文件进行边坡开挖,未清除边坡基岩上面覆盖的黏性土层;或者未严格按照施工规范的要求进行路基填方,填土的层次安排不合理,密实度不够等。

3.2.2 措施和处理方法

【学习任务4】 根据路基边坡病害,能分析病害成因,掌握工程处理措施及方法。

随着公路建设的快速发展和公路等级不断提高,路基边坡病害的处治越来越成为工程建设和后期养护的重点工作。路基边坡的各种病害会引起车辆的减速行驶,甚至中断交通,危及车辆和行人的安全,造成巨大的经济损失和不良的社会影响。因此,加强路基边坡病害的防治和处理措施非常重要。

一、路基边坡病害的防治和处理

1. 边坡的浅层治理

（1）地面排水

地面排水设施包括设置边沟、截水沟、排水沟、跌水与急流槽。

①边沟设置在挖方路基的路肩外侧或矮路堤的坡脚外侧,多与路中心线平行,用于汇集和排除路面、边坡范围内以及流向路基的少量地面水。

②截水沟设置在距路堑坡顶外缘或路堤坡脚外缘的一定距离(规范规定距路堑坡顶外缘不小于5m,距路堤坡脚外缘不小于2m)。设置截水沟的作用是:当路基一侧或两侧受较大坡面面积汇水影响时,单边拦截汇集水流并予以排除。当路基两侧受水影响时,应两侧分别设置。

③排水沟主要用于把来自边沟、截水沟或其他水源的水流引至桥涵或路基范围以外的指定地点。

④跌水与急流槽是路基地面排水沟渠的特殊形式,用于陡坡地段,沟槽的纵坡可达7%以上(跌水)或更陡(急流槽),是山区公路路基排水常见的结构物。

（2）坡面防护

坡面防护主要就是保护路基边坡表面,免受雨水冲刷,减弱温度及湿度变化的影响,防止和延缓软弱岩土表面的风化、剥落等演变过程,从而保护路基边坡的整体稳定性,并且还可兼顾到公路与环境的美化。坡面防护设施,本身不承受外力作用,必须要求坡面岩土整体牢固。坡面防护技术主要分为生物防护、工程防护和骨架植物防护。

①生物防护。

随着保护自然生态环境意识的增强和审美观念的提高,生物防护已经成为路基边坡防护的主要形式。其方法有植被防护,包括种草、铺草皮和植树,近年来,学习日本、美国及欧洲等发达国家的先进经验,我国在生物防护工程设计和施工方法等方面采用了一系列的新方法。如三维植被网防护、客土喷播技术、液压喷播植草技术、喷播混凝土植生技术。

a. 种草防护:种草适用于边坡坡度不陡于1:1,坡面冲刷轻微,且宜于草类生长的土质边坡。对不利于草类生长的土质,应在坡面先铺一层厚度不小于100mm的种植土再栽种或播种;暴雨强度较大的地区,可在坡面上铺设植生袋,将草籽、肥料和土均匀拌和并裹于土工织物内。草的品种,应适应当地的土壤和气候条件,最好是根系发达、茎秆低矮、枝叶茂盛、生长能力强的多年生草种,常用的有白茅草、毛鸭嘴、果园、鼠尾草和小冠等;对生长在泥沼或砂砾土中的草不能选用,最好采用几种草籽混合播种,使之生成一个良好的覆盖层。

b. 铺草皮防护:铺草皮防护适用于坡面冲刷比较严重,坡度不陡于1:1的土质和强风化、全风化的岩石边坡。草皮可为天然草皮或人工培植的土工网草皮,应选用根系发达、茎矮叶茂的耐旱草种,如白茅草、假俭草等,干枯、腐朽及喜水草种不宜采用,严禁采用生长在泥沼地的草皮。当坡面冲刷比较严重,边坡较陡,径流速度大于0.6m/s(容许最大速度为1.8m/s)时,应根据具体条件(坡度与流速等),分别采用平铺(平行于坡面)、水平叠置、垂直坡面或与坡面成一半坡角的倾斜叠植草皮,还可采用片石铺砌成方格或拱式边框,方格或框内再铺草皮。经常性浸水和受流水影响的路堤边坡不宜采用铺草皮防护。

铺草皮需预先备料,草皮可就近培育,切成整齐块状,然后移铺在坡面上。铺时应自下而上,并用竹木小桩将草皮钉在坡面上,使之稳固。草皮根部土应随草切割,坡面要预先整平,必要时还应加铺种植土,草皮应随挖随铺,注意相互贴紧。

c. 植树防护:植树适用于坡度不陡于1:1.5或更缓的土质和全风化的岩石边坡。树种应为根系发达、枝叶茂盛、适合当地迅速生长的低矮灌木。常用灌木树种有紫穗槐、夹竹桃、黄荆、野蔷薇、山楂等。在公路弯道内侧边坡严禁栽植高大树木。

d. 三维植被网防护:三维植被网以热塑树脂为原料,采用科学配方制成,其结构分为上下两层:下层为一个经双面拉伸的高模量基础层,强度足以防止植被网变形;上层由具有一定弹性的、规则的、凹凸不平的网包组成。网包能降低雨滴的冲蚀能量,并通过网包阻挡坡面雨水,同时网包能很好地固定充填物(土、营养土、草籽)使其不被雨水冲走,为植被生长创造良好条件。另外三维网固定在坡面上,直接对坡面起固筋作用。当植物生长茂盛后,根系与三维网盘错、连接、纠缠在一起,坡面和土相接,形成一个坚固的绿色复合防护整体,起到复合护坡的作用。三维植被网防护适用于砂性土、土夹石及风化岩石,且坡率缓于1:0.75的边坡;三维植被网中的回填土采用客土或土、肥料及含腐殖质土的混合物。

e. 客土喷播技术:客土喷播技术是将客土(提供植物生长的基盘材料)、纤维(基盘辅助材料)、侵蚀防止剂、缓效肥料和种子按一定比例,加入专用设备中充分混合后,喷射到坡面,使植物获得必要的生长基础,达到快速绿化的目的。客土喷播适用于风化岩石、土壤较少的软质岩石、养分较少的土壤、硬质土壤、植物立地条件差的高大陡坡面和受侵蚀显著的坡面。当坡率陡于1:1时,宜设置挂网或混凝土框架。

f. 液压喷播植草技术:液压喷播植草是将植物种子(草种、花种或树种)或植物体的一部分(芽、根、茎等)经过科学处理后,混入水中,并配以一定比例的专用配料(包括肥料、色素、木纤维覆盖物、纸浆、黏合剂、保水剂、土壤改良剂),通过喷植机的搅拌,利用高压泵体喷播在地面或坡面的现代化种植方法。种子在较短的时间内萌芽、生长成株、覆盖坡面,达到迅速绿化、稳固边坡的目的。液压喷播植草适用于土质边坡、土夹石边坡、严重风化岩石且坡率缓于1:0.5的路堑和路堤边坡及中央分隔带、立交区、服务区及弃土堆绿化防护。

g. 喷播混凝土植生技术:为保证坡度大于2:1的边坡稳定,可采用喷播混凝土植生边坡防护技术。其具体做法是:先在岩体上铺上铁丝或塑料网,并用锚钉和锚杆固定。将植被混凝土原料经搅拌后由常规喷锚设备喷射到岩石坡面,形成近10cm厚度的植被混凝土,喷射完毕后,覆盖一层无纺布防晒保墒,水泥使植被混凝土形成具有一定强度的防护层,经过一段时间洒水养护,青草就会覆盖坡面,揭去无纺布,茂密的青草自然生长。喷播施工完成后经养护48h,植被混凝土就会产生一定的强度,6d后就能抵抗暴雨冲刷。由于植被混凝土厚度和密度的控制渗漏性能较弱,有利于岩石坡面和植被混凝土之间的胶结。

喷播混凝土植生技术具有边坡防护和绿化两种功能,养护成功后的植被根系加固了边坡,叶茎还能缓冲降水造成的边坡冲刷,保护路基,减少水土流失;施工完毕后不再需要人工管理;该技术适用于我国大部分地区的气候条件,适合各种岩质边坡;施工效率高,而且成本比较低。

② 工程防护。

当不宜使用植物防护或考虑就地取材时,采用砂石、水泥、石灰等矿质材料进行坡面防护是常用的防护形式。它主要有抹面、捶面、喷护、挂网喷护、砌石护坡、浆砌片石护面墙等形式,可根据不同条件选用。

a. 抹面防护:此防护形式适用于易风化而表面比较完整、尚未剥落的石质挖方坡面。目的是预防表层风化成害。当边坡有地下水作用时,不宜采用此法。常用的抹面材料有石灰炉渣混合灰浆,石灰炉渣三合土或水泥石灰砂浆等;其中石灰为胶结材料,要求精选,炉渣颗粒宜细。混合料中可加纸筋等提高强度,防止开裂,也可适量掺加卤水,使抹面加速硬化和预防开裂。抹面厚度一般为 2~10cm,抹面的边坡坡度不受限制,但不能担负荷载,亦不能承受土压力,故要求边坡必须是稳定的,坡面应该平整干燥。抹面大面积布置时,应该每隔 5~10m 设伸缩缝一道,缝宽 10~20mm,沟底与沟坡用抹面材料封面。抹面要求经常检查维修,发现裂纹或脱落,及时补浆,抹面的正常使用年限为 8~10 年,高速公路路基边坡不宜采用。施工前,应清理坡面,填坑补洞,洒水润湿。抹面后应拍浆、抹平和养生。

b. 捶面:捶面防护适用于边坡坡率缓于1∶0.5,易受雨水冲刷的土质边坡或易风化剥落的岩石边坡。当地石料缺乏而炉渣来源较多时,也宜用捶面。常用的材料有水泥炉渣混合土、石灰炉渣三合土或四合土。捶面厚度宜为 100~150mm,一般采用等厚截面,当边坡较高时,可采用上薄下厚截面。捶面工程应经常检查维修,发现裂缝、开裂或脱落应及时灌浆修补。捶面的使用年限一般为 10~15 年,高速公路路基边坡不宜采用。

c. 喷护防护:常用的喷护方法有喷掺砂水泥土、喷浆、喷射混凝土等。对于易受冲刷的土质路堑边坡,坡度不陡于1∶0.75,宜采用喷掺砂水泥土。其材料为砂、水泥、黏性土,厚度一般为 60~100mm。喷浆适用于易风化但未遭强风化、全风化的岩石挖方坡,坡度不陡于 1∶0.5。喷浆防护厚度不宜小于 50mm,采用的砂浆强度不应低于 M10。喷射混凝土适用于易风化但未遭强风化、全风化的岩石边坡,坡度不陡于 1∶0.5。喷射混凝土防护厚度不宜小于 80mm,采用的混凝土强度不应低于 C15,混凝土中集料最大粒径不宜超过 15mm。喷浆防护和喷射混凝土防护均应设置伸缩缝,伸缩缝间距宜为 15~20m,间隔 2~3m 交错设置孔径为 100mm 的泄水孔,如图 3-3 所示。

d. 勾缝与灌浆防护:勾缝用水泥砂浆或水泥石灰砂浆,勾在岩石缝隙不大且较浅的岩石边坡上,以防水渗入缝隙成害。灌浆用水泥砂浆灌注在岩石缝隙较大、较深的岩石边坡上,当裂缝很宽时,也可用水泥混凝土灌注。勾缝与灌浆适用于比较坚硬的岩石坡面。

e. 挂网喷护:挂网喷护是在清挖出密实、稳定的新鲜坡面上钻孔、安装锚杆、灌浆,然后挂上钢丝网或纤维网,最后用高压泵喷射混凝土形成防护层,适用于风化破碎的岩石边坡防护,如图 3-4 所示。锚杆应采用精轧螺纹钢筋,其直径为 14~22mm,间距为 1.0~3.0m。锚杆应为全长黏结型锚杆,注浆材料根据设计确定,一般选用灰砂比为 1∶1~1∶2,水灰比为

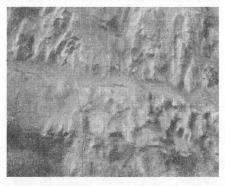   

图 3-3 喷护防护　　　　　　　　图 3-4 挂网喷护

0.38~0.45的水泥砂浆,注浆压力不低于0.2MPa。铁丝网宜采用直径为2mm的普通镀锌铁丝制成,网孔尺寸为200~250mm,也可用高强度聚合物土工格栅代替铁丝网。岩石破碎较为严重时,宜采用钢筋网,钢筋直径4~12mm,间距为150~300mm。钢筋保护层厚度不应小于20mm。钢筋网喷射混凝土支护厚度不应小于100mm,亦不应大于250mm。

f. 砌石护坡分为两种:干砌片石护坡、浆砌片石护坡。

干砌片石护坡适用于易受水流侵蚀的土质边坡、严重剥落的软质岩石边坡、周期性浸水及受水流冲刷较轻(流速小于2~4m/s)的河岸或水库岸坡的坡面防护。边坡坡度不陡于1:1.25。干砌片石护坡一般分为单层铺砌和双层铺砌。铺砌层厚度:单层为250~350mm,双层为400~600mm。铺砌层下应设置碎石或砂砾垫层,厚度100~150mm,当坡面土的粒径分配曲线上通过率为85%的颗粒粒径≥0.074mm时,可以用反滤效果等效于砂砾垫层的土工织物代替。干砌片石护坡坡脚应修筑墁石铺砌式基础,埋置深度一般为1.5倍护坡厚度。用于冲刷防护时,基础应埋置在冲刷线以下0.5~1.0m。干砌片石应逐块嵌紧且错缝,护面厚度一般不小于200mm,干砌要勾缝,必要时改用浆砌,护面顶部封闭,以防渗水。

浆砌片石护坡适用于防护流速较大(3~6m/s)、波浪作用较强,有流冰、漂浮物等撞击的边坡,对过分潮湿或冻害严重的土质边坡应先采取排水措施再行铺筑。浆砌片石护坡采用的砂浆强度不得低于M5,护坡厚度宜为250~500mm,当用于冲刷防护时,应按流速及波浪大小确定,不应小于350mm。护坡底面应设厚度100~150mm碎石或砂砾垫层,当坡面土的粒径分配曲线上通过率为85%的颗粒粒径≥0.074mm时,可以用反滤效果等效于砂砾垫层的土工织物代替。浆砌片石护坡坡脚应修筑墁石基础,埋置深度一般为1.5倍护坡厚度。浆砌片石护坡还应设置20mm宽伸缩缝,伸缩缝间距宜为10~15m;同时,还应间隔2~3m交错设置泄水孔,孔径为100mm。在地基土质变化处还应设置沉降缝。

g. 护面墙防护:为了覆盖各种软质岩层和较破碎岩石的挖方边坡,免受大气因素影响而修建的墙称为护面墙。护面墙多用于易风化的云母片岩、绿泥片岩、泥质面岩、千枚岩及其他风化严重的软质岩层和较破碎的岩石地段。护面墙除自重外,不承受其他荷载,亦不承受墙背土压力,故所防护的边坡应符合极限稳定边坡的要求,一般不宜陡于1:0.5。墙面要求紧贴坡面,表面砌平,厚度可不一。护面墙石料应符合规格。每隔10~15m应设置20mm宽伸缩缝一道,并每隔2~3m交错设置泄水孔,孔径100mm。墙高与厚度及路堑边坡的关系,如表3-7所示。

护面墙的厚度 表3-7

护面墙 H(m)	路堑边坡	护面墙厚度(m)	
		顶宽 b	底宽 d
≤2	1:0.5	0.40	0.40
≤6	陡于1:0.5	0.40	0.40+0.10H
6<H≤10	1:0.5~1:0.75	0.40	0.40+0.05H
10<H<15	1:0.75~1:1	0.40	0.60+0.05H

护面墙分为实体式、窗孔式、拱式等类型,应根据边坡地质条件合理选用。实体护面墙常用于一般土质及破碎岩石边坡,有等截面和变截面两种形式:等截面护面墙高度不宜超过6m,当坡度较缓时,不宜超过10m;变截面护面墙,单级不宜超过10m,超过时应设平台,分级砌筑,如图3-5所示。窗孔式护面墙防护的边坡不应陡于1:0.75。窗孔内可采用干砌片石、植草等辅助防护措施,窗孔宜采用半圆拱形,高为2.5~3.5m,宽为2~3m,圆拱半径为1.0~

1.5m,如图3-6所示。拱式护面墙适用于边坡下部岩层较完整而需要防护上部边坡或跨过个别软弱地段的边坡。其拱圈可采用M10水泥砂浆砌块石,拱跨宜为2~3m,拱高视边坡下面完整岩层的高度确定。拱跨大于5m时,拱圈应采用水泥混凝土结构。

图3-5 实体式护面墙

图3-6 窗孔式护面墙

护面墙基础应埋置在稳定的地基上,埋置深度应根据地质条件确定,冰冻地区应埋置在冰冻深度以下不小于250mm。护面墙前趾应低于边沟铺砌的底面。

③骨架植物防护。

对于仅用植物防护不足以抵抗侵蚀冲刷的黏土路基或高填路段,受雨水浸蚀和风化严重易产生沟槽的路段,以及土质不适宜植物生长和周围环境需要绿化的路段,常采用骨架植物防护。骨架植物防护可分为浆砌片石或水泥混凝土骨架植物防护、多边形水泥混凝土空心块骨架植物防护和锚杆混凝土框架植物防护等形式。

浆砌片石或水泥混凝土骨架植草护坡适用于缓于1:0.75的土质和全风化的岩石边坡。当坡面受雨水冲刷严重或潮湿时,坡度不陡于1:1,骨架宽度宜为200~300mm,嵌入坡面深度应视边坡土质及当地气候条件确定,一般为200~300mm。

框架可为方格形、拱形和人字形等,其大小应视边坡坡度、土质确定,并与周围景观相协调,主骨架间距一般为2.0~4.0m。框架内铺种草皮或其他辅助防护措施。护坡四周需用与骨架部分相同的材料镶边加固,加固的宽度不小于500mm,混凝土骨架视情况在节点处可加设锚杆,多雨地区骨架宜做成截水沟形式,如图3-7、图3-8所示。

图3-7 方格形骨架植物防护

图3-8 拱形骨架植物防护

多边形水泥混凝土空心块植物护坡适用于坡度缓于1:0.75的土质边坡和全风化、强风化的岩石路堑边坡,并视需要设置浆砌片石或混凝土骨架。当有景观要求时,应采用六边形空心预制块植物护坡。预制块的混凝土强度不应低于C20,厚度不应小于150mm,宽度宜为

50mm,其边长宜为 150~200mm。空心预制块内应填充种植土,喷播植草,如图 3-9 所示。

锚杆混凝土框架植物防护适用于土质边坡和坡体中无不良结构面、风化破碎的岩石路堑边坡,如图 3-10 所示。锚杆采用非预应力的全长黏结型锚杆,锚杆间距、长度应根据边坡地质情况确定。锚杆保护层厚度不应小于 20mm。框架应采用钢筋混凝土,混凝土强度不低于 C20,框架几何尺寸应根据边坡高度和地质情况等确定,框架内宜种草。

图3-9 六角形空心块植物防护

图3-10 锚杆混凝土框架植物防护

上述防护方法,可以局部处治,综合使用,并与放缓边坡等方法加以比较,力求实用和经济。如果在坡面防护时着色或修饰,还有助于改善路容。

2. 边坡的深层治理

(1)排除深层地下水

排除深层地下水的主要措施有:渗沟排水、渗水隧洞排水、平孔排水和集水井排水 4 种。

①渗沟排水,按其作用的不同可分为支撑渗沟、边坡渗沟及截水渗沟 3 种:

a. 支撑渗沟:使用深度(高度)一般小于 10m,宽度一般采用 2~4m,用以支撑不稳定的边坡,兼起排除和疏干坡体内地下水的作用,其形式分为主干和分支两种:主干平行于可能滑动的方向,布置在地下水露头处或由土中水形成坍塌的地方;支沟应根据汇水情况合理布置,可与滑动方向成 30°~45°交角,并可伸展到滑动范围以外,以拦截地下水,如图 3-11 所示。如滑坡推力大、范围广,可采用抗滑挡土墙与支撑渗沟相结合的结构形式,以支撑滑坡体。

b. 边坡渗沟:疏干潮湿的边坡和引排边坡上局部冒出的泉水或上层滞水,支撑边坡,也能起到截阻坡面径流和减轻坡面冲刷的作用。边坡渗沟垂直嵌入坡体,其底埋入潮湿土层以下较干燥而稳定的土层内,做成有 2%~4%泄水坡的阶梯式。基底一般都要铺砌防渗层。边坡渗沟的间距取决于地下水的分布、流量和边坡土质等因素,一般采用 6~10m。边坡渗沟的宽度约 1.2~1.5m,其深度视边坡潮湿土层的厚度而定。

边坡渗沟的平面形状有垂直的、分支的及拱形的。分支渗沟的主沟主要起支撑作用而支沟则起疏干作用。分支渗沟可以互相连接成网状布置,如图 3-12 所示。

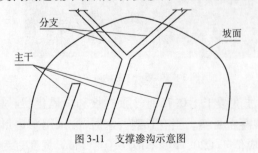
图3-11 支撑渗沟示意图

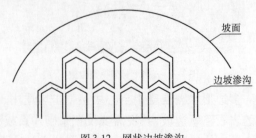
图3-12 网状边坡渗沟

c. 截水渗沟:当有丰富的深层地下水进入滑坡体时,可在垂直于地下水流的方向设置截水渗沟以拦截地下水,并将其排出滑坡体。截水渗沟一般深而长,为便于维修与疏通孔道,在直线段每隔30~50m或渗沟的转弯、边坡处应设置检查井,其井壁应设泄水孔,以排除附近的地下水,如图3-13所示。

②渗水隧洞排水。渗水隧洞主要用于截排或引排集中于滑动附近埋藏较深的一层地下水。隧洞断面不受地下水流量控制,主要决定于施工和养护维修的方便,并考虑节约投资。

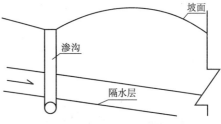

图3-13 截水渗沟示意图

③平孔排水。用平孔排除滑坡地下水,具有施工方便、工期较短,节约材料和劳动力的特点,是一种经济有效的措施。平孔的设置位置和数量应视地下水分布的情况及地质条件而定。孔径大小一般不受流量控制,可由数十毫米至一百毫米以上。平孔的坡度应不小于10%。

④集水井排水。该种排水形式最适用于集中汇集基岩面上及其附近的地下水。集水井深度一般为15~30m。在滑坡区内进行集水井施工时,深度达到滑动面时即可停止,并尽量缩短工期;在暂没滑动的滑坡区内或滑坡区外,集水井应深入基岩2~3m。

(2)土钉支护

目前,一般认为土钉支护机理是以新奥法理论为基础,其支护用于土体开挖和边坡稳定,是一种新的挡土技术。由于经济合理且施工技术简单,已在岩土工程中得到迅速推广和应用。土钉的特点是以群体起作用,与周围土体形成一个组合体,在土体发生变形的条件下,通过与土体接触面上的黏结力或摩擦力使土钉被动受拉,并主要通过受拉工作以约束加固或使其稳定。

公路边坡采用土钉支护结构可以加固坡体、防护边坡,也可以提高边坡的整体稳定性。

(3)锚固技术

岩土锚固是一种把受力拉杆埋入地层的技术,能充分发挥岩土能量,调用和提高岩土自身强度和自稳能力,大大减轻结构自重,节约工程材料,并确保施工安全和工程稳定,具有明显的经济和社会效益,因而广泛用于岩土工程加固。

锚固技术按是否施加预应力分为预应力锚杆(索)和非预应力锚杆(索)。预应力锚杆(索)由锚头、杆体和锚固体三部分组成。预应力锚杆(索)在边坡工程中的应用主要包括:边坡加固、斜坡挡土、锚固挡墙及滑坡防治。

3. 边坡深层、浅层相结合的综合治理

(1)挡土墙

挡土墙是一种能够抵抗侧向土压力,防止墙后土体崩塌和增加其稳定性的建筑物。在公路工程中,可用以支撑路堤或路堑边坡、隧道洞口、防止水流冲刷路基,同时也常用于处理路基边坡滑坡崩坍等路基病害。

公路上常用的挡土墙按其设置可分为路肩墙、路堤墙、路堑墙和山坡墙。其他常用的挡土墙有:锚杆(索)式挡土墙、悬臂式挡土墙、扶壁式挡土墙和加筋土挡土墙。选择挡土墙设计方案时,应与其他方案进行技术、经济方面比较。图3-14为路堑边坡锚杆式挡土墙。

（2）抗滑桩

抗滑桩是承受侧向荷载、整治滑坡的支撑建筑物,可穿过滑体在滑床的一定深度处锚固,具有抵抗滑坡推力的作用。工程实践表明,抗滑桩能迅速、安全、经济地解决一些比较困难的工程,因此发展较快。

抗滑桩按制作材料分,有混凝土桩、钢筋混凝土桩;按施工方法分,有打入法、钻孔法、挖孔法等。图3-15为浅路堑边坡滑坡,用混凝土桩使滑坡稳定的示例。

图3-14　锚杆式挡土墙

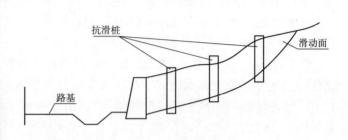

图3-15　抗滑桩示意图

二、几种常见的路基边坡病害防治措施

1. 防治边坡剥落及碎落的主要措施

(1)做好边坡排水,不使地面或地下水侵蚀路基边坡。

(2)修整边坡,及时填补边坡的冲沟,及时清除可能碎落的土石方,保持边坡平顺。

(3)加固边坡,做好边坡的绿化防护。

(4)清除表面风化的软质岩层,用抹面、喷浆法防护。

(5)修建干砌或浆砌片石护面墙。

(6)采用土工合成材料结合绿化、抹面或喷浆进行防护。

2. 防治崩塌的主要措施

(1)路基上方的危岩及危石应及时检查清除,特别在雨季前要细致检查。如有威胁行车安全的路段,可根据地形和岩层情况,采用嵌补、支顶的方法予以加固。

(2)在小型崩塌或落石地段,应尽量采取全部清除的办法。如由于基岩破坏严重,崩塌、落石的物质来源丰富,则宜修建落石平台、落石槽等拦截构造物。

(3)由于存在软弱结构面而易引起崩塌的高边坡,可根据情况采用支挡墙或支护墙等措施,以支撑边坡,并防止软弱结构面张开或扩大。

(4)对边坡坡脚,因受河水冲刷而易形成崩塌者,河岸要做防护工程。

(5)在可能发生崩塌的地段,必须做好地面排水设施。

(6)采用柔性防护网进行防护。

3. 防治滑坡的主要措施

防治滑坡的措施应以排水疏导为主,再配合抗滑支撑措施,或上部减重,维持边坡平衡。其主要方法有以下几种:

（1）地面排水

滑坡体以外的地面水,应予以拦截引离;滑坡体上的地面水,要注意防渗并尽快汇集引出。各种地面排水措施的适用条件以及布置、设计与施工原则列于表3-8。

滑坡地面排水措施　　　　　　　　　　　　　表3-8

名　称	适用条件	布置、设计与施工原则
环形截水沟	滑体外	截水沟应设在滑坡可能发展的边界5m以外，根据需要可以设置数条，分段拦截地表水，向一侧或两侧的自然沟系排出。在坡度陡于1:1的山坡上，常采用陡坡排水槽来拦截山坡上方的坡面径流。沟槽断面以满足排泄坡面径流为准，如土质渗水性强，应采用黏性土、石灰三合土或浆砌片石铺砌防渗层
树枝状排水系统	滑体内	结合地形条件，充分利用自然沟系作为排水渠道，汇集并旁引坡面径流与滑坡体外排出，排水沟布置应尽量避免横切滑体，主沟宜与滑移方向一致。支沟与主沟斜交30°~45°。如土质松软，可就土夯成沟形，上铺黏性土或石灰三合土加固。通过裂缝处，可采用搭叠式木质水槽或陶管、混凝土槽、钢筋混凝土槽，以防山体变形拉断水沟，使坡面水集中下渗
明沟与渗沟相配合的引水工程	滑体内的泉水或湿地	目的在于排除山坡上层滞水和疏干边坡土体含水，埋入地下部分类似集水渗沟，露出地面部分是排水明沟
平整夯实自然山坡坡面	滑体内	如山坡土质疏松，坡面水易于阻滞下渗，应对坡面平整夯实。填塞裂缝，防止坡面径流汇集下渗
绿化工程（植树、铺种草皮）	滑体内	绿化工程是配合表面排水的一项有效措施，特别对渗水严重的黏性土滑坡和浅层滑坡，效果显著。在滑坡面种植灌木及阔叶树，可疏干滑体水分，根系起加固坡面土层的作用。铺种草皮可滞缓坡面径流流速，防止冲刷，减少下渗，避免坡面泥土淤塞沟槽

(2) 地下排水

排除滑坡地下水的工程措施，应用较多的有各种渗沟，包括支撑渗沟、边坡渗沟和截水渗沟。

(3) 减重

减重就是在滑坡体后缘挖除一定数量滑坡体面使滑坡稳定下来。这种措施适用于推动式滑坡，一般滑动面不深，滑床上陡下缓，滑坡后壁或两侧有岩层外露或土体稳定不可能再发展的滑坡。减重主要是减小滑体的下滑力，不能改变其下滑趋势，所以减重常与其他措施配合使用。

(4) 支挡工程

支挡工程可分为以下几种：

①抗滑垛。一般用于滑坡不大，自然坡度平缓，滑动面位于路基附近或坡脚下部较浅处的滑坡。片石垛可用片石干砌或石笼堆成，主要是依靠片石垛的自重，以增加抗滑力的一种简易抗滑措施。

②抗滑挡土墙。在滑坡下部修建抗滑挡土墙，是整治滑坡常用的有效措施之一。对于大型滑坡，常作为排水、减重等综合措施的一部分；对中、小型滑坡，常与支撑渗沟联合使用。其优点是山体破坏少，稳定滑坡收效快。抗滑挡土墙一般多采用重力式结构，其尺寸应经计算确定。

③抗滑桩。抗滑桩是一种用桩的支撑作用稳定滑坡的有效抗滑措施，一般适用于非塑性体层和中厚度滑坡前缘，以及使用重力式支撑建筑物圬工量过大、施工困难的场合。

4. 防治泥石流的主要措施

泥石流对路基的危害主要是通过堵塞、淤埋、冲刷、撞击等方式造成的。公路防治泥石

流应以预防为主,采用综合治理的方法来减轻泥石流的危害。防治泥石流的工程措施为:

(1)对流泥、流石的山坡来说,在春秋两季,应大量进行植树造林、铺植草皮。

(2)在泥石流形成区的上侧修筑截水沟、排水沟,把水引出去,以减少或消除洪水冲击。

(3)在泥石流形成区,采用平整山坡、填实沟缝、修筑梯阶、土埂和支撑挡墙,加固沟头和沟底等方法,控制水土流失,防止滑坡发展。

(4)对于小量的泥石流而言,可在路肩外缘修建拦渣挡墙,并在每次雨后及时清理淤积的泥石,勿使挡墙失去作用。

(5)泥石流形成区的地质、地形条件较好时,可分级修建砌石或混凝土拦渣坝。

(6)可采用排洪道、急流槽、导流堤等措施使泥石流顺利排走,以防止掩埋道路、堵塞桥涵。

(7)实施滞流及拦截措施。滞流措施是在泥石流沟中修筑一系列低矮的拦挡坝,其作用是:拦蓄部分泥沙、块石等固体物质,减弱泥石流的规模;固定泥石流河床,防止沟床下切和谷坡坍塌;减缓河床纵坡,降低流速,防止和减轻泥石流对路基及其附属构造物的破坏。常用的滞流建筑物主要是谷坊坝。拦截措施主要是修建拦渣坝或停淤场,将泥石流中的固体物质全部拦淤,只许余水过坝。

(8)对泥石流严重地点,养护部门应做到:加强巡视检查,观察其变化动态,尽力采取防治措施;发生泥石流后,要集中人力、机械尽快清除堆积物,维持交通安全,根据掌握的资料,提出整治办法,及时报请上级处理。

任务3.3 编写路基边坡病害整治的施工组织设计

【知识目标】
　　掌握路基边坡病害整治的施工组织设计。
【能力目标】
　　能按照施工要求完成路基边坡病害处治,能编写路基边坡病害整治的施工组织设计。

公路施工组织设计就是统筹考虑整个施工过程,即对人力、材料、机械、资金、施工方法、施工现场(空间)等主要要素,根据其所处的环境、自然条件、施工工期等,进行合理的组织、安排,使之有条不紊,以实现有计划、有组织、均衡地施工,使其达到工期尽可能短、质量上尽可能好、成本尽可能低的理想效果。

为了确保工程质量、施工进度及资金合理使用等,在施工前必须完成以下具体任务。

(1)确定开工前必须完成的各项准备工作,如:审核设计文件、补充调查资料、先遣人员进场等。

(2)计算工程数量(防止漏算、重算),确定劳动力、机械台班、各种材料、构件等的需要量和供应方案等。

(3)确定施工方案(多种施工方案应经过比选),选择施工机具。

(4)安排施工顺序(由整体到局部)。

(5)编制施工进度计划,确定每月或每季度人力、材料、机械需用量。

(6)进行施工平面布置,即设备停放场、料场、仓库、拌和场、预制场、生活区、办公室等的布置。

(7)制定确保工程质量及安全生产的有效技术措施。

从以上几点可以看出,施工组织设计在整个施工过程中的重要性。施工组织设计合理与否,直接影响工程的工期、工程质量及工程的成本。

施工组织设计一般包括以下内容:

(1)施工组织设计概述。

(2)施工组织设计资料的调查。

(3)施工组织设计的阶段与文件组成。

(4)施工进度图。

(5)资源需要量计划及其他图表。

(6)工地运输与临时设施设计。

(7)施工平面图。

在编制施工组织设计时,应遵循下列编制原则:

(1)严格遵循设计文件、技术规范和质量验收标准的原则。在编写工作中,严格按设计要求认真执行国家现行的技术规范和质量验收标准,正确组织施工,确保工程质量优良。

(2)坚持实事求是的原则。在制订施工方案中,充分发挥本单位的技术优势和专业化、机械化联合作业的特点,坚持科学组织,合理安排、均衡生产,确保高速度、高质量、高效益地完成工程建设任务。

(3)根据项目法施工的原则,组织本工程的施工。通过与业主、监理和设计单位的充分合作,综合运用人员、机械、物资、资金和信息,实现质量和造价的最佳组合。实事求是的确定工期、施工方案,确保按期、优质、安全、高效地完成工程项目。

(4)积极推广应用"四新"成果的原则,在各项工序施工中,对于能够提高工程质量、加快施工进度、降低工程成本的新技术、新设备、新工艺、新材料要积极采用,发挥科技在施工中的先导作用。

案 例

边坡滑坡处治施工组织设计

1. 工程概述

××公路息烽互通式立体交叉 A 匝道 AK0+005~AK0+125 段路基边坡滑坡治理工程,位于息烽县西山乡崎林村境内,距离息烽县城约 3km。2012 年 7 月 1 日,在连续降雨作用下,该路段路基边坡发生滑移,路面变形长度约 90m;路基右侧倾斜、开裂并下沉近 25cm,路基一直处于蠕动状态,2013 年 5 月的暴雨,致使滑坡进一步发展,路基滑移已对公路正常通行造成严重影响。

该滑坡段路基原设计为阶梯边坡,一级边坡坡率 1:1.75,坡高 8m,一级平台为乡村通道,平台宽 4.5m;二级边坡坡率为 1:1.75,坡高 8m,上部为 A 匝道,路面宽 8.5m。滑坡后缘至 A 匝道左侧绿化区,滑坡前缘至农灌渠外侧陡坎。滑坡体中下部发育一条冲沟,冲沟切割深度相对较大。

A 匝道 QK0+035~QK0+065 段路基下沉、填方边坡隆起,QK0+065~QK0+080 段一

级平台乡村公路沉降变形加剧,QK0+150~QK0+170段挡墙有明显裂纹。QK0+075右侧50m处地表土体发生坍滑,导致坡面上原来歪斜的松树倾倒。该滑坡坡长118m,宽70m,滑坡面积为7887m²,属于中型中层滑坡。

2. 编制说明及编制依据

(1)编制说明

根据本工程的内容、特点、施工条件,并结合考虑本单位的施工经验、技术经济实力、设备人员配套的能力等多方面因素,编写了本工程人工挖孔桩施工组织设计。编写过程中充分考虑相关构筑物(附近高速桥梁)在挖孔桩施工过程中的结构安全、作业中的安全等各方面问题,优化施工方案、科学合理地组织施工队伍进行挖孔桩施工作业,在确保一切施工安全、质量可控的前提下,优质、高效地完成施工任务。

(2)编制依据

①《息烽互通A匝道滑坡处治工程施工图设计》。
②《公路工程质量检验评定标准》(JTG F80/1—2004)。
③《钢筋焊接及验收规程》。
④《公路路基施工技术规范》(JTG F101—2006)。
⑤《中华人民共和国环境保护法》。
⑥《建筑施工扣件式钢管脚手架安全技术规范》(JGJ 130—2011)。
⑦《公路工程施工安全技术规程》(JTJ 076—95)。
⑧《施工现场临时用电安全技术规范》(JGJ46—2005)。

(3)编制范围

××高速公路息烽互通式立体交叉A匝道AK0+005~AK0+125段路基滑坡治理工程。

(4)编制原则

①严格遵守业主规定的施工工期,积极妥当、合理地安排施工。
②在坚持实事求是的基础上,力求"技术先进、科学合理、经济适用"。在确保工程质量标准的前提下,积极采用新技术、新工艺、新材料和新设备。
③合理安排施工工序,采用流水作业施工,使各工序紧密衔接。
④利用现有的资源,合理进行规划、布局和施工。
⑤保护环境,防止污染和施工事故,做到文明施工。

3. 施工准备

施工准备包括技术准备、材料及人员准备等几个方面。

(1)技术准备

①熟悉和会审施工图纸:组织工程技术人员认真学习施工图纸,了解施工图纸的设计意图,全面熟悉和掌握施工图纸的全部内容。
②编制具体的组织设计和施工方案:阐明施工工艺和施工方法,劳动力组织和工程进度,质量和安全的保证措施,针对本工程的特点和难点,因地制宜做出相应的措施。
③技术交底:工程开工前,项目技术负责人对技术员进行技术交底,指出工程的重点和难点,及注意事项。

(2)材料及机具准备

机械、设备配备见表3-9。对水泥、钢材、砂石等建筑材料,根据实际情况分批进场。

机械、设备配备表 表3-9

序　号	设备名称	规格型号	单位	数　量	备　注
1	水磨钻	—	台	8	备用一台
2	风镐	G10	台	8	备用一台
3	卷扬机	JM1.0(1t)	台	8	备用一台
4	移动空压机	LUY208D-7	台	2	
5	挖掘机	CAT320	台	1	
6	装载机	—	台	1	
7	自卸汽车	6t	台	1	
8	锚孔钻机		台	4	
9	发电机	320GF1	台	1	
10	抽水泵	—	台	8	备用一台

(3) 管理人员及劳动力准备

人员进场计划详见表3-10。

施工劳动力组织表 表3-10

工种名称	人数	备注	工种名称	人数	备注
管理人员	2		钢筋工	6	
技术人员	2		混凝土工	4	
测量工	2		电焊工	2	
安全员	2		挖掘机操作员	1	
水电工	1		装载机操作员	1	
开挖工	16		自卸汽车操作员	1	
普工	4		合计	45	
守库员	1				

4. 施工工艺技术

施工工艺包括施工放样、开挖及支护、检验成桩等几个部分。

(1) 测量放样

放样前对设计单位提供的水准点、坐标点进行复核,确保点位无误、数据正确的情况下按设计图纸,对抗滑桩位置进行放样,并报请监理复核。

(2) 人工挖孔桩周边防护施工

在桩位测量定位后,规划好弃渣堆放场地,桩位周边地表修建截(排)水沟及防护设施。

(3) 护壁锁口施工

施工前将桩基施工范围内的杂草,树木,地表松散土等进行清理,并对场地进行平整,再次进行锁口放样,开始锁口施工。锁口使用钢筋采用现场弯制,现场绑扎。锁口模板采用厚2cm木板制作成4块梯形、高度不小于1.0m的模板,模板间采用方木、铁钉连接,模板组合成型后采用方木作为加固环与支撑进行加固。立模浇筑一次性浇筑锁口圈和首个护壁段混凝土。混凝土采用现场拌和,人工入模,插入式振捣棒振捣密实。锁口中心与桩孔中心偏差不得大于50mm,竖向倾斜不大于1%,锁口底应高出地面30cm,避免雨水倒灌入桩内,影响施工,造成安全隐患。锁口圈混凝土达到设计强度后,开始自上而下分段进行开挖。开挖过程中,孔口地段不能堆渣并禁止车辆通行,做好挖孔记录,详细记载各个地质层的变化。

(4)抗滑桩开挖及支护

抗滑桩施工工艺流程如下:

①抗滑桩开挖。

土方采用人工结合风镐进行开挖作业,下部进入中风化岩层及以下部分采用水磨钻成孔开挖。施工顺序:

a. 钻取四周岩石:沿桩身孔壁布置取芯点,取芯直径150mm,取芯圆与桩内壁相切,取芯圆之间距离为110mm。依次钻取外周的岩芯,取出的岩芯高约500mm,将外周岩芯取完后桩芯外围便形成一个环形临空面。

b. 钻取中间岩石:将中间岩石取几条贯通线,钻孔形成多个小截面。

c. 插入钢楔、击打钢楔分裂岩石:在中间已钻孔依次打入钢楔,用大锤击打,使岩体产生水平冲击力,从而达到分裂岩石的效果。

d. 出渣:出渣采用人工装渣至直径50cm×高50cm吊桶内,每次只装不超过40cm渣土,且限重不超过20kg,通过卷扬机提升出桩口,人工提起倾倒在桩旁平台下方的临时渣坑内。

e. 抗滑桩的桩底高程及嵌岩深度根据该工程设计技术交底会议明确:

应结合实际地形,选取两根有代表性的桩位进行开挖,用以确定地质情况及岩层分布,为后序挖孔桩施工起到指导作用。

经过对现场勘察,结合地勘资料,确定首先选取4号、13号作为代表桩进行先行施工。施工过程中,详细记录地质变化,切实为后续挖孔桩施工提供可靠有力的参考依据。

②抗滑桩出渣提升设备。

抗滑桩的出渣用提升设备采用支架旋转式卷扬机、吊桶采用铁皮制作。卷扬机的配重采用定制箱子桩砂袋稳固在卷扬机钢架上,根据合理计算确定配重的重量。在每台卷扬机旁设置空气开关和漏电保护器,确保一机一闸一漏保。

③支护。

开挖净空断面达到设计尺寸后按设计位置绑焊护壁钢筋,后支模浇筑护壁混凝土。护壁采用木模板,方木支撑,护壁混凝土由上而下逐层灌筑。顶层应一次整体灌筑,以下各层开挖一层灌注一层,防止井壁长时间暴露在外。开挖每层高度控制在1.0m范围内,上下层混凝土纵向接缝应纵向相互错开,并预留0.2m钢筋,用于锚入下一层护壁。每节护壁下部采用短钢筋进行锚固。

护壁钢筋按要求预先加工成型。钢筋类型及间距符合设计要求。钢筋制作前应对钢筋进行校直、除锈及除油污等处理;安装时,岩面应与钢筋间隔6~8cm空隙作为钢筋保护层,钢筋保护层厚度不得小于7cm。在钢筋绑焊合格后,按设计拼装模板,浇筑混凝土。

④护壁混凝土浇筑。

护壁混凝土采用现场拌和,插入式振动棒振捣,并设置串筒或其他减速装置,以避免混凝土从高处向模板内倾泻时产生离析。混凝土混合料分层进行浇筑,每层厚度不得超过30cm。用插入式振捣器振捣要仔细,以免漏振。振捣密实的标志是混凝土停止下沉,不再冒出气泡,表面呈平坦泛浆。

(5)抗滑桩桩身混凝土浇筑

挖孔达到设计深度以后,清除孔底松土、沉渣、杂物;应用钢钎探明孔底以下的地质情况,报监理工程师复查认可后方可进行下道工序施工。抗滑桩采用C30钢筋混凝土。

①核对断面尺寸及桩底高程,放出桩底十字线。

②钢筋绑扎、焊接定位:所有桩身钢筋均在钢筋加工场内下料、弯曲,孔内绑扎成型。严格按设计施工,钢筋均采用焊接施工,纵横交叉处采取绑扎固定,每个截面接头不超过50%,钢筋间距严格遵照设计值施工。为有效地保证混凝土保护层厚度,钢筋笼与护壁的间距应以混凝土块楔紧,防止混凝土浇筑时发生偏移。桩体钢筋绑扎完毕,应在自检合格后,通知监理单位、建设单位等进行隐蔽工程的验收。

③灌注桩身混凝土:采用输送泵泵送混凝土,泵车置于现有道路上,混凝土罐车依次排开,防止意外发生。当钢筋笼定位后,以串筒漏斗将混凝土传送至井中捣固。浇筑过程中,除振捣时间外,要保持混凝土浇筑的连续性,防止断桩发生。

(6)成桩检测

为了检查抗滑桩的混凝土浇筑质量,桩的钢筋笼内四边中央处埋设4根$\phi 57 \times 3mm$的声测管,声测管用钢板密封管底,管顶临时加盖,以防混凝土或杂物掉入管内。当抗滑桩桩身混凝土达到一定龄期以后,请专业检测机构到现场进行声波检测。

5.施工安全保证措施

(1)人工挖孔桩井下作业安全规则

①下井作业人员必须戴安全帽,穿长筒靴,上落井要求用专用爬梯等设备,不得乘坐吊土桶或用人工拉绳上落井,井内严禁吸烟。

②井内外等用电设备必须设置可靠的漏电开关及使用绝缘良好的电缆,下井前必须经专业人员检查,确认各种设备性能安全可靠后,方可使用。

③深度超过10m的深井作业人员下井前,必须用毒气探测仪检查井内有无危害身体及是否缺氧;开工前必须提前向井内送风及提前排干井内地下水,证实无危害方可下井。

④作业时,井内先用一条送风量为$1.5m^3/min$的送风管向井内送风换气,并配备防毒面具,以防万一。

⑤每个班组,组长为安全员,负责检查作业范围内安全设备及监督、保证安全操作,并设一名专职安全员负责检查工地的安全工作。

⑥井内配备照明用的12V低压照明灯并配护罩,如遇雷雨时严禁下井作业。

⑦作业时井口上必须专人监护井下情况,不得擅自离开岗位。

⑧井底抽水作业时,人员不得下井作业,抽干井底水后,应把潜水泵提升至井面后,方能下井作业。

(2)井口上安全措施

①井孔口设钢管护栏,护栏高度为1.0m,外侧铺竹跳板,并用铁丝固定。

②护壁必须按设计要求高出地面30cm左右,并设高度100cm左右的栏杆围护,严禁井面杂物掉落井下。

③开工前严格检查所使用的吊架、吊桶是否牢固,严禁工人带病作业。

④在钻井口垂下预先打结的棕绳或尼龙绳到工作面,以便作业人员应急使用。

⑤井口面要保持清洁,严禁在井边堆土,重物不得靠近井边。

⑥挖土后,灌混凝土前,井口必须加盖并设围栏围护。

⑦上下井工作人员采用专用爬梯,并在井口位置设置牢固的吊挂点。工人上落桩井必须系好安全带,其安全带用安全绳控制于孔口外的两名施工人员手中,以保安全。

⑧第一节井圈护壁的厚度比下面护壁加厚不小于80mm。

⑨混凝土护壁横板的拆除宜在24h之后,否则应添加早强剂,以确保混凝土的强度不致塌孔。

⑩根据地质条件考虑现场施工作业区,在相邻5m范围内有桩孔正在浇灌混凝土或桩孔蓄水太深时,不得下井作业。

6. 安全生产应急预案

根据边坡支挡及开挖的特点及施工工艺的实际情况,项目部组建了由项目经理负责的应急抢险小组,并认真组织了对挖孔桩危险源和环境因素的识别和评价,制订本项目发生紧急情况或事故的应急预案,对广大员工开展应急知识教育和应急演练,提高现场操作人员的应急能力,减少突发事件造成的损害和不良影响。

事故发生,立即启动应急预案,第一时间疏散施工人员。项目经理负责指挥,施工员及安全员、各班组成员有条不紊地进行抢救或处理,其他人员协助工作。

发生坍塌事故后,发现事故人员首先高声呼喊,通知现场安全员,由项目经理负责现场指挥,安全员组织施工人员紧急撤离至安全区域,查点施工人员人数,以确定是否有人因塌方被困的情况。如无人被困,则迅速疏散,在塌方稳定后,根据实际情况再研究施工方案;如有人被困,在塌方稳定后,立即组织施救,其他组员采取有效防护措施,防止事故发展扩大。如有人员受伤,立即拨打事故抢救电话"120",同时对轻伤人员在现场采取可行的应急抢救。

在抢救同时,派出人员在塌方地段周边,划出警戒区,拉上警戒带将行人或车辆隔离开来,并24h留人值勤,观察塌方地段地表变化情况,并严防其他人员进入警戒区。

7. 安全、文明、环保措施

(1) 安全保障措施

为了确保施工安全,项目部成立安全管理领导小组,项目经理任安全管理领导小组组长,施工队配备领班员、专职安全员、现场安全员,使安全管理在每个环节都有专人负责,从上到下形成安全生产管理网络。其安全保障措施如下:

①坚持"安全第一、预防为主"的方针,正确处理安全与生产、安全与效益的关系。

②真正贯彻和强制推行各种规章制度,统一思想,规范行为,形成一套"事事有标准,管理按标准,作业守标准,人人遵章守纪"的现场安全管理体制。

(2) 文明施工组织措施

建立以项目经理为组长、项目技术负责人为副组长的文明施工领导小组,确保文明施工。

①加强工程现场文明施工管理,保证施工优质、高效进行,树立和维护企业的良好形象,争创文明标准工地。

②在项目部中明确分工,落实文明施工现场责任区,制定相应规章制度,确保文明施工现场管理有章可循。

③合理布置施工场地,做到场地整洁、道路平顺、排水畅通、标志醒目、生产环境达到标准作业要求。

④施工现场设置宣传标牌,规格统一,内容完善,位置醒目。

⑤现场施工材料堆放整齐,做到横成排、竖成行,散体材料必要时要砌池堆放,其他材料要设立栏杆堆放。

⑥现场制定安全、保卫制度,落实安全、防火等项工作;施工人员必须佩戴工作卡,管理人员和作业人员分颜色区别,进入施工现场的人员一律要戴安全帽。经常对员工进行法制

和文明教育,严禁在施工现场打架斗殴及进行其他非法活动。

(3)环境保护措施

①施工中的废燃料、废油及其他固体废物不得随意倾倒或排入水渠等水体,也不得堆放在水体旁,应及时清运至当地允许设置的地点。含有害物质的建材(如水泥等)不得堆放在水体附近,并设篷盖,必要时设围栏,防止被雨水冲刷入水体。

②在施工期间始终保持工地排水系统良好,临时排水系统与永久排水设施相连接,不得淤积和冲刷。锁口边坡及时进行防护,防止雨季时雨水冲刷坡面造成水土流失,影响排水系统,污染附近水流。

 思考与练习

一、选择题

路基边坡病害不包括下列哪一项?(　　)

A. 崩塌　　　　B. 滑坡　　　　C. 泥石流　　　　D. 龟裂

二、填空题

1. 路基病害的成因有_____、_____、_____、_____和人为因素等5种。
2. 路基病害的防治与处治分为_____、_____、_____ 3种。

三、名称解释

1. 崩塌
2. 滑坡

四、问答题

1. 路基边坡病害有哪些?
2. 路基边坡病害产生的原因有哪些?
3. 防治边坡崩塌的措施有哪些?
4. 防治边坡滑坡的措施有哪些?
5. 施工组织设计中,一般包括哪些内容?

学习情境4 软土路基病害处治

任务4.1 软土路基病害类型认知

【知识目标】
  掌握软土的概念及鉴别方法;分辨软土造成的路基病害;熟悉软土路基常用处置方法。
【能力目标】
  能判别软土造成的路基病害类型,能对软土路基提出合适处置方法。

4.1.1 软土的概念及鉴别

【学习任务1】 学习软土的定义及分类。

我国交通运输部行业标准《公路软土路基路堤设计与施工技术规范》(JTG/T D31-02—2013)将软土定义为"滨海、湖沼、谷地、河滩沉积的天然含水率高、孔隙比大、压缩性高、抗剪强度低的细粒土"。其鉴定标准见表4-1。

软 土 鉴 别 表   表4-1

特征指标名称	天然含水率(%)	天然孔隙比	十字板剪切强度(kPa)
指标值	≥35 或液限	≥1.0	<35

一、软土类型

软土按沉积环境分类主要有下列几种:

1. 滨海沉积

(1)滨海相:常与海浪岸流及潮汐的水动力作用形成较粗的颗粒(粗、中、细砂)相掺杂,使其不均匀和极松软,增强了淤泥的透水性能,易于压缩固结。

(2)泻湖相:颗粒微细、孔隙比大、强度低、分布范围较宽阔,常形成海滨平原。在泻湖边缘,表层常有厚约0.3~2.0m 的泥炭堆积。底部含有贝壳和生物残骸碎屑。

(3)溺谷相:孔隙比大、结构松软、含水率高,有时甚于泻湖相。分布范围略窄,在其边缘表层也常有泥炭沉积。

(4)三角洲相:由于河及海潮的复杂交替作用,而使淤泥与薄层砂交错沉积,受海流与波浪的破坏,分选程度差,结构不稳定,多交错成不规则的尖灭层或透镜体夹层,结构松软,颗粒细小。

2. 湖泊沉积

湖泊沉积是近代淡水盆地和咸水盆地的沉积。沉积物中夹有粉砂颗粒,呈现明显的层理。淤泥结构松软,呈暗灰、灰绿或暗黑色,厚度一般为10m左右,最厚者可达25m。

3. 河滩沉积

河滩沉积主要包括河漫滩相和牛轭湖相。成层情况较为复杂,成分不均一,走向和厚度变化大,平面分布不规则。一般常呈带状或透镜状,间与砂或泥炭互层,其厚度不大,一般小于10m。

4. 沼泽沉积

分布在地下水、地表水排泄不畅的低洼地带,多以泥炭为主,且常出露于地表。下部分布有淤泥层或底部与泥炭互层。

由于沉积年代、环境的差异,成因的不同,软土的成层情况,粒度组成,矿物成分有所差别,使工程性质有所不同。

二、软土具有下列工程特性

(1)颜色以深色为主,粒度成分以细粒为主,有机质含量高。

(2)天然含水率高,容重小,天然含水率大于液限,一般在50%~70%之间,液限一般为40%~60%。

(3)天然孔隙比大,一般大于1.0。

(4)渗透系数小,一般在$1 \times 10^{-8} \sim 1 \times 10^{-4}$cm/s之间。沉降速度慢,固结完成所需时间长。而大部分淤泥和淤泥质土地区,由于该土层中夹有数量不等的薄层或极薄层粉砂、细砂、粉土等,故在垂直方向的渗透性比水平方向要小。

(5)压缩性高,淤泥和淤泥质的压缩系数a_{1-2}一般为0.7~1.5MPa^{-1},最大达4.5MPa^{-1},且随着土的液限和天然含水率的增大而增高。

(6)抗剪强度低,软土的快剪黏聚力小于10kPa,快剪内摩擦角小于5°,固结快剪的强度略高,凝聚力小于15kPa,内摩擦角小于10°。

(7)软土的灵敏度高,灵敏度一般在2~10之间,有时大于10,并具有显著的流变特性。

不同沉积类型的软土,有时其物理性质指标虽较相似,但工程性质并不很接近,不应借用。软土的力学性质参数宜尽可能通过现场原位测试取得。

4.1.2 软土造成的路基病害

【学习任务2】 理解软土对路基的破坏类型。

软土地带的路基,多因地面低洼,降水充足,地下水位高,含水饱和,在填土荷载和行车荷载下,容易出现沉降、冰冻膨胀、弹簧、沉陷、滑动、基底向两侧挤出淤泥等病害。

1. 剪切拉裂破坏

剪切拉裂破坏主要是指软(过湿)土路基在强烈的行车荷载及自重作用下发生的破坏。具有高触变性的软土在振动荷载或自重力的作用下,强度下降,表现出很强的流变性,导致软土层侧向滑动挤出,路基发生不均匀沉降。主要表现为临空面一侧或两侧的车道发生沉陷,道路出现隆起现象;在剪切和拉裂作用下,路面形成裂缝,裂缝不断发展,并不断贯通,最终导致公路毁坏。尤其是在公路的弯道处,路面受力极不均匀,更易发生此类破坏。

2. 浸水沉陷破坏

在山区,雨水较集中,且在地表易于汇集,因此在排水不畅的路段,水很容易浸入路基,在土体自重、行车荷载及水温变化等诸多因素作用下,路基发生不均匀沉陷变形,引起路面破损开裂,水渗入裂缝后常导致路面"翻浆",形成常说的"橡皮路"。常常表现为路面局部凹陷,行车震颤、颠簸及桥头错台跳车等现象。有些路段位于冲、洪积扇的前缘,往往是地下水溢出带,若路基处理不当,很容易被水浸入而导致公路毁坏。

3. 剥蚀坍塌破坏

山区公路路基的坍塌破坏主要是由剥蚀作用引起,如风蚀、流水冲蚀、泥石流的剥蚀等,要是以水的冲蚀作用为主。软土松散,抗蚀能力弱,在雨季期,洪水或泥石流不断冲刷沿河路基,严重的侧淘蚀作用常使路基边坡被淘空,导致路基边坡下滑和坍塌,毁坏临河路基尤其是高填土路堤,在不是全防护的情况下,裸露部位更易遭到流水冲刷,造成路堤滑塌和路面损坏。

4. 推挤滑动破坏

推挤滑动破坏主要是指滑坡等的推挤作用对路基、路面的破坏,其结果常导致路基路面滑动、断裂、错台和沉陷。随着滑坡体与路基位置关系的不同,路基的破坏程度也有所不同。如果路基处在滑坡体上,一旦滑动,整段路基和路面都将被毁掉。

4.1.3 软土路基常用处治方法

【学习任务3】 掌握对软土路基处理的方法和适用范围。

近几十年来,地基处理的方法多样化,地基处理的新技术、新工艺不断涌现并日趋完善。根据地基处理方法的基本原理,基本上可以分为如表4-2所示的几类。

地基处理方法的分类 表4-2

物 理 处 理				化 学 处 理		热 学 处 理	
置换	排水	挤密	加筋	搅拌	灌浆	热加固	冻结

地基处理的主要方法、加固原理及适用范围,参见表4-3。

地基处理的主要方法、加固原理和适用范围 表4-3

分类	方法	加 固 原 理	适 用 范 围
置换	换土垫层法	采用开挖后换好土回填的方法;对于厚度较小的淤泥质土层,亦可采用抛石挤淤法。地基浅层性能良好的垫层,与下卧层形成双层地基。垫层可有效地扩散基底压力,提高地基承载力和减少沉降量	各种浅层的软弱土地基
	振冲置换法	利用振冲器在高压水的作用下边振、边冲,在地基中成孔,在孔内回填碎石料且振密成碎石桩。碎石桩柱体与桩间土形成复合地基,提高承载力,减少沉降量	$c_u<20kPa$ 的黏性土、松散粉土和人工填土、湿陷性黄土地基等
	强夯置换法	采用强夯时,夯坑内回填块石、碎石挤淤置换的方法,形成碎石墩柱体,以提高地基承载力和减少沉降量	浅层软弱土层较薄的地基
	碎石桩法	采用沉管法或其他技术,在软土中设置砂或碎石桩柱体,置换后形成复合地基,可提高地基承载力,降低地基沉降。同时,砂、石柱体在软黏土中形成排水通道,加速固结	一般软土地基
	石灰桩法	在软弱土中成孔后,填入生石灰或其他混合料,形成竖向石灰桩柱体,通过生石灰的吸水膨胀、放热以及离子交换作用改善桩体周围土体的性质,形成石灰桩复合地基,以提高地基承载力,减少沉降量	人工填土、软土地基
	EPS轻填法	发泡聚苯乙烯(EPS)重度只有土的 1/50~1/100,并具有较高的强度和低压缩性,用于填土料,可有效减少作用于地基的荷载,且根据需要用于地基的浅层置换	软弱土地基上的填方工程

续上表

分类	方法	加固原理	适用范围
排水固结	加载预压法	在预压荷载作用下,通过一定的预压时间,天然地基被压缩、固结,地基土的强度提高,压缩性降低。在达到设计要求后,卸去预压荷载,再建造上部结构,以保证地基稳定和变形满足要求。当天然土层的渗透性较低时,为了缩短渗透固结的时间,加速固结速率,可在地基中设置竖向排水通道,如砂井、排水板等。加载预压的荷载,一般有利于建筑物自身荷载、堆载或真空预压等	软土、粉土、杂填土、冲填土等
	超载预压法	基本原理同加载预压法,但预压荷载超过上部结构的荷载。一般在保证地基稳定的前提下,超载预压方法的效果更好,特别是对降低地基次固结沉降十分有效	淤泥质黏性土和粉土
振密挤密	强夯法	采用重量 100~400kN 的夯锤,从高处自由落下,在强烈的冲击力和振动力作用下,地基土密实,可以提高承载力,减少沉降量	松散碎石土、砂土,低饱和度粉土和黏性土,湿陷性黄土、杂填土和素填土地基
	振冲密实法	振冲器的强力振动,使得饱和砂层发生液化,砂粒重新排列,孔隙率降低;同时,利用振冲器的水平振冲力,回填碎石料使得砂层挤密,达到提高地基承载力,降低沉降的目的	黏粒含量少于 10% 的松散砂土地基
	挤密碎(砂)石桩法	施工方法与排水中的碎(砂)石桩相同,但是,沉管过程中的排土和振动作用,将桩柱体之间土体挤密,并形成碎(砂)石桩柱体复合地基,达到提高地基承载力和减小地基沉降的目的	松散砂土、杂填土、非饱和黏性土地基、黄土地基
	土、灰土桩法	采用沉管等技术,在地基中成孔,回填土或灰土形成竖向加固体,施工过程中排土和振动作用,挤密土体,并形成复合地基,提高地基承载力,减小沉降量	地下水位以上的湿陷性黄土、杂填土、素填土地基
加筋	加筋土法	在土体中加入起抗拉作用的筋材,例如土工合成材料、金属材料等,通过筋土间作用,达到减小或抵抗土压力;调整基底接触应力的目的。可用于支挡结构或浅层地基处理	浅层软弱土地基处理、挡土墙结构
	锚固法	主要有土钉和土锚法,土钉加固作用依赖于土钉与其周围土间的相互作用;土锚则依赖于锚杆另一端的锚固作用,两者主要功能是减少或承受水平向作用力	边坡加固,土锚技术应用中,必须有可以锚固的土层、岩层或构筑物
	竖向加固体复合地基法	在地基中设置小直径刚性桩、低等级混凝土桩等竖向加固体,例如 CFG 桩、二灰混凝土桩等,形成复合地基,提高地基承载力,减少沉降量	各类软弱土地基,尤其是较深厚的软土地基
化学固化	深层搅拌法	利用深层搅拌机械,将固化剂(一般的无机固化剂为水泥、石灰、粉煤灰等)在原位与软弱土搅拌成桩柱体,可以形成桩柱体复合地基、格栅状或连续墙支挡结构。作为复合地基,可以提高地基承载力和减少变形;作为支挡结构或防渗,可以用作基坑开挖时,重力式支挡结构,或深基坑的止水帷幕。水泥系深层搅拌法,一般有两种方法,即喷浆搅拌法和喷粉搅拌法	饱和软黏土地基,对于有机质较高的泥炭质土或泥炭、含水率很高的淤泥和淤泥质土,适用性宜通过试验确定
	灌浆或注浆法	有渗透灌浆、劈裂灌浆、压密灌浆以及高压注浆等多种工法,浆液的种类较多	类软弱土地基,岩石地基加固,建筑物的纠偏等加固处理

必须注意的以下两个问题：

(1)很多地基处理方法都具有多重加固处理的功能,例如碎石桩具有置换、挤密、排水和加筋的多重功能;而石灰桩则具有挤密、吸水和置换等多重功能。

(2)各类地基处理方法均有各自的特点和作用机理,在不同的土类中产生不同的加固效果,同时也存在着局限性。为增强处理的效果,可采用两种或两种以上组合方法处治软土地基,亦即软土的综合处理方法。

任务 4.2 软土路基病害处理措施和方法

【知识目标】
　　掌握浅层处治技术、竖向排水固结处治技术、粉喷桩加固技术、土工合成材料加固技术。
【能力目标】
　　根据不同的条件确定合适的处治方法,能够按相应技术组织施工。

软土地基处治的方法很多,各种方法都有它的适用范围。具体工程的地质条件千变万化,对地基处理的要求不尽一致,而且施工部门采用的机具、当地的材料都会不同,因此必须从地基条件、处理要求、处理范围、工程进度、材料机具等方面进行综合考虑,以确定合适的处治方法。

4.2.1 浅层处治技术

【学习任务4】 学习换填垫层法、抛石挤淤法、反压护道法。

一、换填垫层法

当软土地基的承载力和变形不能满足设计要求,而软土层的厚度又不是很大时,将路基底面下处理范围内的软弱土层部分或全部挖去;然后分层换填强度较大的砂(碎石、素土、灰土、二灰土等)或其他强度较高、性能稳定、无侵蚀性的材料,并用人工或机械方法压(夯、振)实至要求的密实度为止。这种地基处理的方法称为换填垫层法。

换填垫层法的处理深度通常宜控制在3m以内,也不宜小于0.5m,因为垫层太薄,则换土垫层的作用也不显著。

1. 垫层材料的选择

(1)砂和砂石垫层材料

用砂和砂石料作为垫层材料时,应选用颗粒级配良好、质地坚硬的中、粗砂为佳,可掺入一定数量的碎(卵)石,但要分布均匀,颗粒的不均匀系数最好不小于10。砂垫层的用料虽然不是很严格,但含泥量一般不超过5%,也不得含有植物残体、垃圾等有机杂质。如用作排水固结地基的砂、石材料,含泥量不应大于3%,并且不应夹有过大的石块或碎石(小于50mm),因为碎石过大会导致垫层本身的不均匀沉降。

(2)素土垫层材料

素土可采用施工过程中挖出的黏性土,土料中有机质含量不得超过5%,也不得含有冻土或膨胀土。当含有碎石时,其粒径不宜大于50mm。素土垫层材料不应采用地表耕植土、淤泥及淤泥质土、杂填土等。

(3)灰土垫层材料

灰土垫层是将路基底面下一定范围内的软弱土层挖去,用按一定体积配合比的灰土在最佳含水率条件下分层回填夯实或压实,适用于处理1~4m厚的软弱土层。

①石灰。在施工现场用作灰土的熟石灰应过筛,其粒径不得大于5mm。熟石灰中不得夹有未熟化的生石灰,也不得含有过多的水分。

石灰的性质取决于其活性物质(氧化钙、氧化镁)的含量,石灰中氧化钙、氧化镁含量越高,其活性越大,胶结力越强。一般常用的熟石灰粉末质量应符合Ⅲ级以上的标准,活性氧化钙、氧化镁含量不得低于50%;如拌制强度较高的灰土,应选用Ⅰ、Ⅱ级石灰。

②土料。灰土中的土料不仅作为填料,而且参与化学反应,尤其是土中的黏粒具有一定的活性和胶结性,含量越多,则灰土的强度也越高。工程施工时常采用施工中挖出的不含有机质的黏性土或塑性指数大于4的粉土拌制灰土,不得使用表面耕植土、冻土、膨胀土以及有机质含量超过8%的土料。土料应过筛,其粒径不得大于15mm。

③石灰用量对灰土强度的影响。灰土中石灰用量在一定范围内,其强度随用灰量的增加而提高;但石灰用量超过一定限值后,灰土强度就增加很小,并有逐渐降低的趋势。如体积配合比为1:9的灰土,强度很低,只能改善土的压实性能;而体积配合比为2:8和3:7的灰土,一般为最佳含灰率,但与石灰的等级有直接关系,通常应以氧化物含量8%左右为最佳。

采用石灰、粉煤灰按适当比例加水拌和、分层夯实的垫层,称为二灰垫层。它和灰土垫层相似,但强度比灰土垫层高。其最佳含水率比灰土大,干密度比灰土小。压实系数为0.94~0.97,干密度为940~970kg/m³,施工最佳含水率为50%左右,石灰掺入量以15%~20%为宜。

(4)碎石和矿渣垫层材料

碎石垫层用的碎石粒径,一般为5~40mm的自然级配碎石,含泥量不大于5%。

矿渣垫层应根据工程的具体条件选用矿渣垫层材料。大面积填铺时,多采用不经筛分的不分级高炉混合矿渣,最大粒径不大于200mm或不大于碾压分层虚铺层厚的2/3;小面积垫层采用20~60mm分级矿渣,采用的矿渣应符合下列技术条件:

①质地坚硬,稳定性合格,无侵蚀性;

②松散密度不小于1.1t/m³,压碎指标不大于13%,含硫量不大于1.5%,铁矿含量不大于1%;

③泥土与有机杂质含量不大于5%。

在碎石和钢渣垫层的底部,为防止基坑表层软弱土发生局部破坏而产生过量沉降,一般应设置一层15~30mm厚的砂垫层,砂料应采用中、粗砂,然后再铺筑碎石或钢渣垫层。

2. 垫层施工方法

(1)当地基表层具有一定厚度的硬壳层,其承载力较好,能上一般运输机械时,一般采用机械分堆摊铺法,即先堆成若干砂堆,然后用机械或人工摊平。

(2)当硬壳层承载力不足时,一般采用顺序推进摊铺法。

(3)当软土地基表面很软,如新沉积或新吹填不久的超软地基,首先要改善地基表面的持力条件,使其能上施工人员和轻型运输工具。工程上常采用如下措施:

①地基表面铺荆笆。搭接处用铅丝绑扎,以承受垫层等荷载引起的拉力,搭接长度取决

于地基土的性质,一般搭接长 20cm。当采用两层荆笆时,应将搭接处错开;错开距离以搭缝之间间距的一半为宜,荆笆搭接如图 4-1 所示。

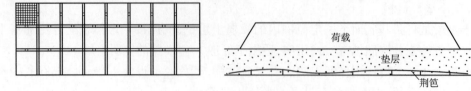

图 4-1　荆笆铺设示意图

②表面铺设塑料编织网或尼龙纺织网,纺织网上再作砂垫层,如图 4-2 所示。

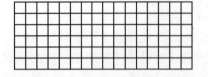 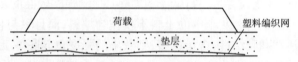

图 4-2　塑料纺织网铺设示意图

③表面铺设土工合成材料,土工合成材料上再铺排水垫层,如图 4-3 所示。

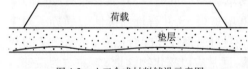

图 4-3　土工合成材料铺设示意图

以上软土地基的常用施工方法,可单一使用;也可混合使用;还可根据当地材料来源,选择具有一定抗拉强度、断面小的材料。但应注意如下几点:

a. 饱水后材料要有足够的抗压强度;

b. 当被加固地基处在边坡位置或将来有水平力作用时,由于材料腐烂而形成软弱夹层,给加固后地基的稳定性带来潜在影响。

④尽管对超软路基表面采取了加强措施,但持力条件仍然很差,一般轻型机械上不去。在这种情况下,通常采用人工或轻便机械顺序推进铺设,常用的有两种方式:用人力手推车运砂铺设和用轻型小翻斗车铺垫。

无论采用何种施工方法,在排水垫层的施工过程中都应避免对软土表层的过大扰动,以免造成砂和淤泥混合,影响垫层的排水效果。

3. 施工中的注意事项

(1)换填垫层法施工的关键是将垫层材料压实到设计要求的密实度。压实的方法常用的有机械碾压法、重锤夯实法和振动压实法。这些方法要求垫层材料分层铺设,然后逐层振密或压实。

①机械碾压法是采用压路机、推土机、羊足碾或其他压实机械,利用机械自重压实地基土。施工时先将一定深度内的软弱土挖去,开挖的深度和宽度应根据设计的具体要求确定。

②重锤夯实法是用起重机械将夯锤提升到一定高度,自由落锤,以重锤自由下落的冲击能来夯实浅层地基和垫层填土。

重锤夯实的现场试验应确定最少夯击遍数、最后 2 遍平均夯沉量和有效夯实深度等。夯实遍数一般为 8~12 遍,一般重锤夯实的有效深度可达 1m 左右,并可消除 1.0~1.5m 厚的土层的沉陷性。

③振动压实法是用振动压实机械在地基表面施加振动力以振实浅层松散土的地基处理和垫层压实的方法。

(2)以黏性土为主的软弱土,宜采用平碾或羊足碾;对杂填土可用平碾;对砂土、砂石土、碎石土和杂填土宜采用振动碾或振动压实机;对于狭窄场地、边角及接触带可用蛙式夯实机。压实效果、分层铺填厚度、压实遍数、最优含水率等应根据具体施工方法及施工机具通过现场试验确定。

(3)垫层施工前必须对下卧地基进行检验,如发现局部软弱土层,应予挖除,用素土或灰土填平夯实。

(4)严禁扰动垫层下卧的软土,为防止践踏、受冻、浸泡或暴晒过久,坑底可保留200mm厚土层暂不挖除,待铺砂石料前再挖至设计高程。

(5)砂石垫层的底面宜铺设在同一高程上,如深度不同,基底土层面应挖成阶梯或斜坡搭接,各分层搭接位置应错开0.5~1.0m距离,搭接处注意捣实,施工应按先深后浅的顺序进行。垫层竣工后,应及时施工上层路面。

(6)垫层施工应注意控制分层铺填厚度,每层压实遍数宜通过试验确定。分层松铺厚度,可按采用的压实机具现场试验来确定,一般情况下松铺30cm,分层压实厚度为20cm。为保证分层压实质量应控制机械碾压速度,一般平碾为2km/h;羊足碾为3km/h;振动碾为2km/h;振动压实机为0.5km/h。

(7)人工级配的砂石应拌和均匀。用细砂作填料时,应注意地下水的影响,且不宜使用平振法、插振法和水振法。

(8)当施工中地下水位高于挖土底面时,宜采用排水或降水措施,注意边坡稳定,以防止坍土混入砂石垫层中。

(9)压实后的灰土、二灰土应采取排水措施,3d内不得受水浸泡。

二、抛石挤淤法

抛石挤淤法是借助换填材料的自重或利用其他外力,如压载、振动、爆炸、强夯等,使软弱层遭受破坏后被强制挤出而进行的换填处理。采用这种施工方法,不用抽水、挖淤,施工简单,一般用于厚度小于30m,其软层位于水下,表层无硬壳,软土液性指数大,呈流动状态的泥沼及软土。一般来说,抛石挤淤比较经济,但技术上缺少把握,当淤泥较厚时须慎重使用。

抛石挤淤应采用不易风化的石料,片石大小随软土稠度而定。对于容易流动的泥炭或淤泥,片石宜稍小些,但不宜小于30cm,且小于30cm的粒料含量不得超过20%。

抛石时应自路堤中部开始,逐次向两旁展开,使淤泥向两旁挤出。在片石露出水面后,应用较小石块填塞垫平,用重型机械碾压紧密,然后在其上铺设反滤层再进行填土,见图4-4。

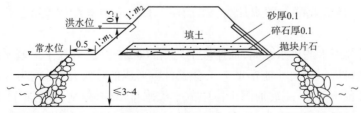

图4-4 抛石挤淤泥法典型断面图(尺寸单位:m)

下卧岩层面横坡陡于1:10时,抛石时应从下卧层高的一侧向低的一侧扩展,并使低侧适当高度范围内多抛一些,并使低侧边堆筑约有2m宽的平台顶面,以增加其稳定性,如图4-5所示。

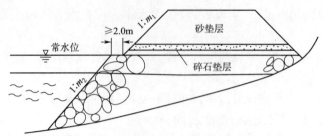

图4-5 抛片石挤淤示意图

三、反压护道法

反压护道法是指在路堤两侧填筑一定宽度和高度的护道,使路堤下的淤泥或泥炭向两侧隆起的趋势得到平衡,从而保证路堤的稳定性。采用反压护道加固地基,不需特殊的机具设备和材料,施工简单,但占地多,用土量大,后期沉降大,养护工作量大。

反压护道法适用于非耕作区和取土不困难的地区,以及路堤高度不大于1.7~2倍极限高度的情况。

反压护道法的设计及施工有如下5个要点:

(1)反压护道一般采用单级形式,因为多级式护道增加稳定力矩较小,作用不大。

(2)反压护道高度一般为路基高度的1/2~1/3。为保证护道本身的稳定,其高度不得超过天然地基所容许的极限高度。

(3)反压护道宽度一般采用圆弧稳定分析法通过稳定性验算决定。在验算中,软土或泥沼地基的强度指标采用快剪法测定,或用无侧限抗压强度的1/2,或用十字板现场剪力试验所测得的强度。

(4)两侧反压护道应与路堤同时填筑。

(5)当软土层或泥沼土层较薄,且其下卧硬层具有明显的横向坡度时,应采用两侧不同宽的反压护道,横坡下方的护道应较横坡上方的护道宽一些。

4.2.2 竖向排水固结处治技术

【学习任务5】 掌握普通砂井法、袋装砂井法、塑料排水板法。根据不同的条件确定合适的处治方法,能够按相应技术组织施工。

饱和软黏土地基在荷载作用下,孔隙中的水慢慢排出,孔隙体积慢慢减小,地基发生固结变形。同时,随着超静孔隙水压力逐渐消散,有效应力逐渐提高,地基土的强度逐渐增长。

为缩短地基孔隙水的排水距离,加速软土地基的固结过程,对软土地基采用垂直设置砂井、袋装砂井、塑料排水板及其他排水土工合成材料形成的排水柱体,称为竖向排水法。这些方法都是通过预压荷载,使被加固土体中的空隙水排出,有效应力增加,土体空隙体积减小,密度加大,土体强度得到提高,从而达到减少地基施工后沉降和提高地基承载力的目的。下面分别介绍普通砂井法、袋装砂井法和塑料排水板法。

一、普通砂井法

砂井处理法是在软土地基中,钻成一定直径的孔眼,灌以粗砂或中砂,利用上部荷载作用,加速软土排水固结。

1. 砂井适用范围

砂井排水法适用于软土层较厚、路堤较高,特别是水平排水大于垂直排水的天然土层;或软土层中有薄层粉细砂夹层时,采用砂井的效果更好。

2. 砂井设计要点

砂井设计,首先考虑砂井的直径、间距、布置形状和固结速率之间的关系。通常砂井直径、间距和长度的选择,应满足在预压过程中,在不太长的时间内,地基能达80%以上固结。

(1)砂井的直径和间距

砂井的直径一般采用20~30cm,井距为井径的8~10倍,常用2~4m。砂井平面布置一般采用三角形或正方形,其中以三角形排列较紧凑、有效。砂井的等效排水范围(见图4-6)。

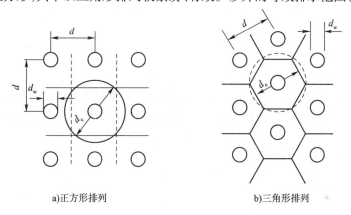

a)正方形排列　　b)三角形排列

图4-6　砂井平面布置图

正方形布置:$d_e = 1.128d$

正三角形布置:$d_e = 1.05d$

(2)砂井的深度

砂井的深度,视软土层的情况和路堤高度而定。当软土层较薄,或底层为透水层时,砂井应贯穿整个软土层。当软土层的层厚很大时,不一定要打穿整个受压层。

(3)砂垫层和砂沟的布置

为了把砂井中的水分排到路堤坡脚外,在路堤底部应铺设砂垫层。若缺乏砂砾时,也可采用砂沟或垫层,即横向每排砂井顶部设置砂沟一条,再在纵向以数条砂沟连贯之。

纵向砂沟采用中间密、两旁疏的布置方法。砂沟的宽度可为砂井直径的2倍,高度为0.4~0.5m。

3. 砂井施工要点

砂井施工工艺的选择主要考虑以下3个问题:

(1)保证砂井连续、密实,并且不出现颈缩现象;

(2)施工时尽量减小对周围土的扰动;

(3)施工后砂井的长度、直径和间距应满足设计要求。

对于砂井施工,常采用以下3种方法:

(1) 套管法

套管法是将带有活瓣管尖或套有混凝土端靴的套管沉到预定深度;然后在管内灌砂,拔出套管形成砂井。

(2) 水冲成孔法

水冲成孔法是通过专用喷头,在水压力作用下冲孔;成孔后经清孔,再向孔内灌砂成型。

水冲成孔工艺,对土质较好且均匀的黏性土地基是较适用的,但对于淤泥,因成孔和灌砂过程中容易缩孔,很难保证砂井的直径和连续性。对于夹有粉砂薄层的软土地基,若压力控制不严,冲水成孔时易出现串孔,对地基扰动比较大,应引起注意。

水冲成孔法设备比较简单,对土的扰动较小,但易出现塌孔、颈缩、串孔等现象;同时,在泥浆排放和灌砂质量方面还存在一定的问题。

(3) 螺旋钻成孔工艺

螺旋钻成孔法以动力螺旋钻钻孔,提钻后向孔内灌砂成型。

以上砂井施工的各种方法,均有其自身的特点、适用范围和存在的问题,因此,在选用砂井施工工艺时,应根据加固软土地基的特性和施工环境以及本地区的经验,在确保砂井质量的前提下,全面分析审慎确定。

4. 施工质量控制

(1) 桩管拔起速度不能太快,拔管速度 2m/min。

(2) 控制每段砂的灌砂量,一般应按桩孔体积和砂在中密状态下的干密度计算,其实际灌砂量(不包括水量)不得小于计算值的 95%。每根砂桩单位长度内的灌砂量可按下式计算:

$$g = GA_p\rho_w(1 + 0.01w_1)L(1 + e_p) \tag{4-1}$$

式中:g——单位长度计算灌砂量;

w_1——砂的含水率,%;

A_p——单根砂桩的横断面积;

ρ_w——水的密度,$\rho_w = 1t/m^3$;

e_p——砂桩的孔隙比;

L——砂桩的长度。

(3) 逐步沉管中,每段拔起高度和留振时间由现场试验确定,经过工艺试桩,确定每段拔起高度,振动时间控制在 20~30s 之间。

(4) 向桩管内灌砂的同时,应向桩管内灌水,以利于砂排出桩管。

(5) 在砂桩施工过程中,要做好施工记录,施工中有专人负责记录桩长、灌砂量、施工情况,作为控制施工质量的重要辅助手段。

5. 砂井法的不足

一般砂井的施工常采用沉管法,井径通常为 30~40cm;若砂井的直径太细,施工时不能保证砂井灌砂的密实和连续,而间距太小则对周围土扰动较大,反而降低了土的强度和渗透性,影响加深效果。为了克服砂井的一些弊端,逐步出现了袋装砂井和塑料排水板法,这样可以使得砂井的直径和间距大大缩小,加快地基的固结。

二、袋装砂井法

袋装砂井法是指事先把砂装入长条形透水性好的编织袋中,然后用专门的机具设备打入软土地基内以代替普通大直径砂井。袋装砂井直径小、材料消耗少、工程造价低、施工速度快、设备轻型,是一种简便、有效而又普遍的软土地基处理形式。因此在公路、机场、铁路、堤防、港口等工程中得到了广泛的应用。

另外,袋装砂井法装砂用的砂袋一般由化纤织物制成,具有较大的拉伸强度,工程在施工加载时竖向砂袋正好处在与土体滑动带相交的位置,它能起到竖向加筋和抗滑作用,对土体抗滑较为有利。

1. 袋装砂井适用范围

一般情况下,当泥沼或软土层厚度超过 5m,且路堤高度的自重静压超过天然地基承载力很多,特别是地基土水平位移较大时,采用袋装砂井效果更好。

2. 袋装砂井设计要点

(1)袋装砂井的直径和间距

缩小砂井间距比增大砂井直径加固效果更好。设计中尽量采用细而密的布孔方案。一般采用 7~12cm 的直径,井距 1~2m,相当于井径比为 15~30。

(2)袋装砂井长度

袋装砂井的长度主要取决于软土层排水固结效果。一般当软土层较薄或其底层为透水层时,砂井应贯穿软土层;当软土层较厚时,砂井深度由地基稳定和容许工后沉降计算来确定,一般在 12~15m。

(3)袋装砂井的平面布置及砂垫层

平面布置一般采用等边三角形较多,这种布置比正方形排列更为紧凑、有效。为保证袋装砂井内渗出的水能够顺利排出,一般在砂井的顶部铺设 30cm 厚的砂垫层,砂井的上部外露部分应埋在该层内。

3. 袋装砂井施工要点

(1)材料要求

①砂袋。可采用聚丙烯、聚乙烯、聚酯等适用的编织材料制成,其抗拉强度应能保证承受砂袋自重,装砂后砂袋的渗透系数应不小于砂的渗透系数。目前,普遍采用的是聚丙烯编织袋,它具有足够的抗拉强度,耐腐蚀、便于制作、对人体无害、价格低廉,其缺点是其抗老化能力差。

②砂。采用渗水率较高的中、粗砂。大于 0.5mm 的砂的含量宜占总质量的 50% 以上,含泥量不能大于 3%,渗透系数不应小于 5×10^{-3}cm/s。除此之外,砂应保持干燥,不宜潮湿,以免砂干燥后体积减小造成短井。

(2)施工机械

主要机具为导管式振动打桩机,在行进方式上普遍采用有轨道门架式、履带臂架式、吊机导架式等。各类机械的性能,如表4-4所列。

袋装砂井打设机械性能比较　　　　　　　　　　　表4-4

打设机械型号	行进方式	打设动力	整机重(kN)	接地面积(m^2)	接地压力(kPa)	打设深度(m)	打设效率(m/台班)
SSD20型	宽履带	振动锤	345	35.0	10	20	1500
UB-16	步履	振动锤	150	3.0	50	10~15	1000
	门架轨道	振动锤	180	8.0	23	10~15	1000
	履带吊机	振动锤	—	—	>100	12	1000

(3)施工工艺

施工工艺流程为:排除地表水→整平原地面→铺设下垫砂层→测设放样→机具定位→打入套管→沉入砂袋→拔出套管→机具移位→埋砂袋头→摊铺上层砂垫层。

①在整平地面后,视软土地基情况,铺设20~30cm的砂垫层,用压路机或推土机稳压3~4遍;在桩管垂直定位后,将可开闭底盖的套管一直打到设计深度,准备一个比砂井设计长度长2m左右的砂袋,下端放入20~30cm的砂子作为压重,将砂袋放入套管中,并使之沉到要求深度,把袋子固定到装砂子用的出料口,由漏斗将砂子装入袋中。装满砂子后取下袋子,拧紧套管上盖,然后一边把压缩空气送进套管,以免将砂袋带上来,一边提升导管。提升完后一个袋装砂井就完成了,注意要及时将砂井头埋置好。

②另一种方法是先将砂袋装好备用,待成孔后沉入砂袋。沉入砂袋时,原则上应用桩架将砂袋垂直吊起沉入。当受桩架高度限制(袋装砂井长度超过桩架高度)时,可采用两节套管,砂袋输入时用人工输入,管口装设滚轮,拔出导管时为避免将砂袋带出,也可采取向管内注水的办法。

(4)施工质量控制

袋装砂井在施工过程中要严格控制各种材料、各个工序的施工质量,因为一旦施工完成,对成品的质量检查将非常困难。因此,施工质量控制应符合以下规定:

①砂袋灌砂率 r 按下式计算:

$$r=\frac{m_{sd}}{0.78d^2L\rho_d}\times 100\% \tag{4-2}$$

式中:m_{sd}——实际灌入砂的质量(kg);

d、L——分别为井径、井深(m);

ρ_d——中、粗砂的干密度(kg/m³)。

灌砂率应符合表4-5的规定。

袋装砂井施工允许偏差　　　表4-5

项次	项目	单位	标准	允许偏差	检查方法和频率
1	井距	cm	符合设计规定	15	抽查2%
2	井长	cm	符合设计规定	不小于设计	查施工记录
3	井径	mm	符合设计规定	+10、-0	挖验2%
4	竖直度	%		±1.5	查施工记录
5	灌砂率	%	符合设计规定	+5	查施工记录

②砂袋灌入砂后,露天堆放要有遮盖,切忌长时间暴晒,以免砂袋老化。

③砂井可用锤击法或振动法施工,导轨应垂直,钢套管不得弯曲,沉桩时应用经纬仪或重锤控制垂直度。

④为控制砂井的设计入土深度,在钢套管上应划出标尺,以确保井底高程符合设计要求。

⑤用桩架吊起砂袋入井时,应确保砂袋垂直下井,防止砂袋发生扭结、缩颈、断裂和砂袋磨损。

⑥拔钢套管时,应注意垂直起吊,以防带出或磨损砂袋。

⑦砂袋留出孔口长度应保证伸入砂垫层至少30cm,并且不能卧倒。

4. 袋装砂井的质量检测

袋装砂井施工质量的好坏直接关系到软土地基处理的效果,因此,除施工部门要严格遵照施工工艺和施工质量控制的要求操作外,质检、监督部门也要进行抽查。各项指标均应符合表4-5要求。但是井径和井长在施工完成后检测相对比较困难,下面介绍5种常用的方法。

(1)挖验法

挖验法就是对施工完成的袋装砂井进行大开挖检验。此种方法的优点是能够直观地看出砂井的质量,检测精度高;缺点是费时、费力,对现场破坏较大,且挖验深度受限,对于井长(深)大的不适用。

(2)拔桩法

拔桩法就是用机械将袋装砂井整体拔出,进行检验。此种方法也比较直观,但是受拔桩机械的限制较大,并且很容易出现断井现象。

(3)工程钻探法

工程钻探法的原理是利用钻机对砂井进行钻进,套管取芯样。这种方法相对以上两种方法来说比较容易,且费用较低,对施工现场的破坏较小;缺点是需要使用专门钻机,且受钻杆垂直度和砂井垂直度影响较大,垂直度差时,钻杆易偏离砂井,无法进行准确的测定。

(4)挖、拔结合法

挖、拔结合法就是先挖除砂井上部的软土层(尤其是黏土层),减小土体对砂井的握裹力,然后再拔出砂井。

(5)冲水拔袋法

冲水拔袋法的工作原理是用高压水冲袋装砂井内的砂,砂在高压水作用下,泛出地面造成空井,减小土对砂井的握裹力;然后拔出砂袋测定井深。

三、塑料排水板法

塑料排水板是一种利用塑料排水板作为竖向排水材料,通过排水预压达到提高地基承载力的一种先进加固软土地基的方法。与袋装砂井比,具有施工速度快、效率高、施工机械轻便、工程费用低、对土的扰动小等优点。因此,近年来在公路、铁路、水电、港口、机场、建筑等工程中得到广泛应用,大有取代砂井和袋装砂井的趋势。

1. 塑料排水板的类型

塑料排水板是由芯体和滤膜组成的复合体,或是由单种材料制成的多孔管道板带。芯板是由聚丙烯和聚乙烯塑料加工而成,且两面有间隔沟槽内,土层中固结渗流水通过滤膜渗入到沟槽内,并通过沟槽从排水垫层中排出。塑料排水板由于所用材料不同,结构也各异,国内外工程上所应用的塑料板结构,见图4-7所示。

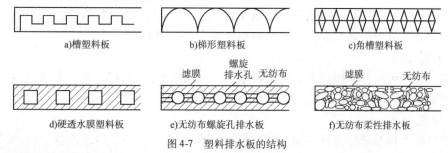

图 4-7 塑料排水板的结构

2. 塑料排水板适用范围

与袋装砂井法相同,一般用于泥炭饱和淤泥地段或软土地基松软地下水位较高的地段,最大有效处理深度达18m。

塑料排水板法的施工机具主要是插板机,也可与袋装砂井打设机具共用,一般对均匀的软土地基振动锤击力可参照表4-6选用。

振动锤击振力参考值　　　　　　　　　表4-6

长度(cm)	导管直径(cm)	振动锤击力(kN)	
		单管	双管
>10	130~146	40	80
10~20	130~146	80	120~160
>20	130~146	120	160~220

3. 施工机械

由挖掘机改装的插板机,在使用过程中可以灵活地操作,而且可以将排水板打设到各个部位,尤其是在边角处。

履带式插板机行走方便,可在现场组装,比挖掘机改装的插板机接地面积大,一般地基在稍作处理后即可承受。

门式轨道插板机可进行自行拼装,比较适合公路等带状的软土地基处理。

4. 施工工艺

塑料排水板施工前要对软土地基处预先处理,与袋装砂井处理方法一样,首先整平场地,铺设砂垫层,其具体工艺如下:

清除表土、淤泥→铺设下层砂砾垫层→稳压→放样定位→插板机就位→塑料排水板穿靴→插入套管→拔出套管→割断排水板→检查并记录板位等情况→机具移位→铺设上层砂垫层。

关键工序控制有如下7个方面:

(1)施工准备工作

路基施工范围内清除10~20cm厚耕植土、树根杂物及淤泥,整平复测地面高程。清除地表面宽度比设计路基填筑宽度每侧加宽100cm。

(2)铺设砂砾垫层

在清除地表面范围内铺设50cm厚的砂砾垫层。砂砾垫层的作用在于将塑料排水板排出的地下孔隙水通过外侧排水沟排出路堤外,因此要选用天然级配良好的砂砾,含泥量不大于3%~5%,最大粒径不大于50~100mm。

由于地基较弱,含水率大,铺设砂砾垫层施工时采用一次性填筑50cm厚,以利于机械作业。铺设后用平地机械整平;采用压路机稳压2~3遍,以保证插板机施工时不产生大的位移、拥包和沉陷。稳压后测量垫层高程,对于因压实造成砂砾陷入地基中而产生的缺料处,要进行补料、稳压;垫层高程要高于两边原地面高程30cm以上。

(3)放样定位

根据设计间距对排水板位置进行放样定位。插板机就位,调整导架垂直度,空心套管中穿入塑料排水板,对正桩位。

(4)穿靴

将塑料排水板端部穿过靴头固定架,用长约10cm的对折带子固定连接,然后将靴头套在套管底部。

(5)沉入

开动机器,通过传动链转动将套管和排水板沉入地下至设计深度。

(6)拔起

开动机器,通过传动链转动将套管拔出,排水板自动脱离留在地下。当套管下口露出垫层约50cm后,将排水板带割断。插板机移位进行下一个桩位施工。

(7)埋设板头

将板头一侧砂砾垫层挖开约20cm深,将板头倒折埋入砂砾垫层中,回填砂砾补平。全部排水板施工完毕后,再对垫层进行一次整平、稳压。

5. 现场质量控制要点

(1)塑料排水板施工允许偏差为15cm,竖直度偏差小于1.5%,板长要求不小于设计长度。

(2)塑料排水板透水滤套不得被撕破、划裂及污染,如发生上述现象须将破损段裁掉,以免影响排水板的有效工作性能。

(3)塑料排水板搭接采用滤套内平接的方法,芯板对扣,凸凹对齐,搭接长度不小于20cm;滤套包裹后用绑丝或针线缝接牢靠。

(4)插入过程中导轨要垂直,钢套管不得弯曲;每次施工前要检查套管中有无泥土杂物进入,一旦发现要及时清除,防止插入及拔出过程中污染排水板或划裂滤套。

(5)排水板与靴头固定架要连接牢固,防止拔出套管时发生跟带现象,如排水板跟带大于50cm,则应在旁边重新补打。

(6)插板施工完毕后,要注意及时将板头埋入砂砾垫层中,防止机械及车辆碾压损坏外露板头。

6. 施工中常出现的问题及解决方法

(1)施工中常出现的问题

①插板施工中,套管为圆形时,距井口一定范围内插孔易缩孔。

②提拔导管时宜发生"跟带"现象。

③泥水易进入套管污染排水板。

④遇到较干硬的黏土层时,进度较缓慢。

(2)解决方法

①插孔易缩孔。施工中,一是尽量采用尽可能细的套管或采用扁状套管;二是用中、粗砂填灌插孔,这样就在塑料排水板的上端形成了砂井与塑料排水板的复合体。

②提拔导管时发生的"跟带"现象。这与套管端头结构、施工工艺和地层土质有关,其中套管端头结构占主要因素,因此导管顶部在保证刚度的前提下尽可能细小,使得拔管时土层能尽快将排水板夹住。

③泥水进入套管除增加了上拔时的"跟带"现象外,还造成了排水板的污染,因此应经常使用清水清洗导管。

④遇到干硬的黏土层进度缓慢时,可以选用功率较大的液压振动打桩机进行打设,也可以在导管中加入少量的清水,增加润滑,减少摩擦。

4.2.3 粉喷桩加固技术

【学习任务6】 掌握粉喷桩的加固机理、使用范围、设计要点及施工工艺;能够按相应技术组织施工。

粉喷桩属于深层搅拌法加固地基的一种形式。粉喷桩法通过专用的施工机械,将搅拌钻头下沉到孔底后,用压缩空气将固化剂(生石灰或水泥粉体材料)以雾状喷入加固部位的地基土,凭借钻头和叶片旋转搅拌使原位土与固化剂均匀混合并发生一系列物理、化学反应,使软土硬结成具有整体相互影响、共同作用承担上部荷载的粉喷桩复合地基,可提高地基承载力,减少沉降。粉喷桩具有施工工期短、无公害、施工过程无噪声、无排污、对相邻建筑无不利影响等优点。

一、粉喷桩的加固机理

粉喷桩法的加固机理因加固材料的不同而稍有不同,当采用石灰粉体喷搅加固软黏土,其原理与公路常用的石灰加固土基本相同。石灰与软土主要发生如下作用:石灰的吸水、发热、膨胀作用;离子交换作用;碳酸化作用(化学胶结反应);火山灰作用(化学凝胶作用)以及结晶作用。当采用水泥作为固化剂材料时其加固软黏土的原理是在加固过程中发生水泥的水解和水化反应(水泥水化成氢氧化钙,含水硅酸钙,含水铝酸钙,以及含水铁铝酸钙等化合物,在水中和空气中逐渐硬化)、黏土颗粒与水泥水化物的相互作用(水泥水化生成钙离子与土粒的钠、钾离子交换使土粒形成较大团粒的硬凝反应)和碳酸化作用(水泥水化物中游离的氢氧化钙吸收二氧化碳生成不溶于水的碳酸钙)3个过程。这些反应使土颗粒形成凝胶体和较大颗粒;颗粒间形成蜂窝状结构;生成稳定的不溶于水的结晶化合物,从而提高软土强度。

二、粉喷桩的适用范围

(1)适用于强度低、压缩性高、排水性能差的软土,尤其是20m深度范围内无理想持力层的软土路基,软土层厚度不少于3m。

(2)水泥土桩适用于含砂量较大的软土,主要用于地基承载力小于80kPa,特别是小于40kPa的软土地基;石灰土桩适用于含砂量较小,没有滞水砂层的软土。

(3)高液限土不宜使用水泥粉喷桩。

三、粉喷桩的设计要点

进行粉喷桩设计时,所要确定的基本参数为桩径、桩长、桩的布置形式、固化剂的掺入比等。

1. 桩径

粉喷桩的桩径通常是按粉喷钻机确定的,目前常采用的粉喷机的钻孔直径为0.5m。

2. 固化剂掺入比

固化剂掺入量通常为被搅拌土质量的7%~15%,亦可根据具体土质通过试验确定。

3. 桩距

粉喷桩的桩距一般为1.0~1.5m。当已确定单桩承担的加固面积时,可根据下式确定桩距:

$$a = \sqrt{A_e} \tag{4-3}$$

式中:a——桩距(m),适用于正方形和等边三角形,当采用长方形布桩时,可由A_e值试算确定两个方向的a_1和a_2;

A_e——一根桩承担的处理面积,一般取1~2m²。

通常桩距a和一个桩承担的面积A_e要进行互相试算和调整后确定。

4. 桩长

确定桩长可采用以下3种方法:

（1）当因地质条件及施工因素限制桩长，或根据土层结构情况可以定出桩底高程时，应先按实际情况定出桩长。

（2）当搅拌桩的加固深度不受限制时，应先通过室内试验选定固化剂掺入比和试验的无侧限抗压强度，求出单桩承载力，并计算出桩长。

（3）根据总荷载和总桩数，先选定单桩承载力，然后求出桩长。

四、粉喷桩的施工

1. 材料要求

可采用水泥、生石灰粉、粉煤灰等作为固料，其质量规格应符合设计要求。

（1）生石灰

生石灰最大粒径应小于2mm，石灰中应无杂质，氧化钙、氧化镁含量不应小于85%，其中氧化钙含量不应低于80%。

（2）水泥

水泥采用的普通水泥或矿渣水泥，应是国家免检产品，严禁使用过期、受潮、结块、变质的劣质水泥。

（3）粉煤灰

粉煤灰化学成分中要求二氧化硅和三氧化铝的含量应大于70%，烧失量应小于10%。也可采用石膏粉作为添加剂，有利于强度的提高。

2. 施工机械

水泥粉喷桩的施工机械设备主要由钻机、粉体输送设备、动力设备3部分组成。

3. 施工准备

施工准备主要是进场道路准备、施工工作准备和备料准备。

4. 施工作业顺序

施工作业顺序，如图4-8所示。

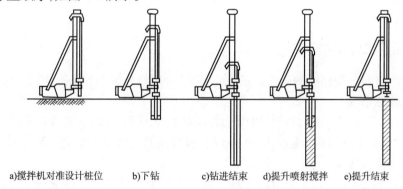

a)搅拌机对准设计桩位　　b)下钻　　c)钻进结束　　d)提升喷射搅拌　　e)提升结束

图4-8　粉喷桩施工作业顺序

5. 质量检验

施工结束后，对加固的地基应做质量检验，包括标准贯入试验、取芯抗压试验、荷载试验等。桩体的强度、压缩模量、搅拌的均匀性以及尺寸等均应符合设计要求。

4.2.4　土工合成材料加固技术

【学习任务7】　掌握土工合成材料的应用、设计要点和施工工艺；能够按相应技术组织施工。

土工合成材料是以人工合成的聚化物为原料制成的各种类型产品。它可置于岩土或其他工程结构内部、表面或各结构层之间,具有过滤、防渗、隔离、排水、加筋和防护等各种功能,发挥加强、保护岩土或其他结构功能的一种新型岩土工程材料。土工合成材料可分为土工织物、土工膜、特种土工合成材料和复合型土工合成材料等类型。

一、土工合成材料的应用

在软土地基上修筑路堤或结构物时,往往是由于地基抗剪强度不够引起路堤侧向整体滑动,边坡外侧土体隆起。若将土工织物、土工网、土工格栅铺设于软土地基和路堤之间,对软土地基路堤加筋,可以保证路堤的稳定性。在基坑底部和碎石垫层顶部分别铺设土工网,处理软土地基上小型构造物基础,以提高地基承载力和减少地基不均匀沉降造成的构造物破坏。用土工格栅处理软土地基,是通过格栅上部填料的垂直变形向水平方向扩散,使其上部填料的抗剪变形能力得以充分发挥,使软土地基表面的承载区大大增加,表面压强相应减小,以达到提高地基承载力的目的。同时由于格栅纵横相连,能防止填料的局部下陷,最大限度地减少地基的不均匀沉降。

二、土工合成材料设计要点

1. 材料要求

(1)土工合成材料应具有足够的抗拉强度并能承受施工荷载和机械损伤。土工格栅和土工网均为网眼结构,受施工场地填方土料的影响较小,可不予考虑。

(2)加筋路堤填料应选择易于压实,能与土工合成材料产生较大摩擦力的土料。

2. 结构形式

(1)土工合成材料不宜直接铺设于原地面表面上,应在原地表设置30~50cm砂垫层或其他透水性好的均质土料后,再铺设土工合成材料,且尽量设置于路堤底部。

(2)多层土工合成材料加筋的路堤,各层土工合成材料之间的间距不宜小于一层填土最小压实厚度,且不宜大于60cm。

三、土工合成材料的施工

土工合成材料加筋路堤的施工,主要在于保证合成材料能充分发挥作用。

1. 施工注意事项

(1)目前国产土工合成材料纵、横两个方向的强度并不一致,一般纵向强度较高。而作为路堤,其边坡坍滑多表现为侧向移动,此时将强度高的方向置于垂直于路堤轴线方向更有利于发挥其强度优势。

(2)土工合成材料的连接有绑扎、缝合、黏合等方法,一般对土工格栅及土工网采用绑扎方法,而对土工织物多采用缝合法和黏合法。

(3)土工合成材料在铺设时,如有褶皱将不利于强度的发挥。在工程中为保证土工合成材料的铺设质量,常采用插钉等固定方法。

(4)铺设土工合成材料的土层表面如有坚硬凸出物则易穿破土工合成材料,从而使单位宽度土工合成材料强度降低,因此在铺设土工合成材料前,应先将场地整平好。在距离土工合成材料8cm以内路堤填料,其最大粒径不得大于6cm。

(5)土工合成材料加筋路堤,其土体填筑质量不应有加筋面而放松。

(6)土工合成材料上的第一层填土摊铺宜采用轻型推土机或前置式装载机。

(7)对于软土地基,应采用后卸式卡车沿加筋材料两侧边缘倾卸填料,以形成运土的交通便道,并利于土工合成材料张紧。

2. 质量检验

(1)基本要求

土工合成材料质量应符合设计要求,在平整的下承层上全断面铺设。土工合成材料应拉直平顺,紧贴下承层;锚固端施工应符合设计要求;接缝搭接宽度应符合要求;上下层土工合成材料应错开。

(2)实测项目

土工合成材料施工质量,应符合表4-7规定。

土工合成材料施工质量要求　　　　　　　　　　　表4-7

项次	项　目	允　许　偏　差	检查方法和频率
1	下承层平整度、拱度	符合设计和施工规范要求	每200m检查4处
2	搭接宽度(mm)	+50,0	抽查2%
3	搭接缝错开距离(mm)	符合设计和施工规范要求	抽查2%
4	锚固长度(mm)	符合设计和施工规范要求	抽查2%

案　例

案例1　砂桩与CFG桩联合加固软基

1. 工程概况

某高速公路K4+465~K4+603路段,长138m,宽约39m,地质条件较差,根据钻探及试验结果,地质层从上而下依次为:

(1)表土,土黄色,表面含植物根系,呈硬塑状,厚度约0.9m。

(2)淤泥,深灰色,含腐殖物和少量贝壳碎屑,饱和,流塑状,层厚6.4~7.2m,含水率66.1%,孔隙比1.78,塑性指数28.31%,压缩系数2.02MPa^{-1},固结系数7.2×10^{-3}cm^2/s。

(3)淤泥夹细砂二者互层,深灰色,含腐殖物和少量贝壳碎屑,饱和,流塑状,细砂松散状,层厚5~6m。

(4)中细砂,黄色,石英质粒度较均匀,局部夹薄层淤泥,饱和,稍密状。

2. 砂桩、CFG桩设计要点

该段软基设计平均填土高度4m,平均处理宽度39m,平均处理深度15m,石屑垫层厚0.3m,垫层顶铺土工格栅。CFG桩和砂桩均按平行四边形布置,桩径0.4m。CFG桩体强度C12,桩间距3m,桩长要求穿过淤泥层至持力层0.5m以下。土工格栅采用SS20双向格栅,延伸率不大于11%,抗拉强度20kN/m。土工格栅对称于路中线布设,布设范围为30m。

3. CFG桩和砂桩的施工

先打砂桩,砂桩全部施工完毕后再施打CFG桩;CFG桩施工顺序横向从路中心向两侧施工,纵向从新水闸向两侧施工,且必须隔桩跳打。

(1)砂桩的施工

①材料:土体对砂桩的约束力小,宜选用砂和角砾混合料,以增大桩体的摩擦角,但不宜

含有大于50mm的颗粒,且含泥量不大于5%,以免影响砂桩的排水性能。

②机械:采用振动砂桩机,激振动力为230～260kN。

③质量控制

a. 桩管拔起速度不能太快,拔管速度2m/min。

b. 控制每段砂桩的灌砂量,一般应按桩孔体积和砂在中密状态的干密度计算。

c. 逐步沉管法中,每段拔起高度和留振时间由现场试验确定,经过工艺试桩,确定每段拔起高度为0.5m,振动时间控制在20～30s之间。

d. 向桩管内灌砂的同时,应向桩管内灌水,以利于砂排出桩管。

e. 在砂桩施工过程中,要做好施工记录。施工中有专人负责记录桩长、灌砂量和施工情况,以此作为控制施工质量的重要辅助手段。

(2) CFG桩的施工

①机械:采用振动沉管机,沉管与地面垂直,确保垂直度偏差不大于1%。

②质量控制:在饱和含水砂层施工,为防止桩管内进水造成混合料离析,桩管未入该层前先向桩管内灌$1.0～1.5m^3$的混合料,打到预定深度后,在1～2m范围内复打1～2次,可保证桩底成孔更好。混合料配比应严格按设计要求,一般控制充盈系数不小于1.2,混合料碎石和石屑含杂质不大于5%,坍落度30～50mm,沉管每上拔1m留振动5s。混合料制桩完毕后桩顶浮浆厚度不超过200mm。隔离桩必须在强度达到50%后才能施工。

③工艺研究

a. 拔管速率:拔管速率过快会造成桩径偏小或缩径甚至断桩,太慢可能造成浮浆,使桩端石子与水泥浆离析,导致桩身强度降低。经现场试验,拔管速率为1.4m/min。

b. 施工顺序:施工顺序一般有连续施打和间隔跳打。在软土中连续施打可能造成缩径,宜采用间隔跳打;试验采用间隔跳打,地表隆起不明显,桩身连续完整。

c. 混合料坍落度:现场试验混合料坍落度为3～5cm。

4. 现场测试成果分析

(1) 试验段监测点

监测仪器包括:表面沉降板、孔隙水压力计、测斜仪。

试验段共设3个监测断面。每个监测断面布设4块沉降板,4个孔隙水压力计的埋置深度分别为5.2m、11.3m、12.8m、13.6m。深层测斜仪深度16m,在路基中线靠近新水闸一侧。

(2) 成果分析

①表面沉降:在制桩过程中,桩间土隆起在16～30mm之间;若采用间隔跳打,桩顶隆起在6～9mm之间,地表隆起不明显,断桩可能性最小。

②孔隙水压力:在制桩过程中,孔隙水压力测头距桩1m时的最大孔隙水压力$\Delta u = 6.03kPa$;孔隙水压力测头距桩2.4m时的最大孔隙水压力$\Delta u = 0$。从结果上看,在制桩过程中距桩2.4m范围内引起孔隙水压力上升。

③侧向位移:在制桩过程中侧向位移最大速率0.42mm/d,累计位移3.87mm;对构造物的侧向挤压较小,而且侧向位移收敛较快,3d左右即趋于稳定,水闸安全。

5. 加固效果检验

(1) 静力触探

经砂桩、CFG桩处理后的地层贯入阻力,由原来的0.31MPa增加到0.65MPa,强度增长为单桩的109.7%,随着时间延长,强度还会提高。

(2)静载试验

为检验砂桩、CFG桩联合加固软土地基处理的效果,本试验对CFG桩单桩、砂桩单桩复合地基进行现场静载试验。

①$\phi 0.4m$ CFG桩单桩静载试验

单桩容许承载力为160kN。

②砂桩单桩复合地基静载试验

砂桩单桩复合地基静载试验荷载板规格为$\phi 1.5m$,换算成砂桩单桩复合地基的承载力标准为113.9kPa。

(3)复合地基承载力验算

由于CFG桩与砂桩组成复合地基中的主要加筋体是CFG桩,砂桩的设置可加速土体的固结,提高土体的抗剪强度,因而可将砂桩与天然地基作为CFG桩的复合桩间土,复合桩间土与CFG桩共同构成复合地基承担上部荷载。复合地基的承载力$f_{sp,k}=132.8$kPa $>$ 100kPa,满足设计要求。

案例2 袋装砂井处治软土路基

1. 工程概况及工程地质条件

某高速公路全长81km,路基宽28m,水泥混凝土路面,其中软土地段长约4.5km。现取代表性软土路段K337+020~K339+200作介绍。该段长2.2km,填土高度平均4.5m,位于冲积平原,地层厚度均匀,层位稳定。其他地层由上至下可分为:

(1)黏土(硬壳层),灰黄色,含少量粉砂粒,呈湿、硬塑状,厚度为0.6~1.2m。

(2)淤泥质粉质黏土,灰色,含较多粉砂粒,局部见清晰层理,层面间粉砂,并间较多薄层粗中砂(厚5~10mm),薄层内见较多贝壳碎块,呈饱和、软塑状,厚度为10~13m。

(3)粉质黏土,灰色,具较清晰层理,层面间粉砂,呈饱和、可塑状,厚度为3.5m。

(4)黏土,灰黄、灰色,含少量粉砂粒状,厚度2~6m。

2. 袋装砂井处治软土路基的设计

(1)砂井间距及其布置

袋装砂井直径7cm,间距1.2m,梅花形排列,井径及间距由多次固结计算确定。

(2)砂井的长度

本段软土层较厚,底层没有透水层,砂井的长度由地基稳定和工后容许沉降计算决定。砂井平均长10m。

(3)砂垫层与预拱度的设置

砂垫层厚60cm,保证高出地表水位20cm。考虑到沉降量较大而设置40~60cm的预拱度以保证砂垫层的使用质量。

(4)设计计算

设计计算包括沉降计算和稳定计算。

①沉降计算。

总沉降包括瞬时沉降S_d、固结沉降S_c和次固结沉降S_s。瞬时沉降是在加荷初始,孔隙水压力来不及消散,土的孔隙来不及调整,而由地基侧向变形引起的。这种沉降不大且很快完成,一般不易精确计算;固结沉降是在上覆压力作用下,地基土中的孔隙水逐渐排出使体积发生变化引起的,是地基土的主要沉降;次固结沉降是指孔隙水压力消散后,在一定的有效应力的作用下,土骨架由于蠕动变形而产生。经计算总沉降量为74cm。

本段软土经袋装砂井处理后,固结度达到80%时所需要的固结时间为297d。设计要求在固结度达到80%时,工后剩余沉降量为22cm。

②稳定计算。

利用条分法对打砂井前和打砂井后两种情况的路基滑动面进行稳定计算,比较其安全系数。经计算,打砂井前和打砂井后路基滑动破坏最小安全系数分别约为1.38和1.06,说明打砂井后路基才稳定。

3. 软土路基处理施工

施工时,先将沿线水塘、沟坑排干水,填以砂性土或中粗砂,与砂垫层袋装砂井构成统一排水系统。

袋装砂井的施工工艺包括下列几个方面:

(1)定位。将打孔机按设计要求及施工顺序定位。

(2)成孔。采用门架式打孔机,套管为$\phi 89mm \times 4.5mm$的无缝钢管,每节长2~3m不等,将套管打入地基土内,达到设计高程。

(3)下砂袋。砂袋选择聚丙烯编织袋。袋中的砂料采用干燥及含泥量<3%的中粗砂,要达到密实程度。装砂后,砂袋先进行垂吊,将装好的砂袋经套管口端部滚轮徐徐放入套管内。

(4)拔出套管。砂袋下放完毕,启动激振器,提升套管进行拔管作业。

(5)埋好袋头。将袋头埋入设计的砂垫层中,砂垫层分两次铺设,既方便工作,又避免黏土等杂物堆盖袋头,此时注意保持袋头垂直不卧倒。

4. 施工监测

施工监测工作是与路基填土同时进行的。

在极限填高之前,因失稳可能性极小,路基填土可快速施工而不会出现失稳,监测工作应着重原始观测数据的收集。

本段主要采用沉降、侧向位移动态跟踪观测。选取3个横断面分别布设地面沉降板和地面位移桩。路基中心沉降板沉降速率为4~7mm/d,平均为5mm/d,小于设计要求的控制沉降速率10mm/d;地面位移桩位移为2~5mm/d,平均为4mm/d,小于设计要求的5mm/d。地面位移桩在测试过程中,没有发生沉降和抬起的现象,这说明路基一直是在稳定的情形下进行加载的。地面沉降板和地面位移桩的测试频率,在加载时每日测试,停载时,每隔3~4d观测1d,路基完成后每10d测一次。路堤完成后放置60d,达到最终沉降量的剩余沉降量时为25~27mm,与设计计算的22mm接近。经观测,本项目软土路基在采用袋装砂井方案处理后,路基沉降和稳定基本上符合设计要求,效果良好。

案例3 塑料排水板与土工格栅法处治软土地基

1. 工程概况和工程地质条件

某公路全长78.720km,双向六车道,设计车速为80~100km/h。由于沿线地理环境及选线条件的限制,路线途经多处不良地质地段。K24+841.9~K31+037.7路段,全段长仅7.1845km,但共穿越3处、累计长度达2km左右、厚度10~28m不等的深软土地段。该地段表面硬壳层的标贯锤击数为3~5击,容许承载力为60~150kPa。淤泥质土层的含水率$w=60\%~85\%$;密度$\rho=1.57~1.73g/cm^3$;孔隙比$e=1.3~2.3$;液限$w_L=44\%~53\%$;塑性指数$I_P=20~25$;压缩系数$a_{0.1~0.2}=0.85~2.20MPa^{-1}$;不排水抗剪强度$C_u=10~19kPa$;固结

系数 $C_v = (0.5 \sim 1.0) \times 10^{-3}$ cm/s。

2．设计原理

塑料排水板与土工格栅综合法对软土地基进行处理的原理是：利用插设在软土地基中的塑料排水板建立起竖向排水系统，再在塑料排水板的上部铺设一层砂垫层，建立起横向排水系统，通过其上的填土和预压系统建立起加压系统，使软土中的孔隙水产生压差而渗出，进而达到固结软土、提高地基土强度的目的。

3．施工工艺及注意事项

根据本工程的实际情况，确定其施工工艺流程如下：施工准备→敷设下层水平排水体系→插设塑料排水板→真空预压→摊铺上层砂垫层与土工格栅→填筑路堤等。

(1) 施工准备

施工时，首先将场地上的耕植土挖除，将不利于施工的大石块和树根等障碍物清除，并对场地进行整平。

(2) 敷设下层水平排水体系

在压实的回填土层上开挖横断面尺寸为30cm×30cm，纵向坡度为0.1%的纵、横向排水砂沟，再用级配良好、透水性高、不含有机物质和杂质的砂砾料予以回填。其中，砂粒应为含泥量小于5%的中、粗砂，砂砾料的最大粒径应不大于5cm、强度大于4级，渗透系数一般不低于2×10^{-2} cm/s，并能起到一定的反滤作用。

(3) 插设塑料排水板

①塑料排水板。

本工程所用的塑料排水板为SPB—1B型，其性能参数如表4-8所示。

SPB—1B型塑料排水板性能参数 表4-8

项　　目	单　　位	性能参数	备　　注
截面尺寸	mm	100 ± 2	
	mm	>4.0	
纵向透水量	m/s	25×10^{-6}	侧压350kN/m
复合体抗拉强度	kN/cm²	>1.3	延伸率10%时
复合体延伸率	%	<10	拉力为1kN/10cm
每卷长度	m	200	

②插板机。

插板机为IJB—16型，其性能参数如表4-9所示。

UB—16插板机性能参数 表4-9

项　　目	性能参数	项　　目	性能参数
工作方式	液压步履式行走，电力-液压驱动振动下沉	总质量(t)	15
		液压卡夹紧力(kN)	160
外形尺寸(mm)	7600 × 5300 × 15000	插板深度(m)	10
接地压力(kPa)	50	插板间距(m)	13.3～1.6
振动锤功率(kW)	30	插设速度(m/min)	11
激振力(kN)	80160	拔出速度(m/min)	8
频率(r/min)	670	效率(根/h)	18 左右

③插设塑料排水板。

用插板机将塑料排水板插设在砂沟中,其插设间距为1.5m,彼此间呈等宽三角形布置。

a.定位:插板机就位后,调整导架的垂直度,使其呈铅垂状,再将塑料排水板穿入空心套管中,对中桩位。

b.穿靴:将塑料排水板端部穿过预制靴头(铁制或混凝土)固定架,对折带子长约10cm后固定连接,再将靴头套在空心套管端部,固定塑料排水板,并使其在下沉过程中能阻止泥砂进入套管。

c.插设:松开卷扬机,将套管和塑料排水板通过激振,插入地下至设计深度后关机。其1号和2号断面塑料排水板的插设深度分别为11.5m和16.12m。

d.套管拔起:启动卷扬机,拔出套管口露出地面时即可移位,同时将带子剪断。

④注意事项

a.塑料排水板从出厂到使用的时间间隔不宜超过30d,阳光照射的时间不得超过5d。

b.塑料排水板的插设深度应到达软土层的底层,当软土层较厚时,至少应穿过土体稳定计算的弧形滑动面以下2m;留出孔口长度应保证伸入砂垫层不小于50cm,使其与砂垫层贯通,同时应防止其在施工中受损。

c.插设过程中透水滤套不得被撕破和受到污染,排水板底部应有可靠的锚固措施,以免拔出套管时将芯板带出;同时,应防止泥土等杂物进入套管内,一旦进入须及时清除。

d.塑料排水板搭接应采用滤套内平接的方法,其芯板的对扣应凹凸对齐,搭接长度不少于20cm,并将滤套包裹固定。

e.在边坡地段上施工时,为了保证边坡的稳定,应采取静压的方式进行施工。

f.施工精度应符合表4-10的规定,否则应予重插。

塑料排水板施工允许偏差　　　　表4-10

项　目	单　位	允许偏差	项　目	单　位	允许偏差
板距	cm	±15	竖直度	%	1.5
板长	cm	≥设计板长	带出长度	cm	50

(4)真空预压

加载预压过程是地基土排水固结和强度增长的过程。因真空预压的荷载可一次加至设计荷载,无须分级加载,故本工程选择了真空预压的方法。进行真空预压时,应保持真空系统的压力长期稳定在80~85kPa以上,射流泵泵体真空度维持在90~95kPa以上。如地基土层中有与外界相连通的砂层或透气砂体时,应采取相应的阻隔措施及监控措施。

真空预压的施工工艺流程如下:观测设备埋置→埋设真空分布管→铺设密封膜→真空泵安装管路连接→抽真空→观测→效果检验等。

用于观测的仪器设备主要有沉降盘、分层沉降管、测斜管和钢弦式孔隙水压力计等。它们分别用于总沉降、分层沉降、侧向位移和孔隙水压力等的测量,其目的是为今后路堤的填筑提供可靠的理论与实际控制依据。

(5)摊铺上层砂垫层与土工格栅

①摊铺砂垫层。

根据实际情况,砂垫层可用人工或机械进行摊铺,并分层压实;每层的压实厚度一般为15~20cm。设计总厚度为0.6m的砂垫层的摊铺宽度每侧应超出路基边坡坡角0.5~1.0m,且两侧端部应用片石进行铺砌或采取其他措施予以防护,以免砂料流失。在实际施工中,由于用作砂垫层的粗、中砂严重不足,而当地的细碎石又极其丰富,所以提出用细碎石代替粗、中砂的方案,并对原设计作了适当修改。

用细碎石代替粗、中砂时,其粒径应控制在 0.5~4mm 以内,且垫层的厚度应相应地减小,本工程的实际厚度为 30cm。

②敷设土工格栅。

土工格栅敷设在上层砂垫层上,共有两层,彼此间距为 30~50cm 不等。为了保证真空预压系统的塑料薄膜在真空吸力作用下不被碎石顶破,本工程在碎石垫层与塑料薄膜之间增设了一层土工格栅。

土工格栅应紧贴下承层敷设,敷设宽度为路堤的断面宽。进行土工格栅敷设时,应将其拉直,避免出现扭曲、折皱、重叠等现象,同时在路堤的每边应预留 1~2m,并将其回折裹覆在压实的填料之上,然后再在其外侧用土加以覆盖。为了保证土工格栅的整体性,搭接时应将其重叠 30~90cm,且上、下两层接缝之间应错开至少 50cm。

本工程中所用的土工格栅为 TensarSSz 型,其沿宽度和长度的抗拉强度分别是 36.2 N/m 和 17.0N/m。

(6)填筑路堤

进行路堤填筑时,除了填料必须符合规定要求外,还须对其填筑速度加以控制,保证其填筑速度与软土地基的固结速度和沉降速度相适应。一般来说,每填筑一层,应对地基的沉降量和水平位移进行一次观测。当两次填筑时间较长时,每 3d 至少应观测一次。在路堤填筑完成后的预压期内,根据实际情况,每隔 15d 或一个月应观测一次,直至预压期结束为止。其观测精度为:地基沉降误差为 ±1mm;水平位移测距误差为 ±5mm;水平角测角误差为 ±2.5°。

在实际工作中,沉降增量是随荷载增量的变化而变化的。当填土荷载增量小于 10kN/d 时,彼此间呈直线关系变化;当填土荷载增量大于 10kN/d 时,地基的沉降速度会加快,路堤也极可能出现局部破坏。根据经验,当填土的平均沉降率为 0.0199m/kN,卸载的回弹率为 0.0068m/kN 时,其变形的恢复量约为总沉降量的 30%。

当地基下沉时,路堤外两侧的地面将会向上隆起,并产生一定的水平位移,其隆起量一般为 0.3m 左右,少数可达 0.6m。一般来说,当填土荷载增量小于 10kN/d 时,其水平位移增量应控制在 10mm/d 以内,使用土工格栅后,其水平位移增量也应控制在 15mm/d 以内,极限值为 25mm/d。

为了保证软土地基的有效固结,当路堤的填筑高度达到设计高程后,应放置不少于 6 个月左右的时间,其后才可进行下道工序的施工。本工程填筑完工时,其 1 号、2 号断面的地基固结度均为 63.9%,放置 3 个月后的固结度分别为 89.5% 和 88%,放置 6 个月后的固结度分别为 95.5% 和 95%;与其相对应的路中心实测沉降量分别为 98.5cm 和 97.8cm、134.5cm 和 114.4cm、137.2cm 和 116.5cm(预压 160d)。

案例 4 水泥粉喷桩处理软土地基

1. 工程地质概况

某公路有两处软土地基:K321+110~390 段,软土地基处为原河沟,设计填土高度为 7.8~12.0m,该段软弱土发育最深达 11.0m,软土呈流~软塑状,为地下含水率较大、高压缩性的软土层。K234+430~K234+560 段,软土地基位于水库边,此段最高填土达到 12.6m,

软弱土发育最深达 8.0m,软土呈软塑状,为地下含水率较大、高压缩性的软土层。这两处软土地基均采用水泥粉喷桩加固的处理方法。

2. 水泥粉喷桩施工的机械配置

(1) 步履式钻机

钻机由电动机、卷扬机、液压泵、转盘、钻杆、变速器等组成,并有能完成 18m 长桩的步履式移位机架。它能满足如下 3 个要求:

①动力大、扭矩大并符合大直径钻头成桩要求;

②具有正向钻进、反转提升的功能;

③具有反转提升时能匀速提升、匀速搅拌、匀速喷粉等功能。

(2) 粉体发送器

粉体发送器是定时发送粉体材料的设备,它是粉体喷射搅拌法加固施工机械中的关键设备,基本工作原理见图 4-9,由空气压缩机送来的压缩空气,通过节流阀调节风量大小,压缩空气进入气水分离器实现气水分离后,"干风"送到粉体发送器喉管与"转鼓"里输出的粉料混合,成为气粉混合体,进入钻机的旋转龙头,经空心钻杆由钻头喷出,使水泥粉经钻叶与软土拌和。

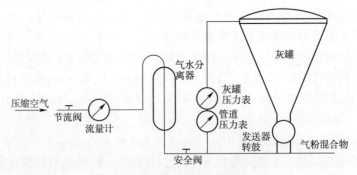

图 4-9　粉体发送器的工作原理

粉体的定量输出,由"转鼓"转速控制。施工时根据配合比确定掺入比和钻头提升速度及钻机的转速,并选定合适的粉体发送量(确定"转鼓"转速)。

每根桩水泥总量喷入多少,由灰罐电子秤控制。喷粉过程中专人做好粉量记录,确保掺入量符合设计要求,一般掺入量采用 15%~16%。

(3) 空气压缩机

粉喷桩水泥的喷出,是以空气压缩机作为风源。空气压缩机的选定主要由加固工程的地质条件及加固深度所决定。本例采用的空气压缩机压力为 0.4MPa,其风量为 2.0m^3。

(4) 钻头

本工程采用的是直径 0.5m 的搅拌钻头。

(5) 计量装置及动力设备

计量装置在粉喷桩施工过程中起到质量监测的作用,施工前已按要求标定,施工过程中设有专人监控记录。监测一般包括深度计、电子秤、各种压力表、电压表、电流表读数等。电压表、电流表主要反映钻头钻进过程中的受力情况,从电流的变化情况可判别钻头经过地层的情况。

本工程配备了功率为 75kW 的发电机组,基本可以满足设备的动力需求。

3. 施工准备

进场道路经整修达到了施工机械的进出要求;为使施工场地强度满足喷粉机械的承载力要求,设置了厚度60cm的砂垫层,根据施工进度要求备足了水泥等原料。

4. 施工工艺

(1) 工艺性试桩

因为不同地区具有不同的地质条件,为了克服施工的盲目性,确保粉喷桩加固地基达到预期效果,本例在工程桩施工前先进行了工艺性试桩,从而掌握了该场地的成桩经验及各种操作技术参数。

(2) 放样定位

将搅拌机移位至施工桩位处后定位,孔位误差不大于50mm。

(3) 调平钻机平台

使用4个支腿调整平台,使钻机钻杆垂直度误差不大于1%。

(4) 钻进

开机搅拌以1、2、3挡逐级加速,将钻头顺转钻进至设计深度;如遇硬土难以钻进时可以降挡钻进,放慢速度,在钻进时始终保持连续送压缩空气以保证喷灰门不被堵塞,钻杆内不进水,保证下一道工序送灰时顺利通畅。压缩空气的压力一般保持在0.3~0.35MPa。

(5) 喷粉

提升钻杆喷粉搅拌,用反转法边搅拌边提升喷粉。按0.5m/min速度提升,喷粉量为加固湿土质量的17%,一般喷分量为60kg/min,提升到设计浮灰面时,应慢速原地搅拌2~3min。

(6) 重复搅拌

为保证粉体充分搅拌均匀,须将搅拌头再次下沉搅拌到原设计深度,再提升搅拌,速度控制在0.5~0.8m/min。

(7) 停喷

为防止施工污染环境,在钻头提升至距地面0.5m处时停止喷粉。在连通管路时应在孔口设置防灰保护装置。

(8) 记录

粉喷桩施工机具有专门的自动计量装置,该装置自动记录了沿深度的喷粉量和时间。

5. 水泥粉喷桩施工的注意事项

(1) 应控制钻机下钻的深度、喷粉高程及停灰面,确保粉喷桩长度。

(2) 严禁无粉体计量装置的喷粉机投入使用。

(3) 应定时检查粉喷桩的成桩直径及搅拌均匀程度,粉喷桩的直径一般为50cm;对使用的钻头应定期复核检查,其直径磨耗量不得大于20mm。

(4) 当钻头提升至地面以下0.5m时,粉喷机应停止喷粉。

(5) 在喷粉成桩过程中遇有障碍而停止喷粉时,第二次喷粉接桩时,其喷粉重叠长度不得小于1m。

(6) 粉喷桩按三角形式或梅花桩布设,桩距一般为1.2m。

(7) 水泥宜选用强度等级42.5的水泥;

(8) 粉喷桩施工完成后,需把顶上50cm软弱桩头凿除。

(9) 为了消除差异沉降,须在水泥粉喷桩顶端增设两层土工格栅。

6. 水泥粉喷桩的效果

根据设计要求,K231+110~K231+390、K234+430~K234+560 两路段复合地基承载力标准值均为153kPa。采用水泥粉喷桩加固处理后,计算得出:K231+110~K231+390 路段经粉喷桩处理后的复合地基承载力标准值为189kPa;K234+430~K234+560 路段经粉喷桩处理后的复合地基承载力标准值为179kPa,均大于设计值。

案例5　土工格栅处理软土地基

1. 工程概况

某公路路段所经地段大、小鱼塘和水库共27处,其余地段均为稻田,且周围地势较高,地下水丰富,鱼塘水排干后,塘底软土分布广泛,厚度0.6~2m不等。原设计处理路基方案为抛石挤淤,但由于片石需远运,数量大且稳定所需时间长,若全部清淤换土又受用地的限制(没有弃土用地)。经设计单位、业主、监理三方共同研究决定,采用砂砾石土工格栅加筋垫层进行软土地基处理,并同时布设纵、横向排水盲沟,如图4-10所示。

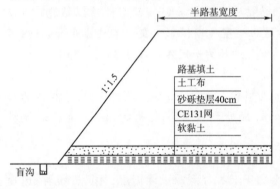

图4-10　格栅垫层示意图

2. 材料的性能与要求

砂砾垫层要求使用洁净的砂砾石,粒径为3~6cm,含泥量<5%,以利于形成排水通道。

土工格栅采用CE131型土工网,该材料系高密度聚乙烯(HDPE)配以抗老化剂经挤压旋转模塑成型。具有强度高、耐腐蚀、使用寿命长等特点,且重量较轻,方便施工。CE131型土工格栅,其纵、横向抗拉强度不小于5.8kg/m,网孔尺寸为27mm×27mm,幅长30m,幅宽2.5m,材料标准质量为660g/m^2。

土工布采用SWG50-4型裂膜丝机织土工布,其经向断裂强度不小于2500N/5cm,纬向断裂强度不小于200N/5cm,断裂伸长率不大于25%,经向撕破强度不小于1200N,单位面积质量240g/m^2,幅宽4m。

3. 土工格栅垫层处理软土地基的施工

(1)先平整场地,清除表土并排干地表水。

(2)在地基上铺设第一层格栅,铺网从处理地段的一端开始,垂直路线铺设;并沿线路走向一幅接一幅地向前摊铺。横向铺网与路堤两边纵向盲沟相接,相邻幅土工格栅搭接长度为20cm,搭接边用U形钉固定。另外,格栅靠路堤处,应回折2.5m以利格栅稳固,然后在格栅上摊铺厚为40cm、粒径3~6cm的砾石。平整后用轻型压路机振碾3~5遍,接着在砾石层上铺土工布,最后开始分层填土碾压。

(3)路基土应分层填筑并满足相应规范的要求。另外,严格现场管理,禁止运料车在已摊铺好并张紧定位的格栅上直接碾压。

(4)施工中控制路堤的填土速率并加强沉降和侧向位移的观测,以防止路堤失稳。

　思考与练习

一、选择题

1.换填垫层法的处理深度宜控制在(　　)。

A. 0.5~3m   B. 小于0.5m   C. 大于3m   D. 任意深度
2. 普通砂井法井距一般为井径的(   )倍。
   A. 3   B. 6   C. 10   D. 12
3. 20m深度范围的软土路基适用(   )进行处治。
   A. 普通砂井法   B. 换填垫层法   C. 粉喷桩加固法   D. 反压护道法

二、填空题

1. 软土造成的路基病害有_____、_____、_____、_____4大类型。
2. 软土地基处理要从_____、_____、_____、_____、_____等方面考虑。
3. 浅层处治技术有_____、_____、_____3种。
4. 竖向排水固结处治技术有_____、_____、_____3种。
5. 粉喷桩设计确定的基本参数为_____、_____、_____、_____。
6. 土工合成材料可分为_____、_____、_____、_____等类型。

三、名词解释

1. 软土
2. 换填垫层法
3. 袋装砂井法

四、问答题

1. 软土具有哪些工程特性?
2. 软土地基很软,使用换填垫层法时,应采取什么措施改善地基地面持力条件?
3. 普通砂井法有哪些不足之处?
4. 简述袋装砂井法施工工艺。
5. 简述塑料排水板法施工中的常见问题和解决方法。
6. 简述粉喷桩的适用范围。
7. 简述土工合成材料的设计要点。

学习情境 5　特殊地质环境路基病害处治

任务 5.1　膨胀土地区路基病害

> 【知识目标】
> 　　掌握膨胀土的形成及特性；熟悉膨胀土地区路基的主要病害特征及成因，并能对膨胀土地区路基病害选择正确的处治方法。
> 【能力目标】
> 　　能判别膨胀土地区路基病害类型；能对膨胀土地区路基病害进行分析并提出处治方案。

5.1.1　膨胀土地区路基的特点及主要病害类型

【学习任务1】　认识膨胀土地区路基病害类型；掌握各类病害的特点及分级方法。

膨胀土是土中黏粒成分主要由亲水性矿物组成，同时具有显著的吸水膨胀和失水收缩开裂两种特征。湖北、安徽、四川、河南、山东等20多个省（区）的180多个市县发现了有膨胀土分布。

影响膨胀土变形特性的是黏性土。膨胀土分布十分广泛，在世界五大洲中的40多个国家都有分布。膨胀土的胀缩特性的内在因素主要是矿物成分及微观结构两方面。实验证明，膨胀土含大量的活性黏土矿物，如蒙脱石和伊利石，尤其是蒙脱石，比表面积大，在低含水率时对水有巨大的吸力，土中蒙脱石含量的多少直接决定着土的胀缩性质的大小。除了矿物成分因素外，这些矿物成分在空间上的联结状态也影响其胀缩性质。水分的迁移是控制土胀、缩特性的关键外在因素。只有土中存在着可能产生水分迁移的梯度和进行水分迁移的途径时，才有可能引起土的膨胀或收缩。

在自然条件下，膨胀土一般呈黄、褐、棕及灰绿、灰白等色，土体发育有各种特定形态的裂隙，常见光滑面和擦痕，裂缝随气候变化张开和闭合，并具有反复胀缩的特性；膨胀土多出露于二级及二级以上的阶地，山前丘陵和盆地边缘，一般地形平缓，无明显自然陡坎。

膨胀土对公路工程的危害形式是多样的，而且变形破坏具有多次反复性。在膨胀土地区，路基边坡常大量出现坍方、滑坡，有"逢堑必滑，无堤不坍"之说。膨胀土路基的病害有以下几种类型。

1. 路堑病害

（1）剥落

剥落是路堑边坡表层受物理风化作用，使土块碎解成细粒状、鳞片状，在重力作用下沿坡面滚落的现象。剥落主要发生在旱季，旱季愈长，蒸发愈强烈，剥落愈严重。一般强膨胀土较弱膨胀土剥落更甚,阳坡比阴坡剥落要严重。剥落物堆积于边坡坡脚或边沟内常造成边沟堵塞。

(2) 冲蚀

冲蚀是坡面松散土层在降雨或地表径流的集中水流冲刷侵蚀作用下,沿坡面形成沟状冲蚀的现象。冲蚀沟深0.1~0.5m,深者可达1.0m。冲蚀的发展使边坡变得支离破碎。冲蚀主要发生在雨季,特别是大雨或暴雨季节。冲蚀既破坏了坡面的完整性,也不利于植物的生长。

(3) 泥流

泥流是坡面松散土粒与坡脚剥落堆积物在雨季被水流裹带搬运形成的。一般在膨胀土长大坡面、风化剥落严重且地表径流集中处最易形成。泥流常造成边沟或涵洞堵塞,严重者可冲毁路基、淹没路面。

(4) 溜塌

边坡表层强风化层内的土体,吸水过饱和,在重力与渗透压力作用下,沿坡面向下产生塑流状塌移的现象,称为溜塌。溜塌是膨胀土边坡表层最普遍的一种病害,常发生在雨季,与降雨稍有滞后关系,可在边坡的任何部位发生,与边坡坡度无关。溜塌上方有弧形小坎,无明显裂缝与滑面,塌体移动距离较短,且很快自行稳定于坡面。溜塌厚度受强风化层控制,大多在1.0m以内,不超过1.5m。

(5) 坍滑

边坡浅层膨胀土体,在湿胀干缩效应与内化作用影响下,由于裂隙切割以及水的作用,土体强度衰减,丧失稳定,沿一定滑面整体滑移并伴有局部坍落的现象,称为坍滑。坍滑常发生在雨季,并较降雨稍有滞后。滑面清晰且有擦痕,滑体裂隙密布,多在坡脚或软弱的夹层处滑出,破裂面上陡下缓,滑面含水富集,明显高于滑体。坍滑若继续发展,可牵引形成滑坡。坍滑厚度一般在风化作用层内,多为1.0~3.0m。

(6) 滑坡

滑坡具有弧形外貌,有明显的滑床,滑床后壁陡直,前缘比较平缓,主要受裂隙控制。滑坡多呈牵引式出现,具叠瓦状,成群发生,滑体呈纵长式,有的滑坡从坡脚可一直牵引到边坡顶部,有很大的破坏性。滑体厚度大多具有浅层性,一般为1.0~3.0m,多数小于6.0m,与大气风化作用层深度密切相关。膨胀土滑坡主要与土的类型和土体结构关系密切,与边坡高度和坡度并无明显关系。因此,试图以放缓边坡来防治滑坡几乎是徒劳的,必须采取其他有效的防护加固措施。

2. 路堤病害

(1) 沉陷

膨胀土初期结构强度较高,在施工时不易被粉碎,亦不易被压实。在路堤填筑后,由于大气物理风化作用和湿胀干缩效应,土块崩解,在上部路面、路基自重与车辆荷载的作用下,路堤易产生不均匀下沉,如伴随有软化挤出则可产生很大的沉陷量。路堤愈高,沉陷量愈大,沉陷愈普遍,尤以桥头填土的不均匀下沉更为严重。不均匀下沉导致路面的平整度下降,严重时可使路面变形破坏,甚至屡修屡坏。

(2) 纵裂

路肩部位常因机械碾压不到,使填土达不到要求的密实度,因而后期沉降相对较大。同时因路肩临空,对大气物理作用特别敏感,干湿交替频繁,肩部土体失水收缩远大于堤身,故在路肩顺路线方向常产生纵向开裂,形成长达数十米甚至上百米的张开裂缝,缝宽一般2~4cm,大多距外缘0.5~1.0m。

(3)坍肩

路堤肩部土体压实不够,又处于两面临空部位,易受风化影响使强度衰减,当有雨水渗入时,特别是当有路肩纵向裂缝时,容易产生坍塌。塌壁高多在1m以内,严重者大于1m。

(4)溜塌

与路堑边坡表层溜塌相似,但路堤边坡溜塌多与边坡表面压实度不够有关。溜塌多发生在路堤的坡腰或坡脚附近。

(5)坍滑

膨胀土路堤填筑后,边坡表层与内部填土的初期强度基本一致。但是随着通车时间的延续,路堤经受几个干湿季节的反复收缩与膨胀作用后,表层填土风化加剧,裂隙发展,当有水渗入时,膨胀软化,强度降低,导致边坡坍滑发生。

(6)滑坡

路堤滑坡与填筑膨胀土的类别、性质、填筑质量以及基底条件等有关。若用灰白色强膨胀土填筑堤身,则形成人为的软弱面(带);填筑质量差,土块未按要求打碎;基底有水或淤泥未清除,处理不彻底;边坡防护工程施工不及时;边坡表层破坏未及时整治等,都有可能产生滑坡。因此,膨胀土路堤有从堤身滑动的,也有从基底滑动的。

5.1.2 膨胀土路基病害的处治

【学习任务2】 掌握膨胀土地区病害处治的基本方法及其使用时应注意的技术事项。

1. 完善路基排水

完善路基排水设施对于膨胀土路基的稳定具有特殊重要的意义。病害区段,所有排水设施均应检查并完善,以使危害路基稳定的地面水、地下水能顺畅排走,防止积水浸泡路基、地下水浸入路基。为此,应注意以下5点:

(1)所有地面排水沟渠,特别是近路沟渠,均应铺砌和加固,以防冲、防渗。

(2)边沟应较一般地区适当加宽、加深。路堑边沟外侧应设平台,以保护坡脚免遭水浸,并防止剥落物堵塞边沟。

(3)堑顶设截水沟,以防水流冲蚀坡面和渗入坡体。边坡坡顶与截水沟之间应封闭,不得让雨水渗入。堑顶截水沟应距堑缘10~15m以外。截水沟纵坡宜以岗脊为顶点向两侧排水。

(4)台阶式高边坡,应在每一级平台内侧设截水沟,以截排上部坡面水,并宜在截水沟与坡脚之间设一定宽度的平台,以利坡脚稳定。

(5)在填挖交界处和已采用膨胀土作路堤填料的路段增设盲沟排水。

2. 膨胀土地基处理

(1)换土

将主要胀缩变形层内的膨胀土全部或部分挖除,填以非膨胀土(砂、砾石、灰土等),以消除或减少地基的胀缩变形量。换土厚度应由计算确定,使剩余部分土的胀缩变形量在容许范围内。

(2)化学改性

化学改性是指利用在膨胀土中加入某些物质,使它们与膨胀土中的固体颗粒发生某种化学反应,从而达到减弱膨胀土的胀缩能力及膨胀力的目的。通常采用石灰和水泥等,对膨胀土进行化学稳定处理,改良土的性质。

①石灰改性。采用"一灰三土"方式进行填筑,即一层灰土加三层素土。路肩边坡采用厚度不小于2m的石灰土进行包边,防止雨水渗入及内部土壤水分发生变化。灰土的石灰掺量为5%,其含水率宜控制在最佳含水率±4%之间。膨胀土石灰改性路基,如图5-1和图5-2所示。

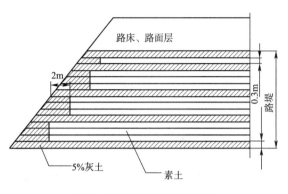

图5-1 膨胀土石灰改性示意图

图5-2 膨胀土石灰改性路基

②铺设土工布。土工布75cm铺设一层,抗拉强度不小于20kN/m,幅宽不小于4m,顶破强度大于1.5kN;防渗土工布(复合土工膜)强度大于40kN/m,幅宽不小于4m,顶破强度大于2kN,渗透系数小于10cm/s。膨胀土铺设土工布路基,如图5-3和图5-4所示。

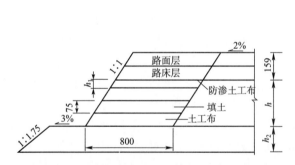

图5-3 膨胀土铺设土工布示意图(尺寸单位:cm)

图5-4 膨胀土铺设土工布路基

③铺设土工格栅。土工格栅50cm铺设一层。膨胀土铺设土工格栅路基,如图5-5和图5-6所示。

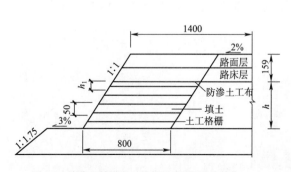

图5-5 膨胀土铺设土工格栅示意图(尺寸单位:cm)

图5-6 膨胀土铺设土工格栅路基

④改性碎石包边。采用改性碎石对路堤进行包边处理。碎石的掺入量控制在15%左右，粒径一般取2~3cm，松铺厚度控制在30cm左右。改性碎石包边处理膨胀土路基，如图5-7所示。

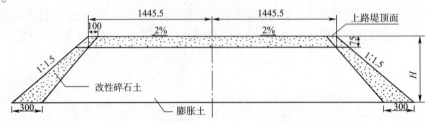

图5-7 碎石包边膨胀土路基(尺寸单位:cm)

3. 坡面防护加固

膨胀土边坡因开挖而产生的施工效应特别明显，挖方使原来处于稳定的膨胀土裸露在边坡表面或大大降低了上覆压力。由于膨胀土边坡比其他土质边坡更易风化、易胀缩变形，由此引起的边坡变形危害就更加普遍而严重。坡面防护加固的类型很多，主要应根据边坡膨胀土类别及风化程度等特性合理选择。

（1）铺植草皮

铺植草皮适用于边坡高度不高的土质边坡。但草皮固着深度有限，易被冲刷，宜增设浆砌片石骨架支撑土体。

（2）骨架护坡

骨架护坡主要是用以防止坡面表土风化，同时加强风化层土体的支撑稳固作用，实际上这是一种将长大坡面分割为由若干骨架支撑的小块土坡，进行分而治之的有效措施。在膨胀土边坡防护加固中，常用的骨架护坡形式主要有方格架护坡和拱形骨架护坡，此外还有人字形骨架护坡等。

①框架梁防护。用浆砌片石或预制块做成格式或拱式形状的护坡，正在得到大量的应用，它具有得体的几何形状，当中间的草长起来的时候，绿白相间很好看，与它相比，将草进行满铺式则显得单调（见图5-8）。骨架的作用在于支撑和分割坡面，消除坡面较大范围内的相互渐变牵引的影响，骨架的宽度及其间距，可视坡体土性好坏调整，常用的骨架宽度为0.5m，间距2m或3m。骨架嵌镶于坡体表面的深度是确保其防护能力的关键，一般不应小于0.5m，即应该嵌固在表层松土或强风化层以下较坚实的土层上；埋置较浅的骨架，其隆起变形往往从坡中部开始，逐渐牵引而上，导致整个骨架破坏。

②柔性边坡防护。柔性设计采用锚杆与挂网联合防护形式，达到了浅层防护的作用；肋梁间距3m，提高了边坡整体抗滑能力。柔性边坡防护工程，如图5-9和图5-10所示。

图5-8 框架梁防护

图5-9 柔性边坡防护施工

（3）片石护坡

片石护坡大多用于边坡土体产生局部塌滑后的整治加固。片石护坡可分为干砌片石护坡和浆砌片石护坡两类。

①干砌片石护坡。边坡产生局部溜塌变形后，可以及时清除溜塌体，用片石嵌补，以迅速恢复原有坡面的完整，同时，对受溜塌牵动影响的局部土体，可以起到一定支护作用；对于调整坡面表土胀缩作用、承受变形，均有一定效果。

②浆砌片石护坡。由于浆砌片石护坡整体强度较高，自重较大，对于边坡土体可以起到反压和部分支挡作用。同时，可以及时封闭坡面，防止土体继续风化。因此，采用浆砌片石护坡可以增加边坡稳定性。此法在路堑与路堤边坡加固中均有使用。

（4）水泥土护坡

水泥土是用无机土按比例掺入硅酸盐水泥和水，均匀搅拌，捶实成型，经适当养护硬化而成的一种新型建筑材料。此法用以对强膨胀土和中等膨胀土边坡进行全封闭。水泥土护坡，如图5-11所示。

图 5-10　柔性边坡防护成型后

图 5-11　水泥土护坡

工程实践证明，水泥土的变形和强度、耐久性、抗干湿循环、抗渗性、抗冲耐磨性等都能达到工程要求。

4. 包盖法

已出现纵向裂缝的路堤应采用非膨胀土或浆砌片石封闭堤身，用非膨胀土包盖时厚度不得小于1m。同时灌浆封闭裂缝，有条件的地方则换填石灰土改良。

5. 支挡结构

支挡结构是为了防止边坡的坍塌失稳，确保边坡稳定的构筑物。其主要应用于两方面：对于开挖的强膨胀土或中等膨胀土的边坡采取预防支挡措施，以便防止滑坡的发生；对于已发生滑动的边坡进行治理支挡措施，使工程运行正常。关于支挡结构物类型的选择，要根据边坡计算滑动推力和滑动面或软弱结构的位置而定。

挡土墙是一种常用的支挡结构。由于膨胀土膨胀性能较强，计算挡土墙土压力时则需考虑膨胀力的影响。在膨胀土地区修建挡土墙，必须先对松散的坡体进行处理，清除膨胀性能较强的土，回填好土或用石灰（石灰剂量6%~8%）对其进行改良，逐层压实。对开裂的坡体，应回填非膨胀土夯塞紧密，防止地表水下渗，挡土墙则用强度较高的混凝土，其模具可起到临时的支撑作用。

若路堑边坡已经产生滑动，采用多级抗滑挡土墙无法阻止，或因施工困难，如挖基很深，边挖边塌，并能造成更大的滑动趋势者，应酌情考虑改用抗滑桩。用抗滑桩来阻挡边坡土体下滑和治理滑坡,具有破坏滑体少、施工方便、工期短、省工省料等优点,是治理深层滑坡的有效方法。抗滑桩一般采用钢筋混凝土钻孔桩或人工挖孔桩,桩直径为500~1000mm,桩的间距一般为桩直径的3~5倍,桩深入滑动面以下深度为桩长的1/2。抗滑桩一般布置2~3排,为梅花形布置,以免滑体从桩间滑出。

6. 调整坡度

如果用地条件允许,即可考虑将边坡适度放缓,坡度须符合路基设计规范对膨胀土路堤之相关规定。

任务5.2 黄土地区路基病害

【知识目标】
掌握黄土地区路基的特性;熟悉黄土地区路基的主要病害特征及成因分析;掌握黄土地区路基病害的处治方法。

【能力目标】
能判别黄土地区路基病害类型;能对黄土地区路基病害进行分析并提出处治方案。

5.2.1 黄土地区路基的特点及主要病害类型

【学习任务3】 认识黄土地区路基病害类型;掌握各类病害的特点及分类方法。

黄土是在第四纪干燥气候条件下形成的具有多孔性有垂直节理的黄色粉状性土,有湿陷性,即黄土受水浸湿后会产生较大的沉陷,属低液限黏土,$w_L<40\%$。其主要特征为:颜色以黄色为主,有灰黄、褐黄等色;含有大量粉粒,一般在55%以上;具有肉眼可见的大孔隙,孔隙比在1左右;富含碳酸钙成分及其结核;无层理,导致黄土地区的路基容易产生各种特有的工程地质问题和病害。

黄土是一种分布较广的特殊土,在我国分布面积约有64万km^2。广泛分布于黄河中游的河南西部、山西、陕西和甘肃大部分地区,以及青海、宁夏、内蒙古的部分地区,而以黄土高原的黄土分布最为集中,这些地区的黄土分布厚度大,地层全面而连续,发育亦较典型。此外在河北、山东、新疆以及东北三省亦有分布。

黄土因沉积地质时代的不同,在性质上有很大的差别。因此,可将黄土分为新黄土、老黄土和红色黄土3类,见表5-1。

黄土的工程分类   表5-1

分类名称	地层名称	地质符号	地质年代	按成因划分类型
新黄土	马兰黄土2	Q_{IV}	全新世(近代)	①风积; ②冲积或洪积; ③坡积
	马兰黄土1	Q_{III}	晚更新世(新第四纪)	
老黄土	离石黄土上部	Q_{III}^2	中更新世(中第四纪)	
	离石黄土下部	Q_{II}^1		
红色黄土	午城黄土	Q_I	早更新世(新第四纪)	

一、黄土的工程特性

1. 黄土的结构与构造

(1) 黄土的结构

黄土的颗粒组成以粉粒(0.05～0.005mm)为主,可达50%以上,其中粗粉粒(0.01～0.05mm)含量又大于细粉粒(0.01～0.005mm)含量。

(2) 土的多孔隙性

黄土结构中的孔隙可分为如下3类:

①大孔隙,基本上是肉眼可见的,直径0.5～1.0mm。

②细孔隙,是架空结构中大颗粒的粒间孔隙,肉眼看不见,可在双目放大镜下观察。

③毛细孔隙,由大颗粒与附在其表面上的小颗粒所形成的粒间孔隙,肉眼更看不见。

这3种孔隙形成了黄土的高孔隙度,故又称黄土为"大孔土"。

黄土的孔隙率在35%～60%之间变化,有沿深度逐渐减少的趋势;在地理分布上则有着自东向西、自南向北孔隙率增大的规律。

黄土中的孔隙呈垂直或倾斜的管状,以垂直为主,上下贯通,其内壁附有白色的碳酸钙薄膜;碳酸钙的胶结对黄土起着加固的作用。

(3) 黄土的节理

黄土节理以垂直为主。一般在干燥而固结的黄土层中比较发育,土层上部较下部发育,有时在黄土层中也发现有斜节理。

2. 黄土分区工程特征

根据黄土地区黄土分布的特点,黄河中游黄土可分为4个区。

(1) 东南区:介于吕梁山与太行山之间。本区黄土多分布成零星小块,厚约50m,由西向东逐渐减薄。黄土主要分布在盆地边缘或河谷阶地上,下伏基岩地形起伏较大,山顶与谷底相对高差一般在300m以上,地形不够开阔。

(2) 中部区:介于六盘山与吕梁山之间。黄土在整个地区连续覆盖,仅在沟底部及少数山顶才有基岩出露。黄土厚度一般为100～150m,中间地区最厚。黄土的沉积覆盖了原基岩地形,起伏地形已不易辨认,但仔细分析黄土地貌,仍可见到黄土塬的下伏基岩仍比较平坦,梁、峁以下则多为基岩丘陵。

(3) 西部区:介于乌鞘岭与六盘山之间。除较高的山顶、大河河谷及深切沟谷下部有基岩出露外,大都为黄土覆盖。黄土厚度一般为50～100m,以新黄土为主,并由东向西逐渐减薄。本区下伏基岩的起伏较大,基岩山顶和谷底的相对高差大都在300m以上,有时可达500m。

(4) 北部区:位于上述3个区的北部。北接沙漠,气候干旱,多分布有沙黄土。

3. 黄土的水理特性

(1) 渗水性

由于黄土具有大孔隙及垂直节理等特殊构造,其垂直方向的渗透性较水平方向为大。黄土经压实后大孔构造被破坏,其透水性也大大降低。此外,黏粒的含量也会影响黄土的渗透性,黏粒含量较多的埋藏土及红色黄土,经常成为透水不良或不透水的土层。

(2) 收缩和膨胀

黄土遇水膨胀,干燥后又收缩,多次反复形成裂缝及剥落。由于黄土在堆积过程中,土的自重作用使粉粒在垂直方向的粒间距离变小,所以具有天然湿度的黄土在干燥后,水平方向的收缩比垂直方向的收缩大,一般大50%~100%。

（3）崩解性

各类黄土的崩解性相差很大,新黄土浸入水中后,很快就全部崩解;老黄土则要经过一段时间才能崩解;红色黄土浸水后不崩解。

4. 黄土的抗剪强度

原状黄土的各向异性:由于垂直节理及大孔隙的存在,原状黄土的强度随方向而异,黄土水平方向的强度一般较大,45°方向仍居中,垂直方向强度较小。但是,冲积、洪积黄土则因存在有水平层理的关系,以水平方向强度为最低,垂直方向强度最大,45°方向仍居中。原状黄土抗剪强度峰值和残值差值较大,是黄土地区高速公路边坡崩塌、滑坡的主要原因。

5. 黄土的湿陷性

黄土受水浸湿后,土的结构受到破坏,在外荷载或土自重作用下,而发生显著的下沉现象,称为湿陷。黄土受水浸湿后在土的自重压力下发生湿陷的,叫做自重湿陷性黄土;在自重压力下浸湿不发生沉陷,但在附加压力下发生湿陷,称为非自重湿陷性黄土。黄土湿陷对路基工程的危害很大。根据国家标准《湿陷性黄土地区建筑规范》(GB 50025—2004)中对建筑工程地基湿陷性所用划等级的评价方法,以黄土自重湿陷量和总湿陷量按表5-2判定。

湿陷性黄土地基的湿陷等级　　　　　表5-2

湿陷类型 自重湿陷量（cm） 总湿陷量（cm）	非自重湿陷性场地	自重湿陷性场地	
	$\Delta_{zs} \leq 7$	$7 < \Delta_{zs} \leq 35$	$\Delta_{zs} > 35$
$\Delta_s \leq 30$	Ⅰ（轻微）	Ⅱ（中等）	—
$30 < \Delta_s \leq 60$	Ⅱ（中等）	Ⅱ 或 Ⅲ	Ⅲ（严重）
$\Delta_s > 60$	—	Ⅲ（严重）	Ⅳ（很严重）

二、黄土路基主要病害

1. 边坡变形

黄土地区公路边坡病害破坏形式可归结为两种基本类型,即坡面破坏,包括剥落和冲刷等;坡体破坏,包括崩坍、坡脚坍塌、滑坡和流泥等。

（1）坡面剥落

坡面剥落是黄土边坡变形的一种普遍现象,会发生在各种黄土层中。剥落与边坡所处的位置、土质、易溶盐含量有关。一般阳坡比阴坡剥落严重;黏粒含量多的土易剥落;易溶盐含量越大,剥落越严重;易溶盐含量在0.12%以下时,边坡剥落现象较少。虽然这种边坡变形不是坡体整体变形,但对路堑边沟危害极大,会引起其他更严重的边坡变形或破坏,处理也十分困难。剥落按其形态一般有以下4类:

①鱼鳞状剥落:这种变形易发生在含易溶盐多(一般为1%~2%)的地区,即新第四系风积黄土和冲积洪积黄土中。

②片状剥落:主要发生在新第四系风积和近代坡积的匀质黄土层中。这种土层的较陡峻边坡表面,常形成一层厚3~4cm的硬壳,这层硬壳在自然营力作用下呈大块片状剥落。

③层状剥落:主要发生在冲积洪积黄土互层中,这类黄土多由黏土、砂黏土及砂等互层

构成。由于各层的岩性、含水率以及含易溶盐情况不同,使得风化的快慢和强烈程度也不尽相同。一般黏粒含量高者,剥落快而严重,相比较而言,粉土粒和砂粒含量高者剥落较轻、较慢,因而形成层状或带状的剥落现象。

④混合状剥落:边坡坡面剥落并非如上面那样类型单一,有时几种剥蚀类型同时出现。这是由于黄土表层的剥落,直接同黄土的岩性有关,因而在同一坡面上可能同时出现几种类型剥落现象的混合状剥落。

(2)坡面冲刷

坡面冲刷是常见的公路边坡变形,会引起大量的水土流失。坡面冲刷使坡面呈沟状或洞穴状,一般形成坡肩冲刷坍塌、坡面冲刷串沟、坡面冲刷跌水、坡脚冲刷淘空、坡面冲刷沟穴、岩石接触的冲刷沟穴等。黄土边坡坡面冲刷与土层、岩性、微地貌条件、水文条件等有密切的关系。

(3)坡体崩坍

边坡崩坍是黄土土体沿节理面倒坍和下错的斜坡动力地质现象,是多种自然因素及人为因素综合作用的结果。其主要影响因素有地层岩性、地质构造、降水、气温变化、人为因素或地质运动等。对黄土而言,土层节理发育,边坡陡峻,在风化和水的冲蚀、浸润作用下,坡脚严重冲刷,往往会使坡体崩坍。

(4)坡脚坍塌

坡脚坍塌易在湿陷性新黄土中发生。因其结构松散,坡脚松软受水浸湿或冲刷会发生坡脚局部坍塌,一般规模较小,但较普遍。坡脚坍塌是产生滑坡的前提,也有可能诱发规模更大的坍塌。

(5)滑坡

滑坡是土体沿着明显的滑动带或滑动面下滑,滑动面呈上陡下缓的圆弧状。其产生原因,主要是由于黄土的强度下降引起的土体稳定性平衡破坏。大型滑坡常发生在松散结构或湿陷性黄土层中,在新黄土中也会出现小型滑坡。滑坡多发生在老黄土和岩土间出现不整合倾斜接触面处,此处的黄土本身稳定性差,遇水作用或其他条件如地震、大爆破等作用下,极易产生土体滑移和崩坍。

(6)流泥

呈斜坡状的黄土如果土质松散,具有渗水性较小的下卧层时,土体在地下水或在地下水与地表水相互作用下浸润黄土土体,使土饱和形成塑性流动,称之为流泥。它可能诱发其他病害,使边坡出现崩坍或滑坡等更严重的破坏。

2. 公路地基沉(湿)陷

黄土地基在不利的水环境下,受新建路基自重荷载作用,极易发生湿陷,导致路基发生不同程度的变形。

3. 陷穴

陷穴是黄土路基病害的一种主要形式。

黄土地区修筑的路基,在雨季时大面积汇集的雨水,沿着黄土的垂直节理和大孔隙向路基内部渗透、潜流,溶解了黄土中的易溶盐,破坏了黄土的结构,土体不断崩解,水流带走黄土颗粒,形成暗穴,在水的浸泡和冲刷作用下,洞壁坍塌,逐渐扩大形成更大的暗穴或出露于地表的其他形态的陷穴。特别是在地形起伏多变、地表径流容易汇集的地方,特别是土质松散、垂直节理较多的新黄土中最易形成陷穴。

(1)黄土陷穴根据成因可划分为:

①由地表浸水形成的陷穴。黄土经水浸润,可溶盐溶解,同时水对黄土颗粒产生润滑作用,使黄土在水的冲力作用下发生变形位移和机械潜蚀,导致黄土下陷产生陷穴。

②暗流的侵蚀作用形成的陷穴。地下暗流溶解了黄土中的可溶盐,使黄土结构遭受破坏,暗流又使细颗粒被水带走,在这种溶蚀和潜蚀作用下,使黄土中产生暗穴、暗洞、暗沟等。

③因动植物和微生物作用引起的洞穴。植物根系深入土体,当植物枯死后,根系腐败遗留而成洞穴。也可以是老鼠、蛇、蚂蚁等动物挖掘出的洞穴等。

④人为洞穴。如采矿的坑道、掏砂坑、窑洞等。

(2)黄土陷穴根据其形态可划分为:

①碟形地。具有直径数十米的椭圆形碟状凹地,深度一般为2~3m,边缘较陡。多发生在黄土塬部分或没有排水坡度的地方。由于降水不断聚集,并沿着孔隙和节理逐渐下渗,黄土不断浸湿,由重力作用下陷而成。

②漏斗状陷穴。产生在黄土塬边缘,或谷坡附近,常见成群分布,口径不过数米,底部有时还散布着小孔穴。由于坡面上径流集中,水沿节理下渗潜蚀而成。

③竖井状陷穴。陷穴边缘陡峭,口径与深度相差数倍。由于陷穴底部堆积着崩塌下的土块,随着地下水进一步的冲刷搬运逐渐加深,有时可达20多米,多发生在阶地的边缘径流汇合处。

④串珠状陷穴。多沿沟床分布,一般发生在沟床的变坡处。沟壁塌落下来的土堆,成为地表水径流的障碍物,当洪水季节,上游水流到此遭受堵塞,遂向下渗流而成。

⑤暗穴。形态多种多样,可直可曲,忽大忽小,通常为陷穴的通道,也有单独成盲沟、暗河存在的。由地下水的溶蚀和潜蚀而成。有些特殊的暗穴是人为因素造成的。

从地貌看,在黄土塬的边缘、河谷阶地的边缘、冲沟两岸及河床中都常有陷穴分布。阶地边缘、河谷两侧多为坡积的松散黄土,易被冲蚀,因而离阶地斜坡和沟谷斜坡越近,陷穴越多。阶地高差越大,沟谷越深,由于地表水通过阶地边缘斜坡地带和沟谷斜坡地带时下渗越厉害,因而陷穴也越深,有的可深达20余米。从地层上看,在疏松的新黄土层中,尤其是近代湿陷性黄土地层,陷穴多而明显。地层越早,陷穴发育也越受到限制。

5.2.2 黄土路基病害的处治

【学习任务4】 掌握黄土地区病害处治的基本方法及注意的技术事项。

1.边坡变形的处治

边坡变形后,一般都先要清除松散土体,必要时在边坡处理面设置台阶,然后逐层填补、压实,最终恢复原设计坡面。为增强新旧土体的联结效果,土工材料在实践中已被广泛使用。

对边坡病害的处治,防护的意义更不容忽视。目前,在黄土地区常用的边坡防护方法有直接植草防护、拱式砌石或3m×3m浆砌片石结合植草防护、六角形预制块边坡防护及土工网植被防护等,各自有各自的优缺点。

2.公路地基湿陷的处治

公路地基湿陷的处理方法应根据公路构造部位、地基处治的厚度、施工环境条件、施工工期和当地材料来源,并经技术经济比较确定。近几年在湿陷性黄土地基处理方面,传统的土垫层法、重夯法等仍在广泛采用;而新兴的地基处理技术如冲击碾压、强夯法、DDC法等也开始大规模使用,并取得良好的技术经济效果。强夯法则主要用于Ⅲ级以上厚层自重湿陷性黄土地基、非饱和高压缩性新近堆积黄土地基和人工松填黄土(素填黄土)地基的加固处理,有效处理深度一般不大于8m;DDC法则主要适用于加固较大面积的厚层高压缩性湿陷性黄土或厚层饱和湿软黄土地基以及深层有采空洞穴或软弱下卧层的不良地基。

(1) 冲击压实法

冲击压实机是用三角形或五角形"轮子"来产生集中的冲击能量达到压实土石填料的目的。冲击压实技术应用于大面积湿陷性黄土地基浅层加固处理和黄土路基的补强加固时具有快速高效的技术优势。

冲击压实法冲压补强黄土路基,即使用冲击压实机补压经过常规分层振动碾压后已达标的路床,或在高路堤的填筑过程中每间隔一定厚度对高路堤的常规压实层分层冲碾补压。工程实践表明,冲压补强不仅能有效提高黄土路基的整体强度,减少工后沉降和差异沉降,还能及时检测普通碾压机具施工中留下的隐蔽缺陷。

(2) 强夯法

强夯法冲击能量巨大,它能使深层土体产生冲切变形,从而达到密实的目的,因此它属于深层动力密实法的一种,可以消除较深层黄土的湿陷性并提高地基承载力,主要用于Ⅰ、Ⅱ级以上厚层自重湿性黄土地基、高压缩新近堆积黄土地基和人工松填黄土地基的加固处理。

(3) 孔内深层强夯技术(DDC)

DDC法是通过机具成孔(螺旋钻钻孔或特制夯锤冲孔),然后通过孔道在地基处理的深层部位进行填料,用具有高动能的特制重力夯锤进行冲、砸、挤压的高压强、强挤密的夯击作业,不仅使桩体十分密实,也对桩间土进行挤密,从而提高复合地基承载力,地基湿陷性得以完全消除。

根据DDC法的作用机理和技术特点,DDC法在湿陷性黄土地区最具应用价值的几个方面是:

①较大面积的厚层高压缩性湿陷性黄土或厚层饱和湿软黄土地基处理。
②深层有采空洞穴或软弱下卧层不良地基的处理。
③高填黄土路堤以及构造物台后填土的加固处理。

3. 黄土陷穴的治理

黄土陷穴对路基的危害甚大,一般均须进行治理,其根治的方法有下列4种:

(1) 灌砂。小面积的陷穴,可用砂灌实,并用黏土封顶夯实,并改变微地貌,防止雨水流入陷穴的地方。

(2) 灌泥浆。洞身不大,但洞壁曲面不直且离路基中线较远的小陷穴,可用水、黏土、砂子拌和后进行反复多次灌注。有时为了封闭水道,也可用水泥砂浆。同时也应改变微地貌,防止雨水流入陷穴的地方。

(3) 开挖夯填。这是最直观和最可靠的方法,根据洞穴的具体情况,可直接开挖回填,并用黄土分层夯实。

(4) 开挖导洞或竖井进行回填。洞穴深,若明挖工程数量较大,可采用开挖导洞方法,由洞内向洞外逐步回填密实。回填前应将洞穴内的尘土彻底清除干净,接近地面0.5m厚时,则改用黏土回填夯实(这里所指的黏土可是红黄土或者黄土)。

任务5.3 盐渍土地区路基病害

【知识目标】
　　掌握盐渍土的土质特性及分类；熟悉盐渍土地区路基的主要病害特征及成因分析；熟悉盐渍土地区路基病害的处治方法。
【能力目标】
　　能判别盐渍土地区路基病害类型；能对盐渍土地区路基病害进行分析并提出处治方案。

5.3.1 盐渍土地区路基的特点及主要病害类型

【学习任务5】　认识盐渍土地区路基病害类型,掌握各类病害的特点及分类方法。

　　盐渍土是指包括盐土和碱土在内的以及不同程度盐化、碱化土壤的统称。在公路工程中指地表全层1m以内易溶盐类含量平均达到0.3%以上的土壤。易溶盐的基本性质见表5-3。

易溶盐的基本性质　　　　　　　　　　　表5-3

盐类名称	基本性质
氯化物盐类 ($CaCl_2$、$MgCl_2$、KCl、$NaCl$)	①溶解度大； ②有明显的吸湿性,如氯化钙的晶体能从空气中吸收超过本身重量4~5倍的水分,且吸湿水分蒸发缓慢； ③从溶液中结晶时,体积不发生变化； ④能使冰点显著下降
硫酸盐类 (Na_2SO_4、$MgSO_4$)	①没有吸湿性,但在结晶时有结合一定数量水分子的能力； ②硫酸钠从溶液中沉淀重结晶时,可结合10个水分子形成芒硝($Na_2SO_4 \cdot 10H_2O$)而使体积增大,在32.4℃时芒硝放出水分,又成为无水芒硝,体积变小； ③硫酸镁结晶时,结合7个水分子,形成结晶水化物($MgSO_4 \cdot 7H_2O$),体积亦增大,在逐渐脱水时,逐渐为2.5~0.5的结晶物,体积随之减小； ④硫酸钠在32.4℃以下时,溶解度随温度增加而急剧增加,在32.4℃时溶解度最大,在32.4℃以上时,溶解度反而下降
碳酸盐类 (Na_2CO_3、$NaHCO_3$)	①水溶液有很大的碱性反应； ②能分散黏土胶体颗粒

一、盐渍土的分类与分布

1. 盐渍土的分类

按盐渍土的形成条件可分为如下3类。

（1）盐土

以含有氯盐及硫酸盐为主的盐渍土称为盐土。盐土通常是在矿化了的地下水水位很高的低地内形成的,盐分由于毛细管作用,经过蒸发而聚集在土的表层。在海滨由于海水浸渍也可形成盐土。盐土也可在草原和荒漠中的洼地内形成,由于带有盐分的地表水流入洼地,经过蒸发,而形成盐土,干旱季节时,盐土表面常有盐霜或盐壳出现,如图 5-12 所示。

(2) 碱土

碱土的特点是在表土层中含有少量的碳酸钠和碳酸氢钠,不含或仅含微量的其他易溶盐类,黏土胶体部分为吸附性钠离子所饱和。碱

图 5-12 盐渍土地区地表盐霜

土通常具有明显的层次,表层为层状结构的淋溶层,下层为柱状结构的沉淀层。在深度 40~60cm 的土层内含易溶盐最多,同时也聚积有碳酸钙和石膏。碱土可由盐土因地下水位降低而形成,或由地表水的渗入多于土中水的蒸发时形成。

(3) 胶碱土(龟裂黏土)

胶碱土生成于荒漠或半荒漠地形低洼处,大部分是黏性土或粉性土,表面平坦,不长植物。干燥时非常坚硬,干裂成多角形。潮湿时立即膨胀,裂缝挤紧,成为不透水层,非常泥泞。胶碱土的整个剖面内,易溶盐的含量均较少,盐类被淋溶至 0.5m 以下的地层内,而表层往往含有吸附性的钠离子。

2. 盐渍土的分布

盐渍土在我国分布面积较广,占全国可利用土地面积的 4.88%,新疆、青海、甘肃、内蒙古、宁夏等省(区)分布较多,陕西、辽宁、吉林、黑龙江、河北、河南、山东、江苏等省也有分布。其中新疆盐渍土面积最大,占可利用土地面积的 19.25%,占全国盐渍土面积的 36.8%。其含盐量通常是 5%~20%,有的甚至高达 60%~70%。

按地理分布区域,我国盐渍土可分为两个大区(即沿海盐渍土区和内陆盐渍土区)和三个亚区(即沿海的盐渍土亚区、内陆的半干旱与干旱盐渍土亚区,以及内陆的过干盐渍土亚区):

各区盐渍土的特点如下。

(1) 沿海盐渍土区

沿海盐渍土区包括辽宁、河北、山东、江苏等省沿海地区,盐渍土发生的主要原因是由于受海水浸渍或海岸退移形成的。盐渍化类型主要是氯盐渍土,一般含盐量在 5% 以下。该区气候比较湿润,地下水位较高,水对这些地区的盐渍土的稳定性影响最大。

(2) 内陆盐渍土区

①半干旱与干旱盐渍土亚区。内陆的半干旱与干旱盐渍土亚区包括新疆、青海、甘肃、内蒙古、宁夏、陕西、河北、河南、山东、辽宁、吉林、黑龙江等省(区)的荒漠、半荒漠地区和部分草原、森林草原地区,其界限大致为 $0.05 < $ 潮湿系数 $K < 0.75$。这一地区的盐渍土常常出现在某些河道附近与平原低洼地带,以及一些灌区附近。盐渍化的主要原因是水中矿化度高,地下水或地面水经过蒸发后,盐分沉积于土中形成的。这一亚区面积最大,盐渍化类型多种多样,盐渍化程度相差悬殊,气候、地质条件也各不相同。因此,水作用对这一亚区盐渍土稳定性的影响也有很大的差别。

②过干盐渍土亚区。内陆的过干盐渍土亚区包括新疆、青海、甘肃、内蒙古等省(区)中

最干旱的一些荒漠地区,主要有塔里木盆地、柴达木盆地、阿拉善荒漠等。这一地区的界限大致确定为:年降水量小于100mm,潮湿系数$K<0.5$。这一亚区有最大程度的盐渍化和最丰富的盐类。可以看到各种类型的盐渍土甚至纯盐的形态。盐类虽然以氯化物为主,但是各种碳酸盐和硫酸盐也都存在,还可遇到在其他地区少见的硝酸盐和硼酸盐。由于过干盐渍土亚区气候非常干燥,水对盐渍土的稳定性的影响在这一地区最小。

二、盐渍土路基的主要病害

盐渍土路基病害的主要原因就是盐渍土中的盐分在土中的活动。在干旱季节和干旱地区,盐类的胶结和吸湿保湿作用,有利于路基稳定。但当温度下降,或空气相对湿度增加,或受水浸时,导致道路产生湿(溶)陷、盐胀、冻胀、翻浆等病害现象。

1. 湿(溶)陷

湿(溶)陷是氯化物盐渍土地区道路的主要病害之一。它是由于道路盐渍土地基或结构层在淡水作用下,盐分溶解并被水分带走,导致土体强度逐渐丧失。在荷载或自重作用下,盐渍土地基或结构层出现沉陷、孔洞等破坏,并逐渐反映至面层,有的盐渍土地区路面由于湿陷会产生溶洞、坍塌等路基病害,给行车带来危险隐患。

2. 盐胀

路基土盐胀的形成是土体内硫酸钠迁移聚积、结晶体膨胀和土体膨胀3个过程的综合结果,土体毛细水上升、水汽蒸发和低温作用而促使盐水向上迁聚是基本条件(见图5-13)。在寒冷季节,土中的硫酸钠溶解度急剧降低,多余的硫酸钠吸收10个分子水不断析出,形成芒硝结晶体,从而使路基土体积增大。盐胀的反复作用,使得路基土体的结构遭到破坏,引起路基整体强度和稳定性下降,产生不均匀沉陷;使路面不平、鼓包、开裂,这是盐渍土地区公路最突出的病害;路基边坡及路肩表层,在昼夜温度变化所引起的盐胀反复作用下,会变得疏松、多孔,易遭风蚀,并易陷车。

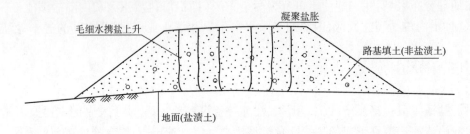

图5-13 盐胀破坏

3. 冻胀

氯盐渍土当含盐量在一定范围内时,由于冰点降低、水分聚流时间加长,可加重冻胀;但含盐量更多时,由于冰点降低多,路基将不冻结或减少冻结,从而不产生冻胀或只产生轻微冻胀。

硫酸盐渍土对冻胀具有和氯盐渍土类似的作用,但冰点降低不如氯盐渍土多,因此影响不如氯盐渍土显著。

碳酸盐渍土由于其透水性差,所以可减轻冻胀。

4. 翻浆

盐渍土地区既具有一般公路翻浆的共性,又有自身的特点。在干燥状态时,盐类呈晶体,地基土有较高的强度,但盐类浸水易溶解,呈液态后土的强度快速降低,强度损失可能超过50%,压缩性增大。含盐量愈多,土的液塑限愈低,则可在较小的含水率时达到液性状态,抗剪强度降低到近于零。

氯盐渍土有明显的保湿性,使土壤长期处于潮湿、饱水状态,易产生"液化"现象。当含盐量到一定范围内时,不仅可加重冻胀,也可加重翻浆,主要因为氯盐渍土不仅聚冰多,而且液、塑限低,蒸发缓慢;当含盐量更多时,因其不冻结或减少冻结而不翻浆或减轻翻浆。

硫酸盐渍土在降低冰点方面作用与氯盐渍土类似,因此,也可加重翻浆,但不如氯盐渍土显著。春融时结晶硫酸钠脱水可起加重翻浆的作用。

碳酸盐渍土由于透水性差,可减轻冻胀,也可减轻翻浆。

5.3.2 盐渍土路基病害的处治

【学习任务6】 掌握盐渍土地区病害处治的基本方法及其使用时应注意的技术事项。

对盐渍土地区路基病害的防治主要采取完善排水、结构加固、除去盐分等方法。

1. 保持排水良好

盐渍土受到雨淋和冰雪融化水的影响,含水率增大,可能会出现湿化坍塌、溶陷、路基发软、强度降低等现象,以致失去承载力。因此,保持排水良好显得尤为重要。

排水沟要保持0.5%~1%的纵坡;在低矮平坦、排水困难的地段,应加宽加深边沟或在边沟外增设横向排水沟,其间距不宜大于500m,沟底应有向外倾斜2%~3%的横坡。

对加深加宽边沟的弃土,可堆筑在边沟外缘,形成护堤,以保护路基不被水淹。

还可采用水分隔断措施,隔断毛细水的上升,防止水分和盐分进入路基上部,从而避免路基或路面遭受破坏。例如可提高路基或设置隔离层。

(1)提高路基

有些盐渍土地基地下水位较高,路堤除了再盐渍化的问题外,还有冻融和翻浆的危害。为了使路基不受冻害和再盐化的影响,应控制路堤高度至不再盐化的最小高度,该高度可以根据试验确定,一般为丰水期地下水位高加0.5m。

(2)设土工织物隔离层

采用土工布隔断毛细水通常和地下渗水通道也是行之有效的方法(见图5-14)。土工布可以为单层,也可以为双层。选择土工布时应根据使用位置和目的,对渗透系数、顶破系数、耐冻性和耐老性等提出具体要求。用于盐渍土地区的土工布还应具有长期对硫酸盐、氯盐等盐类的抗腐蚀性,用于隔断毛细水上升通道的土工布,一般设置在路基和垫层之间,双层时设置在路基和垫层之间以及路基和路面结构面层之间。此外在路基和垫层之间设置一定厚度的滤水层也是行之有效的方法。

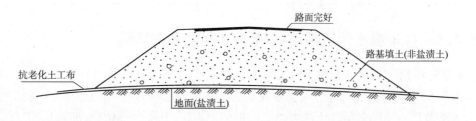

图5-14 土工布隔离层示意图

2. 结构加固

结构加固的方法有许多种,如强夯法、浸水预溶加强夯法、半刚性基层、挤密桩加固地基等方法。对有些地区,除了对地基进行加固外,还应对路肩和边坡进行加固。

(1)路肩加固

在过盐渍土(含盐量>8%)的地区,要对公路路肩进行加固,加固方法有以下3种:

①用粗粒渗水材料封闭路肩表层;

②用沥青材料封闭路肩;

③就地取材,用15cm厚的盐壳加固。

(2)边坡加固

边坡经受雨水或化雪冲融后出现的沟槽、溶洞、松散等,可采用盐壳平铺或黏土掺砂砾铺上拍紧,防止疏松。

防止边坡水土流失,应结合当地的植物生长情况,种植一些耐盐性的树木或草本植物(如红杨、甘草、白茨之类)以增强边坡稳定。

对硫酸盐渍土路基,根据需要宜采用卵石、砾石、黏土、废砖头或盐壳平铺在路堤边坡上,以防边坡疏松、风蚀和人畜踩踏而破坏。

3. 除去盐分

盐分是导致盐渍土具有湿(溶)陷、盐胀、冻胀、加重翻浆等特性的根源。因此,除去盐分或者将有害盐分转化成无害或者危害较小的盐分,则同样可以达到处治盐渍土病害的目的。

除去盐分包括换填法、浸水预溶法和化学处理法等。其中化学处理法使用的掺加剂效果明显的有 $BaCl_2$、$CaCl_2$ 两种。其化学反应式如下:

$$Na_2SO_4 + BaCl_2 \rightarrow BaSO_4 + 2NaCl$$

$$Na_2SO_4 + CaCl_2 \rightarrow CaSO_4 + 2NaCl$$

由于施工较复杂,费用也较高,化学处理法在公路上目前尚处于试验阶段。

任务5.4 多年冻土地区路基病害

【知识目标】

掌握多年冻土的特性;熟悉多年冻土地区路基的主要病害特征及成因分析;熟悉多年冻土地区路基病害的处治方法。

【能力目标】

能判别多年冻土地区路基病害类型;能对多年冻土地区路基病害进行分析并提出处治方案。

5.4.1 多年冻土地区路基的特点及主要病害类型

【学习任务7】 认识多年冻土地区路基病害类型,掌握各类病害的特点及分类方法。

温度为0℃或负温,含有冰且与土颗粒呈胶结状态的土称为冻土。根据冻土冻结延续时间可分为季节性冻土和多年冻土两大类。土层冬季冻结,夏季全部融化,冻结延续时间一般不超过一个季节,称为季节性冻土层,其下边界线称为冻深线或冻结线;土层冻结延续时间在三年或三年以上称为多年冻土。多年冻土主要分布在黑龙江的大(小)兴安岭一带、内蒙古纬度较大地区,青藏高原部分地区与甘肃、新疆的高山区,其厚度从不足一米到几十米。

通过多年冻土地区的公路改变了其原来的水热平衡状态。表层开挖将引起多年冻土的融化和冻土上限下降,土中冰融化为水使基底承载力大大降低而造成地表沉陷,影响路基的稳定;当修建沥青路面时,由于路面大量的吸热使路基下冻土地温升高会引起上限下降,造成热融沉陷变形,有的路段呈反拱状态,从而导致路面破坏;路堤填筑也可能造成冻土上限的升高,以及施工对地表破坏所引起的不良后果等。

在多年冻土地区修筑公路,由于冻土土质、温度、水及荷载的作用引起应力的变化和重分布,从而导致所修筑的路基、路面冻胀、翻浆、融沉。一般常见的路基病害主要有如下几种类型。

1. 翻浆

在多年冻土地区,由于在土壤冻结过程中汇聚了过多的水分,且土质状态不好,到春暖化冻时水分不能及时排出,从而造成土基软弱、强度降低。在车辆荷载的作用下,路面发生弹软、裂纹、鼓包、车辙、唧泥等现象,称为翻浆。

2. 冻胀

高寒不良土质中所含的水分在负温下结晶,生成各种形状的冰侵入体而导致土体积的增大。其主要表现是土层表面不均匀地升高,引起道路破坏。

3. 融沉

在多年冻土地区,由于地下冰层埋藏较浅,在施工及运营过程中,各种因素使多年冻土局部融化,上覆土层在土体自重和外力作用下产生沉陷,从而造成路基严重变形。其主要表现为路基下沉,路堤向阳侧路肩及边坡开裂、下滑,路堑边坡溜塌等。融沉病害多发生在低路堤地段。

路基管涵的融沉变形(图5-15),有助于理解这一破坏的特点。

图5-15 路基管涵热融沉陷示意图

4. 冰害

冰害主要是指路堤上方出露地表的溪水、泉水在隆冬季节随流成冰,形成积冰掩埋路基面的现象。冰害会造成车轮打滑,危及行车安全。

5.4.2 多年冻土路基病害的处治

【学习任务8】 掌握多年冻土地区路基病害处治的基本方法及其使用时应注意的技术事项。

处理多年冻土路基病害,应根据具体情况,分别采取保护或破坏多年冻土的原则。

(1)在饱冰冻土和含土冰层地段,应采取保护多年冻土的原则,如设置保温层、保温护道、铺筑浅色路面等措施。

(2)在富冰冻土地段,当含水率较大且公路等级较高时,宜采取保护多年冻土的原则;当含水率小,融化后不致发生过量沉陷时,方能考虑破坏多年冻土。

(3)在少冰冻土和多冰冻土地段,允许破坏多年冻土,并按一般路基进行处理。

针对其病害的不同情况,可以采取以下措施。

1. 采取"保护冻土"的原则进行路基维护

(1)防雪设施应维护原状态,对被毁残损的设施,应修理加固或补充,使其发挥防雪作用。

(2)多年冻土地区,地面水无法下渗,容易形成地表潮湿或积水,应将积水引向路基以外排出,避免危害路基。

(3)疏浚边沟、排水沟,要防止破坏冻层。若导致冻土融化,将产生边坡坍塌。养路用土或砂石材料,不宜在路堤坡脚或路堑坡顶20m以内采掘,防止破坏冰土,影响路基稳定,采集时,应分点采集。

2. 采取导温措施

(1)基床保温措施

基底铺设隔温层,可以补偿路堤基底因表层植被及泥炭受到压缩变薄及压实而导致的热传导性能增加,亦可减少填土蓄热对基底的散热影响,起到保温效果。关于隔温材料的种类,国外有采用泡沫塑料隔热板材的,但造价较高。东北大(小)兴安岭地表生长的塔头草及泥炭层为良好的保温材料,可就地取材,造价低且施工简便。一般铺厚0.4~0.6m,上铺0.2m黏土层保护。当用夯填泥炭、草皮或夯填黏土、草皮铺砌坡面时,边坡坡度用1:1.5~1:2.0,当用叠砌草皮、反扣塔头铺砌坡面时用1:1.0~1:1.5。更换底层土为一定厚度的保温材料,如炉渣等,以调整路基冻结深度,减少路基上冻土的水分聚流现象;同时炉渣具有吸着薄膜水和较好的排水性能,可以促使融期路基干燥。炉渣保温层厚度可通过冻渗理论计算,一般不少于0.4m(见图5-16)。

a)   b)

图5-16 基床保温措施

(2)导温盲沟

导温盲沟也称冷暖盲沟,是一种由炉渣横向暖沟与卵石纵向冷沟联合起来组成的导温方案。其原理是通过在轨道下基床间隔设置的横向暖沟,使土基冻结滞后。而在路基两侧设置的纵向冷沟,则由于其填料的温度传导系数大且通风良好,使其周围的路基土先行冻结,因而,路基土中的水分必然向冷沟附近的冷却区聚集。春融时,冷沟附近冻土及冻体先行融化,土中水由纵向盲沟中排出。这样,整个基床土分期融冻,分期冻结,路基湿度大大降低整体承载力。实践中曾采用40~200mm洗净的卵石并包裹土工布代替反滤层,效果较好。

(3)设置保温护道

多年冻土路堤的另一保温措施是设置保温护道,用以减少及削弱因热传导作用而引起的对多年冻土的影响。防止向阳坡侧人为上限的下降和缓和坡侧人为上限的破坏。以黏性土填筑的保温护道并可阻挡和减少路堤坡脚处地表水渗入基底,防止基底冻土融化,达到保证路堤稳定的效果。护道材料宜根据"就地取材、方便施工"的原则,并结合防水予以综合考虑。

(4)土工布、EPS 导温垫床

土工布具有隔离、渗滤、排水、加固和强化土体的作用,在整治一般翻浆中已广泛应用。EPS 是一种新型防冻土工聚合材料,呈泡沫状。由可发性聚苯乙烯贮存、预发泡、成熟处理及模制过程加工而成。

3. 提高路堤,保证路堤的最小高度

在多年冻土上修筑路堤,只要满足最小高度(采取保护多年冻土原则设计路堤时,能使基底人为上限维持在原天然上限位置的最小高度),并采取综合的保温措施后,一般人为上限最终均能较天然上限有所上升,或保持在天然上限的位置。因此,为保持路堤稳定,防止基底人为上限下降,需要确定路堤的最小高度。

确定路堤的最小高度,需要考虑多种因素。它既与区域气候密切相关,又与填料类别、地表下泥炭层厚度及以下的冻土介质特性和采取的保温措施有关,但最主要因素是区域气候。表5-4列出了多年冻土地区不同路面类型的最小路基填高的参考数值。

多年冻土地区路基最小填高   表5-4

地 区	路 面 类 型	最小路基填高(m)
青藏高原多年冻土地区	砂石路面	0.5
	沥青路面	0.9
兴安岭多年冻土地区	砂石路面	1.0
	沥青路面	1.4

当路堤填土高达不到最小填高要求,或在饱冰冻土及厚层地下冰地段用细粒土填筑路堤较低时,应进行基底处理。

(1)基底天然覆盖,如塔头草、泥炭等不应挖除,而且由路基坡脚20m外挖取塔头草填于基底塔头草空隙,使之成为良好的隔温层。

(2)当冻土层上的覆盖层较薄时,可以将饱冰冻土或地下冰全部换填。如饱冰冻土或地下冰埋藏较厚,也可部分换填,但换填厚度和路堤填高之和应不小于路堤最小高度。换填材料以粗颗粒土为最好,或选用水稳定性较好的细颗粒土,并做好地表排水。

(3)路堤底部设置毛细隔断层,其厚度一般不小于0.5m,以避免底下水分上升至路堤内部。为防止隔断层受污染阻塞而失效,在其上部应铺一层反滤层(草皮或土工织物)。

(4)设置保温护道和护脚。在饱冰冻土及地下冰地段填筑路堤,当靠近基底仍有饱冰冻土层或地下冰层,并且有可能融化时,在填方坡脚一侧或两侧设置保温护道或护脚。

4. 路堑段的治理

细颗粒土和多年冻土地段路堑,由于开挖引起冻土融化,黏性土呈可塑状态,砂性土呈潮湿状态,一般不影响基底稳定,可不用换填,对黏性土基底可适当加深边沟及加大其纵坡。为防止冻土融化而产生边坡滑坍,路堑边坡应适当放缓至 $1:1.5 \sim 1:12.0$,或考虑用草皮加固。对于富冰冻土地段的路堑,除放缓边坡外,基底尚应换填不小于0.5m厚度的渗水性土。

路堑坡顶避免设置截水沟,宜修挡水埝并与坡顶距离不小于6.0m。

饱冰冻土及地下冰地段的路堑,为避免冻土融化产生边坡滑坍及基底松软,应采用边坡保温及基底换填措施。

5. 冻害路基的治理

(1)将路基上侧的泉水,夹层、透水层的渗水,从保温暗沟导流出路外。若含水层尚有不冻结的下层含水层,可将上层水导入下层含水层中排出。

(2)提高溪旁路基的高度,使其高于延流冰面50cm以上。延流冰是指在寒冷气候条件下,地下水或地面水漫溢到地面或路面上,自下而上逐层冻结,形成延流冰,东北地区常称为"冰湖"。因受地形或纵坡限制,不能提高路基时,可在临水一侧路外缘点,或在路侧溪流初结冰后,从中凿开一道沟,用树枝杂草覆盖加铺土或雪保温,使水流沿水沟流动,避免溢流上路。也可将溪流改至远离公路的地方通过。

(3)在多年冻土区,可在公路上侧远处开挖与路线相平行的深沟,以截断活动层泉流。在冬季使延流冰聚集在公路较远处,保障公路不受延流冰的影响。

(4)根据延流冰的数量,在公路外侧修筑储水池,使延流冰不上公路。

6. 保护地表植被及泥炭层

在地表多为活地被植物及泥炭层所覆盖,这些活地被植物及泥炭层是多年冻土良好的保温层。因为植物介于大气层和地层之间,积极参与两者之间的热量交换,对土的冻结和融化均有很大影响。尤其夏季,植物能遮挡太阳的强热辐射,减弱地表的受热程度,减少进入土中的热量,减缓和减少冻土的融化速度和深度。冬季,植被使土中的热量不易散发,减小疾患土的冷却速度。此外,植物根系有保持一定水分的能力,若为苔藓及泥炭,吸水能力更强。

任务5.5 沙漠地区路基病害

【知识目标】

掌握沙漠地区的特点及分布范围;熟悉沙漠地区路基的主要病害特征及成因分析;熟悉沙漠地区路基病害的处治方法。

【能力目标】

能判别沙漠地区路基病害类型;能对沙漠地区路基病害进行分析并提出处治方案。

5.5.1 沙漠地区路基的特点及主要病害类型

【学习任务9】 认识沙漠地区路基病害类型,掌握各类病害的特点及分类方法。

在世界范围内,荒漠面积约占地球陆地总面积的15%,主要分布在南北纬15°~35°之间、亚热带高气压控制的范围,以及温带的大陆中心。在这些沙漠地区,气候干燥,雨量稀少,年降水量在250mm以下,有些沙漠地区的年降水量更少,甚至在10mm以下。

我国现有沙漠(地)面积达128.24万km^2,占国土陆地面积的13.4%。全国主要沙漠有:新疆塔里木盆地的塔克拉玛干沙漠和准噶尔盆地的古尔班古特沙漠,内蒙古阿拉善高原的巴丹吉林沙漠、腾格里沙漠和库布齐沙漠,内蒙古东部高原的浑善达克沙地和呼伦贝尔沙地,鄂尔多斯高原的库布齐沙漠和毛乌素沙地,青海柴达木盆地的柴达木沙漠,形成一条西起塔里木盆地,东至松嫩平原西部,东西长约4500km、南北宽约600km的沙漠带。新疆塔克拉玛干沙漠,如图5-17所示。

中国沙漠分布区气候干旱,降水稀少,年降水量自东向西递减,东部沙区年降水量可达250～500mm,内蒙古中部及宁夏一带沙区在150～250mm,阿拉善地区及新疆的沙区均在150mm以下,其中塔克拉玛干沙漠东部及中部更不及25mm。沙

图5-17 新疆塔克拉玛干沙漠的流动沙丘

漠地区全年日照时间一般为2500～3000h,无霜期一般为120～130d,10℃以上活动积温,除内蒙古东部一些沙区外一般多在3000～5000℃。气温变化很大,年均温差为30～50℃,日温差变化更为显著。风季风速可达5～6级,风沙日数也在20～100d左右,个别地区可占全年的1/3。

一、沙漠路基的主要病害

沙漠地区由于气候比较干燥,风沙大,地表植被均较稀疏、低矮,容易发生边坡或路肩被风蚀,或整个路基被风带积沙掩埋等沙害;沙漠地区虽然雨量稀少,但一般降水均为暴雨,易造成水毁病害;我国沙漠地区大多同时有盐渍土分布,路基往往也遭受盐胀等病害威胁;高纬度沙漠地区因低温,路基有冻胀翻浆病害存在。

沙漠路基的主要病害是沙害,沙害分为沙埋和风蚀。

1. 沙埋

(1)沙埋原因

公路沙埋主要有两种情况:其一是由于风沙流通过路基时,由于风速减弱,导致沙粒沉落,堆积、掩埋路基;其二是由于沙丘移动上路而掩埋路基。

图5-18 被沙埋的公路

(2)沙埋类型

①片状沙埋:片状沙埋的面积较大,形成也较迅速,主要发生在风沙流活动的地区;初期积沙较薄,通过养护尚能维持通车,如沙源丰富,积沙日益增厚,则会阻断交通。

②舌状沙埋:在流动沙丘地区,当路线横切沙丘走向时;或在风沙流活动地区,当路基上风侧有障碍物时,均可形成舌状沙埋。舌状沙埋形成迅速,厚度较大,一场大风即可使交通中断。

③堆状沙埋:主要发生在流动、半流动沙丘地区,沙丘前移上路,造成大量的沙子堆积,形成堆状沙埋。堆状沙埋的发展需要一定的时间,能够预测,可以预防,但一经形成,因积沙量大,危害严重,处理比较困难。被沙埋的公路如图5-18所示。

2. 风蚀

在风沙的直接冲击下,路基上的沙粒或土颗粒被风吹走,出现路基削低、掏空和坍塌等现象,从而引起路基宽度和高度的减小。风蚀的程度与风力、风向、路基形式、填料组成及防护措施等有关。

(1)路堤

当主导风向与路基处于正交时,迎风侧路肩及边坡上部风蚀较严重,背风侧则较轻。当

主导风向平行路基时,两侧路肩及边坡上部均易遭受风蚀。

(2)路堑

路堑边坡的风蚀一般均较严重,风蚀程度则随路线与主导风向的交角而有所不同。当风向与路线平行时,两侧坡面被多风蚀成条沟状;当风向与路线正交时,迎风坡面的局部地方则易被掏空成犬牙状。

二、沙害路段的维护

(1)掌握风沙运动规律,加强并坚持风季时沙漠公路的巡逻检查,维护路基周围一切防沙设施,如:路基两侧原有的沙障、石笼、风力加速堤或用黏土覆盖的植被、防沙栅栏及砌石护坡或草格防沙设施的完好性。

(2)采取阻、导沙相结合的方法,通过立式侧导栅栏或阻沙栅栏将移动的沙丘或沙丘链转化成风沙流通过公路。

(3)必须维护路基两侧现有植物的正常生长,并有计划地补植防沙树木和防护林。

(4)路基边坡上出现的风蚀、空洞、坍缺应予填实,尽快恢复路基原有形状,并加做护坡。

(5)路肩上严禁堆置任何材料或杂物,以免造成沙丘。公路上的积沙,应及时清除并运到路基下风侧20m以外的地形宽阔处摊平顺。

5.5.2　沙漠地区路基病害的处治

【学习任务10】　掌握沙漠地区路基病害处治的基本方法及其使用时应注意的技术事项。

1. 柴草类防护

(1)层铺防护:采用麦草、稻草、芦苇、沙蒿、野麻或其他草类,将其基杆砍成30～50cm短节,从坡脚开始向上每层按5～10cm厚度层铺、灌沙、拍实。如采用沙蒿等带有根系的野生植物时,可将其根茎劈开,并使根系向外,按上述方法进行层铺。沙蒿可用10年以上,其他多为3～5年,材料用量大。

(2)平铺植物束成笆块:采用各种枝条、芦苇、芨芨草等,扎成直径5～10cm的束把,或编织成笆块,沿路基坡脚向上平铺,以桩钉固定,可用5～10年,但材料用量大。

(3)平铺或叠铺草皮:以40cm×50cm为一块挖取草皮,其厚为10～15cm,沿路基坡脚向上错缝平铺或叠铺。一般可用3～5年,如能成活,可起永久稳固边坡作用。沙漠公路的草格栅防护如图5-19、图5-20所示。

a)　　　　　　　　　　　　　　b)

图5-19　沙漠公路的草格栅防护

2. 土类防护

采用塑性指数大于 7 的黏性土掺砾石防护,或将盐盖打碎为 5cm 的碎块平铺。

3. 砾、卵石防护

（1）平铺卵石防护。即平铺卵石并夯实。

（2）格状砾卵石防护。即用 10cm 以上的卵石在边坡上做成 1m×1m 或 2m×2m 并与路肩边缘成 45°的方格,格内平铺粒径较小的砾石。

4. 沥青防护

（1）平铺沥青砂。即采用 10%～20% 热沥青与 80%～90% 的风积沙混合后平铺拍实。

图 5-20　沙漠公路棉花秆防护

（2）直接喷洒沥青或渣油。即采用低标号沥青或渣油,加热后洒在边坡上,然后撒一薄层风积沙。

任务 5.6　山区路基病害

【知识目标】
　　熟悉山区路基的主要病害特征及成因分析;熟悉山区路基病害的处治方法。
【能力目标】
　　掌握山区公路水毁的成因及病害特点;能对山区公路水毁病害进行分析并提出处治方案。

5.6.1　山区路基的特点及主要病害类型

【学习任务 11】　认识山区路基病害类型,掌握公路水毁病害的特点及危害。

我国是一个多山的国家,西部地区地域辽阔,山川纵横,气候多变,自然地质条件复杂。在自然风化、水冲击、自重力的作用下,物料易松散,稳定性差,给公路路基病害提供了条件。边坡病害是山区公路最基本的病害类型,包括土质边坡的坡面冲刷、坍塌、剥落,石质路堑的崩塌、落石,以及我们熟知的滑坡、泥石流等,在本书学习情境 3 路基边坡病害处治内容中已有论述。本节主要介绍山区公路另一典型病害——水毁。

一、路基水毁的表现形式

山区公路的水毁,形形色色,各式各样,有水毁滑坡、泥石流,有坡面冲沟、坍塌,也有淤塞涵洞、掏挖路基、冲垮桥梁等等。本节主要介绍路基的水毁。

路基水毁的具体表现形式有:

（1）路基上方山体的坡积层较厚,未采用支挡结构物进行支挡,在强大的山洪作用及水对土的浸润作用下使坡积层与支撑面之间的抗滑力下降,导致整个路基整体下滑。

（2）路基的上侧边坡塌方、滑坡,加重路基负荷,造成路基滑移。

（3）沿河路基对岸山坡出现塌方、滑坡或泥石流等,造成河道淤塞,从而改变水流方向而导致强大的冲刷作用力冲刷路基坡脚或冲击路基防护结构,使得路基边坡失稳、塌方。

(4)填方路基浸水挡墙(驳岸)、防护结构的基础埋深不够,或无防护加固措施,引起路基水毁(见图5-21)。

(5)路基因水浸泡和出现沉陷导致路面开裂沉降。

图5-21 浸水挡墙冲塌导致路基水毁

二、路基水毁的成因

造成水毁的原因错综复杂,但可以简单地归纳为两个方面:自然因素和人为因素。

1. 自然因素

引发或诱导路基水毁的自然因素,主要有以下三个方面。

(1)地质原因

公路水害的成因和活跃程度受地质构造的影响。对于断裂构造,存在着一定的构造带且风化强烈,为泥石流、塌方、滑坡等灾害提供了充分的固体物质。泥岩、页岩经强烈风化后,又为那些灾害提供了细颗粒的物质,从而造成桥涵淤塞、河床抬高,引发路基垮塌等多种病害。

(2)地形、地貌原因

公路地形高低悬殊,山坡陡峭,在重力和水力作用下,松散、稳定性差、物料易形成垮塌和水土流失,为各种公路水害的产生和发展提供了条件。如山体植被稀少,自然横坡较大,局部性暴雨强度较大,频率高,河床比降大,那么公路水毁损害程度也较大。

(3)气象原因

雨季降雨集中,一次降雨量大,易为公路水害的形成提供丰富充足的水分条件。松散的固体堆积物在强降雨的作用下,含水率达到饱和时,黏结性、黏聚力迅速降低,在强降雨形成的地面径流冲击下,固体堆积物力的平衡很快被破坏,各种塌方、滑坡、泥石流等各种水害便发生,从而导致或诱导水毁发生。因此,气候因素也是水毁发生的原因之一。

2. 人为因素

人为因素实际是指人对环境的破坏,是公路水害产生的直接原因。公路沿线的经济建设,沿线土地开发和不合理的人类活动破坏了自然生态平衡,破坏了山体的稳定性。在设计、施工中可能导致水毁的问题主要有如下几个方面:

(1)在路基上侧山坡有不稳定的坡积地段,未设置山坡挡土墙或设置方式不合理。

(2)对汇水面积和降雨强度大的路堑上方山坡未设置截水沟、未进行植物防护或设置方案不合理。

(3)对于路基附近的滑坡体未采取处治措施。

(4)对于有可能发生泥石流的地段,或有过泥石流发生历史的地段,未采取拦挡、导流措施,或措施不力。

(5)对山区地面横坡或河床纵坡、水流流速估计不足,实际对道路边坡及防护加固结构物本身和基础冲击作用力过大,造成严重冲刷。

(6)路基上、下边坡未设置加固措施,或防护、加固措施不得力。

(7)沿河路基浸水挡墙(或驳岸)、护坡等断面尺寸小,基础埋深不够或是施工砌筑质量差,整体性不足。

5.6.2 山区公路路基水毁的处治措施

【学习任务12】 掌握公路路基水毁的处治方法及适用范围。

路基水毁较轻时,并不影响车辆通行,可待水毁结束后及时采取相应措施进行处治。但当水毁导致交通阻断时,必须立即采取措施控制损失和修复道路,及早恢复通行。

1. 水毁的临时修复

(1)抢修工作原则

①保证重点,照顾全面。
②先干线,后支线。
③先修通,后恢复,抢修与恢复相结合。
④先路基、桥涵,后路面工程。
⑤干线公路应随毁随修,力争水退路通,待雨季过后再进行恢复。

(2)修复措施

公路水毁抢修,要因地制宜、就地取材。对于路基水毁,可以分析水毁原因,按照有关养护修理的要求进行修复。如路基发生坍陷,应迅速使用已备好的土料进行修补;如路基行车部分已泥泞难行,应将稀泥挖出,撒铺砂粒料维持通车;对靠近河流、湖塘及洼地的路基,因洪水猛涨并不断冲刷路基,使路基发生塌陷时,可以根据具体情况,适当采用下面几种方法进行抢修:

①在受水冲刷的部分抛石块、砂袋、土袋等。
②洪水冲刷,并有波浪冲向路基时,可在受水浪冲击的部分,用绳索挂满芦苇编成的芦排或带树头的柳树,以防水浪冲打。
③如果路基边坡已大部分塌陷,可以在毁坏部分,顺路方向每米打木桩1根,桩里面铺设秸料或树枝,并填土挡水(见图5-22),或用草袋装上砂石、黏土等材料填筑。
④当路堤有被洪水淹没危险时,可在临河一面的路肩上,用草袋或黏土筑成土埂临时挡水堤。根据漫水的深度、路基宽窄、材料取运难易,可采用下面几种方法:

a. 填土赶水法。路基漫水长度不大,漫水深度在 0.3m 以下时,可以直接从两头填土把水赶出,填土厚度要比现有水面再高出 0.3~0.5m。填土后先将表层夯实维持通车,之后再填砂砾、碎砖、炉渣等矿料,提高路基以维持通车。

b. 打堤排水法。如路基漫水较长,漫水深度在 0.5m 以下时,可在漫水路段的两侧路肩上,用草袋装土堆起两道土堤,先把路基上面的水围起来,然后将土堤里面的水排出,如图5-23所示。露出原路面后,有的可以直接维持通车,如土质较湿软时,可以再撒铺一层砂或碎砖、炉渣后再维持通车。如果路基浸水深度在1m左右时,可打桩筑堤。每道堤必须先打两行木桩,间距和行距都是1m左右,木桩直径一般为 10~15cm;打好水桩后,在桩里面铺秸料,然后在中间填土踩实,做到堤不漏水,以后再把围起来的水从路上排出,并在原路上铺一层砂料、碎砖等维持通车。

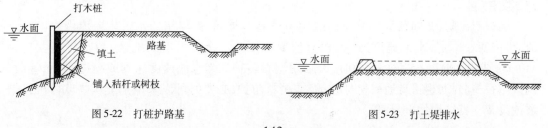

图5-22 打桩护路基　　　　　　图5-23 打土堤排水

⑤某段路基基本被冲毁时,须立即抢修便道便桥,作为维持通车的临时设施,但要保证使用期间的行车安全。便桥可打桩或用石笼做桥墩,并不宜过高,以免增加施工难度和拖延时间,并尽量节省工钱。

2. 水毁后的修复

(1)一般水毁之后,应及时采取相应措施进行彻底修复。

(2)路基或构造物出现大型水毁事故后,应在分析水毁原因的基础上制订方案,进行测量、设计,编制概预算,上报省市公路管理部门审批。根据批准的方案和实施计划,严格按操作规程和工程质量要求进行施工。

3. 水毁的预防

大多数水毁导致的后果较为严重,往往阻断交通,修复十分困难。极少数路段遭遇严重水毁后,虽全力抢修,当年都无法恢复通车,会造成巨大的经济损失和不利的社会影响。所以,预防水毁发生才是最为经济和有效的途径。

(1)路线设计尊重自然、注重生态环境的保护

在公路建设过程中,一定要尊重自然规律,建立和维护人与自然相对平衡的关系。在设计阶段,要尽可能避免切割自然界的走向和延续,保持自然的完整性;公路选线时应力求避免经过地质水文不良地段,降低公路建设对原始地形、地貌的自然性和稳定性的影响,减少对原生态环境的破坏。

(2)重视水文调查和水力计算

路线经过泥石流或山区小河的公路、桥梁在选线时应尽量采用横穿。沿溪线浸水路堤及护岸基础埋置深度都应进行冲刷计算,特别是位于河流中泓线一侧、河流弯道凹岸一侧的基础埋深,更应特别注意计算结果是否正确、可靠。

(3)完善道路排水设施

排水设计的标准应与公路的重要性以及对毗邻设施产生的危害相适应。因此,应高度重视路基排水系统(包括边沟、截水沟、急流槽跌水井以及沿溪线调治构筑物等)的设计,完善路面排水(路肩排水、中央分割带排水)设计,各种排水设施的尺寸和形式要根据降雨量、汇水面积等实际情况灵活选择。排水设施应自然、系统、完善;要保证落在路界内的地表水迅速、快捷地排出路界以外;养护部门汛前认真检查排水设施畅通情况,由过去以汛期水毁抢修为主转变为以预防为主。

(4)采用合适的防护结构工程

路基防护应贯彻协调、自然的原则,遵循"因地制宜、就地取材、以防为主、防治结合"的方针。在边坡稳定性不足地段,充分考虑边坡岩土性质、环境气候条件、排水条件等多种因素的影响,灵活运用工程防护和植被防护,达到加固和防护兼顾,刚柔相济的效果,防止边坡冲蚀破坏,使路基不致因地表水流和气候变化而失稳。其具体措施如下:

①对于沿河路堤、河滩路堤要进行冲刷防护,可采用一些直接措施,如石砌防护、抛石与石笼防护等。

其中石砌防护,同路基边坡坡面防护所述基本类同,但堤岸的水毁主要原因是洪水急流,水位变迁不定,水流速度较大,相应的要求更高。盛产石料的地区,当水流速度达到3.0m/s或更高时,石砌防护无效时,可采用抛石防护。当水流速度达到或超过5.0m/s时,则改用石笼防护,也就地取材,用竹笼或梢料防护,必要时可以采用土工织物软体沉排护坡或设置支挡结构物(驳岸等)。

②可以采取一些间接的冲刷防护措施，如设置导治结构物或实施改河工程。

导治结构物主要是设坝，按其与河道的相对位置，一般可分为丁坝、顺坝或格坝。顺坝亦称导流坝，大致与堤岸平行，主要作用为导流、束水、调整流水曲度、改善流态。格坝在平面上成网格状，设于顺坝与堤岸之间，防止高水位时水流溢入冲刷坝内岸坡和坡脚，并促进格间的淤积。丁坝亦称挑水坝，大致与堤岸垂直或斜交，将水流挑离堤岸、束河归槽，改善流态。

公路工程中用于防护堤岸的改河，主要目的是：将直接冲刷路基的水流引向旁处；路基占用河槽后，需要拓宽河道；挖滩改河，清除孤石，改移河道，以保护路基；裁弯取直，有利于布置路线或桥涵。这些措施，如经过论证可行，确有必要且效益较高时，方可通过设计计算，最后实施。

案 例

新疆塔克拉玛干沙漠公路的综合防护措施

塔里木沙漠公路横穿世界上最大的流动性沙漠——塔克拉玛干沙漠，在绿化带建成前路基和路面经常受到流沙侵蚀，沙丘经常压埋公路。沙漠公路顺着沙丘间起伏延伸，路面最大起伏可达25m，如不采取防护措施，则路面随时会被流沙吞噬。

1994年起，首先进行防沙绿化先导试验，利用地下水造林，并筛选出柽柳、沙拐枣、梭梭等一批适应沙漠环境的造林树种。1999年完成生物防沙试验工程，2001年建成防护林生态示范工程，为实现沙漠公路的全线绿化奠定了基础。工程技术人员采取了配套完备的防护设施，全线形成阻、固、输、导、控相结合的完整的防沙体系，仅北段公路(共219km)编扎的芦苇草方格面积就达2000万m^2，草方格外侧竖立由尼龙网、芦苇排建造的阻沙栅栏长446km。草方格一般为1m^3，其设防根据公路两侧沙丘和风信情况而定，一般宽度变化在20～100m不等。2003年7月，总投资2.2亿元的沙漠公路绿化工程开工建设。沙漠公路沿线将利用沙漠地下水，栽种红柳、沙枣等耐旱沙生植物，并将在公路两侧营造6条绿色林带。

新疆沙漠公路的路堤防护有4层防护网。

一、阻沙栅栏

阻沙栅栏高1.3m，厚8cm。位于公路两侧150m以外，每隔20m左右打一根胡杨木立柱，两立柱间用芦苇束制成栅栏，其作用是阻止远处的风沙大量涌入沙漠公路，并且每隔一定距离留一20m左右的通道，为野生动物的通道。阻沙栅栏如图5-24。

二、高沙障防护

高沙障是一种坚韧的土工布，具有耐高温、耐低温的特性，它是用一定间距的立柱间拉高沙障；高沙障底面被埋在沙子里，其作用也是防止风沙进入沙漠公路，如图5-25所示。

图5-24 沙漠公路阻沙栅栏防护

图5-25 沙漠公路高沙障防护

三、草方格防护

草方格有以下两种：

(1) 用芦苇制成方格，方格为正方形，边长 1.0m，如图 5-19 所示；

(2) 用棉花秆防护，即先将棉花秆人工用铁丝绑扎好，然后扎入沙漠，如图 5-26、图 5-27 所示。

图 5-26　用铁丝绑扎棉花秆　　　　　　　图 5-27　棉花秆防护

棉花是新疆的特产，其种植面积广，棉秆在沙漠公路中的应用，也是公路建设就地取材的典范。

四、红柳及梭梭草等植物防护

在实施上述防护措施的基础上，还需要实施植物防护。红柳和梭梭草是沙漠里最耐旱的植物，被大量用在了沙漠公路的防护上，红柳和梭梭草这条绿化带的建成，使得塔里木盆地的野生动物也开始沿着这条绿色通道迁移和繁殖。见图 5-28。

红柳丛已长得郁郁葱葱，400 万亩的植物防护像两条绿色的长龙，伴随着沙漠公路一路前行。见图 5-29。

图 5-28　滴灌技术保证红柳成活

沙漠公路路堤的填筑用的就是沙漠里的沙子，人工将土工布缝制成沙袋，铺在路基下，每铺土工布，就铺一层沙子，同时加入固结剂，然后分层碾压，好像将沙子放到了一个巨大的"袋子"里，保证了沙子的强度及压实度。见图 5-30。

图 5-29　植物防护让沙漠公路做到了人进沙退　　　　图 5-30　人工缝接土工布作为沙子的"袋子"

思考与练习

一、选择题

1. 以下属于膨胀土地区路堑病害的是(　　)。
   A. 剥落　　　B. 冲蚀　　　C. 滑坡　　　D. 深陷
2. 多年冻土的主要病害是(　　)。
   A. 翻浆　　　B. 滑坡　　　C. 冻胀　　　D. 冰害
3. 盐渍土地区排水沟要保持(　　)的纵坡。
   A. 0.5%～1%　　B. 1%～1.5%　　C. 1.5%～2%　　D. 2%～2.5%

二、填空题

1. 除去盐渍土地区盐分包括_____、_____、_____ 3种处理方法。
2. 温度为_____或含有_____且呈_____的土称为冻土。
3. 挡土墙分为_____、_____和_____。
4. 黄土地区公路边坡病害破坏形式可归结为两种基本类型,即_____、_____。
5. 风蚀的程度与_____、_____、_____、_____及_____等有关。

三、名词解释

1. 盐渍土
2. 雪害
3. 水毁
4. 草格栅防护

四、问答题

1. 抗滑桩的处治要点及适用范围有哪些?
2. 黄土的湿陷性的原因是什么?
3. 多年冻土常产生哪些病害?
4. 沙漠地区防护的处治要点有哪些?
5. 简述盐渍土地区去盐化的主要方法。
6. 山区水毁的处治方法有哪些?
7. 黄土地区边坡变形的处治方法有哪些?

学习情境6 水泥混凝土路面病害处治

任务6.1 水泥混凝土路面病害类型认知

【知识目标】
　　掌握水泥混凝土路面病害类型及分级；熟悉水泥混凝土路面病害类型的判别，熟悉水泥混凝土路面病害调查及评定方法。
【能力目标】
　　能判别水泥混凝土路面病害类型，能进行水泥混凝土路面病害调查。

6.1.1 水泥混凝土路面病害类型

【学习任务1】　认识水泥混凝土路面病害类型，掌握各类病害的特点及分级方法。

　　水泥混凝土路面具有承载力大、稳定性好、使用寿命中的日常养护费用低等优点，是我国高等级、重要交通公路路面的主要类型之一。水泥混凝土路面的病害通常用类型、轻重程度和发生范围3个方面的属性来描述。由于造成病害的影响因素错综复杂，表现的形态多样化，因而有必要对各种病害进行科学的分类，赋予明确的定义，以便有统一的调查和描述结果。病害的产生和发展有个过程，而不同发展过程对路面的使用性能有不同程度的影响，为此对各种病害按其特点和影响程度分别划分为2~3个轻重程度等级。

　　水泥混凝土路面的病害，可按损坏的特征和范围分为断裂类、竖向位移类、接缝类和表层损坏类4种类型。

一、水泥混凝土路面断裂类病害

　　混凝土路面板出现贯穿全厚的断裂裂缝，板被分割成数块，从而破坏了面层结构的整体性，降低了路面结构的承载能力。按裂缝出现的方位和板断裂的块数，断裂类病害分为纵向裂缝、横向或斜向裂缝、角隅断裂、交叉裂缝和破碎板4种。

　　纵向裂缝大多出现在路基横向有不均匀沉降的路段。横向或斜向裂缝通常由于重载反复作用、温度或湿度梯度产生的翘曲应力或者干缩应力等因素单独或综合作用所引起。而在开放交通前出现的横向或斜向裂缝，则主要由于施工期间锯切缝的时间安排不当所造成。角隅断裂通常由于表面水侵入、地基承载力降低、接缝处出现唧泥、板底形成脱空、接缝传荷能力差、重载反复作用等综合作用所引起。有裂缝板在基层和路基浸水软化及重载反复作用下进一步断裂，便形成交叉裂缝和破碎板（图6-1）。

1. 纵向、横向或斜向裂缝和角隅断裂病害

　　按裂缝缝隙边缘碎裂程度和缝隙宽度，可分为以下3个轻重程度等级：

(1)轻微——缝隙边缘无碎裂或错台,缝隙宽度小于 3mm;或者,填封良好、边缘无碎裂或错台。

(2)中等——缝隙边缘中等碎裂或错台小于 10mm,且缝隙宽度小于 15mm。

(3)严重——缝隙边缘严重碎裂或错台大于 10mm,且缝隙宽度大于 15mm。

2. 交叉裂缝和断裂板病害

按裂缝等级和板断裂的块数可分为以下 3 个轻重程度等级:

图 6-1 破碎板

(1)轻微——板被轻微裂缝分割成 2~3 块。

(2)中等——板被中等裂缝分割成 3~4 块,或被轻微裂缝分割成 5 块以上。

(3)严重——板被严重裂缝分割成 4~5 块,或被中等裂缝分割成 5 块以上。

二、水泥混凝土路面竖向位移类病害

有这类病害的路面出现较大的竖向位移,影响行车的舒适和安全,但混凝土路面板的结构整体性未遭破坏。沉陷指路面在局部路段范围内下沉的现象,主要由于路基填土或地基的固结沉降或不均匀沉降所引起。胀起指混凝土路面板在局部路段范围内的向上隆起现象,主要由于路基的冻胀或膨胀土膨胀所引起。

这类病害主要按其对行车舒适性和安全性的影响划分为以下 3 个轻重程度等级:

(1)轻微——车辆以限速驶过时仅引起无不舒适感的轻微跳动。

(2)中等——车辆驶过时有产生不舒适感的较大跳动。

(3)严重——车辆驶过时产生过大的跳动,引起严重不舒适或不安全。

三、水泥混凝土路面接缝类病害

接缝是水泥混凝土路面的薄弱环节,出现病害的概率大,类型也多。由于施工不当(接缝筑做,传力杆设置)或养护不及时,而出现唧泥、错台、拱起、接缝碎裂、填缝料失效等病害。接缝类病害的发生范围虽然是局部的,但往往会引起板块出现断裂而使用寿命迅速降低。

水泥混凝土路面板接缝处的病害,按损坏的形态和影响范围,可分为 6 种类型:接缝填缝料损坏,纵向接缝张开,唧泥和板底脱空,错台,接缝碎裂,拱起。

1. 接缝填缝料损坏

接缝填料损坏失效、基层材料不耐冲刷、基层施工质量较差、接缝传荷能力差、重载反复作用、雨水下渗和路面排水不良是引起唧泥的主要原因。接缝填缝料损坏,按填缝料出现老化、挤出、缺损的情况,可分为以下 3 个轻重程度等级:

(1)轻微——整个路段接缝填缝料情况良好,仅有少量接缝出现上述损坏。

(2)中等——整个路段接缝填缝料情况尚可,1/3 以下的接缝长度出现上述损坏,水和硬质材料易渗入或挤入。

(3)严重——接缝填缝料情况很差,1/3 以上的接缝长度出现上述损坏,水和硬质材料能自由渗入或挤入,填缝料需立即更换。

2. 纵向接缝张开

纵向接缝张开病害是由于在纵缝内未按规定要求设置拉杆,相邻车道板在温度和横向

坡度的影响下出现横向位移,使纵缝逐渐变宽。纵向接缝张开病害,按接缝的张开量可分为以下两个轻重程度等级:

(1)轻微——接缝张开10mm以下。

(2)严重——接缝张开10mm以上。

3. 唧泥和板底脱空

唧泥和板底脱空病害,是指板接(裂)缝或边缘下的基层细粒料被渗入缝下并积滞在板底的有压水从缝中或边缘处唧出,并由此造成板底面与基层顶面出现局部范围的脱空。唧泥和板底脱空病害,可分为以下两个轻重程度等级:

(1)轻微——车辆驶过时,有水从板缝或边缘处唧出,或者在板接(裂)缝或边缘的邻近表面残留有少量唧出材料的沉淀物。

(2)严重——在板接(裂)缝或边缘的表面残留有大量唧出材料的沉淀物,车辆驶过时,板有明显的颤动和脱空感。

4. 错台

唧泥在发生和发展过程中,基层顶面受冲刷,细料被有压水冲积,导致基层承载力下降,使接缝或裂缝两侧板面出现高程差,便形成错台病害。错台病害,按相邻板边缘的高差大小可分为3个轻重程度等级:

(1)轻微——错台量小于5mm。

(2)中等——错台量为5~10mm。

(3)严重——错台量大于10mm。

5. 接缝碎裂

由于接缝施工不当(包括传力杆设置不当)或者缝隙内进入不可压缩材料,邻近接缝或裂缝约60cm宽度范围内出现并未扩展到整个板厚的裂缝,或者混凝土分裂成碎块或碎屑,这种损坏称为接缝碎裂病害。接缝碎裂病害,按碎裂范围和程度可分为以下3个轻重程度等级:

(1)轻微——碎裂仅出现在接缝或裂缝两侧8cm范围内,尚未采取临时修补措施。

(2)中等——碎裂范围大于8cm,部分碎块松动或散失,但不影响安全或危害轮胎。

(3)严重——影响行车安全或危害轮胎。

6. 拱起

拱起病害通常发生在春季和炎热夏季,横向接缝或裂缝处板块由于膨胀受阻而出现突发性的向上隆起,有时还伴随出现邻近板块的横向断裂。拱起病害的轻重程度分级同水泥混凝土路面竖向位移类病害。

四、水泥混凝土路面表层损坏类病害

水泥混凝土路面表层损坏类病害,包括磨损和露骨、纹裂或网裂和起皮、活性集料反应、粗集料冻融裂纹,以及坑洞。表层损坏病害虽然仅影响板面层,但对行车的影响较大,并且难以修复。

1. 磨损和露骨病害

磨损和露骨主要是由于行车荷载的反复作用所造成的,施工质量及材料性质也是影响混凝土耐磨性的重要因素,如水泥种类和砂石材料中的含泥量及砂颗粒都会影响混凝土耐磨性。混凝土路面表面水泥砂浆在车轮反复作用下被逐渐磨损,沿轮迹带出现微凹的表面。长期磨损使表层砂浆几乎全部磨去,粗集料外露,并且部分粗集料被磨光。按磨损或露骨的深度可分为两个轻重程度等级：
(1)轻微——磨损、露骨深度小于或等于3mm。
(2)严重——磨损、露骨深度大于3mm。

2. 纹裂、网裂和起皮病害

纹裂或网裂指在混凝土板表面出现的一连串细裂纹。起皮指板上部3～13mm深的混凝土出现脱落。这类病害主要是由于施工或材料的原因所造成的。按是否出现起皮和起皮病害的面积，可分为以下3个轻重程度等级：
(1)轻微——板的大部分面积出现纹裂或网裂，但表面状况良好，无起皮。
(2)中等——板出现起皮，面积小于或等于混凝土板面积的10%。
(3)严重——板出现起皮，面积大于混凝土板面积的10%。

3. 活性集料反应病害

活性集料同水泥或外加剂中的碱产生碱-硅或碱-碳酸反应，出现膨胀，从而破坏水泥混凝土，引起类似于网裂但较一般网裂要深的开裂。此类病害可分为以下3个轻重程度等级：
(1)轻微——板出现网裂，面层可能变色，但未出现起皮和接缝碎裂。
(2)中等——出现起皮和(或)接缝碎裂，沿裂缝和接缝有白色细屑。
(3)严重——出现起皮和(或)接缝碎裂的范围发展到影响行车安全或危害轮胎，路表面有大量白色细屑。

4. 集料冻融裂纹病害

粗集料冻融裂纹，是在混凝土表面接近纵横向接缝、自由边边缘或裂缝处出现的许多密布的半月形细裂纹，裂纹表面常有氢氧化钙残留物，使裂纹周围变成暗色，并最终导致接缝或裂缝0.3～0.6m范围内的混凝土崩解。这种病害是由于某些粗集料的冻融膨胀压力所造成的，通常先从板的底部开始崩解。此类病害可分为以下3个轻重程度等级：
(1)轻微——裂纹出现在缝或自由边附近0.3m范围内，缝未发生碎裂。
(2)中等——裂纹出现在缝或自由边附近，范围大于0.3m，受影响区内缝出现轻微或中等碎裂。
(3)严重——裂纹影响区内裂缝出现严重碎裂，不少材料散失。

5. 坑洞

由于冻融或膨胀，粗集料从混凝土中脱落出而形成坑洞，其直径为3～10cm。坑洞病害不分轻重程度等级。

6. 修补损坏病害

除了上述各类病害外，还可列出一种修补损坏。它一方面反映了路面损坏和养护的历史——出现各种病害的维修情况；另一方面也反映了修补后的使用情况——是否出现新的损坏。按修补处再次出现的损坏情况，可分为以下3个轻重程度等级：
(1)轻微——轻微破损，或边缘处有轻微碎裂。
(2)中等——轻微裂缝或车辙、推移，边缘处有中等碎裂和10mm以下错台。
(3)严重——出现严重裂缝、车辙、推移或错台，需重新进行修补。

6.1.2 水泥混凝土路面路况检测调查和评定

【学习任务2】 学习水泥混凝土路面路况调查知识，掌握水泥混凝土路面检验评定。能进行路况调查，填写路况调查表，完成路面评定。

一、水泥混凝土路面路况检测调查

现行的技术规范中,路面损坏状况的检测方法基本一致但略有区别。《公路技术状况评定标准》(JTG H20—2007)的规定是调查路面破损率 DR,通过路面破损率计算出路面损坏状况指数 PCI 评定路面损坏状况;《公路水泥混凝土路面设计规范》(JTG D40—2011)采用断板率和平均错台量评定路面损坏状况;《公路水泥混凝土路面养护技术规范》(JTJ 073.1—2001)采用路面损坏状况指数 PCI 和断板率 DBL 评定路面损坏状况。

为了了解路况现状,选择合适的养护措施,需要进行路况调查。按调查需求和路面状况的不同,分别选择不同的调查内容和调查深度或细度,采用不同的评定指标和标准。路面状况调查和评定包含路面破损状况、结构承载能力、行使质量、抗滑能力、交通状况、路基和路面排水状况、路面修建和养护历史等 7 个方面内容。

调查工作采用目测和仪器测量方法,至少每年进行一次。为确定养护措施或为路面改建设计提供依据而进行的调查,应沿整个路段逐块板进行;为了解和评定路面现状对使用要求的适应程度,以制定养护政策、分配养护资金、规划养护工程项目、编制养护计划进行的调查,可采用抽样调查方法,按每公里选取 100m,或者每个子路段选取 10% 的子路段长度进行抽样。对结构承载能力调查测定采用无破损试验与破损试验相结合的方式进行。行使质量调查可采用反应类仪器或断面类仪器进行路面平整度测定。不同仪器的测定结果应按预先建立的关系曲线,统一换算成国际平整度指数 IRI。抗滑能力调查包括路面表面摩阻系数和构造深度测定两项。摩阻系数可用摆式仪测定路表面抗滑值 SRV,或采用偏转轮拖车测定侧向力系数 SF,或采用锁轮拖车测定滑移指数 SN 得到。构造深度可采用铺砂法测定。

定期检查是对水泥混凝土路面的基本技术状况进行全面检查。最低检测与检查频率见表 6-1。

最低检测与检查频率 表 6-1

检测内容		检测频率	路面损坏(PCI)	路面平整度(RQI)	抗滑性能(SRI)
路面 PQI	水泥混凝土路面	高速、一级公路	1 年 1 次	1 年 1 次	2 年 1 次
		二级、三级、四级公路	1 年 1 次	1 年 1 次	

二、水泥混凝土路面使用性能(PQI)

水泥混凝土路面使用性能评价包含路面损坏、平整度和抗滑性能 3 项技术内容。路面使用性能指数(PQI)按式(6-1)计算。此方法同样适用于沥青路面性能评价,在学习情境 7 沥青路面病害处治中会作详细阐述。

$$PQI = w_{PCI}PCI + w_{RQI}RQI + w_{RDI}RDI + w_{SRI}SRI \tag{6-1}$$

式中:w_{PCI}——PCI 在 PQI 中的权重;
　　　w_{RQI}——RQI 在 PQI 中的权重;
　　　w_{RDI}——RDI 在 PQI 中的权重;
　　　w_{SRI}——SRI 在 PQI 中的权重。

式中参数的权重取值见表 6-2。

PQI 分项指标权重　　　　　　　　　　　　　　　　　　　　　　表 6-2

路面类型	权重	高速、一级公路	二、三、四级公路
沥青路面	w_{PCI}	0.35	0.60
	w_{RQI}	0.40	0.40
	w_{RDI}	0.15	—
	w_{SRI}	0.10	—
水泥混凝土路面	w_{PCI}	0.50	0.60
	w_{RQI}	0.40	0.40
	w_{SRI}	0.10	—

路面损坏用路面损坏状况指数（PCI）评价；PCI 按式（6-2）和式（6-3）计算。

$$\text{PCI} = 100 - a_0 \text{DR}^{a_1} \tag{6-2}$$

$$\text{DR} = 100 \times \frac{\sum_{i=1}^{i_0} w_i A_i}{A} \tag{6-3}$$

式中：DR——路面破损率（Pavement Distress Ratio），为各种损坏的折合损坏面积之和与路面调查面积之百分比（%）；

A_i——第 i 类路面损坏的面积（m^2）；

A——调查的路面面积（调查长度与有效路面宽度之积，m^2）；

w_i——第 i 类路面损坏类型和权重，沥青路面按表 6-3 取值，水泥混凝土路面按表 6-4 取值；

a_0——沥青路面采用 15.00，水泥混凝土路面采用 10.66；

a_1——沥青路面采用 0.412，水泥混凝土路面采用 0.461；

i——考虑损坏程度（轻、中、重）的第 i 项路面损坏类型；

i_0——包含损坏程度（轻、中、重）的损坏类型总数，沥青路面取 21，水泥混凝土路面取 20。

沥青路面损坏类型和权重　　　　　　　　　　　　　　　　　　　　表 6-3

类型 i	损坏名称	损坏程度	权重（w_i）	计量单位
1	龟裂	轻	0.6	面积 m^2
2		中	0.8	
3		重	1.0	
4	块状裂缝	轻	0.6	面积 m^2
5		重	0.8	
6	纵向裂缝	轻	0.6	长度 m（影响宽度：0.2m）
7		重	1.0	
8	横向裂缝	轻	0.6	长度 m（影响宽度：0.2m）
9		重	1.0	
10	坑槽	轻	0.8	面积 m^2
11		重	1.0	
12	松散	轻	0.6	面积 m^2
13		重	1.0	

续上表

类型 i	损坏名称	损坏程度	权重(w_i)	计量单位
14	沉陷	轻	0.6	面积 m²
15		重	1.0	
16	车辙	轻	0.6	长度 m（影响宽度:0.4m）
17		重	1.0	
18	波浪拥包	轻	0.6	面积 m²
19		重	1.0	
20	泛油		0.2	面积 m²
21	修补		0.1	面积 m²

水泥混凝土路面损坏类型和权重　　表6-4

类型 i	损坏名称	损坏程度	权重(w_i)	计量单位
1	破碎板	轻	0.8	面积 m²
2		重	1.0	
3	裂缝	轻	0.6	长度 m（影响宽度:1.0m）
4		中	0.8	
5		重	1.0	
6	板角断裂	轻	0.6	面积 m²
7		中	0.8	
8		重	1.0	
9	错台	轻	0.6	长度 m（影响宽度:1.0m）
10		重	1.0	
11	唧泥		1.0	长度 m（影响宽度:1.0m）
12	边角剥落	轻	0.6	长度 m（影响宽度:1.0m）
13		中	0.8	
14		重	1.0	
15	接缝料损坏	轻	0.4	长度 m（影响宽度:1.0m）
16		重	0.6	
17	坑洞		1.0	面积 m²
18	拱起		1.0	面积 m²
19	露骨		0.3	面积 m²
20	修补		0.1	面积 m²

路面平整度用路面行驶质量指数(RQI)评价，按式(6-4)计算。

$$RQI = \frac{100}{1 + a_0 e^{a_1 IRI}} \quad (6\text{-}4)$$

式中：IRI——国际平整度指数(International Roughness Index, m/km)；

a_0——高速公路和一级公路采用0.026，其他等级公路采用0.0185；

a_1——高速公路和一级公路采用0.65，其他等级公路采用0.58。

路面车辙用路面车辙深度指数(RDI)评价,按式(6-5)计算。

$$RDI = \begin{cases} 100 - a_0 RD & (RD \leq RD_a) \\ 60 - a_1(RD - RD_a) & (RD_a < RD \leq RD_b) \\ 0 & (RD > RD_b) \end{cases} \quad (6\text{-}5)$$

式中:RD——车辙深度(Rutting Depth,mm);

RD_a——车辙深度参数,采用20mm;

RD_b——车辙深度限值,采用35mm;

a_0——模型参数,采用2.0;

a_1——模型参数,采用4.0。

路面抗滑性能用路面抗滑性能指数(SRI)评价,按式(6-6)计算。

$$SRI = \frac{100 - SRI_{min}}{1 + a_0 e^{a_1 SFC}} + SRI_{min} \quad (6\text{-}6)$$

式中:SFC——横向力系数(Side-way Force Coefficient);

SRI_{min}——标定参数,采用35.0;

a_0——模型参数,采用28.6;

a_1——模型参数,采用-0.105。

路面结构强度用路面结构强度指数(PSSI)评价,按式(6-7)和式(6-8)计算。

$$PSSI = \frac{100}{1 + a_0 e^{a_1 SSI}} \quad (6\text{-}7)$$

$$SSI = \frac{l_d}{l_0} \quad (6\text{-}8)$$

式中:SSI——路面结构强度系数(Structure Strength Coefficient),为路面设计弯沉与实测代表弯沉之比;

l_d——路面设计弯沉(mm);

l_0——实测代表弯沉(mm);

a_0——模型参数,采用15.71;

a_1——模型参数,采用-5.19。

水泥混凝土路面损坏调查,见表6-5。

水泥混凝土路面损坏调查表 表6-5

路线名称:		调查方向:		调查时间:			调查人员:					
调查内容	程度	权重 w_i	单位	起点桩号: 路段长度:				终点桩号: 路面宽度:				累计损坏
				1	2	3	4	5	6	7	8	9	10	
破碎板	轻	0.8	m²											
	重	1.0												
裂缝	轻	0.6	m											
	中	0.8												
	重	1.0												

续上表

路线名称：			调查方向：		调查时间：		调查人员：						累计损坏
调查内容	程度	权重 w_i	单位	起点桩号： 路段长度：			终点桩号： 路面宽度：						
				1	2	3	4	5	6	7	8	9	10	
板角断裂	轻	0.6	m²											
	中	0.8												
	重	1.0												
错台	轻	0.6	m											
	重	1.0												
唧泥		1.0	m											
边角剥落	轻	0.6	m											
	中	0.8												
	重	1.0												
接缝料损坏	轻	0.4	m											
	重	0.6												
坑洞		1.0	m²											
拱起		1.0	m²											
露骨		0.3	m²											
修补		0.1	m²											
评定结果： DR = % PCI =				计算方法： $PCI = 100 - a_0 DR^{a_1}$ $DR = 100 \times \dfrac{\sum_{i=1}^{i_0} w_i A_i}{A}$ $a_0 = 10.66$ $a_1 = 0.461$										

任务6.2 水泥混凝土路面病害处理措施和方法

【知识目标】

掌握水泥混凝土路面病害处理措施和方法；熟悉常见水泥混凝土路面病害处治方法，熟悉水泥混凝土路面再生利用的方法。

【能力目标】

能合理选择水泥混凝土路面病害处治措施，并完成常见水泥混凝土路面病害处治。

6.2.1 水泥混凝土路面破损处治

【学习任务3】 学习水泥混凝土路面破损处治方法；掌握水泥混凝土路面局部破损处治要点。

水泥混凝土路面局部破损处治的一般要求：

（1）对各种路面病害的处理，应找准其产生的原因，并根据路面的结构类型、龄期、维修季节、气温等实际情况，采取相应措施。

（2）为防止病害发展和破损面积的扩大，对路面病害的处理应及时，宜早不宜迟。

（3）高速公路和一级公路路面病害的维修宜采用机械作业；其他等级的公路也应尽量提高维修作业的机械化水平。

（4）对病害的维修事先应有周密的计划，做好材料准备，保证工序之间的衔接，凡需将原路面面层挖除后机械修补作业的坑槽、沉陷、车辙等，宜当日开挖当日修补。

（5）修补面积应大于病害的实际面积，修补范围的轮廓线应与路面中心线平行或垂直并在病害以外10~15cm。应采取措施使修补部分与原路面连接紧密。

（6）在病害的处治中，凡需挖除原路面面层后重新铺设面层的，其技术要求应符合现行《公路水泥混凝土路面施工技术规范》(JTG F30—2003)的规定；凡需挖除原路面后重做基层的，其技术要求应符合现行《公路路面基层施工技术规范》(JTJ 034—2000)的规定。如果病害不是由于面层或基层材料的性质、结构层或级配类型引起的，重做时所采用的材料、结构及级配类型等宜与原路面相同。

（7）在维修作业时，为了保证施工安全，设置封闭交通及限制交通标志，设置安全显示器及锥形柱。

一、水泥混凝土路面裂缝维修

1. 裂缝的成因

水泥混凝土路面的裂缝情况比较复杂，产生的主要原因有：

(1)路基基层承载力不足或基层强度不均匀；

(2)接缝设置不当；

(3)混凝土板设计厚度不足或基层平整度较差，使混凝土板厚不均匀；

(4)地基不均匀沉降；

(5)混凝土质量不佳等。

水泥混凝土路面维修时应根据裂缝产生的原因和具体情况，采取不同的材料和相应的维修措施。

2. 裂缝的维修材料

根据其功能可分为密封材料和补强材料。当水泥混凝土路面出现裂缝或贯穿裂缝而板面强度仍能满足使用要求时，应选用密封维修材料；当路面由于裂缝和断裂造成强度不足时，应选用补强材料。密封材料宜选用聚氨酯、聚硫环氧树脂(聚硫橡胶+环氧树脂)、日产BI-GBOUT等高分子工程材料，其材料灌入稠度、拉伸强度、黏结强度和断裂伸长率等技术指标应符合相关要求。

3. 裂缝的处理方法

路面裂缝的维修可采用直接灌浆法、扩缝灌浆法、条带补缝、全深度补块等方法进行。

(1)直接灌浆法

对于宽度小于3mm且边缘无碎裂的轻微裂缝时，可采取直接灌缝措施进行处治。其修补工艺为：

①清缝。将缝内泥土、杂质清除干净，确保缝内无水、干燥。

②涂刷底胶。在缝两边约3mm的路面上及缝内涂刷一层聚氨酯底胶层,厚度为0.3 ± 0.1mm,底胶用量为0.15kg/m²。

③配料灌缝。填缝料由环氧树脂(胶结剂)、二甲苯(稀释剂)、邻苯二甲酸二丁酯(增稠剂)、乙二胺(固化剂)、水泥或滑石粉(填料)组成。采用配合比为胶结剂:稀释剂:增稠剂:固化剂:填料 = 100:40:10:8:填料(200~400目)视缝隙宽度掺加,按比例配制好,搅拌均匀后直接灌入缝内养护2~4h,即可开放交通。

(2)扩缝灌浆法

宽度小于3mm的表面裂缝且边缘有碎裂的裂缝时,可采取扩缝灌浆法。其修补工艺分为以下几个部分:

①扩缝。顺着裂缝用冲击电钻将缝口扩宽成1.5~2cm沟槽,槽深根据裂缝深度确定,最大深度不得超过2/3板厚。

②清缝填料。清除混凝土碎屑,用压缩空气吹净灰尘,填入粒径0.3~0.6cm的清洁石屑。

③配料灌缝。采用聚硫橡胶:环氧树脂 = 16:(2~16),配成聚硫环氧树脂灌缝料,混合均匀并倒入灌浆器中,再灌入扩缝内。

④加热增强。灌缝材料需要加热增加强度时,宜用红外线灯或装60W灯泡的长条线灯罩加热,温度控制在50~60℃,加热1~2h即可通车。

(3)条带罩面补缝

对贯穿全厚的大于3mm且小于15mm的中等裂缝,宜采取条带罩面进行补缝。其工艺如下:

①切缝。顺裂缝两侧各约15cm,且平行于缩缝切7cm深的两条横缝,见图6-2a)。

②凿除混凝土。在两条横缝内侧用风镐或液压镐等凿除混凝土,深度以7cm为宜。

③打耙钉孔。沿裂缝两侧每隔50cm钻一对耙钉孔,其直径各大于耙钉的直径2~4mm,并在二耙钉也之间打一与耙钉孔直径相一致的耙钉槽。耙钉宜采用ϕ16mm螺纹钢筋,耙钉长度不小于20cm,弯钩长7cm。

④安装。将孔槽内填满快凝砂浆,把除过锈的耙钉插入耙钉孔内安装。

⑤将切割的缝内壁凿毛,清除松动的混凝土碎块及表面松动的裸石。

⑥将修补混凝土毛面上刷一层黏结砂浆。

⑦浇注快凝混凝土,并及时振捣密实、抹光和喷洒养护剂。其喷洒面应延伸到相邻老混凝土面板20cm以上。

⑧在修补块的面板两侧,用切缝机加深缩缝,并灌注填缝料,见图6-2b)。对宽度

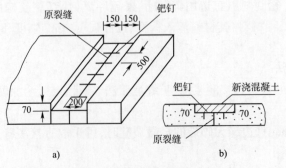

图6-2 条带补缝(尺寸单位:mm)

大于 15mm 的严重裂缝,宜采用全深度补块。全深度水泥混凝土补块可以恢复裂缝传递板块之间荷载的能力,并可最大限度地减少垂直变形。一般来讲,处于动态中的正在张开的和正在发生弯沉的中度和重度损坏的裂缝,须做全深度补块,以建立一条能提供适当荷载传递的工作缝。没有裂开或仅显现出细小裂缝的轻度破坏,一般不要进行全深度修补。

全深度补块分集料嵌锁法、刨挖法、设置传力杆法。

(4)集料嵌锁法

适用于二级公路无筋混凝土路面交错的接缝,且接缝的间隔小于 300~400cm,不适于寒冷气候和承受重型交通荷载下的刚性路面。其修补工艺为:

①画线、切割。将修补的混凝土路面沿面板平行于横向纵缝画线,并沿画线用切割机进行全深度切割,在全深度补块的外侧锯 4cm 宽、5cm 深的缝。见图 6-3。

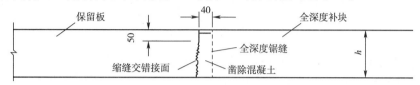

图 6-3　集料嵌锁法(尺寸单位:cm)

②破碎、凿毛。用风镐破碎路面板,并清除旧混凝土,将全深锯口和半锯口之间的 4cm 宽条混凝土垂直面凿成毛面。

③处理基层。基层强度符合规范要求,应整平基层,若低于规范要求应予以补强,并严格整平;若基层全部损坏或松软,可用 C15 贫混凝土填平,振捣密实。

④混凝土拌和。新的混凝土配合比应与原混凝土材料一致。若采用 JK 系列混凝土快速修补材料,水灰比以 0.30~0.40 为宜,坍落度宜控制在 2cm 内。混凝土 24h 的弯拉强度应不低于 3.0MPa。

⑤混凝土摊铺。混凝土应在搅拌开始以后 30~40min 内卸到补块区内摊铺,采用有效的插入式振捣器及平板振捣器振实混凝土,确保传力杆周围和板边充分地振实。浇注的混凝土面层应与相邻路面的横断面高程一致。补块的表面纹理应与原路面相同。

⑥养生。补块的养生宜采用养护剂养生,其用量根据养护剂材料性能确定。

⑦接缝处理。做接缝时,将板中间的各缩缝锯切至 1/4 板厚处,并将接缝材料填入缩缝内。

⑧浇筑混凝土达到通车强度后,即可开放交通。

(5)刨挖法

刨挖法亦称倒 T 形法,适用于接缝间传荷很差部位的修补。施工要求和步骤同集料嵌锁法,见图 6-4。

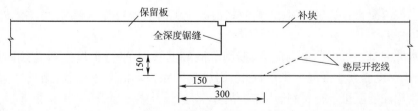

图 6-4　刨挖法(尺寸单位:cm)

(6)设置传力杆法

设置传力杆法适用于在寒冷气候和承受重型交通荷载的混凝土路面。

①施工要求同集料嵌锁法。
②处理基层后,应修复、安设传力杆和拉杆,见图6-5。

图6-5 设置传力杆(拉杆)法
b-传力杆或拉杆长度;h-板厚

③原混凝土面板没有传力杆和拉杆折断时,应用与原尺寸相同的钢筋焊接或重新安设。安装时应在板厚1/2处钻出比传力杆直径大2~4mm的孔,孔中心间距30cm,其误差不应超过3mm。

④横向施工缝传力杆直径为25mm,长度为45cm,嵌入相邻保留板内深22.5cm。

⑤拉杆孔直径宜比拉杆直径大2~4mm,并应沿相邻板间的纵向缝,在板厚1/2处钻孔,中心间距80cm。拉杆采用$\phi16$螺纹钢筋,长80cm,40cm嵌入相邻车道的混凝土面板内。

⑥传力杆和拉杆宜用环氧砂浆牢牢地固定在规定位置,摊铺混凝土前,光圆传力杆的伸出端应涂少许润滑油。

⑦新补块与沥青混凝土路肩相接时,应与现有路肩齐平。

⑧传力杆若安装倾斜或松动失效,应予以更换。

二、水泥混凝土路面板边、板角修补

水泥混凝土路面板角破损和板角断裂是水泥混凝土路面常见病害之一,如不及时修复将导致病害的扩大,甚至导致整个面板的断裂影响行车安全。

1. 路面板边剥落、板角断裂的成因

(1)接缝或纵横缝交叉处,水的浸入易产生唧泥、脱空、导致板边或角隅应力增大,产生破损或断裂。

(2)接缝处缺乏传荷能力或面板块边缘附近的传力杆失效。

(3)路面基层在荷载和水的作用下,逐渐产生塑性变形,使板边、板角应力增大,产生剥落和断裂。

(4)面板边缘的接缝中嵌入硬物等。

2. 路面板边剥落、板角断裂的修补方法

(1)板边修补

①当水泥混凝土板边轻度剥落时,应将混凝土剥落的碎块清理干净,可用灌缝材料填充密实,修补平整。

②当水泥混凝土板边严重剥落时,在剥落混凝土外侧,平行于板边画线,用切缝机切割混凝土,切割深度略大于混凝土剥落深度,用风镐凿除损坏混凝土,用压缩空气清除混凝土碎屑,立模,浇注混凝土修补材料,用养护剂养生,达设计强度后,即可开放交通。

③当水泥混凝土板边全深度破碎,可按全深度补块的方法即集料嵌锁法、刨挖法和设置传力杆法进行修复。

(2)板角修补

①板角断裂应按破裂面的大小确定切割范围并放样,见图6-6。
②用切割机切边缝,用风镐凿除破损部分,凿成规则的垂直面,对原有钢筋不应切断,如果钢筋难以全部保留,至少也要保留长20~30 cm的钢筋头。
③检查原有的滑动传力杆,如果有缺陷应予更换,并在新老混凝土之间加设传力杆。在面板1/2板厚中央,用冲击电锤打一直径为22mm的水平孔,深20cm、水平间距30~40cm。每个孔应先用压缩空气将孔内混凝土碎屑吹除,然后将其周围湿润,用快凝砂浆填塞捣实;尔后插一根直径为2cm、长40cm的光圆钢筋,待砂浆硬化后,浇注快凝混凝土。
④如基层不良时,应用C15混凝土浇注基层。
⑤与原有路面板的接缝处,如有缩缝,应隔上塑料薄膜或涂上沥青,防止新旧混凝土黏结在一起。如有胀缝,应设置接缝板。
⑥浇注的混凝土硬化后,用切缝机切出宽3mm、深4cm的接缝槽,并用压缩空气清缝,灌入填缝材料。
⑦待混凝土达到强度后,方可开放交通。

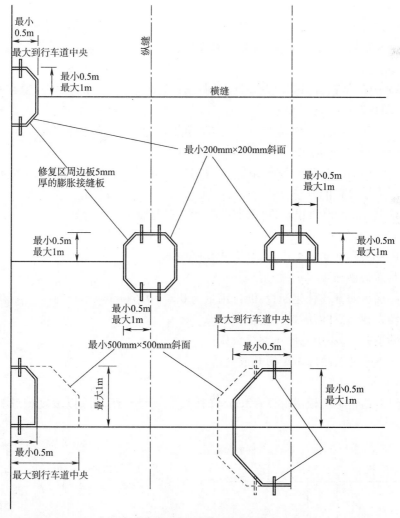

注:修复纵向边不能位于车轮轨迹上。

图6-6 水泥混凝土路面板角修补法

三、水泥混凝土路面错台处治

水泥混凝土路面错台病害,轻则影响行车的舒适性,重则危及行车安全,因此应根据错台轻重程度,采取不同措施及时进行维修处治。

1. 路面错台产生的主要原因

(1)路面基层碾压不密实,强度不足。

(2)局部地基不均匀下沉或采空区地基大面积沉陷。

(3)水浸入基层,行车荷载使路面板产生泵吸现象。

(4)传力杆、拉杆功能不完善或失效。

2. 路面轻微错台处治方法

轻微错台,其高差小于5mm时,可不作处理。高差5~10mm错台处治方法:

(1)人工凿平法

①划定错台处治范围;

②用钢板尺测定错台高度;

③用平头钢凿由浅到深从一边凿向另一边,凿后的面板应达到基本平整。

④清除接缝杂物,吹净灰尘,及时灌入填缝料。

(2)机械磨平法

①使用磨平机,从错台最高点开始向四周扩展,边磨边用3m直尺找平,直至相邻两块板齐平为止,见图6-7。

②磨平后,应将接缝内杂物清除干净,并吹净灰尘,及时将填缝料填入。

(3)人工配合机械处治法

先用人工将高出的错台板基本凿平,然后用磨平机再磨平,并清缝灌入填缝料。

3. 路面严重错台处治方法

高差大于10mm的严重错台,可采取沥青砂或水泥混凝土进行处治。

(1)沥青砂填补法

沥青砂填补法不宜在冬季进行,其工艺程序如下:

①清除路面杂物和灰尘;

②喷洒一层热沥青或乳化沥青,沥青用量为$0.4 \sim 0.6 kg/m^2$;

③摊铺沥青砂,修补面纵坡控制在$i \leq 1\%$;

④沥青砂填补后,应用轮胎压路机碾压;

⑤待沥青砂修补层冷却成型后开放交通。

(2)路面修补法

①用风镐将错台下沉板凿除2~3cm,修补长度按错台高度除以坡度(1%)计算,见图6-8。

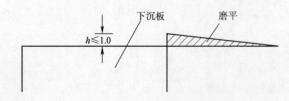
图6-7 路面错台磨平法示意图(尺寸单位:cm)

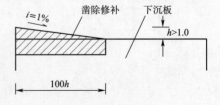
图6-8 路面错台填补法示意图(尺寸单位:cm)

②使用压缩空气清除毛面混凝土上的杂物。
③浇注细石混凝土,材料配比参照表6-6。
④喷洒养护剂,养护混凝土。
⑤混凝土达到通车强度后,即可开放交通。

细石混凝土配合比　　　　　　表6-6

水泥(kg)	快速修补剂(kg)	水(kg)	砂(kg)	碎石(kg)
437	70	131	524	1149

四、水泥混凝土路面沉陷处治

沉陷是水泥混凝土路面严重病害之一,它可以导致面板的错台、严重破碎以致影响到行车安全。因此,必须设置排水设施,对严重沉陷应及时处治。其方法有板块灌砂顶升法、千斤顶顶升法、浅层结合式修补法和整块板翻修法等。

1. 路面沉陷的主要原因

(1)路面基层稳定性不够,强度不均匀,造成混凝土板块不均匀下沉。

(2)排水设施不完善,地面水渗入基层,导致基层强度减弱,唧泥、板严重破碎造成面板沉陷。

2. 在路面边缘设置排水设施

排水设施设置的基本要求如下:

(1)应经常保持路面和路肩的设计横坡,以便使地表水迅速从路面上排出。

(2)应将土路肩改造为硬路肩。硬路肩宜采用水泥混凝土或沥青表处。

(3)路面裂缝、接缝以及路面与路肩接缝应经常保持密封状态。

(4)设置纵向积水管和横向出水管。

①在水泥混凝土路面的外侧边缘,挖一条纵向沟,宽约15~25cm,沟深挖至集料基层之下15cm,横沟与纵沟的交角应在45°~90°,横沟间的距离约30m。见图6-9。

②准备纵向积水管和横向出水管。积水管一般采用10cm多孔塑料管,出水管为无孔

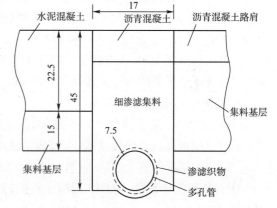

图6-9　水泥混凝土路面边部排水管布置(尺寸单位:cm)

塑料管,并按设计的距离将积水管和出水管连通起来,然后在纵向多孔管上包裹一层土工织物渗滤层,使其与积水管间无空隙。

③将积水管和出水管放入沟槽内,纵横沟槽底部应避免凹凸不平,横向出水管的坡度应大于或等于纵向排水坡度,出水管的管端应延伸到排水沟内,并设置端墙。

④封盖排水沟。沥青混合料或水泥混凝土均可用作封盖排水沟的材料,但应采用与路肩相同的材料。如果使用水泥混凝土时,应用塑料布将混凝土排水沟底与回填材料隔开,使用沥青混凝土时,沟的宽度应不小于压实设备宽度。

(5)设置盲沟。

设置盲沟排除路面积水,适用于全幅水泥混凝土和沥青两种路面结构。

①沿水泥混凝土路面外侧,挖纵向盲沟,沟底应低于面板以下10cm,在水泥混凝土路面

接缝处挖横向沟,见图6-10。

②在沟槽底面及外侧,铺设油毡隔离层,沿水泥路面交界处及盲沟顶部铺设土工布过滤层。

③在盲沟内填筑碎(砾)石过滤材料。

④在盲沟上应用相同材料填筑路面(路肩),且保持平整密实。

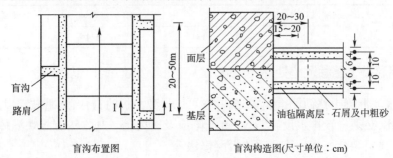

图6-10 水泥混凝土路面盲沟设置示意图

3. 水泥混凝土路面板块顶升法

(1)在顶升水泥混凝土路面板前,应用水准仪测量下沉板的下沉量,测站与下沉处距离应大于50m,并绘出纵断面,求出升起值。

(2)在每块混凝土板上,钻出两行垂直的、直径为3cm的透孔,孔的距离约1.0m,每孔所占面积3~3.5m^2。当板需要从一侧升起时,只需升起部分钻孔。

(3)在路面板升起前,将所有孔用木塞堵好,一孔一孔地灌浆。将带螺母的镀锌管短接头插入混凝土面板内,将带螺纹的充气管与混凝土板接牢。用空气压缩机向孔中灌浆,直至浆冒出缝外时为止。灌浆可灌入流动性较好的水泥浆或水泥胶泥等。

(4)路面板升起后,接着往另一个孔中灌浆,直至下沉板全部顶升就位。

(5)当压浆材料的抗压强度达到6MPa时,方可开放交通。

4. 路面板沉陷破碎处治

当水泥混凝土整板沉陷并产生破碎时,应整板翻修,其工艺如下:

(1)宜用液压镐将旧板凿除,尽可能保留原有拉杆,并清运混凝土碎块。

(2)将基层损坏部分清除,并整平压实。要注意的是:

①对基层损坏部分,用C15混凝土补强,其补强混凝土顶面高程应与旧路面基层顶面高程相同。

②在混凝土面板接缝处的基层上涂刷一道宽20cm的薄层沥青。

(3)整块翻修的水泥混凝土面板在路面排水不良地带,其板边缘及路肩应设置路基纵横向排水系统。其中:

①单一水泥混凝土路面板块翻修时,在路面板接缝处设置横向盲沟。

②路面有纵坡时,宜设纵向盲沟,在纵坡坡底部设置横向盲沟。

(4)板块修复,混凝土施工时,宜采用快速修补材料,如可采用聚合物水泥混凝土作为修补材料。

①用混凝土拌和机拌和混凝土材料。

②将拌和好的混合料,用翻斗车运送到施工现场,进行人工摊铺。

③宜采用插入式振捣器振捣边角混凝土,并用振动梁刮平提浆,人工抹平,与原混凝土

板面高低一致。

④按原路面纹理对混凝土表面进行处理。

⑤宜采用养护剂进行养护。

⑥相邻板边的接缝宜用切缝机切至1/4板块深度。

⑦清除缝内杂物,灌入接缝材料。

⑧待混凝土达到通车强度后,开放交通。

五、水泥混凝土路面拱起处治

水泥混凝土路面拱起,主要是因胀缝失效,混凝土板块热胀,而突然使横缝两侧的板体明显提高。其处理措施应根据具体情况采取不同的方法。

1. 路面拱起的主要原因

(1)非高温季节施工时,胀缝设置间距过长或失效。

(2)接缝内嵌入硬物。

(3)夏季连续高温,使板体热胀。

2. 路面轻微拱起的处理方法

(1)用切缝机或其他机具,将拱起板间横缝中的硬物切碎。

(2)用压缩空气将缝中石屑等杂物和灰尘吹净,使板块恢复原位,并灌入填缝料。

3. 路面严重拱起的处理方法

(1)板端拱起但路面完好时,应根据拱起高低程度,计算多余板的长度,将拱起板块两侧附近1~2条横缝切宽,待应力充分释放后切除拱起端,逐渐使板块恢复原位。

(2)将横缝和其他接缝的杂物、灰尘用空气压缩机清除干净,并灌入填缝料。见图6-11。

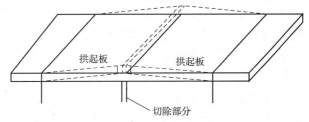

图6-11 水泥混凝土路面板体拱起修复

4. 其他拱起情况处理

(1)拱起板端发生断裂或破损时,按本节裂缝处理中已介绍的全深度补块方法进行。

(2)胀缝间因传力杆部分或全部在施工时设置不当,使板受热时不能自由伸长而发生拱起,应重新设置胀缝。

六、水泥混凝土路面坑洞修补

水泥混凝土路面坑洞的产生,主要是粗集料脱落或局部振捣不密实等原因所致。发生坑洞面积不等,有的在一块板或多块板上出现。坑洞尽管对行车影响不大,但对路面的外观和表面功能都有较大影响,因此,应根据实际情况采取相应措施进行修补。

1. 对路面板个别坑洞的修补

(1)用手工或机械将坑洞凿成矩形的直壁槽。

(2)用压缩空气把槽内的混凝土碎块及尘土吹净。

（3）用海绵块沾水后湿润坑洞，不得使坑洞内积水。

（4）用聚合物水泥砂浆等材料填补，与旧混凝土板的黏结性能也较好，并达到平整密实。修补的砂浆强度与原板块强度不宜相差过大，因为板块强度相差越大，产生分离的可能越大。

2. 对路面板多坑洞的修补

对较多坑洞且连成一片，面积在 $20m^2$ 以内，应采取罩面方法修补，其方法如下：

（1）划出与路中心线平行或垂直的修补区域图形。

（2）用切割机沿修补图形边线切割 $5\sim7cm$ 深的槽，槽内用风镐清除混凝土，使槽底平面达到基本平整，并将切割的光面凿毛。

（3）用压缩空气吹净槽内混凝土碎屑和灰尘。

（4）按原混凝土配比设计配制混凝土，宜掺加早强剂。

（5）将拌和的混凝土填入槽内，摊铺振捣密实，并保持与原路面齐平。

（6）喷洒养护剂养生。

（7）待混凝土达到通车强度后，开放交通。

3. 大面积坑洞路面板的修补

对面积大于 $20m^2$、深度在 $4cm$ 左右成片的坑洞，可用浅层结合式表面修复或沥青混凝土罩面进行修补。

（1）浅层结合式表面修复

①将连成片的坑洞周围标画出与路中心线平行或垂直的区域，并用风镐凿除深度 $2\sim3cm$；

②将修复区内凿掉的混凝土运出，并清除其碎屑和灰尘；

③在修复区表面用水喷洒湿润为止并适时涂刷黏结剂；

④将拌和好的混凝土摊铺于修复区内整平、振捣密实；

⑤用压纹器压纹，压纹深度宜控制在 $3mm$ 左右；

⑥用养护剂养生，使修复面经常处于潮湿状态；

⑦待混凝土达到通车强度后，开放交通。

（2）沥青混凝土罩面修补

①平行或垂直的处治区，并用切割机在其周围切割 $2\sim3cm$ 深度；

②用风镐凿除处治区内的混凝土，并清除混凝土块、碎屑和灰尘；

③将切割的槽壁面和凿除的槽底面喷洒黏层沥青，其用量为 $0.4\sim0.6kg/m^2$；

④铺筑沥青混凝土，并碾压密实平整；

⑤待沥青混凝土冷却后，开放交通。

七、水泥混凝土路面接缝维修

水泥混凝土路面的接缝，包括纵向施工缝、纵向缩缝、横向施工缝、横向缩缝、横向胀缝等。接缝是水泥混凝土路面的薄弱环节，最易引起破坏，水、砂子等物也最容易从接缝进入，导致面板的唧泥、脱空、断板、沉陷等病害的产生，因此对接缝必须加强养护维修。

1. 路面板接缝病害产生的主要原因

（1）接缝材料的老化、脱落、软化和溢出。

（2）垫料的老化、变形、脱落。

(3)接缝结构、机能不完善。
(4)接缝内嵌入硬物会造成接缝处剥落或胀裂。
(5)填缝材料和接缝板质量欠佳。

2. 路面板接缝填缝料损坏的修复方法

(1)用小扁凿或清缝机具清除旧填缝料和杂物,并将缝内灰尘吹净。

(2)接缝作胀缝修理时,先将建筑热沥青涂刷缝壁、再将接缝板压入缝内。对接缝板接头缝与传力杆之间的间隙,必须用沥青或其他填缝料填实抹平。上部用嵌缝条的应及时嵌条。

(3)用加热式填缝料修补时,必须将填缝料加热至灌入温度,滤去杂物,倒入灌缝机内即可。在填缝的同时,宜用铁钩来回钩动,以增加与缝壁的黏结和填缝的饱满。在气温较低季节施工时,应先用喷灯将接缝预热。

(4)用常温式填缝料修补时,除无须加热外,其施工方法与加热式填缝料相同。

3. 路面板纵向接缝出现张开时的修复方法

(1)当相邻车道面板横向位移、纵向接缝张开宽度在10mm以下时,宜采取沥青玛蹄脂、沥青橡胶类加热式填缝料。

(2)当相邻车道面板横向位移,纵向接缝张口宽度在10～15mm时,可用聚氨酯、氯丁橡胶类常温式填缝料进行维修。

①维修前应清除缝内杂物和灰尘;
②按材料配比配制填缝料;
③宜采用挤压枪注入填缝料;
④填缝料固化后,方可开放交通。

(3)当纵向接缝张口宽度在15～30mm时,采用沥青砂填缝。

(4)当纵缝宽度达30mm以上时,可在纵缝两侧横向锯槽并凿开,槽间距60cm、宽5cm、深7cm。沿纵缝两侧10cm,钻直径为14mm的钯钉孔。设置ϕ12螺纹钢筋钯钉,钯钉在老混凝土路面内的弯钩长度为7cm,纵缝内部的凿开部位用同强度等级水泥混凝土填补,纵缝一侧涂刷沥青。

4. 接缝板边出现碎裂时接缝的修复

(1)在破碎部位边缘,用切割机切割成规则图形,其周围切割面应垂直板面,底面宜为平面。

(2)清除混凝土碎块,吹净灰尘杂物,并保持干燥状态。

(3)用高模量补强材料进行填充,修补混凝土达到通车强度后,方可开放交通。

八、表面类病害处治

表面类病害指表面起皮(剥落、露骨)等病害,其处治应根据公路等级和表面破损程度,采取不同的材料和施工方法进行。除了本章介绍的常规方法外,还可进行罩面处理。

(1)一般公路水泥混凝土板表面起皮宜采用稀浆封层加以处理。

(2)对于面积较大的水泥混凝土面板表面起皮(剥落、露骨)宜采取稀浆封层或沥青混凝土罩面加以处理。

(3)高速公路水泥混凝土板表面起皮(剥落、露骨),宜采用改性沥青稀浆封层或沥青混凝土加以处理。

九、路肩损坏病害处治

水泥混凝土路肩发生的除开裂、断角、轻度破碎等严重破碎外的各种病害为路肩轻度损坏,一般不需处理。

当路肩呈严重破碎时,应换板或翻修。

6.2.2 水泥混凝土路面板下封堵

【学习任务4】 学习水泥混凝土路面板下封堵处治方法;掌握水泥混凝土路面板下封堵处治流程及要点。

水泥混凝土路面板下封堵是一种预防措施。它是对路面板下和基层、垫层中的细小空隙进行灌浆,由于空隙被填充,会减小未来发生唧泥或断板的可能性。但此项处治措施不能提高结构承载能力,也不能消除因温度变化和交通荷载而造成的错台。因此,板下封堵应在弯沉增大、尚未发现严重唧泥或严重裂缝时进行。

一、板块脱空判定

实行板下封堵工艺,首要问题是确定水泥混凝土面板是否脱空,其位置在哪里、范围有多大。一般可以通过现场破损调查、接缝弯沉差测试、落锤式弯沉仪 FWD 检测与探地雷达检测相结合的方式确定。通常探地雷达(路面雷达)检测可以迅速、准确地判定水泥混凝土板的脱空情况。

1. 判断方法

(1)重型车辆通行时,人在相邻板能感觉有垂直位移和板块翘动。

(2)板角相邻两条缝填缝材料严重剥落。

(3)相邻板出现错台 5mm 以上时,位置较低板一般有脱空情况的存在。

(4)接、裂缝处有唧泥。

(5)接缝两侧弯沉差大于 0.08mm。

2. 弯沉测定

完好无断裂破碎的板块,板底也可能存在脱空,这种类型的脱空难以判断。目前,国内外普遍采用弯沉测定法判断。

方法简述如下:

(1)加载车:双轴、后轴双侧 4 轮的载货汽车;后轴重为 10t 标准轴载 BZZ—100 汽车。

(2)仪表:长杆贝克曼梁、百分表,至少 3 套。

(3)测点:路面每幅每条横向接缝或裂缝测 4 个点位,测点在每块面板接、裂缝两侧的 4 个角点上。

(4)车轮位置:角点处,车轮着地矩形的边缘离纵缝及横向接(裂)缝的距离不大于 10cm。

(5)变位感应支点位置:贝克曼梁的变位感应支点尽量接近角部或缝边,不一定要很靠近车轮,不必像沥青路面弯沉检测那样将感应支点落在两轮胎之间的空隙处。

(6)相隔两道缝:贝克曼梁的中间支点及百分表支座点,应与变位感应点保持相隔两道接(裂)缝,不得已时也要相隔一道缝。尽可能落在交叉板上,不能落在同一块面板上。

(7)读数:汽车应驶离测点至少 5m 以上,并且相隔至少一道缝,才能读数;一般就在车轮驶离影响区域后,等待 10s 以上再报出读数。当百分表读数不稳定时,应耐心等待,直到稳定为止。

(8)记录:应在裂缝图上标记测点位置,并记录弯沉值。

(9)凡弯沉值超过 0.2mm 的,应确定为板块脱空。

二、灌浆机具配备

水泥混凝土路面板下封堵的灌浆设备,主要由压浆泵、灰浆搅拌机、胀卡头、水箱和 30kW 发电机组等组成。推荐的选择如下:

1. 压浆泵的选择

(1)泵的压力

压浆泵的压力应根据灌浆材料不同,管路的长短等因素来确定。水泥粉煤灰作为灌浆材料,压浆泵的初始压力宜为 1.5MPa。

(2)输送管的管径

由于输送距离较短,一般输送半径不大于 30m,压浆管管径为 64mm,排浆管管径为 51mm。

(3)输送量

每台压浆机组额定工程量,单幅 100m 即 20 块,每班工作有效施压时间按 4h 计,则压浆机每小时材料输送量应大于 $1.5m^3$,宜采用 $3m^3/h$ 输送量的压浆泵。

2. 灰浆搅拌机的选择

灰浆搅拌机有 2 个功能:

(1)灰浆搅拌。

(2)灰浆储存,且灰浆储存内设有搅拌轴以防止灰浆沉淀离析。

该设备主要参数:工作效率 $6m^3/h$;搅拌轴转速 70 转/min。

3. 胀卡头

胀卡头是压浆工作的重要部件,它是压浆管与水泥混凝土板衔接的媒介。胀卡头宜选用最大外径 107mm,内径为 38mm。为使压浆顺利进行,胀卡头的最小旋紧力矩不得小于 1200N·m。

4. 预埋法兰螺母

用环氧树脂涂在螺母外侧,埋入已钻好的混凝土板孔内,一般可用普通镀锌管加工。螺母长要小于板块厚度,钻孔的孔径要与螺母外径相匹配,一般为 4~5cm。施工时,可将压浆头插入预埋螺母,旋紧不漏浆即可。

三、灌浆材料

水泥混凝土路面板下封堵的灌浆材料,一般由水泥、粉煤灰、砂、外掺剂和水组成。灌浆材料质量的优劣,直接影响灌浆的效果。

1. 路面板下灌浆材料应具有的性能

(1)早期强度高

要求材料具有一定抗压强度和弯拉强度,同时强度应尽可能早地形成,以便及早通车。

(2)流动性好

灌浆加固是在一定压力下将浆体压入到板下的空隙,常用的灌浆压力在 1.5MPa 左右,若浆体本身黏度大,流动性不好,则在灌浆过程中不能充分灌入空隙,影响加固质量。

(3) 无离析、无泌水

为保证足够的流动性,灌浆材料往往采用了水量较大的配合比,这样使浆体很容易出现离析、泌水和收缩,不仅降低了灌浆加固层与水泥混凝土板的黏结,而且大量的泌出水还会渗入到基层材料中,降低基层材料的稳定性,反而会加剧脱空现象。

(4) 收缩小

灌浆加固层的收缩将造成与板体和基层之间的黏结减弱,影响灌浆加固效果。

2. 灌浆原材料的选择

(1) 水泥

为了提高浆体的早期强度,应选用 42.5 级或 52.5 级硅酸盐水泥。

(2) 粉煤灰

宜选用干排Ⅱ级粉煤灰。

(3) 砂

砂的加入不仅可提高浆体强度,减少其收缩,同时可降低水泥用量;但大粒径的砂粒,易引起离析泌水。因此,应选用特细砂,细度模数为 1.21,最大粒径小于 0.6mm,含泥量小于 1%。

(4) 早强剂

早强剂各项技术指标不得低于国家标准一等品的技术要求:减水率 ≥8%,泌水率 ≤95%,抗压强度 $R_{1d} > 150\%$、$R_{3d} > 140\%$、$R_{7d} > 120\%$、$R_{28d} > 100\%$,对钢筋无锈蚀作用。用量应通过试验确定。

(5) 减水剂

宜采用 XP—Ⅱ型高效减水剂,其用量通过试验确定。

(6) 膨胀剂

宜采用 UEA 型膨胀剂,其用量通过试验确定。加入膨胀剂后,不得对灌浆材料的凝结时间、强度等其他性能带来不利影响,应限制膨胀率为 0.03% ~ 0.05%。

3. 灌浆材料的配制

灌浆材料参考配合比(表 6-7)。若没有特细砂,可采用推荐配合比:水泥:粉煤灰:JK-24:水:铝粉 = 1:0.15:0.16:0.5:0.001。

封堵灌浆材料配合比　　表 6-7

组成材料		水泥	粉煤灰	砂	早强剂	减水剂	膨胀剂	水
配合比	组成比例	100	50	60	1.5	1	10	60
	单位体积用量(kg/m³)	707	354	424	10.61	7.07	71	424

根据混凝土路面板块脱空情况、施工机械、工程要求及原材料性能的不同,通过试验可以相应调整表 6-7 的配合比。

四、板下脱空处治

水泥混凝土路面板下脱空处治,在确定脱空板的位置、范围的基础上,做好灌浆机具和灌浆材料及其配制以后,即可实施板下脱空处治工艺。施工过程中要注意质量检测,根据设计要求检查灰浆试块的抗压强度。如 7d(正常养护 6d、饱水 1d)抗压强度不得低于 3MPa,否则为不合格。灌浆完成后 3d,应对灌浆板逐块检测板接缝的弯沉值差,每块板测 2 个点。当接缝两侧弯沉值差超过 0.08mm 或接缝两侧弯沉平均值超过 0.45mm 时,则为不合格。对不合格的板重新灌浆处理或换板,直至满足要求。

下面是某水泥路面改造过程中所采用的灌浆施工工艺,仅供参考。

1. 准备

(1)检查压浆泵、发电机组各连接部件是否紧固,供电线路、电器是否正常,润滑部位液面是否足够。

(2)彻底排清砂浆搅拌机的积水及残留物。

(3)机组水箱、钻孔机水箱是否加满了水。

(4)压浆管路及胀卡头是否完整有效。

(5)根据各块板的弯沉值和损坏的具体情况,确定需灌浆加固的水泥混凝土板及范围。

(6)在板上确定孔位,并做好标记。见图6-12。

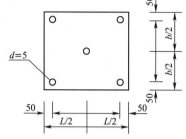

图6-12 灌浆孔布置(尺寸单位:cm)
d-灌浆孔直径;L-板长;b-板宽

2. 钻孔作业

(1)将钻孔机放置在确定的钻孔位置,开动钻机开关,观察钻头转向无误,并有水流出,方能开始钻孔。

(2)孔的直径应略大于灌浆的喷嘴直径,孔的深度应穿过混凝土板,钻入稳定的基层1~3cm。

(3)用海绵块将钻孔中的积水吸出,并用空压机清除板下杂质污物,形成脱空,以利浆体的分布和黏结。

(4)将胀卡头牢固地安装在钻孔上。

3. 砂浆制备

(1)根据所需灌注的体积、浆体配合比及施工速度,称取各种材料。

(2)开动砂浆搅拌机,在水中加入减水剂和早强剂,并将水泥、粉煤灰、砂、膨胀剂倒入灌浆机的搅拌筒中,先干拌均匀,然后再加入已溶有减水剂、早强剂的水,并不断搅拌5~10min形成均匀浆体。

(3)配制好的浆体,应在30min内使用,并且施工过程中应不停地搅拌,中途不得停机。

4. 灌浆作业

(1)灌浆时,应先灌注面板边缘的孔,再灌注面板中间的孔。

(2)将灌浆机的喷嘴插入孔中,并压紧以防浆体由孔中流出。

(3)启动灌浆机,将压力泵的压力均匀增加到1.0~1.5MPa(因机械不同需要的压力各异),进行灌浆。

(4)待浆体由其他孔中或板边挤出时,表明板下空隙已被灌满,应减小压力,并将喷嘴提起,立即用木塞塞孔,防止浆体溢出,至浆体初凝,拔出木塞,用高强度等级砂浆封孔,抹平。

(5)关闭压力泵,将灌浆机移到下一个孔继续灌浆,待一块板灌浆完毕后,再移至其他板块灌浆。

(6)灌浆区板下的浆体经2~3d的硬化,达到通车强度达5MPa以上后,即可开放交通。

6.2.3 水泥混凝土路面表面功能修复

【学习任务5】 学习水泥混凝土路面修复的方法;掌握水泥混凝土路面罩面技术(如薄层水泥砂浆罩面、沥青磨耗层罩面)、稀浆封层技术和刻槽的方法来改善和恢复水泥混凝土路面表面功能修复处治流程及要点。

水泥混凝土路面通车3~5年,路面表面会出现磨光和露骨现象,尤其是耐磨性较差的粗集料、强度不高的水泥和混凝土情况下,路面表面磨损较为突出,影响路面的使用功能。为此,通常采用技术方法来改善和恢复水泥混凝土路面表面功能。

一、薄层水泥砂浆罩面

对局部板块出现的露骨,可采用薄层罩面。其施工工艺如下:

(1)用风镐凿除水泥混凝土面板表面,凿除深度为5cm。

(2)清除水泥混凝土碎屑和松散块,用高压水冲洗水泥混凝土板块毛面,用压缩空气清除水泥混凝土板块表面水分。

(3)在现浇混凝土板边立模。

(4)在水泥混凝土毛面上,按$1kg/m^2$涂上一层界面黏结剂;界面黏结剂有较好的黏结性能,黏结强度高达4.75MPa。

(5)配制混凝土及修补:

①SC-Ⅱ水泥砂浆。SC-Ⅱ水泥砂浆修补剂,具有耐磨性好、无收缩、抗冻性好,并且颜色与普通混凝土基本一致,无明显差异。其技术指标如下:

a. 密度:$2.9g/cm^3$。

b. 细度:6.2%。

②JK-24水泥混凝土配合比:

a. 原材料。42.5级普通水泥;砂:中砂;石子:粒径5~20mm;水:饮用水。

b. 配合比。水泥:修补剂:水:砂:石子 = 1:0.16:0.35:1.2:2。

③试验数据:

a. 密度:$2.42kg/cm^3$。

b. 坍落度:10mm。

c. 凝结时间:初凝1.55h,终凝:2.5h。

d. 泌水率:1.2%。

e. 强度:与龄期的关系见表6-8。

龄期强度 表6-8

龄期	1d	2d	3d	7d	28d
强度	26.4MPa	38.4MPa	43.9MPa	58.9MPa	62.3MPa

f. 采用强制式搅拌机拌和60~90s。

g. 采用人工摊铺,平板振捣器振捣密实,振动梁找平,人工抹面、压纹。混凝土拌制后使用时间一般不超过1.5h。

h. 修补混凝土摊铺后2h,对修补的混凝土采用养护剂进行保湿养生24h。

二、沥青磨耗层罩面

当水泥混凝土路面较大范围内磨光或露骨,可铺设沥青磨耗层。其工艺如下:

(1)对水泥混凝土板块进行修整和处理。在沥青磨耗层铺筑前,水泥混凝土路面应做到干燥、清洁,不得有尘土、杂物或油污。

(2)在水泥混凝土路面表面,喷洒$0.4~0.6kg/m^2$的黏层沥青,可采用热沥青、乳化沥青,尽可能采用快裂型乳化沥青。

(3)采用沥青洒布车喷洒黏层沥青。在路缘石、雨水进水口、检查井等局部位置与沥青面层接触处,用刷子进行人工涂刷。

(4)喷洒黏层沥青,应均匀洒布或涂刷,喷洒过量处应予刮除。

(5)当气温低于10℃或路面潮湿时,不得喷洒黏层沥青。

(6)喷洒黏层沥青后,除沥青混合料运输车辆外,严禁其他车辆、行人通过。

(7)乳化沥青破乳、水分蒸发完后铺筑沥青磨耗层。

(8)沥青磨耗层采用砂粒式沥青混凝土,厚度一般为1.0~1.5cm。矿料级配及沥青用量见表6-9。

砂粒式沥青混合料级配及沥青用量范围(方孔筛)　　　　表6-9

通过下列筛孔的质量百分率(%)								沥青用量(%)
9.5	4.75	2.36	1.18	0.6	0.3	0.15	0.075	6.0~8.0
100	95~100	55~75	35~55	20~40	12~28	7~18	5~10	

三、稀浆封层

对大面积露骨和磨光路段,可采用稀浆封层技术。稀浆封层的施工方法将在本书学习情境7沥青路面的病害处治中讲述,本节不赘述。

四、刻槽

对于弯道、陡坡等磨光的路段,可采用刻槽的方法进行处治,以恢复水泥混凝土路面表面功能。其工艺如下:

(1)刻槽工具。常采用自行式刻槽机进行刻槽。该种刻槽机使用圆盘形的金刚石刀片、碳化钨冲头等,在路面上切成窄槽。

(2)防滑槽刻制方向主要有以下两种:

①纵向刻槽,可以防止横向滑动与横向风力所造成的事故。

②横向刻槽,对缩短制动距离效果较好,适用于陡坡路段、交叉路口附近等。在路线纵向或横向指定的方向上,安置导向轮,将导向轮扣在导向轨上,实施刻槽作业。

(3)刻槽作业时应由高向低逐步推进。

6.2.4　水泥混凝土路面整修

【学习任务6】　学习水泥混凝土路面整修的方法;掌握水泥混凝土路面加铺技术方法、流程及要点。

当水泥混凝土路面遭到结构性破坏、使用功能严重下降时,路面需要修复。与沥青路面相比,水泥混凝土路面的修复比较困难。通常可采用的大修措施有3种:面板翻修、加铺新水泥混凝土面层或加铺沥青混凝土面层。

一、整块水泥混凝土路面板翻修

当路面产生严重的沉陷或严重的破碎板等病害,而且集中于一块板内时,正常的养护手段无济于事,只能通过整块面板的翻修,才能恢复其使用功能。

整块面板翻修的方法和工艺如下:

1. 清除混凝土碎块

首先,用风镐或液压镐凿除损坏的水泥混凝土板块,尽可能保留原有拉杆、传力杆;若拉杆、传力杆发生损坏,则应该重新补设,将破碎的混凝土碎块,清运至指定的堆放场地。

2. 处治基层

视基层损坏程度采取不同处治方法:

(1)基层损坏厚度小于8cm,整平基层压实后,可直接浇注与原路面强度相同的水泥混凝土,其施工方法应符合水泥混凝土路面施工规范要求。

(2)基层损坏厚度大于8cm,且坑洼不平,应首先整平、压实基层后,采用C15贫混凝土进行补强,其补强层顶面高程应与旧路面基层顶面高程相同。

(3)基层损坏极为严重,其厚度>20cm时,应分层处理基层。

(4)在基层上,按0.5kg/m² 沥青用量,喷洒一层乳化沥青,作为防水层。

3. 排水处理

对于翻修的混凝土板,处在路面排水不良地带,路面板的边缘及路肩应设置路基纵、横向排水系统。

(1)单一边板翻修时,应在路面板缩缝处设置横向盲沟。

(2)连续数块混凝土板块翻修时,宜设纵、横向盲沟,并应在纵坡底部设置横向盲沟。

4. 水泥混凝土翻修工艺

混凝土施工时配合比及所用的材料,应根据路面通车时间的要求,选用快速修补材料。其翻修工艺如下:

(1)将混凝土拌和机设置在施工现场附近,可采用翻斗车运送混合料。

(2)混合料的摊铺由运输车辆直接卸在基层上,混合料尽可能卸成几个小堆,用铁锹摊均匀,严禁使用钉耙搂耙,以防离析;摊铺的材料厚度,应考虑振实的影响而预留一定的高度,松铺系数一般控制在1.1左右,或根据试验确定。

(3)混合料的振捣应先用插式振捣器在板边、角隅处或全面顺序振捣一次,同一位置不少于20s,再用平板振捣器全面振捣,振捣时应重叠10~20cm,不小于15~30s,以不再冒泡并泛出水泥浆为止;在全面振捣后再用振动梁振实整平,往返拖拉2~3遍,使表面泛浆,并赶出气泡,振动梁移动的速度应缓慢而均匀,其速度以1.2~1.5min为宜。对不平处,应及时人工补平,最后用滚杆进一步滚动表面,使表面进一步提浆。新浇的混凝土表面与旧混凝土表面不平整,则应填补找平并重新振滚平整。

(4)混凝土表面整修,应用木抹多次抹面至表面无泌水为止。发现面板低凹处,应填补混凝土,并用3m直尺检查平整度。

(5)按原路面纹理修面,可用尼龙丝刷或拉槽器在混凝土表面横向拉槽。

(6)混凝土硬化后,应尽快用切缝机切缝,切缝深度宜为板块1/4厚度,合适的切缝时间须依据经验并进行试切后决定。经验切缝时间,见表6-10。

经 验 切 缝 时 间　　　　　　　　　　表6-10

昼夜平均温度 (℃)	常规切缝时间 (h)	真空脱水作业 (h)	昼夜平均温度 (℃)	常规切缝时间 (h)	真空脱水作业 (h)
5	45~50	40~45	20	18~21	12~15
10	30~45	25~30	25	15~18	8~11
15	22~26	18~32	30	13~15	5~7

注:表列时间为采用普通硅酸盐水泥,并不掺外加剂的切缝时间。

(7)混凝土板块的养生:

①混凝土板抹平之后,可在混凝土板块表面喷洒养护剂进行养生;养护剂应在纵横方向交叉喷洒,洒布要均匀,其用量不得少于 $350g/m^2$。

②也可采取洒水养生,用草帘或麻袋覆盖在混凝土板表面,每天洒水 2~3 次,使水泥混凝土板块经常保持潮湿状态。

(8)在水泥混凝土板块养护期满后,应立即进行接缝填封。

①接缝填缝材料分接缝板及填缝料两种。填缝料又分为加热施工式及常温施工式两种。

②填缝前,接缝缝内必须清理干净,灌注填缝料必须在缝槽干燥状态下进行,其灌注深度以 3~4cm 为宜,下部可填入多孔柔性材料。

③填缝料的灌注高度,夏天应与面板齐平,冬天宜稍低于面板。

(9)混凝土强度达到设计要求,即可开放交通。

二、水泥混凝土路面部分路段修复

水泥混凝土路面部分路段损坏,一般是由于设计、施工、材料、工艺、交通量、超载、养护不当等因素造成,严重影响行车安全。因此,对水泥混凝土路面损坏路段,必须进行彻底修复。

修复工艺及质量要求应与新建水泥混凝土路面施工要求相同。

三、加铺新水泥混凝土面层

加铺新水泥混凝土面层处治方式较多,可根据原路面损坏状况和希望达到的目标等因素作出选择。不论采用哪种方案,实施前都应对旧混凝土路面病害进行处理,尤其对旧路面中重破碎、脱空、裂缝继续发展的板击碎并清除,用混凝土补平。

1. 普通混凝土加铺处治方式

在旧水泥混凝土路面上,加铺的水泥混凝土路面面层,有结合式、直接式及分离式 3 种。

(1)结合式加铺层——系指对旧水泥混凝土板采取一定技术处理后,使加铺层与旧水泥混凝土板完全黏结在一起,此时认为层间的相对水平位移为零,即连续接触。结合式加铺层水泥混凝土厚度一般不小于 10cm。

当旧水泥混凝土路面面层绝大部分完好时,鉴于补强面层的考虑,可采取结合式加铺。

(2)直接式加铺层——系指加铺层直接铺筑在清扫和清洗的旧水泥混凝土板上,层间不作任何处理。直接式加铺层水泥混凝土层厚度不小于 14cm。

当混凝土面层破损稍多时,在把旧路面修补完善后可采用。

(3)分离式加铺层——系指加铺层与旧水泥混凝土板之间设置了一层隔离层。隔离层通常采用沥青砂、土工布或者沥青油毡。分离式加铺层水泥混凝土层厚度一般不小于 18cm。

当路面损坏严重时,只能采用分离式加铺的处治方式。

2. 钢筋混凝土加铺处治方式

钢筋混凝土加铺适用于一般路段,当路面破损严重,路基、基层强度不均匀,路面通行的重轴载较多时应采用。钢筋的作用是在混凝土开裂后能将裂缝拉住不张开,使裂缝保持结构性能。一般都做成分离式,板厚与普通混凝土加铺层相同。

3. 连续配筋混凝土加铺处治方式

连续配筋混凝土加铺层适用于高速公路和一级公路。板厚与普通混凝土加铺层相同。

4. 钢纤维混凝土加铺处治方式

钢纤维混凝土是一种纤维型和颗粒型相混合而成的复合材料，不仅抗拉、抗弯、抗剪强度显著提高，还有良好的抗冲击、抗冻、耐磨性能。钢纤维混凝土加铺层适用于路面高程受限制的路段，可做成结合式、直接式或分离式，造价较钢筋混凝土高，与连续配筋混凝土相当。板厚可取普通混凝土的 0.55~0.65 倍，钢纤维的体积含量为 0.5%~1.5%（一般为 1.0%~1.2%），抗折强度为素混凝土的 1.5~2.0 倍。

四、加铺沥青混凝土面层

由于沥青混凝土加铺层能有效地改善旧水泥路面的使用性能，同时能充分利用旧水泥路面，造价低，施工方便，且对交通及环境的影响小，因此，在国内外旧水泥路面改造工程中应用最多。我国关于旧水泥路面加铺沥青路面技术的研究主要集中在如何控制反射裂缝产生和发展的力学分析上，在此基础上，提出了一些防止沥青加铺层反射裂缝措施，并结合实体工程铺筑了大量的试验路，主要措施有：增设厚沥青裂缝缓解层，铺设土工格栅夹层或橡胶沥青夹层，在半刚性层基层上预切缝，以及对旧水泥混凝土路面板进行断裂稳固处理等。

1. 一般加铺方式

（1）旧水泥路面病害处治 + 沥青混凝土

在旧水泥混凝土路面上罩面，用于处治错台和改善平整度等。此方式适用于旧混凝土路面破损不十分严重的路段，可延缓病害的发展。

（2）旧水泥路面病害处治 + 隔离层 + 沥青混凝土

该方式适用于处理水泥混凝土路面严重破损路段。先要将旧水泥混凝土路面的病害处治好，用作加铺路面的基层，然后做隔离层，再做加铺层。

（3）打碎并压稳旧水泥路面 + 基层 + 沥青混凝土

该方式适用于处理水泥混凝土路面严重破损路段。其工序：先将旧水泥混凝土路面彻底打碎并压稳，用做加铺路面的底基层，然后做基层，再做加铺层。

2. 沥青混凝土加铺层的具体结构

近年来，国内对水泥混凝土路面加铺沥青混凝土施工技术进行了积极的探索，取得了许多成果。以下是几种实践中成功应用的沥青混凝土加铺层结构：

（1）旧水泥路面病害处治 + 改性沥青油毡 + 沥青砂调平层 + 玻纤隔栅 + 沥青混凝土面层。

工程实例：南京—扬州高速公路，水泥混凝土路面改造工程，加铺层总厚度为 12cm。其中：沥青砂 2cm，(AC-25I)6cm，(SMA-16)改性沥青 4cm。

（2）旧水泥路面病害处治 + 半刚性基层 + 沥青下封层 + 玻纤格栅 + 沥青混凝土面层。

工程实例：南京—扬州高速公路，水泥混凝土路面改造工程，加铺层总厚度为 26cm。其中：二灰碎石 15cm，沥青下封层 1cm，(AC-25)6cm，(SMA-16)改性沥青 4cm。

（3）旧水泥路面病害处治作为刚性底基层 + 沥青碎石柔性基层 + 沥青混凝土面层。

工程实例：南京—连云港高速公路，水泥混凝土路面改造工程，加铺层总厚度为 24.5cm。其中：(AC-10)2.5cm，(LSM-25)10cm，(Sup-25)8cm，改性沥青(SMA-13)4cm。

（4）水泥混凝土碎块底基层 + 半刚性基层 + 沥青混凝土面层。

工程实例:南京—合肥高速公路,水泥混凝土路面改造工程,加铺层总厚度为36cm。其中:二灰碎石20cm,沥青下封层1cm,(AC-25I)6cm,(AC-20I)5cm,改性沥青(SMA-13)4cm。

(5)水泥混凝土碎块底基层+沥青贯入过渡层+半刚性基层+沥青混凝土面层。

工程实例:南京—句容二级公路大修,水泥混凝土路面改造工程,加铺层总厚度为47.5cm。其中:沥青贯入5cm,二灰碎石32cm,沥青下封层1.5cm;(AC-20I)5cm;改性沥青(SMA-13)4cm。

3. 反射裂缝的控制

值得注意的是,如果旧水泥路面处理得不充分,或者水泥混凝土面层与沥青加铺层之间的黏结不够牢固,则会导致加铺路面的再度损坏,如推移、车辙、水损坏及反射裂缝等;特别是沥青加铺层中迅速发展的反射裂缝往往缩短了加铺层的使用寿命。

如何控制反射裂缝产生的时间和扩展的速度至今仍是一个难题。国内外的研究表明,彻底消除反射裂缝是不经济的、不现实的。加铺层采用防反措施的目的是控制开裂,而不是消除开裂。所有的防反措施只是尽量推迟产生早期裂缝的时间和减缓裂缝产生后向上面层发展的速度,从而达到延长其使用寿命的目的。

现阶段,控制和处治反射裂缝通常采用土工布、土工格栅、设置应力吸收层、改性沥青油毡、切缝填封橡胶沥青、铺筑柔性基层、半刚性基层等方法。

6.2.5 旧水泥混凝土路面再生利用

【学习任务7】 学习水泥混凝土路面再生利用的方法;掌握水泥混凝土路面再生利用技术及方法。

当采用修复技术来延长现有路面的使用寿命并不经济时,旧水泥混凝土路面再生利用就成为一种可供选择的方案。再生利用一般有下列4种途径:

(1)对旧路面水泥混凝土进行回收,用作新水泥混凝土的集料。
(2)旧路面回收,作为半刚性基层集料。
(3)不回收,直接将旧水泥混凝土路面破碎、稳固,作为路面底基层。
(4)将旧水泥混凝土块用于砌筑挡土墙、边沟。

以下简要介绍旧水泥混凝土路面再生利用的基本方法。

一、再生水泥混凝土路面

对于大面积破损的旧水泥混凝土路面,通常将旧路面水泥混凝土回收。当旧水泥混凝土板块强度达到石料二级标准时,可用作新的水泥混凝土集料。其方法简述如下:

(1)对旧水泥混凝土路面及地下状况进行调查,并在平面图上标注地下构造物、涵洞、地下管道(自来水管、煤气管、通信电缆、光缆)、排水设施(下水管)、桥头搭板和沥青混凝土修补路段。

(2)在地下构造物、涵洞、地下管道(线)、排水设施、桥头搭板位置以及破碎板与保留板连接处的第一块旧混凝土板使用液压镐破碎。

(3)全幅路面板破碎可用落锤式破碎机,从路中心线开始交替向路肩进行,落锤中心距为45cm。经破碎机破碎后的碎块边长约为30cm。

(4)破碎工作结束后,用装载机将水泥混凝土碎料堆积在旧路面的中线附近。

(5)将回收的水泥混凝土路面材料运送到轧石厂进行加工。在装车和运输过程中,应注意及时把暴露的钢筋取出。加工时,在轧石机之间的传送带和进料斗的上方,悬吊一块磁铁,以便将钢筋吸出。

(6)可再生利用的旧混凝土粒料的粒径应在 20~40mm 之间。在做水泥混凝土配合比设计时,粒径小于 20mm 的集料宜采用新的碎石,不宜采用旧混凝土粒料。配合比中一般掺加减水剂和二级干粉煤灰。

回收集料、新集料、水泥、粉煤灰最终级配要求,应满足表 6-11 和表 6-12 的要求。

粗集料级配要求(圆孔筛) 表 6-11

筛孔尺寸(mm)	40	20	10	5
累计筛余(%)	0~5	30~65	70~90	95~100

细集料级配要求 表 6-12

筛孔尺寸(mm)	5	2.5	1.25	0.63	0.315	0.16
累计筛余(%)	0	0~20	15~50	40~75	70~90	90~100

(7)再生水泥混凝土路面施工与普通水泥混凝土路面施工工艺基本相同。

二、石灰、粉煤灰(以下简称二灰)稳定旧混凝土集料

使用二灰稳定旧混凝土集料技术要求和施工,简述如下:

1. 旧水泥混凝土集料强度要求

水泥石强度达到三级标准,可作为基层集料。

2. 旧水泥混凝土用作集料粒径要求

集料的最大粒径不超过 30mm,压碎值 <30%;集料级配范围见表 6-13。

石灰粉煤灰稳定粉碎混凝土集料级配要求(方孔筛) 表 6-13

筛孔尺寸(cm)	31.5	19	9.5	4.75	2.38	1.18	0.6	0.075
通过率(%)	100	81~98	52~70	30~50	18~38	10~27	6~20	0~7

3. 混合料组成设计

(1)石灰:粉煤灰 = 1:2~1:4。

(2)石灰粉煤灰:级配碎石 = 20:80~15:85。

(3)石灰:粉煤灰:级配碎石 = 5:13:82。

4. 设计步骤

(1)确定石灰粉煤灰再生集料的最佳含水率和最大干密度(用重型击实试验法)。

(2)按最佳含水率和计算得到的干密度制备试件。

(3)试件在 25℃ ±2℃ 下保湿养生 6d,浸水 1d 后,进行无侧限抗压强度试验。

(4)石灰粉煤灰混合料 7d 浸水抗压强度 ≥0.8MPa。

5. 二灰稳定旧水泥混凝土集料施工

二灰稳定旧混凝土集料的施工与二灰碎石施工工艺基本相同。

(1)二灰稳定旧混凝土碎块,须在中心拌和站用机械进行集中拌和,石灰必须过筛,再生集料应用防雨布覆盖;二灰混凝土碎块的含水率应略大于最佳含水率,拌成混合料的堆放时间不超过 24h。

(2)采用摊铺机摊铺二灰混凝土碎块混合料时,当摊铺厚度大于 20cm,应分层施工;上基层二灰混凝土碎块结构层厚度不小于 15cm,两层二灰混凝土碎块基层可连续施工。二灰

混凝土碎块结构层松铺系数为 1.20～1.30。

(3)二灰混凝土碎块结构层,应采用12t以上的三轮压路机或14t以上的振动压路机碾压8遍。三轮压路机在不便碾压的局部路段,采用10t的二轮压路机进行碾压。碾压过程中,如有"弹簧"、"车辙"、起皮等现象,应及时翻开重新拌和碾压。

(4)二灰混凝土碎块结构层工作缝位置,在开始摊铺新混合料之前,应将接缝位置斜坡挖除,并挖成一横向且垂直向下的断面,然后摊铺新的二灰混凝土碎块基层。

(5)二灰混凝土碎块基层碾压完成后的第二天,开始洒水养生,保持表面潮湿,养生期7d。二灰混凝土碎块养生期间,禁止车辆在二灰混凝土碎块基层上行驶。

(6)二灰混凝土碎块基层施工遇雨时,应立即将二灰混凝土碎块堆或沿尚未碾压密实的二灰混凝土碎块基层进行覆盖。若二灰混凝土碎块遭雨淋,须检查石灰含量;若石灰含量不足,则应将二灰混凝土碎块重新掺石灰搅拌,碾压密实。

三、水泥稳定旧混凝土集料

水泥稳定旧混凝土集料的技术要求和施工,分述如下:

1. 旧水泥混凝土集料强度要求

水泥石强度达到三级以上标准,可作为水泥稳定粉碎混凝土基层集料。

2. 旧水泥混凝土集料粒径要求

集料的最大粒径不超过30mm,压碎值小于30%;集料级配范围见表6-14。

水泥稳定旧混凝土集料级配要求(方孔筛)　　　　表6-14

筛孔尺寸(cm)	31.5	26.5	19	9.5	4.75	2.36	0.6	0.075
通过率(%)	100	90～100	75～89	47～67	29～49	17～35	8～22	0～7

3. 水泥

(1)要求采用普通硅酸盐水泥、矿渣硅酸盐水泥、火山灰质硅酸盐水泥。

(2)路面基层宜采用强度等级较低的水泥,要求水泥各龄期强度达到相应指标要求,安定性要好,初凝时间3h以上,终凝时间不小于6h,可以适当添加一定数量的外加剂。

(3)水泥进场入罐时,要了解其出炉天数,刚出炉的水泥要停放7d才能使用。夏季高温作业时,散装水泥入罐温度不能高于50℃;高于这个温度,若必须使用时,则应采用降温措施。冬季施工,水泥进入拌缸温度不低于10℃。

4. 混合料组成设计

(1)按不同水泥剂量分组试验。一般建议水泥剂量按4.5%、5%、5.5%这3种比例进行试验(水泥:集料 = 4.5:100、5:100、5.5:100),水泥稳定粒料的抗压强度代表值为4～5MPa,室内试验试件抗压强度的代表值按式(6-9)计算:

$$R_{代} = \overline{R}(1 - Z_\alpha C_v) \tag{6-9}$$

式中:$R_{代}$——抗压强度代表值(MPa);

　　　$\overline{R}$——该组试件抗压强度的平均值(MPa);

　　　Z_α——保证率系数,高速公路保证率95%,此时 $Z_\alpha = 1.645$;

　　　C_v——试验结果的偏差系数(以小数计)。

(2)做不同水泥剂量混合料的击实试验,确定各种混合料的最佳含水率和最大干密度。

(3)按规定压实度(98%)分别计算不同水泥剂量的试件的干密度。

(4)按最佳含水率和计算得出的干密度制备试件。进行密度试验时,作为平行试验的最小试件数量应根据试验结果的偏差系数加以确定。每组试件个数为:偏差系数10%～15%时9个,偏差系数15%～20%时13个。

5. 基层试验项目

(1)重型击实试验,求最佳含水率和最大干密度。

(2)抗压强度,检验水泥稳定粒料强度是否达到设计要求。

(3)结合料剂量,检查水泥剂量是否符合配合比要求。

(4)延迟时间,确定基层碾压终了时间。

6. 试件制备和试验

将制好的试件脱模称重后放到相对湿度95%的密封湿度箱或养护室内养生,养生期的最后1d(第7d)将试件浸泡在水中,水的湿度应使水面在试件顶上约2.5cm,浸水和温度与养护温度相同。在浸泡水之前,应再次称试件的质量,在养生期间试件质量损失(指含水率的减小),应不超过10g,质量损失超过此规定的试件,应该作废。将已浸水一昼夜的试件从水中取出,用软的旧布吸去试件表面的可见自由水,并称试件的质量。然后进行无侧限抗压强度试验。

7. 施工温度要求

水泥稳定粉碎混凝土集料基层施工,日最低温度应在5℃以上。降雨时应停止施工,但已经摊铺的混合料应尽快碾压密实。

8. 混合料拌和

(1)拌和料的备料应能满足3～5d的摊铺用料,并用防水布覆盖。

(2)每天应检查集料的含水率,计算当天的施工配合比,外加水与天然含水率的总和要比最佳含水率略高(1%左右)。实际采用的水泥剂量可大于混合料组成设计时确定的水泥剂量约0.5%。但实际采用的水泥剂量和现场抽检的水泥剂量应小于6%。

(3)每天开始搅拌之后,出料时要取样检查是否符合给定的配合比;进行正式生产之后,每1～2h检查一次拌和情况,抽检其配合比含水率是否变化。高温作业时,早晚与中午的含水率要有区别,要按温度变化及时调整。发现干湿不均、有离析的混合料要废弃。

9. 混合料运输

(1)应尽快将拌成的混合料运送到铺筑现场。车上的混合料应覆盖,减少水分损失。

(2)运输车辆一定要满足拌和出料与摊铺的需要。

10. 混合料摊铺

(1)拌和机与摊铺机的摊铺的能力应相互匹配,摊铺机应连续摊铺。

(2)清除底基层表面浮土等杂物。

(3)水泥稳定粉碎混凝土混合料的松铺系数为1.20～1.30。

(4)在摊铺机后应设专人消除混合料离析现象,应铲除局部粗集料"窝",并用新拌混合料填补。严禁用薄层贴补法进行找平。

11. 混合料碾压

(1)应在混合料含水率处于或略大于最佳含水率(气候炎热干燥时,基层混合料可大1%～2%)时进行碾压,直到达到要求的压实度。

(2)碾压过程中,水泥稳定粒料的表面应始终保持湿润,如水分蒸发过快,应及时补洒少量雾状水。

(3)碾压宜在水泥终凝前及试验确定的延迟时间内完成,并达到要求的压实度,同时没有明显的轮迹。

12. 横缝设置

(1)每天收工之后,第二天开工的接头断面也要设置横缝。

(2)横缝应与路面车道中心线垂直设置。其设置方法:首先目测在松铺厚度发生变化的地方挖槽放置方木;然后将混合料碾压密实;在重新开始摊铺混合料之前撤除方木并挖除末端的混合料。

(3)如摊铺施工中断超过 2h,而又未按上述方法处理横向接缝,则应将摊铺机附近及其下面未压实的混合料铲除,并将已碾压密实且高程和平整度符合要求的末端挖成与公路中心线垂直向下的断面,然后再摊铺新的混合料。

13. 养生

(1)每一段碾压完成并经压实度检查合格后应立即开始养生。

(2)用湿草袋覆盖洒水养生。洒水车的喷头要用喷雾式,每天洒水次数应视气候而定,养生期间应始终保持稳定粒料层表面湿润,养生期不少于 7d。对于缺水地区也可覆盖薄膜(或土工布)养生,基层薄膜养生期不宜少于 7d,冬季施工的养生期要适当延长。用作基层时也可采用沥青乳液进行养生。

(3)养生期间应封闭交通。

四、旧水泥混凝土碎块垫层

1. 一般规定

(1)水泥混凝土路面破损状况属差级时,应将混凝土板破碎,作为底基层使用。

(2)在水泥混凝土路面两侧板底高程以下 20cm×20cm,开挖纵向排水沟,每隔 20m 开挖 20cm×20cm 横向排水沟,排除路面积水。

(3)对水泥路面进行调查,在平面图上标注地下构造物,确定破碎混凝土板的范围。

2. 水泥稳定碎块混凝土垫层

(1)在不允许采用冲击锤施工的位置,先用液压镐,进行破碎混凝土施工。

(2)在允许采用冲击锤施工的部位,在混凝土板上画出 45cm×45cm 的网格。

(3)采用冲击锤对准网格节点进行冲击,混凝土板块最大边长尺寸不超过 30cm。

(4)采用砂浆搅拌机,按水泥:砂:水 = 1:4:0.5 制备 C5 水泥砂浆。

(5)用人工将砂浆灌入破碎板缝隙内。

(6)用 15t 以上的大吨位的轮胎式振动压路机进行碾压,压路机碾压速度为 2.5km/h,往返碾压 6~8 遍。压路机在振碾过程中,一旦发现缺浆,应立即进行补浆,要求底基层上有一层 0.5cm 厚的薄层砂浆。

(7)对软弱松动的碎块应予清除,并用 C15 混凝土回填。

(8)水泥砂浆稳定破碎板应保养 3d。3d 后可进行弯沉测量。凡弯沉达不到设计要求,则应将弯沉大于 0.55mm 的较大点位置的破碎板进行挖补,用 C15 贫混凝土回填,一般代表弯沉值控制在 0.67mm 以下。

3. 断裂稳固旧水泥混凝土路面垫层

(1)进行冲击破碎施工前,首先要调查清楚施工路段上的涵洞、通道、桥台的位置,用石灰水标明破碎压实范围和控制点,检测人员做好一切准备工作。

(2)压实机械行驶时速度一般为9~12km/h,转弯半径为8m;冲压遍数根据沉降量和混凝土块的破碎状况来确定。即行车道和超车道一般冲压20遍左右,然后根据具体实际情况再酌情增减。

(3)混凝土面板在水平方向所受的约束力越小,冲击破碎的效果越好。因此,施工作业时,冲击顺序应从路面的边板开始,即从路肩—行车道—超车道依次进行。

(4)冲压质量控制。采用冲击压实技术修复混凝土路面的质量目标是:破碎并稳固混凝土面板,并使其碎板块紧密嵌锁,与压实后的原路面基层,形成稳固厚实的底基层,有效减少和缓解反射裂缝。采用路面沉降量、冲击遍数和板块破碎状况,作为冲击压实的质量控制指标。

①沉降量与冲击遍数控制。沉降量与冲击遍数是紧密相关的。沉降量用不同冲压遍数后测得的路面高程之差计算得出。检测方法和频率为:

a. 在路面上布好沉降量高程检测点,测点布置如图6-13所示。

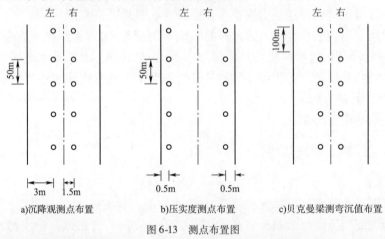

图6-13 测点布置图

b. 冲压前,测量记录原地面高程;每冲压5、10、15、20遍后测一次。

c. 如两次之间的高程测量差值小于5mm,即可结束冲压,以最后一次的冲压遍数(如20遍作为沉降量控制标准);如大于5mm,则再冲压2~3遍,直至沉降量小于5mm,以最后的冲压遍数作为控制遍数。

②破碎状态控制。首先应对未冲压前混凝土板块损坏情况进行现场实测和记录,以后每5遍检测一次。最终破碎的网状碎块应控制在45~60cm之间。该碎块并非一般意义的明显碎块,而是裂缝(纹)贯穿块与块之间并形成集料嵌锁的结构从而保全原路面所具有大部分结构强度。一般代表弯沉值控制在0.53mm左右。

(5)冲压施工注意事项。由于冲压时产生极强的冲击力,因此,施工时必须对其影响范围内的涵洞、构造物进行安全避让。

①桥梁、通道。冲压边界距桥头和通道边不少于5m;并须在桥头搭板之外。

②涵洞。冲压边界距管涵中线或板涵边线不少于2m,管涵上方土层厚度不小于2m,板涵上方土层厚度不小于3m。

③房屋。视房屋的不同结构确定安全距离,避免造成损失。其避让方法:

首先要准确调查所有桥涵构造物,明显标出安全距离线,施工中冲压至安全线时,可将冲压轮升起,低速空驶过安全范围后,再行冲压施工。

(6)由于冲压破碎后,路面产生大量的裂缝,丧失抵抗雨水渗透侵蚀的能力,会造成板下基层和土基含水率增大,且不易散发,影响冲压效果。所以路面破碎后要及时进行防水处理,最好及时采取沥青下封等措施。

五、旧水泥混凝土碎石化技术

旧水泥混凝土路面因大面积破坏而丧失整体承载能力,并且通过局部的挖除、压浆等处理方式已不能恢复其使用功能,或不能达到结构强度要求时,如果采用通常的直接加铺方式改造后路面会出现反射裂缝等问题、碎石化改造技术就是专门针对这一问题而开发出的一种快捷有效的路面改造技术。

碎石化技术起源于20世纪80年代的美国,由于破碎后其颗粒粒径小,力学模式更趋向于级配碎石,故称为碎石化。水泥混凝土路面碎石化是一种旧水泥混凝土路面破碎处治技术,是对旧水泥混凝土路面大修或改造的重要手段。

1. 碎石化技术的强度形成机理

水泥混凝土路面碎石化后分为表面细粒散层、碎石化层上部和碎石化层下部3个层次。

(1)碎石化后表层约2~5cm,在压实过程中,颗粒被压密,形成嵌挤薄层,通过洒布透层油,具有较高的黏结力,并具有一定的强度和稳定性。

(2)碎石化层上部厚度约10cm,强度主要有:一是来源于内摩阻角,粒径越大则内摩阻角越大;二是来源于预应力,水泥混凝土面板在破碎时,混凝土产生侧向体积膨胀,混凝土颗粒的粒径越小,膨胀趋势越大,产生的预应力越大。

(3)碎石化层下部厚度约10cm,是"裂而不碎、契合良好、联锁咬合"的块体结构。该结构静定且自稳,具体表现形式为各种形式的咬合梁、拱结构,在外力作用下产生咬合嵌挤作用,比普通嵌锁作用更大,提供的强度更高,具有更好的结构稳定特性。

2. 破碎设备

实施碎石化的主要设备有MHB类设备和共振式设备。但是由于共振式设备破碎程度较高,破碎后颗粒粒径更小,因而板块强度损失也较大,需要加铺的路面结构要求更高,不够经济,因此MHB逐步成为主要的设备。

(1)冲击压实机械

冲击压实机械是冲击压实技术的主要施工机械,如图6-14和图6-15所示。冲击压实技术具有运行速度快,施工工序少、工期短、成本低,应用范围广等特点,能够提高路基强度、稳定性和均匀性,防止不均匀沉陷而造成的路面破坏。但是经破碎后实测回弹模量的均匀性与路面稳定性差。

图6-14 五角形蓝派冲击压实机

图6-15 三角形蓝派冲击压实机

(2)打裂压稳和打碎压稳设备

打裂压稳和打碎压稳设备是常用的水泥混凝土板块破碎设备,也都是通过重力势能工作,一般是门架式设备(见图6-16),通过钢梁的下落达到破碎的目的。该技术可以延缓加铺沥青混凝土面层反射裂缝的出现并充分利用原路面的强度。

(3)共振(单锤头)破碎机械

共振式破碎机利用振动梁带动工作锤头振动,锤头与路面接触。通过调节锤头的振动频率,使其接近水泥面板的固有频率,激发其共振,将水泥混凝土面板击碎。如图6-17所示。

图6-16 门式破碎机

图6-17 PSZ600型共振式破碎机

(4)多锤头碎石化(MHB)机械设备

MHB(Multiple-Head Breaker)是一种多锤头破碎设备(见图6-18),利用设备所带多个重锤的重力下落对水泥混凝土路面板进行锤击破碎,并配合有"Z"字花纹碾压轮的震动压实机对破碎后路面振动压实(见图6-19)。

图6-18 多锤头破碎机

图6-19 Z纹压路机与多锤头破碎机配合使用

MHB的破碎机理是通过重锤的下落对水泥混凝土板块产生瞬时、点状的冲击作用,其具有以下特点:整幅车道宽度单次多点破碎;锤击功可以方便调节;破碎效率很高;破碎后颗粒组成特性较好;破碎后的表面平整度较高;方便调节,作业灵活。

Z纹压路机是一种在钢轮表面带有Z状纹理的振动式压路机,自重不小于10t,其作用是进一步碾压碎石化后的路面,为加铺提供一个平整的表面。

各种破碎工艺对比,见表6-15。

各种破碎工艺综合评价 表6-15

评定指标改造技术	施工速度	工程造价	路面板材料再生利用率	旧水泥路病害处理程度	工程适应性
多锤头破碎技术	好	好	最好	最好	好
共振碎石化技术	最好	一般	最好	好	一般
打裂压稳技术	最好	好	最好	较好	较好
冲击压实技术	最好	好	较好	一般	较好

（5）MHB 碎石化

MHB 碎石化的适用条件：

①水泥混凝土路面有大量病害：错台、翻浆和角隅破坏等达到总接缝长度的20%以上。

②板块出现开裂、断板或下沉，需要修补的面积达到路面总面积的20%～70%。

③水泥混凝土路面基层及面层厚度超过33cm；20%的路面面板已被修补或需要被修补；混凝土路面断板率介于20%～45%之间。

不适宜用 MHB 碎石化的情况：

①旧路改建中遇到的挡墙、桥梁和涵洞等的承载力不足以承受再生设备荷载需加固的路段。

②公路近旁有敏感建筑物或设备（安全距离小于5m）不能经受再生设备引起的地面振动路段。

③路面以上受净空限制，不容许加铺新路面的路段。

3. 碎石化施工工艺流程

破碎试验段与检查试坑→确定破碎工艺控制→破碎施工→Z纹压路机压实→洒布透层油并压实→碎石化后加铺。

（1）破碎试验段与检查试坑

试验段主要用于设备参数调整，以达到规定的粒径和强度要求。在碎石化施工正式开始前，应根据路况调查资料，在有代表性路段选择至少长50m、宽4m（或一个车道）的路面作为试验段。根据经验一般取落锤高度为1.1～1.2m，落锤间距为10cm，逐渐调整破碎参数对路面进行破碎，目测破碎效果，当碎石化后的路表呈鳞片状时，表明碎石化的效果能满足规定要求，记录此时采用的破碎参数。

为了确保路面破碎成规定的尺寸，在实验区内随机选取两个独立的位置开挖1m^2的试坑，试坑的选择应避开有横向接缝或工作缝的位置。试坑应开挖至基层，以在全深度范围内检查碎石化后的颗粒是否在规定的粒径范围内。如果破碎的混凝土路面粒径没有达到要求，那么设备控制参数必须进行相应调整，并相应增加试验区循环上一个过程，直至要求得到满足，并记录符合要求的 MHB 碎石化参数备查。

（2）破碎顺序

MHB 破碎操作的次序应在满足破碎效果的基础上保证有利于表面排水。一般情况下，应先破碎路面两侧的车道，这是因为两侧缺乏侧向约束，有利于破碎；然后破碎中部的行车道。破碎一个车道的过程中实际破碎宽度应超出一个车道，与相邻车道搭接部分，宽度至少15cm。

（3）压实

压实的主要作用是将表面的扁平颗粒进一步破碎，同时稳固下层块料，为新建沥青面层提供一个平整的表面。为了防止压实过度而将碎石化层压入基层，应避免在潮湿的条件下进行压实操作，特别是在稳定性有问题的地方。压实按如下顺序进行：

①Z纹压路机至少3遍；

②胶轮压路机1遍；

③振动钢轮压路机1遍；

④压实速度不允许超过5km/h。

(4)洒布透层油并压实

为使表面较松散的粒料有一定的结合力,建议用乳化沥青透层表面在撒布适量的石屑进行光轮静压,石屑用量以不粘轮为标准。透层油乳化沥青用量大约为$3kg/m^2$,渗入深约3cm。

(5)碎石化后加铺

先破碎旧水泥混凝土板块,然后在其上加铺沥青混凝土面层。该方法适用于路面破损比较严重,且有明显的唧泥、板底脱空、错台的情况。该法将旧水泥混凝土板块破碎后作为新建沥青混凝土路面的基层或底基层,其初期资金投入较少,且不存在废弃旧混凝土板块的处置问题。另一方面,破碎后的旧水泥混凝土板块类似于级配碎石,又有利于防止反射裂缝的产生。

碎石化层作为基层直接加铺沥青路面,目前我国技术规范中没有相应规定,需要结合试验路的实际情况提出,具体实施中可以灵活掌握。如果碎石化层的表面平整度不满足《公路路面基层施工技术规范》(JTJ 034—2000)的要求,在铺筑沥青路面前,必须进行处理。处理措施主要有:

①据平整度情况合理选择沥青混合料的型号;
②填充级配碎石找平、碾压后洒布热沥青或乳化沥青,再进行压实;
③采用其他合适的技术措施进行找平。如果不进行找平,可能会影响沥青路面的平整度,影响路面的使用效果。

4.碎石化技术应用的注意问题

在满足技术、经济条件要求的前提下,应用MHB进行碎石化前还需要综合考虑以下因素:

(1)水泥混凝土路面基层的破坏程度决定了其碎石化施工的颗粒控制和工艺要求。对于损害严重的水泥混凝土路面,必须判断其基层状态。一般情况下,基层破坏程度越高,破碎后粒径越小。

(2)水泥混凝土路面基层的破坏程度是判断严重病害路面是否可用碎石化工艺的重要标准;当基层严重破坏时,碎石化后板块容易丧失颗粒间的嵌挤作用,导致模量下降,容易导致沥青路面层出现疲劳破坏。此时应用碎石化,应注意提高上部路面结构设计安全性。

(3)排水设施是碎石化的必需辅助工程。完善排水设施是防止碎石化后沥青加铺层再次发生水损坏的重要措施。

5.碎石化技术的优点

(1)碎石化技术是目前解决路面改造后出现反射裂缝问题的最有效方法,碎石化后,可以直接作为新路面结构的基层或底基层。如果旧水泥混凝土路面破碎后具有较高的强度,能够满足承载力的要求,可以直接作为路面基层直接加铺路面层。

(2)破碎后并经压实的混凝土路面,形成内部嵌挤、紧密结合、高密度的材料层,从而为沥青罩面提供更高结构强度的基层或底基层。

(3)施工简便不必全封闭交通,改造周期短,综合造价低。

(4)就地再生,环保无污染。有效利用了原有水泥混凝土路面,避免因清除旧混凝土路面板而造成的环境污染,是旧水泥混凝土路面翻新改造的理想办法。

任务6.3 编写水泥混凝土路面病害处治的施工组织设计

【知识目标】
　　掌握水泥混凝土路面病害处治施工方法；掌握水泥混凝土路面病害处治施工组织设计编写。

【能力目标】
　　能按照施工安排完成水泥混凝土路面病害处治施工，并能编写水泥混凝土路面病害处治施工组织设计。

　　施工组织设计的繁简，一般要根据工程规模大小、结构特点、技术复杂程度和施工条件的不同而定，以满足不同的实际需要。复杂和特殊工程的施工组织设计须较为详尽；小型建设项目或具有较丰富施工经验的工程则可较为简略。水泥混凝土路面病害处治施工组织设计是为指导具体的水泥混凝土路面病害施工服务的，要有很强的针对性，要解决好各工序、各工种之间的衔接配合，以提高施工质量和效率。由于是水泥混凝土路面病害处治施工，因此应针对不同的路况和路面病害确定不同的技术方案。

　　施工组织设计一般包括如下4项基本内容：
　　(1)施工方法与相应的技术组织措施，即施工方案。

　　施工方案要突出水泥混凝土病害特点，采取针对性措施，这需要在充分做好路况调查基础上完成，对不同的病害类型采用不同的处治方法。

　　(2)施工进度计划。

　　根据水泥混凝土病害及交通情况合理安排施工计划，由于水泥混凝土病害处治往往不能影响车辆交通，所以在组织施工时尤其要做好安全施工。

　　(3)施工现场布置。
　　(4)有关人员、施工机具、材料、施工用水、电、动力及运输等需求量及其供应办法。

案　例

案例1　旧水泥混凝土路面的检测与评价

　　××公路水泥混凝土路面进行路面状况检测与评价，通过调查为该线路大修工程可行性研究和维修方案设计提供技术依据。

　　1.××公路修建和养护资料

　　××公路起于××，经××，终点在××，全长约27.0km。路线呈为东西走向，省道路段为双向4车道，城镇段为双向6车道。现状路面建于1993年，为水泥混凝土路面。现状公路采用原规范一级公路标准，计算行车速度为60km/h。

　　道路现状有长约7.0km两侧路基不同高，大部分为左边比右边高，其原因主要是道路维护时，在路线左幅增加了新的水泥板，而右幅为原来未改造的旧水泥面板，所以也就比较破碎，路面损坏现象非常严重。为防止路面进一步损坏，提高路面的服务水平和通行能力，拟对本项目进行大修改建。

2. 路面损坏状况检测

道路使用状况调查的目的,是为了全面了解现有路基路面结构的破损状况、承载能力和交通状况,据此判断路面是否需要加强或预估剩余使用寿命,由此提出具体的处治方案。调查内容包括:路面修建情况、路面表观调查、FWD 检测、路面雷达检测、路面钻芯取样、平整度检测、交通量以及排水设施调查等,对路面的破损原因进行深入的分析。

根据《公路工程技术状况评定标准》(JTG H20—2007)及相关规范要求,采用人工现场调查的方法进行路面损坏状况评价。道路按上行方向和下行方向分别评价,具体路面病害的类型、位置和破损程度按每 10m 为单位进行记录,最后计算破损率 DR 以及路面状况指数 PCI(见表 6-16)。

各调查路段 PCI 代表值 表 6-16

调查路段	PCI 代表值	损坏面积(m^2)	评价等级
上行方向	41.05	77495	次
下行方向	39.16	83938	差

路面主要病害类型为破碎板和裂缝。具体路段的典型损坏形式,如图 6-20 和图 6-21 所示。

图 6-20 水泥混凝土板块破碎

图 6-21 水泥混凝土板块裂缝

3. 路面结构强度检测

(1)接缝传荷能力和板底脱空状况调查评定

评定现有旧水泥混凝土路面的接缝传荷能力、板底脱空状况,为××公路大修工程提供必要设计参数和依据。检测采用的落锤式弯沉仪为丹麦产 Carlbro FWD 的 PRI 2100 型。

检测结果表明:旧水泥混凝土路面路段代表弯沉在 37.59~195.74μm 之间,全线的路面结构强度和刚度及接缝传荷能力变异性大、均匀性差,表明全线现有路面结构出现了大量的板底脱空、错台、面板断裂、接缝损坏和基层松散等病害。利用路面雷达检测路面板厚度与脱空情况,检测结果表明:面板厚度分布的均匀性很差,部分路段厚度偏薄,达不到原设计厚度的要求,全线各路段存在不同程度的脱空现象,且脱空范围大。

(2)路面钻芯取样

采用路面钻芯取样测定路面板厚度和强度,试验结果表明,路面板厚度大于设计厚度的占 58.48%,芯样强度大于设计强度的占 97.20%。全路段路面强度基本满足要求,但厚度整体偏小。

(3)平整度检测

路面行驶质量检测结果表明,全路段路面行驶质量评定为优和良的路段只占 7.6%,而评定为中、次、差的路段占 92.4%。

(4) 交通量与轴载谱调查

交通量及轴载谱调查结果表明,本路段交通量较大,现有交通量折算为小客车的年平均日交通量达到20 926辆。路面行驶车辆超载现象比较严重,特别是单前轴单后轴的大货车,根据在收费站现场轴载称重检测结果,其前轴41.1％超限重,后轴61.4％超限重,最大轴重达370kN。

4. 病害原因分析

通过实地调查道路出现大面积的严重病害现象的原因有以下几点:

(1) 交通量大、重车多、超载现象严重

建成通车以来,交通量增加迅速,而且超载现象特别严重。将各种轴型不同轴载级位的轴载换算为标准轴载(BZZ—100)。计算结果显示通车至今的设计车道标准轴载累计作用次数已达原设计路面的累计轴次,可见该路段早已达到了设计使用寿命。

(2) 排水设施不完善

受当时国内技术水平和认识水平限制,对水泥混凝土路面结构渗透排水设计和施工重视不够,基本未设置渗透排水,路基一旦发生沉降,局部面板不仅破碎,而且大量透水,同时中央分隔带没有排水设施,超高路段采用漫流方式,由于路面接缝填缝料的剥落,致使雨水从中央分隔带和接缝处下渗到路基无法排出,导致水损害,产生严重的唧泥现象,致使每年断板破坏的增长率相当快。

(2) 施工技术和工艺滞后

受当时国内施工技术及设备条件限制,水泥混凝土路面的施工工艺落后,大部分采用小型机具施工,存在着原材料质量较差,粗集料粒径过大,并使用不分级配的统料,砂石中含泥量超标,拌和采用自落式小滚筒搅拌机,不使用外加剂,面板振捣不密实等一系列问题,导致路面强度降低。另外路基压实不足,沉降严重,也是导致路面板断裂破碎的主要原因之一。

案例2 压浆及错台板处治方法的应用

××高速公路是烟台市第一条水泥混凝土高等级公路。水泥混凝土路面本身具有强度高、抗折强度低、接缝多等特点,加上早期修建的混凝土路面采用的基层结构水稳定性较差,自1994年底通车以来,随着交通量的不断增加,在超重、超限车辆、水害等外部条件作用下,病害的出现具有数量大、多样化、发展快等特点,尤其是最初的板底脱空如果不及时进行处治,继而将出现诸如错台、唧泥、断板、严重破碎板、沉陷等病害,病害发展逐步加快、加重,处治费用随之逐步提高,使混凝土路面的养护工作逐渐走入被动和恶性循环。近几年对水泥路面养护做了多种有益的尝试,采取诸如换板、灌缝等综合处治方法取得了显著效果,路面的使用性能和服务水平得到显著提高,取得了较大的社会效益和经济效益,但为此投入的资金十分可观。为了及时、有效、快速、经济地处理路面病害,彻底改变混凝土路面养护的被动局面,控制病害进一步发展,延长混凝土路面的使用寿命,保障道路的安全畅通,必须采取混凝土路面养护的预防性措施。通过采用压浆新工艺及铣刨机对错台的处理,减轻了水泥混凝土路面的早期病害,遏制了病害的进一步发展,压浆新工艺及对错台板的铣刨已经成为混凝土路面预防性养护的有效手段。

一、水泥混凝土路面板底压浆工艺

水泥混凝土路面板底压浆工艺,是针对混凝土路面板在使用年限内出现的脱空而提出的恢复板底密贴,确保板底均匀支撑的工艺措施,是预防水泥混凝土路面早期破坏的一种有效的养护手段;水泥混凝土路面底板压浆是通过压浆泵的压力推动,将拌和良好的填充材料经过压浆管、胀卡压入到板底空隙中,板底的填充材料经硬化后形成一薄层结构密实、水稳性优良、与板底密贴的结构层,达到充分填充板底空隙的目的。在水泥混凝土路面板底压浆过程中,采取了以下工序和工艺。

1. 制订方案

通过对全线病害调查资料尤其是弯沉测试资料的分析,确定每块混凝土板的破损和脱空、错台程度,针对性的制订方案。

2. 布设压浆孔

严重脱空板一般应钻5个孔:4个角各钻1个孔,中间钻1个孔。除1孔作为注浆孔外,其余4个孔作为排气、排渣孔,如果其余4个孔中有个别孔未出浆,这些孔也应该进行注浆。一般脱空板只需钻3个孔,对于有轻微裂缝的板应该多钻,一般为5~6个孔,钻孔位置应距离板的自由边缝和裂缝不得大于30cm。

3. 准备并检查相关设备

钻孔机采用河南标准机械厂的2.2kW钻孔机,压浆采用济南637厂研究所的压浆泵。铣刨机为进口的混凝土路面铣刨机。

4. 确定压浆顺序

钻孔过后可根据现场钻孔的情况,确定每块板的哪一孔为压浆孔及确定相邻几块板的压浆的先后顺序;一般情况下以行车道内侧板底孔隙较大的孔为压浆孔,相邻板块以下沉严重板作为压浆板。

5. 浆体材料配合比

浆体材料为水泥、粉煤灰、膨胀剂及JK-24早强剂等4种材料,配合比为1:1:0.007:0.16,水灰比为0.50。

主要技术性能应达到如下要求:

(1)具有自流淌密实性。
(2)早期具有一定微膨胀性能,砂浆14d水养护膨胀率大于0.02%。
(3)早强高,12h抗压强度应达到3.5MPa。
(4)凝结时间适中,初凝时间不早于2h,终凝时间不超过3.5h。

6. 材料及拌和

采用粉煤灰、水泥混合料并掺外加剂。粉煤灰掺水泥是一种能支承荷载的高强度耐久混合料,粉煤灰的颗粒级配和球形形状还使它具有填充细小空隙所需要的易流动性。拌和先将水泥与粉煤灰干拌2遍,然后加水,膨胀剂最后放入以防止稠度太大;水泥、粉煤灰的含水率不宜太大,太大则会发生离析在其表面形成水膜,但也不宜太稠,太稠会在管道内发生堵塞;搅拌机、储料筒内的存料不宜太多,应互相协调;储料筒内灰浆一旦发生离析,应立即停止压浆并查找原因,解决后才能继续压浆。

7. 压力确定

水泥混凝土路面面板脱空压浆,压力的确定十分重要,压力过大会造成面板拱起或断裂,过小则无法压满,达不到填充板底空隙的目的,并且压力根据压浆机型号的不同而有所不同;按《公路养护技术规范》(JTG H10—2009)规定,混凝土板脱空水泥浆填充压力应为1.75MPa,我们认为该压力是指实际压力,而没有考虑管路机械的压力损耗,再则该压力只能保证填满,而保证不了填密实。在综合考虑后,我们选定本路段压浆处治,压浆泵的压力为 2～3MPa。

8.压浆操作

压浆过程应该均匀进行,密切观察压力表,若发现灰浆从其他孔中溢出,应立即用木塞塞紧,10min 后拔出,此孔不需再进行压浆了;如果发现压浆机达到 2～3MPa 或水泥浆从其他孔或边缝中溢出,压力再也上不去了,板的周边发生松动,可自动停机,视为已经压满。

9.试块的制作

每工作日需制作灰浆试块 3 块,试块养生 7d(正常养生 6d,饱水 1d),抗压强度不得低于 5MPa。

二、错台处理

压浆完毕,部分混凝土板块由于灌浆压力的作用或原有混凝土路面板块之间存在错台,为了提高路面行车舒适性,需要对错台进行处理。在本高速公路上,当错台高度达 1cm 时,需进行铣刨,用铣刨机对相应的错台板进行处治。铣刨前先用 3m 杆测出需要铣刨的高度及相应的宽度,一般情况下错台板铣刨宽度为错台板缝起逆向 1m 左右。

三、压浆及铣刨的工程效果

水泥混凝土路面板底压浆工艺及铣刨机对错台处理,对水泥混凝土路面养护成效显著。其主要表现在以下几方面:

(1)工艺简单,施工方便,附属设备少。

(2)施工作业面小,对车辆行驶影响小,受自然因素影响小。

(3)修复速度快。处置一块板仅需 30min,这个时间是正常换板所用时间的 2%。

(4)设备结构紧凑、简单,操作、维修方便,工作效率高。

(5)通过对板底压浆及错台板处治,不但能充实板底恢复密贴,而且可在一定程度上改善原基层的水稳性及路面的平整度,使混凝土板的受力状态符合混凝土面板与基层密贴的设计原理,由脱空时的悬臂薄板受力模式恢复到弹性地基上弹性薄板受力模式,减轻了混凝土板的受压及冲撞变形量,大大延缓混凝土路面板唧泥、断板的时间,延长混凝土路面的使用寿命,为今后进一步维修改造提供充裕的时间保证。

(6)通过压浆及错台板处治,混凝土板的弯沉值(板端差动位移)明显减速小,普遍小于 0.1mm,完全达到预期的处治效果,坏板率明显减少。

(7)从经济角度评价,对仅有裂缝的破碎板采用压浆处治,而不置换旧板,压浆处治的费用为 15 元/m^2,可降低造价 115 元/m^2。按换板价格 130 元/m^2 计,近几年每年增加碎板 5000m^2,则每年可减少资金投入 65 万元。

(8)压浆及铣刨工艺可以作为水泥混凝土路面养护的预防性措施;并且可避免换板带来的废渣对环境的污染,具有良好的社会效益。

四、结语

××高速公路水泥混凝土路面板底压浆以后,实测弯沉值均小于 0.1mm,基层对于混凝土路面板的均匀支撑能力有了大幅度提高。通车 3 年时间以来,没有发现明显断板现象,断板发生率明显降低。同时,由于对错台进行了铣刨,水泥混凝土路面的行车舒适性有了大幅度的提高。

案例3 旧水泥混凝土再生利用

冲击压实改造技术在××高速公路旧水泥面板大修中的应用

××高速公路自建成通车以来,随着交通压力的急剧增大,原有水泥路面破坏严重。尽管采取了凿除旧板、更换钢筋混凝土板、压浆处理、加铺沥青混凝土面层等技术改造措施,不但施工费用高,施工时间长,影响交通,而且旧混凝土板不断出现新的破坏,造成路面养护的恶性循环,社会影响较大。因此,为了适应经济的高速发展,缓解交通压力,经过充分的考察论证,决定在××高速公路K108+340~K121+070段大修工程中采用国内外较为先进的冲击压实改造技术,并加铺20cm厚6%水泥稳定碎石基层+10cm厚AM-20沥青碎石调平层+8cm厚FAC-25改性沥青混凝土混合料中面层+4cm厚SMA-13改性沥青混凝土罩面层,以此提高路面质量和路面通行能力。

一、冲击碾压技术的概述

1. 冲击碾压技术主要施工领域

我国很多施工项目采用了冲击碾压技术,其应用领域如下:

(1)高路堤、路床、填挖交界路基的冲击增强补压;
(2)湿陷性黄土等软弱地基、路堑的冲击碾压处理;
(3)路堤等的分层填筑冲压;
(4)旧砂石路、旧沥青路的冲击碾压与加宽部分的增强补压;
(5)旧水泥混凝土路面的冲击破碎碾压等。

2. 冲击压实机破碎压实机理

冲击压实机是一种集路面破碎和压实两种功能于一体的新型压实机械。目前在我国主要应用三边形和五边形的冲击轮,三边形冲击轮多用于路基的压实处理,五边形冲击轮多用于旧水泥混凝土路面的冲击压实。冲击压实机的压实功能来自两个方面:一是冲击轮的自重,这与一般压路机的压实机理一致;二是冲击轮滚动时所产生的冲击动能。通过五边形冲击轮以一定的速度行走,不断地将势能转化为动能对路面进行冲压夯实,瞬间产生巨大的能量,压实影响深度可随冲压遍数递增,使冲击破碎的板块得以压实稳固。不仅保持了混凝土块原来所具有的强度,还能使其形成块状料嵌锁型基层结构,并紧密嵌压于原路面基层中,形成强度高的路面底基层,从而大大减少和缓解原路面板反射裂缝的产生,提高了旧水泥混凝土路面改造的质量。

3. 冲击压实技术改造采用的主要设备

××高速公路K108+340~K121+070段大修工程冲击压实技术改造采用的主要设备为五边形双轮冲击式压路机,它具备足够的能量使路面产生全深度的开裂。附属设备包括:弯沉车、洒水车、履带式凿岩机、发电机、清扫设备和手动设备,以及全站仪、水准仪、弯沉仪。

二、施工准备工作

1. 施工前准备

(1)施工前按《公路路基施工技术规范》(JTG F10—2006)的要求做好导线、中线、水准点复测,横断面检查与补测,增设水准点等,并按设计文件要求定出路堤坡脚、护坡道及边沟等具体位置。水准点埋设位置应选择距离冲击压实路面有足够距离的位置。

(2)掌握并仔细研究原路面情况。调查的主要内容有以下几点:

①路基的情况;
②底基层、土路面的类型和厚度;
③混凝土路面钻芯取样,分析原有的路面结构。

2. 清除原有的沥青修复材料

在冲击压实技术改造施工前应清除旧路面原有的沥青修复材料,避免这些材料的存在影响破碎的效果。

3. 调查与标记构造物

施工前应结合设计图纸对沿线构造物,如暗涵、地下管线、桥梁、通道等情况进行调查,避免打裂破碎对构造物产生破坏。主线与桥梁、明涵相接的位置,应做好冲击压实技术改造的标记。对于不符合冲击压实的位置,采用履带式凿岩机进行冲击压实技术改造。

三、旧水泥面板冲击压实技术改造的施工方案

1. 一般要求

(1)冲击碾压宽度不宜小于6m,单块施工面积不宜小于1500m²;工作面较窄时须设置转弯车道,冲压最短直线距离不宜小于100m。

(2)施工前查明冲压范围内的地下管线及附近各种构造物,并根据构造物的类型采取相应的保护措施。一般情况下可按表6-17确定水平安全距离。对于河沟等有明显隔震效果的情况,经确认不会造成影响时可适当减少安全距离;施工前对于拟保护的构造物,在保护范围的外围应设置明显的标记物。

冲击碾压水平安全距离　　　　　　　　　　表6-17

构造物类型	冲压水平安全距离	构造物类型	冲压水平安全距离
U形桥台和涵洞通道	距桥台翼墙端和涵洞通道5m	导线点、水准点、电线杆	10m
其余类型桥台	10m	地下管线	5m
重力式挡墙	距墙背内侧2m	互通式立交桥梁	10m
扶壁(悬壁)式挡墙	距扶(立)壁内侧2.5m	建筑物	30m

(3)正常使用的构造物顶部以上填土高度大于2.5m或填石高度大于3.0m,土工格栅等合成材料竖向填土高度大于1.5m,可直接进行冲击压实。

(4)对于不符合上述安全距离但又须施工的可采取以下两种措施:

①开挖宽0.5m×深1.5m左右的隔震沟进行隔震;

②降低冲击压路机的行驶速度,增加冲压遍数。

(5)旧水泥混凝土路面的改建须分车道冲击碾压。压实行驶路线应设置易于司机辨识的临时标记物,便于按相应的标线冲击碾压。

(6)冲击碾压距路肩外边缘宜保持1m的安全间距,行驶速度应在7~12km/h。

(7)冲压施工场地附近有构造物时,应注意观察;发现异常情况时,立即中断施工以避免构造物损伤。

(8)对于路基或路面有大坑槽时,冲压前应用碎石填平。

(9)做好各检测点的标记。

(10)对于半幅通车半幅施工的情况,应采取相应的技术措施防止震裂新铺路面。

(11)旧路面冲压完后应尽快进行下一道工序的施工,防止雨水渗入旧路面。

(12)施工过程中应合理安排施工时间,减少噪声与振动对环境的影响。

(13)施工单位须加强对员工的安全生产教育,树立安全第一的观念。操作员在上机前必须经严格的培训,合格后方能上机。每台至少应配备2名操作员,轮流进行作业,每名操作员每次冲压时间不宜超过2h。

(14)冲击碾压范围内的出入口应有醒目的安全标记,禁止无关车辆与人员出入。在不断绝交通的情况下应采取交通安全措施,设置交通指挥标志。夜间施工时,现场必须设置符合操作要求的照明设备与夜间警示标志。

(15)冲击压路机以自行方式调迁时,每20km应停驶休息,或洒水对胶轮进行降温,以防爆胎。

2.冲击压实工艺

(1)冲击压实工序:对沿线桥梁、涵洞及通道进行进一步调查→确定冲击压实施工路段→清扫施工范围→埋设观测点→冲击压实施工→弯沉、沉降量检测→清扫表面→施工稳定碎石基层→洒布沥青封层→施工沥青混凝土面层。

(2)冲击压实顺序:冲压时从边缘往中间顺序破碎。

(3)冲击压路机直行冲击碾压数遍,破碎效果不理想时可尝试走"S"形路线。

(4)行驶速度约7~9km/h,压密阶段可加快至9~12km/h。

(5)同一条路因地质状况、路面强度等不同,会产生不同的破碎程度,施工时应根据实际破碎状况及时调整冲压遍数,防止出现过度破碎或破碎不够等现象。

(6)对避让的结构物路段,可使用履带式凿岩机或其他机械进行冲击压实技术改造。

(7)旧路面冲压完后应尽快进行下一道工序的施工,防止雨水渗入旧路面。

四、冲压碾压破碎、稳固旧水泥混凝土路面的质量控制

严格按照冲击压实改造技术和施工工艺组织路面施工,操作人员应根据路面具体的实际情况对设备进行相应的调整,以满足冲击压实改造技术的要求,但不得对冲击压实技术改造试验段确定的指标作太大的调整。

1.打裂破碎大小要求

打裂效果应使路面75%以上的面积产生不规则的开裂,旧水泥混凝土路面板块宜破碎为50cm左右的板块,各板块之间应相互嵌锁,不应过度破碎松散。

2.冲击压实技术改造弯沉要求

冲击碾压后的沉降应趋于稳定,一般以最后两遍的平均沉降量不超过5mm为准,或者其平均沉降量的5%~10%。

3.冲击压实遍数要求

控制冲压遍数,五边形冲击压路机10~20遍,根据原路面状况通过实验确定。如果冲击25遍后旧水泥混凝土板仍未达到预期效果,应停止冲击压实,考虑采用别的方法进行冲击压实技术改造。

4.施工质量管理

冲击碾压施工质量管理以施工工艺、破碎度指标控制为主,结合沉降量与弯沉等指标进行控制。

5.冲击碾压各检测指标的方法与频度要求

(1)冲击压路机型号:冲击轮的外形尺寸、重量以及由此计算出的静势能,开工前检测一次。

(2)破碎度:可通过尺量、人工描绘等方式确定混凝土面板的破碎程度,抽检总板块数的2%。

(3)沉降量:沉降量的检测每2000m²检测20个点,计算时应取其算术平均值。

五、社会效益和经济效益分析

1.社会效益

K108+340~K121+070段路面共计长13km,宽度为11.25m,厚度为26cm。采用旧混凝土板冲击压实技术改造与传统施工方法——换板、压浆对比如下:

(1) 采用一台冲击压路机进行单幅施工,每天施工进度达到1.8km,只需约7d便可完成单幅旧混凝土路面的处理。而采用传统的施工方法——换板、压浆处理旧混凝土板,需要60d的工期才能完成单幅旧路面处理。冲击压实改造技术的应用可大大缩短工期。

(2) 由于冲击压实改造技术可大大缩短工期,可提前解除交通封闭,保证京珠高速公路社会车辆安全畅通、行驶。

(3) 冲击压实改造技术的应用相比传统的施工方法——换板、压浆处理旧混凝土板,不需要进行大量旧路面废板废弃,有利于环保。

2. 经济效益

(1) 减少施工投入。冲击压实改造技术相比传统的施工方法——换板、压浆处理旧混凝土面板,施工的投入要大大减少。

(2) 节约施工成本。旧混凝土板冲击压实技术改造对比压浆换板施工要减少大量成本。

六、结语

旧水泥面板冲击压实改造技术在××高速公路大修中的应用,最近对通车了一年多的路面进行检测,其指标与刚通车前几乎一致,路面质量完好。冲击压实技术在××高速公路大修中有以下结论:

(1) 采用冲击压实技术对旧板进行压实稳固处理,充分利用破碎的旧水泥路面,可以充当新加铺的基层或底基层,为新加铺的基层提供均匀稳定的支承体系,从而达到大大减少和缓解原路面板反射裂缝。

(2) 冲击压实技术比传统的"换除"旧水泥板,具有明显的优势,可以提高施工速度,缩短施工工期;充分利用旧板,解决了传统"换板"中大量的废板废弃,有利于环保;在高速公路大修项目中,可提前通车,保证社会车辆安全、畅通。

(3) 冲击压实施工具有操作简单、施工速度快、节约施工成本等一系列的优点,在××高速公路大修项目中取得了良好的社会经济效益,值得推广及应用。

案例4 水泥混凝土路面碎石化维修施工组织

一、编制说明及总体思路

1. 编制依据

本施工组织设计的编制依据有:××公路水泥混凝土路面维修工程招标文件,现行的《公路工程质量检验评定标准》(JTG F80/1—2004),及其他相关的施工技术规范和有关部门在公路建设中的施工安全、文明施工、环境保护等方面的具体规定和技术标准。

(1) 所需改造路段水泥混凝土路面破坏现状。

(2) 有关水泥混凝土路面碎石化的技术资料。

(3) 交通运输部现行的规范及标准。

(4) 国内水泥混凝土路面碎石化项目的实施经验总结。

2. 编制原则

本施工组织设计的编制原则有:遵守并响应招标合同文件各项条件要求,认真贯彻业主或监理工程师及其授权人士或代表的指示、指令和要求。严格遵守合同文件明确的设计规范、施工规范和质量评定与验收标准。

3. 总体目标

本项目的总体目标分质量目标、安全目标、文明施工目标和工期目标等4个方面:

(1)质量目标:在施工过程中,我们将确保全部工程达到有关的工程质量验收标准,确保该工程为优良工程。

(2)安全目标:杜绝因工亡人事故,避免重伤,因工受伤事故率控制在0.5‰以下。

(3)文明施工目标:达到业主对文明施工的要求。

(4)工期目标:确保在工期内完成所有的承包工程。

二、工程概况

××公路大修工程,K770+133.5~K774+689.8、K779+306.5~K780+898.2段。该项目路线全长10.7647km,现有路面为水泥混凝土路面。原路技术标准为二级公路,本段旧水泥混凝土路面面板断板错台现象、沉陷现象比较严重,情况较复杂。另外,水泥混凝土路面也出现了坑洞、露骨、拱起、平整度差、唧泥、裂缝等破坏,路面破损率较大。由于车辆的超载、混凝土自身的原因、使用寿命等一系列的问题是水泥混凝土路面的破坏发展迅速,影响了公路的正常营运和安全。该段公路到目前为止,已出现了多种类型的公路病害,部分路段病害严重,车辆无法通行。

三、碎石化技术采用的设备

1. 多锤头水泥混凝土路面破碎机

多锤头水泥混凝土路面破碎机(主要技术参数见表6-18)是山东公路机械厂生产的自行式水泥混凝土路面破碎设备,该设备采用进口液压元件及电器元件,性能稳定。其后部平均配备2排成对锤头,这样在设备全宽范围内可以连续破碎,锤头的提升高度在油缸形成范围内可独立调节,并具备一次破碎4m宽路面的能力。

主要技术参数 表6-18

型 号	单 位	PS360
工作速度	m/h	120
行驶速度	km/h	8
工作锤数量	个	12
侧翼锤数量	个	4
发动机型号 额定功率/转速	$kW/r \cdot min^{-1}$	268/2100
最大破碎宽度	m	4
最小破碎宽度	m	0.8
破碎频率	次/min	30~35

2. 专用振动压路机

YZ18(Z形轮)振动压路机是山东公路机械厂生产的用于水泥混凝土路面破碎配套施工的专用机械,携带专门加工的钢箍通过螺栓固定在振动钢轮表面。它用于破碎水泥混凝土路面后的表层补充破碎并压实其表面。施工中采用振动压实作业,使破碎后的水泥混凝土块形成内部嵌挤、高密度、高强度结构的新基层或底基层,并为沥青罩面摊铺施工提供较为平坦的工作面。

四、碎石化前的准备工作

1. 清除水泥混凝土路面

在碎石化施工前,应清除水泥混凝土路面上的沥青修复材料,因为这些材料的存在会影响到破碎的效果。

2. 隐藏构造物的调查与标记

结合设计图纸及业主单位提供的有关隐藏构造物,通常构造物埋深在1m以下的不会由于破碎而带来损坏;不满足以上条件的可以降低锤头高度对水泥混凝土路面进行破碎,或采用监理人员认为可行的其他方案。

3. 与桥梁连接段的路面

与桥梁连接段应标明破碎的位置,根据实际情况,可以破碎到桥头搭板的后端,或根据路面设计线的高程破碎到监理指定位置。未破碎的路面应铣刨到可以摊铺同样厚度沥青罩面的程度。

4. 交通管制

由于破碎后的路面在没有摊铺完沥青面层之前不允许开放交通,所以对交通管制的要求比较严格,建议在条件允许时一次性封闭施工路段,若条件不允许,应至少实行半封闭施工。

5. 其他要求

任何与施工期间维持交通无关的路面加宽或路肩修复,也应在施工之前修复到混凝土路面的高程。

五、破碎试验路段

在对水泥混凝土路面展开施工之前,应首先进行实验路段破碎并经监理人员认可。实验路段应在工程项目范围内确定的位置,尺寸为车道全宽,长度为100~200m。并详细记录不同的破碎情况相对应水泥混凝土路面破碎机械的数据调整,如锤头高度和地面行驶速度等。

为确保路面被破碎成达到要求的粒径,可根据监理人员的指示,开挖试坑。试坑不能选择在有横向接缝或工作缝的位置,路面破碎粒径应在全深度内检测,试坑应用密级配碎料回填并压实至要求。符合要求的破碎数据应记录备查。

试验路段确定的破碎程序将用于本工程。在施工过程中应不断检查破碎作业情况,并根据需要对设备进行细微调整,以确保达到施工质量要求。

六、碎石化施工控制和要求

水泥混凝土路面碎石化改造工程,施工的工期主要取决于天气情况及各方的配合,在不受外界条件干扰的情况下,每台设备每天的工作量约为3000~3500m²。为保证工期,我们配置了足够的配件,并有专业的维修技术人员随时对设备进行维修保养,确保施工按期完成。

1. 适用条件判定

通过对原路面的调查情况,旧水泥混凝土路面超过10%的路面需要开挖修补,板的脱空率满足30%<TKL≤50%,原路基的平均CBR值>5具备MHB施工条件。

2. 施工工艺

用LX400多锤头水泥混凝土路面破碎机破碎→试坑检测→"Z"字形压路机振动压实2遍→ZY18型压路机振动压实1遍→静压1遍→洒布乳化沥青透层油→均匀撒布石屑→用ZY18型压路机静压2遍→12h后进行下道工序。施工过程如图6-22~图6-25所示。

3. 路面破碎要求

碎石化要把75%以上的水泥混凝土路面破碎成表面最大尺寸不超过7.5cm,中间不超过 22.5cm，底部不超过 37.5cm 的粒径。

4. 清除原有填缝料

在摊铺沥青面层前，应对所有松散的填缝料、胀缝材料或其他类似物进行清除。

5. 确保碎石化效果

不应修整破碎后混凝土路面或试图平整路面以提高线形，这样将破坏混凝土路面碎石化以后的效果。在压实前发现的大于 5cm 的凹地应用密级配碎石料回填并压实到符合要求。破碎时最好是从混凝土路面的高处向低处破碎，以避免摊铺沥青面层后影响排水。

图 6-22　破碎

图 6-23　碾压 1 遍

图 6-24　碾压 2 遍

图 6-25　洒布透层油表面

6. 与相邻车道的连接

破碎一个车道的过程中实际破碎宽度应超过一个车道，与相邻车道搭接一部分，宽度至少是 15cm。

7. 破碎后混凝土路面的养护

除了必须开放的横穿交通外，破碎后混凝土路面的任何路段均不得开放交通（包括不必要的施工运输）。

8. 洒布乳化沥青透层油

为使表面较松散的粒料有一定的接合力，建议在破碎压实后的表面洒布乳化沥青透层油，按 $2.5 \sim 3.5(kg/m^2)$ 用量洒布 50% 慢裂乳化沥青。

9. 摊铺前混凝土路面的搅动

施工车辆的通行次数和载质量应降低到最低程度。如果破碎后的混凝土路面表面已被运料车辆部分或全部破坏,应进行再次压实。

10. 面层施工

加铺沥青路面采用结构为:6cmAC-16 + 4cm 橡胶沥青 RAC-13。

11. 开放交通

应在半幅施工全部结束后开放交通。

思考与练习

一、选择题

1. 路面裂缝宽度小于3mm 的表面裂缝,可采取(　　)。
   A. 扩缝灌浆法　　　B. 直接灌浆法　　　C. 条带补缝　　　D. 全深度补块
2. 凡弯沉值超过(　　)mm 的,应确定为板块脱空。
   A. 0.1　　　　　　B. 0.2　　　　　　C. 0.3　　　　　　D. 0.4
3. 高差大于(　　)mm 的严重错台,可采取沥青砂或水泥混凝土进行处治。
   A. 10　　　　　　 B. 20　　　　　　 C. 30　　　　　　 D. 40

二、填空题

1. 水泥混凝土路面的主要病害可分为_____、_____、_____和其他病害四大类型。
2. 路面裂缝有_____、_____、_____三种。
3. 路面变形主要是指_____与_____两种现象。
4. 接缝病害主要包括_____与_____两种现象。
5. 路面裂缝的维修可采用_____、_____、_____、_____等方法进行。

三、名词解释

1. 错台
2. 板块拱起
3. 露石
4. 蜂窝

四、问答题

1. 路面裂缝产生的原因有哪些?
2. 错台发生的原因有哪些?
3. 露石与蜂窝产生的原因有哪些?
4. 简述板下脱空处治灌浆作业的施工要点。
5. 简述沥青磨耗层罩面施工要点。
6. 简述水泥混凝土路面板翻修施工要点。
7. 简述旧水泥混凝土路面再生利用的途径有哪些?

学习情境 7　沥青路面病害处治

任务 7.1　沥青路面病害类型认知

【知识目标】
　　掌握沥青路面病害类型及分级;熟悉沥青路面病害类型的判别;熟悉沥青路面病害调查及评定方法。

【能力目标】
　　能判别沥青路面病害类型;能进行沥青路面病害调查。

【学习任务 1】　认识沥青路面病害类型;掌握各类病害的特点及分级方法。

沥青路面具有表面平整、坚实、无接缝、行车舒适、耐磨、噪声低、施工期短、养护维修简便且适宜于分期修建等优点,因而得到了广泛的应用。在使用过程中,因行车荷载和自然因素的长期作用,致使路面材料逐渐疲劳,其强度和刚度也将逐年降低;由此开始出现路面表面破损、结构变形等问题。这些问题对车辆的行车速度、运载能力、机械磨损、燃油消耗、行车舒适性、交通安全以及环境保护均造成不良影响。

沥青路面病害分为裂缝类、松散类、变形类及其他类等 4 大类。

①裂缝类——荷载或环境因素造成了沥青路面的开裂,破坏了路面结构的完整性;

②松散类——由于轮胎与路面的作用,使路面表层材料部分或全部丧失;

③变形类——路面结构仍保持其完整性,但由于材料的稳定性等原因,使路面表面形状发生了变化;

④其他类,如泛油、磨光、修补等。

《公路沥青路面养护技术规范》(JTJ 073.1—2001)将各类病害类型及其严重程度的描述见表 7-1。

《公路设计手册·路面》(第一版)对沥青路面各类损坏进一步分为 14 种损坏现象。

图 7-1　横向裂缝

1. 横向裂缝

(1)损坏特征:与道路中线近于垂直的裂缝,有的还伴有少量支缝。最初多出现于路面两侧,逐渐发展形成贯通路幅的横缝。如图 7-1 所示。

(2)严重程度分级:

①轻微——裂缝边缘无或仅有轻微剥落,无或仅有少量支缝;

②严重——裂缝边缘有中等或严重剥落,有较多支缝。

(3)计量方法:测量调查单元内的总开裂长度;损坏密度定义为损坏占调查单元面积的百分比(裂缝宽度以0.2m计),或定义为单位调查面积内的裂缝长度,当一条裂缝有几种损坏程度时,应分别计量。

沥青路面病害的分类分级   表7-1

病害类型		分级	外观描述	分级指标	计量单位
裂缝类	龟裂	轻	初期龟裂,缝细、无散落,裂区无变形	块度:20~50cm	m²
		中	裂块明显,缝较宽,无或轻散落或轻度变形	块度:<20cm	
		重	裂块破碎,缝宽,散落重,变形明显,急待修理	块度:<20cm	
	不规则裂缝	轻	缝细,不散落或轻微散落,块度大	块度:<100cm	m²
		重	缝宽,散落,裂块小	块度:<50~100cm	
	纵裂	轻	缝壁无散落或轻微散落,无或少支缝	缝宽:<5mm	m²
		重	缝壁散落重,支缝多	缝宽:>5mm	
	横裂	轻	缝壁无散落或轻微散落,无或少支缝	缝宽:<5mm	m²
		重	缝壁散落多,支缝多	缝宽:>5mm	
松散类	坑槽	轻	坑浅,面积小(<1m²)	坑深:<25mm	m²
		重	坑深,面积较大(>1m²)	坑深:>25mm	
	麻面		细小嵌缝半散失,出现粗麻表面		m²
	脱皮		路面面层状脱落		m²
	啃边		路面边缘破碎脱落,宽度10cm以上		m²
	松散	轻	细集料散失,路面磨损,路表粗麻		m²
		重	粗集料散失,多量微坑,表面剥落		
变形类	沉陷	轻	深度浅,行车无明显不适感	深度:>25mm	m²
		重	深度深,行车有明显颠簸不适	深度:>25mm	
	车辙	轻	变形较浅	深度:<25mm	m²
		重	变形较深	深度:>25mm	
	搓板		路面产生纵向连续起伏,似搓板状的变形		m²
	波浪	轻	波峰波谷高差小	高差:<25mm	m²
		重	波峰波谷高差大	高差:>25mm	
	拥包	轻	波峰波谷高差小	高差:<25mm	m²
		重	波峰波谷高差大	高差:>25mm	
其他类	泛油		路表呈现沥青膜,发亮,镜面,有轮印		m²
	磨光		路面原有粗构造衰退或丧失,路表光滑		m²
	修补		因破损或病害而采取修复措施进行处治,路表外观上已修补的部分与未修补部分明显不同		m²
	冻胀		路基下部的水分向上聚集并结冻成冰引起路面结构膨胀,造成路表拱起和开裂		m²
	翻浆		因路基湿软,路面出现弹簧、破裂、冒浆的现象		m²

2.纵向裂缝

(1)损坏特征:与道路中线大致平行的长直裂缝,有时伴有少量支缝。见图7-2。

(2)严重程度分级:同横向裂缝。
(3)计量方法:同横向裂缝。

3. 块状裂缝

(1)损坏特征:近于直交的裂缝,把路面分割成近似矩形的小块;块的尺寸约在 50cm×50cm 到 300cm×300cm 之间。大于 300cm 见方的块通常以纵向、横向裂缝计。块状裂缝主要由面层材料的收缩和温度的周期性变化所致,与荷载的关系不大。它的出现,标志着沥青已显著老化。块状裂缝有时是大面积出现的,尤其是在交通量很小的路面上;且这些路面的强度通常不低。见图 7-3。

图 7-2 纵向裂缝

图 7-3 块状裂缝

(2)严重程度分级:

①轻微——裂缝边缘无或仅有少量剥落,裂块尺寸在 100cm×100cm 到 300cm×300cm 之间;

②严重——裂缝边缘有中等或严重的剥落,裂块尺寸在 50cm×50cm 到 100cm×100cm 之间。

(3)计量方法:以块状开裂的外接矩形面积(m^2)计量。通常,在一个调查单元内,块状开裂以一种严重程度出现;但如果有不同严重程度的块状裂缝存在,则应分别测量和分别记录。

4. 龟裂

(1)损坏特征:相互交错的裂缝将路面分割成型似龟纹的锐角多边形小块,块的尺寸小于 50cm×50cm,龟裂是行车荷载的重复作用而引起的疲劳裂缝,其最初形态是一条或几条平行的纵缝。随着荷载重复作用次数的增加,平行纵缝间出现了横向、斜向连接缝,形成了多边、锐角的、形似龟裂的裂缝形式。龟裂只发生在承受重复行车荷载的车道上,通常不会出现在整个路幅宽度上,除非交通非常繁重。龟裂是一种主要的结构损坏形式,如图 7-4 所示。

图 7-4 龟裂

(2)严重程度分级:

①轻微——一条或数条平行的发状裂缝,少量交错支缝,裂块边长 30~50cm 之间;

②中等——发展成龟纹状裂缝,裂块边长 10~30cm,裂缝边缘有轻度或中度剥落;

③严重——裂块边长小于 10cm,裂块边缘出现严重剥落,碎块出现松动现象。

(3)计量方法:以龟裂的外接矩形面积(m^2)

计量。外接矩形的一边平行于路中线。路面上存在几种严重程度的龟裂时,如容易区分则应分别测量和分别记录,如难区分则以占主导地位的裂缝决定严重程度计量。

5. 滑移裂缝

(1)损坏特征:月牙形裂缝,其两端通常指向行车方向;车辆制动或转弯时造成面层的滑移和变形,从而出现滑移裂缝。

(2)严重程度分级:不分级。

(3)计量方法:以滑移裂缝的外接矩形面积(m^2)计量。

6. 车辙

(1)损坏特征:路表面行车轮迹的凹陷,如图7-5所示。

(2)严重程度分级:

①轻微——车辙深度小于或等于25mm;

②严重——车辙深度大于25mm。

(3)计量方法:以长度(m)计量,不同严重程度的车辙分别计量。

7. 波浪(搓板)

(1)损坏特征:路表面有规律的纵向起伏。常发生于车辆启动和制动的区域,如图7-6所示。

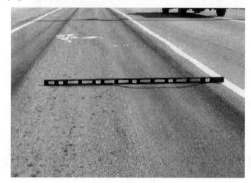

图7-5 车辙　　　　　　图7-6 波浪

(2)严重程度分级:

①轻微——波峰波谷高差小于或等于25mm,引起乘客的轻微不适感;

②严重——波峰波谷高差大于25mm,引起乘客的较大不适感。

(3)计量方法:以外接矩形的面积(m^2)计量。

8. 沉陷

(1)损坏特征:路表面的局部凹陷,雨后积水更加明显,将造成路面的不平整和雨后飘滑现象。

(2)严重程度分级:

①轻微——凹陷深度小于或等于25mm,引起乘客的轻微不适感;

②严重——凹陷深度大于25mm,引起乘客的较大不适感。

(3)计量方法:以外接矩形的面积(m^2)计量。

9. 胀起

(1)损坏特征:路表面的局部凸起,常伴之以开裂。

(2)严重程度分级:

①轻微——凸起高度小于或等于 25mm,引起乘客的轻微不适感;

②严重——凸起高度大于 25mm,引起乘客的较大不适感。

(3)计量方法:以外接矩形的面积(m^2)计量。

10. 泛油

(1)损坏特征:路表面形成一层有光泽的、玻璃状的沥青黏膜,如图 7-7 所示。

(2)严重程度分级:不分级。

(3)计量方法:以泛油面积(m^2)计量。

11. 松散

(1)损坏特征:集料颗粒或沥青黏结料损失,如图 7-8 所示。

图 7-7 泛油　　　　　　　　　　图 7-8 松散

(2)严重程度分级:

①轻微——表面纹理已显粗糙,集料小颗粒已散失,路表呈麻点状;

②严重——表面纹理相当粗糙,较粗集料也已散失,粗集料外露,路表出现小坑状。

(3)计量方法:以松散面积(m^2)计量。

12. 坑槽

(1)损坏特征:面层混合料散失后使路表出现不同大小的坑。行车带内严重龟裂形成的小块,或松散的混合料为驶过的车轮带走而形成。

(2)严重程度分级:

①轻微——坑槽深度小于或等于 25mm,尚未露出基层;

②严重——坑槽深度大于 25mm,已露出基层。

(3)计量方法:以外接矩形面积(m^2)计量,矩形的一边应平行于路中线。

13. 磨光

(1)损坏特征:集料棱角磨成圆滑或平滑状,由行车荷载的重复作用引起。

(2)严重程度分级:不分级。

(3)计量方法:以磨光的路面面积(m^2)计量。

14. 修补

(1)损坏特征:对原路面各种损坏进行修补后的状况。

(2)严重程度分级:

①轻微——修补状况良好,或有轻微损坏,对行车无或仅有轻微影响;

②严重——修补面积有中等或严重损坏,对行车有较大影响。

(3)计量方法:以修补的路面面积(m^2)计量。

近年来,道路交通量日益增大,车辆迅速大型化且超载严重,许多公路沥青路面建成不久就出现了明显的早期病害。早期是指沥青路面设计寿命期(一般15年)前1/4～1/3期间;早期病害主要是指:裂缝、车辙、水损坏引发的系列病害。考虑这3类病害的特殊性,本学习情境以下几个学习任务将对其分别加以详细讲述。

任务7.2 沥青路面路况调查和评定

【学习任务2】 学习沥青路面路况调查知识,掌握沥青路面病害检验评定方法;能进行沥青路况调查,填写路况调查表,完成沥青路面评定。

一、沥青路面路况检测调查

公路技术状况检测以1000m路段为基本检测或调查单元。对沥青路面坑槽、裂缝、拥包、沉陷、松散、车辙、泛油、波浪、麻面、冻胀等病害及其危害程度和趋势要充分调查,研究分析病害产生的原因,有针对性地对病害进行维修处治。

定期检查沥青路面的基本技术状况,检查频率见表7-2。

最低检测与调查频率 表7-2

检测内容		检测频率	路面损坏(PCI)	路面平整度(RQI)	抗滑性能(SRI)	路面车辙(RDI)	结构强度(PSSI)
路面PQI	沥青路面	高速、一级公路	1年1次	1年1次	2年1次	1年1次	抽样检测
		二级、三级、四级公路	1年1次	1年1次			

沥青路面使用性能评价包含路面损坏、平整度、车辙、抗滑性能和结构强度5项技术内容。其中,路面结构强度为抽样评定指标,单独计算与评定,评定范围根据路面大中修养护需求、路基的地质条件等自行确定。

二、沥青路面使用性能(PQI)

沥青路面使用性能(PQI)的评价方法,见学习情境6中的6.1.2水泥混凝土路面路况检测调查和评定相关内容。

沥青路面损坏调查,见表7-3。

沥青路面损坏调查表 表7-3

路线名称:			调查方向:		调查时间:		调查人员:						
调查内容	程度	权重 w_i	单位	起点桩号: 路段长度:		终点桩号: 路面宽度:							累计损坏
				1	2	3	4	5	6	7	8	9	10	
龟裂	轻	0.6	m^2											
	中	0.8												
	重	1.0												
块状裂缝	轻	0.6	m^2											
	重	0.8												
纵向裂缝	轻	0.6	m											
	重	1.0												

续上表

路线名称:			调查方向:		调查时间:			调查人员:						
调查内容	程度	权重 w_i	单位	起点桩号: 路段长度:				终点桩号: 路面宽度:						累计损坏
				1	2	3	4	5	6	7	8	9	10	
横向裂缝	轻	0.6	m											
	重	1.0												
坑槽	轻	0.8	m²											
	重	1.0												
松散	轻	0.6	m²											
	重	1.0												
沉陷	轻	0.6	m²											
	重	1.0												
车辙	轻	0.6	m											
	重	1.0												
波浪拥包	轻	0.6	m²											
	重	1.0												
泛油		0.2	m²											
修补		0.1	m²											

评定结果:
DR = %
PCI =

计算方法:
$PCI = 100 - a_0 DR^{a_1}$

$$DR = 100 \times \frac{\sum_{i=1}^{i_0} w_i A_i}{A}$$

$a_0 = 15.00$
$a_1 = 0.412$

任务7.3 沥青路面病害及其处治措施

【知识目标】
　　掌握沥青路面病害的成因；熟悉沥青路面病害处治方法。
【能力目标】
　　能分析沥青路面病害成因；能选择沥青路面病害处治措施。

7.3.1 沥青路面的裂缝病害及其处治

【学习任务3】 学习沥青路面裂缝病害知识，掌握沥青路面裂缝病害原因；能进行沥青路面裂缝病害处治。

　　裂缝是沥青路面最主要的病害。它的危害在于从裂缝中不断进入水分使基层甚至路基软化,造成基层、路基强度降低,最终导致沥青路面承载能力下降,进而造成路面局部或成片损坏,加速路面破坏。

一、沥青路面裂缝的成因

沥青路面裂缝形式有各种各样,按其表观不同,除龟裂、横裂、纵裂外,还有块裂、放射裂缝、不规则裂缝等多种类型。这里只对主要类型的成因进行分析。

龟裂主要是路面的整体强度不足而引起的。其原因可能是路面结构设计不合理,路基压实度不足,路面材料配比不当或未拌和均匀等,也可能是由于路面出现横向或纵向裂缝后未及时封填,致使水分渗入下层,尤其在融雪期间冻融交加,加剧了路面的破损。沥青在施工以及长期使用过程中的老化也是导致沥青面层形成龟裂的原因之一。

横裂按其成因不同,横向裂缝可分为荷载性裂缝和非荷载性裂缝两大类。荷载性裂缝是由于路面设计不当和施工质量低劣,或由于车辆严重超载,致使沥青面层或半刚性基层内产生的拉应力超过其疲劳强度而裂缝。非荷载性裂缝是横向裂缝的主要形式,它有两种情况:沥青面层温度收缩性裂缝和基层反射性裂缝。

纵向裂缝通常由路基、基层沉降,或施工接缝质量或结构承载力不足而引起。由路基、基层沉降引起的纵缝,通常断断续续,绵延很长。由沥青面层分幅摊铺、施工搭接引起的纵缝,其形态特征是长且直。而由结构承载力不足引起的纵缝多出现在路面边缘,因路基湿软造成承载力不足,从而产生纵缝。填挖接合处理不当易发生不均匀沉降,导致纵缝产生。拓宽路段的新老路面交界处土层处理不彻底,沉降不均匀引起纵缝产生。

二、沥青路面裂缝的维修材料

要使裂缝维修的质量和寿命提高,就必须满足以下3个条件:
(1)应具有良好的黏结力(和沥青混合料相融合);
(2)低温状态下具有优良的延伸性和弹性;
(3)应具备持久的抗老化和抗疲劳能力。

目前普遍采用的裂缝填缝材料可分成以下3种类型:
(1)热灌式橡胶沥青或高分子聚合物改性沥青,因其价格最为低廉,对施工人员的要求不苛刻而受到广泛采用;
(2)有机硅树脂,由手其黏度太大,不易充分渗入裂缝,且对施工条件要求高,既费时又昂贵,故大多用于密封新建混凝土路面的接缝;
(3)冷灌式填缝料,是以乳化沥青或溶剂型改性沥青为基本物质的填缝料,其受限制条件较少,不需加热使用,可用在潮湿的路面、有灰尘的壁面,其性能受影响较小。

三、沥青路面裂缝的处治措施

沥青路面裂缝修补方法很多,一般可根据裂缝的宽度和深度确定具体的修补工艺。

1. 高温季节对轻微裂缝的处治

在高温季节全部或大部分可愈合的轻微裂缝,可不加处理。在高温季节不能愈合的轻微裂缝,可采用以下方法之一进行处治:
(1)将有裂缝的路段用盘式铣刀进行扩缝,清扫干净并均匀喷洒少量沥青(在低温、潮湿季节宜喷洒乳化沥青),也可使用热熔型改性沥青填缝材料(如橡胶沥青等)封填,再匀撒一层2~5mm的干燥洁净石屑或粗砂,最后用轻型压路机将矿料碾压。

(2)利用红外线就地加热装置,顺着裂缝对沥青路面加热,视裂缝程度确定沥青路面加热时间的长短,一般室外温度在15~20℃时,加热1~2min即可,使沥青路面表面温度达到180℃,然后用小型压路机或振动夯进行碾压或夯实,直到裂缝消失为止。

(3)利用微波路面热再生机(见图7-9)对需修复路面进行微波加热,全面软化、加热沥青混凝土路面并融化沥青;机械滚压夯实被加热路面,完成裂缝黏合、平整路面坑包。

这是近年来在国内开始运用的新工艺,其特点是:工作时间短(10~15min),对交通影响小;修补路面时几乎不需添新料,对环境既无噪声污染、又不产生废弃沥青混合料;小面积的凹坑、高包、裂缝可随时给予修复;路面接合处修补无须黏油,微波现场现热再生沥青料之间无弱接层,接合处质量比传统修补法质量大大提高。

(4)利用灌缝机或普通铁壶将热沥青顺着裂缝浇灌,然后用液化气或红外线加热器把灌缝的沥青加热到180℃(视材料的性能确定温度)时,沥青将渗入到裂缝中去,与原沥青路面很好地热接合(见图7-10);最后均匀地撒上一层直径2~5mm干净的石屑或粗砂,冷却几分钟后即可放行通车。

图7-9 微波路面热再生机

图7-10 轻微裂缝的灌缝处理

2.根据裂缝的宽度进行处治

对于路面的纵向、横向的裂缝、块状裂缝以及放射裂缝,应按裂缝的宽度分别予以处治。

(1)缝宽在6mm以内的处治方法:

清除缝中杂物及尘土,用液化气或喷灯将裂缝壁加热至黏性状态,采用稠度较低的热沥青(缝内潮湿时应采用乳化沥青)灌入缝内,灌入深度约为缝深2/3;再填入干净石屑或粗砂,并捣实,最后将溢出缝外的沥青及石屑、砂清除。

(2)缝宽在6mm以上,可采用下列方法之一进行处治:

①灌缝法。人工除去已松动的裂缝边缘,或使用装有旋转式碳钢切缝刀头的开槽机沿裂缝中线切割出均匀的正、长方形凹槽,之后用压缩空气吹净。采用砂粒式或细粒式热拌沥青混合料灌注在清理过的槽口内,灌注时要自下而上充分填满,应避免在填料下部产生气穴。捣实后用烙铁封口,随即撒砂、扫匀。缝内潮湿时应用乳化沥青混合料灌注。

②标准槽贴封法。这是沥青路面裂缝修补新技术,具体修补工艺流程如下:

a.选片,根据路面裂缝的宽度选择所使用贴片规格,1cm以上宽的裂缝选用至少22cm宽的贴片;0.6~1cm宽的裂缝选用至少15cm宽的贴片。

b.清理开槽,使用吹风机对选择使用贴片的裂缝进行清洁、干燥处理。

c.灌缝,在密封胶加热温度达到188℃时,用灌缝机上自带的具有刮平装置的压力喷头将密封胶均匀灌入槽内。灌缝分两次灌满,第一次灌入槽深的 4/5,第二次灌满。裂缝表面须平整,无突起,无凹陷,无松散,无碎石或油痕、油脂及其他污物,如有坑槽,必须填补。

d.涂底层油,在需贴片的地方用喷涂器或毛刷涂上贴片专用底层油,由低到高,由纵到横。每升底层油涂刷面积为 $6.14 \sim 8.59 m^2$。天气气温的状况将决定底层油干燥的时间,一般为 $30 \sim 60 min$。特殊气温环境下或施工期紧张的情况下,也可采用吹风机吹干的方法加速底层油的干燥,以缩短等候施工的时间。

e.贴片,将贴片背面的隔离纸张揭去,有聚丙烯织物的一面朝上,以裂缝为中心线将贴片平整地贴在路面上。如遇不规则的裂缝,可用裁纸刀将贴片切断,按裂缝的走向跟踪粘贴。但在贴片与贴片的接合处,要形成 $75 \sim 100mm$ 的重叠。

f.碾压,用滚筒用力碾压,将贴片熨帖至地面,以确保贴片同路面接合成为一体,不能有气泡,皱褶。

g.开放交通,待灌缝胶冷却至常温后即可开放交通,一般冷却时间为 15min。

③压缝法。此法适用于大于 20mm 的裂缝。

具体施工过程为:用普通材料填满特大裂缝大约至缝隙宽 1.5 倍的高度,即填充料至缝面的距离大约是缝宽的 1.5 倍。把大缝封缝料熔化后浇在缝里,并加入适量干净的矿石料,如此反复直到缝满,此过程要进行适当捣实。

对于一般大缝的处理,用大缝封缝料混合适当的细石砂后直接灌入缝中,抹平即可。

3. 对大面积裂缝的处治

因沥青性能不好或路面设计使用年限较长、油层老化等原因出现的大面积裂缝(包括龟裂),此时如基层强度尚好时,通过技术经济比较,可选用下列维修方法:

(1)乳化沥青稀浆封层,封层厚度宜为 $3 \sim 6mm$。

(2)加铺沥青混合料上封层,或先铺设土工合成材料后,再在其上加铺沥青混合料上封层。

(3)改性沥青薄层罩面。

(4)微表处,厚度宜为 $1 \sim 1.5mm$。

(5)雾封层填裂,亦称雾状黏层。

4. 对严重龟裂的处治

由于土基、基层强度不足或路基翻浆等引起的严重龟裂,应先处治好基层后再重做面层。

7.3.2 沥青路面的车辙病害及其处治措施

【学习任务 4】 学习沥青路面车辙病害知识;掌握沥青路面车辙病害类型及原因,能进行沥青路面车辙病害处治。

车辙是行车道轮迹带上产生的永久变形,由轮迹的凹陷及两侧的隆起组成。图 7-11 是沥青路面在车辆荷载作用下产生车辙的示意图。随着车辆的渠化行驶及轴载的不断增加,路面的车辙问题变得很严重。车辙的危害性极大,它不仅影响行车舒适,而且对交通安全有直接影响。

据日本、美国等工业发达国家的资料显示,由车辙引起的路面损坏所占的比例有愈来愈大的趋势。在我国的高等级公路和城市道路,在开放交通不久便出现过量的车辙,过量的车辙造成了路面使用性能降低、维修期提前及维修费用大幅度的增加。

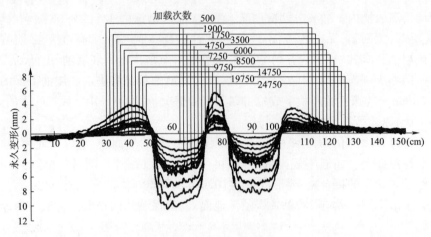

图 7-11　车辙示意图

一、沥青路面车辙的类型

根据车辙的不同形成过程,可将其分为以下 3 大类型:

1. 失稳型车辙

失稳型车辙指当沥青混合料的高温稳定性不足时,沥青路面结构层在车轮荷载作用下,其内部材料因流动而产生横向位移,通常发生在轮迹处,这也是车辙的主要类型。其形式如图 7-12 所示。

2. 结构型车辙

结构型车辙指沥青路面结构在交通荷载作用下产生的整体永久变形。这种变形主要是由于路基变形传递到路面层而产生的。其形式如图 7-13 所示。

3. 磨耗型车辙

沥青路面结构顶层的材料在车轮磨耗和自然环境因素作用下不断地损失而形成的车辙为磨耗型车辙。汽车使用了防滑链和突钉(胶钉)轮胎后,这种车辙更易发生。其形式如图 7-14 所示。

图 7-12　失稳型车辙示意图　　图 7-13　结构型车辙示意图　　图 7-14　磨耗型车辙示意图

以上 3 种车辙中以失稳型车辙最为严重,其次为磨耗型车辙。由于我国大多数沥青路面都采用水泥或石灰粉煤灰稳定粒料做基层,也常采用其他半刚性材料做底基层,这些材料的强度和模量都相当高,因此,沥青路面的车辙主要来源于沥青面层所产生的变形。结构型车辙较小,故一般情况下所指的车辙是失稳型车辙。

二、沥青路面车辙的危害

车辙的出现,严重影响了路面的使用寿命和服务质量,给路面及路面使用者带来许多危害:

(1)影响路面的平整度,降低了行车舒适性。

(2)轮迹处沥青层厚度减薄,削弱了沥青层及路面结构的整体强度,从而易于诱发各种病害,如网裂和水损坏等。

(3)雨天路表排水不畅,降低了路面的抗滑能力,甚至会由于车辙积水而导致车辆漂滑;冬天车辙内存水凝结成冰,路面抗滑能力下降,影响高速行车的安全。

(4)车辆在超车或更换方向时失控,影响车辆操纵的稳定性。

三、沥青路面车辙的形成机理

车辙的形成过程分为以下3个阶段:

1. 沥青混合料的后续压实

沥青混合料在被碾压成型前是由骨料、沥青及空气组成的松散混合物。经碾压后,高温下处于半流态的沥青及由沥青与矿粉组成的胶浆被挤进矿料间隙中,同时集料被强力排挤成具有一定骨架的结构。碾压完毕交付使用后,沥青混合料会在初期阶段,在汽车荷载的作用下进一步压实,形成微量永久变形。如果压实效果良好,这一变形可以忽略不计。图7-15所示为沥青混合料的压密变形示意图。

2. 沥青混合料的流动变形

在高温及车辆荷载作用下,沥青混合料中的自由沥青及沥青与矿料形成的沥青胶浆会首先产生流动,从而引发沥青混合料的流动变形,但此时沥青混合料尚未产生结构性破坏。图7-16所示为沥青混合料的剪切流动变形示意图。

3. 沥青混合料的结构性失稳变形

处于半固态的沥青混合料,由于沥青及胶浆在荷载及高温作用下首先流动,混合料中粗、细集料组成的骨架逐渐成为荷载主要承担者,随着温度的升高或荷载的增大,再加上沥青的润滑作用,硬度较大的矿料颗粒在荷载直接作用下会沿矿料间接触面滑动,促使沥青及胶浆向其富集区流动,导致沥青混合料的结构失去稳定性;特别是当集料间沥青及胶浆过多时,这一过程会更加明显,也往往产生较大的流动变形。图7-17所示为沥青混合料的结构性失稳变形示意图。

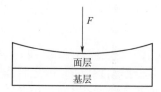
图7-15 沥青混合料的压密变形

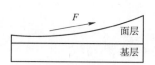
图7-16 剪切流动变形示意图

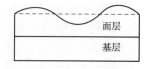
图7-17 结构性失稳变形示意图

四、沥青路面车辙的影响因素

影响沥青路面车辙的因素可分为内在因素和外在因素两个方面:

1. 内在因素

路基路面结构类型、材料性能与组成(如集料、沥青结合料、沥青混合料等)、施工质量等是影响沥青路面车辙的内在因素。

2. 外在因素

影响沥青路面车辙的外在因素有交通荷载条件、气候条件、水文地质条件及路线纵坡等几个方面:

(1) 交通荷载条件

随着公路等级的提高和渠化交通,加之交通量愈来愈大,轮载也在不断加重,车辙产生的速率越来越快。研究表明,车辙的发展速率随荷载作用次数的增加而减小。但车辙深度随累计荷载作用次数的增加而增加,以至于道路丧失使用性能。

(2) 气候与水文地质条件

路面温度对车辙的产生有很大的影响,没有高温,即使在超重载的交通状况下,车辙也难以产生。在寒冷地区,路面温度低,车辙出现的可能性较小;在炎热地区,沥青路面在一定气温和日照作用下,能吸收大量热量,从而导致路面温度升高,随着温度的升高,沥青的黏度呈对数级下降,沥青混合料的抗压强度和抗剪强度快速下降,极易产生车辙。而残留在路面内的水分会大大降低各结构层的抗变形能力,进一步导致过大车辙的产生。

(3) 路面结构类型

在一定厚度范围内,沥青层材料在路面结构中厚度越大,发生永久变形的变形量也愈大。采用刚性基层或半刚性基层材料的沥青路面,由于基层具有很高的高温稳定性和抗剪切变形能力,因此,这类路面发生的车辙主要产生在沥青面层内,而刚性基层和土基所产生的车辙只占很小的比例。

(4) 路面材料性能与组成

沥青混合料是一种黏弹性塑性材料,具有一定的蠕变和应力松弛现象。其抗变形能力取决于沥青的黏结力和矿料颗粒之间的嵌挤力。因而沥青与矿料性能以及沥青混合料的级配类型与配比组成,都直接影响着沥青路面的抗变形能力和其他路用性能。

(5) 施工因素

沥青混合料在施工过程中,材料的质量控制、沥青混合料的材料与温度均匀性、各种材料用量的控制、压实温度及压实度的控制、层间的洁净度及黏结效果等都会影响到路面的抗车辙能力。

五、沥青路面车辙的处治措施

对于出现车辙的路面,首先需查明原因,分清是失稳型车辙还是非失稳型车辙,进而采取相应的处治措施。

1. 失稳型车辙的处治

(1) 对于连续长度不超过 50m、辙槽深度小于 10mm、行车有小摆动感觉的,可先将车辙内及其周围的尘土杂物清除,洒水润湿;然后通过对路面烘烤、耙松,添加适当的与原路面相同的新料拌和填补并碾压密实即可。此种车辙病害的处理很适宜用热再生技术修复。

(2) 车辙的连续长度超过 50m、辙槽深度在 10~30mm 之间,有行车摆动且跳动感明显的或严重颠簸的,若基层完整,各面层接合良好,应采取铣刨拉毛工艺,即将隆起部分铣刨清除后,喷洒或涂刷黏结沥青,并填补沥青混合料,找平、压实。在高速公路、一级公路上可采用沥青玛蹄脂碎石混合料(SMA)或 SBS 改性混合料或聚乙烯改性沥青混合料来修补车辙。

(3) 车辙的面积较大、深度较深(大于 30mm)时,应采用铣刨加铺工艺,即铣刨路面上面层或中面层甚至全部面层,用与原路面相同的适当新料重新摊铺面层的方法。其中的铣刨换填法是一种新型的维修方法,即采用路面铣刨机将破损路面切削一定厚度;然后铺筑再生沥青混凝土(或新沥青混凝土),也是一种路面再生办法。该方法的工艺流程包括以下几个方面:

①用铣刨机将需要更新的路面铣削一定厚度。
②将铣刨下的旧料收集,装载到沥青混凝土厂。
③沥青混凝土厂将旧料进行再生或换给新沥青混合料拉回现场。
④将铣刨后的路表面清扫干净,如有个别严重破损应事先修补好。
⑤洒匀黏层油,上垫脚料。
⑥铺装沥青混凝土或再生沥青混合料,筑成新路面。

常用的铣刨机是德国产的铣刨机,切削深度能达10cm。

目前可使用沥青路面再生机,直接将路面铣削、软化、添加新料拌和、摊铺,即直接将铣削、拌和、摊铺在现场一次完成。

铣刨换填法处理产生病害的沥青路面不但能够节省材料,减少环境污染,而且其直接经济效益也比较显著。

(4)路面车辙的面积较大,深度不统一,可采用改性乳化沥青稀浆封层处理车辙。其具体的方法为:先用铣刨机将路面高出的部分铣除,再用小型稀浆封层摊铺槽对车辙进行填补,为了保证质量,摊铺后用轮胎式压路机进行稳压。

2. 磨耗型车辙的处治

对于磨耗型车辙(车辙深度一般小于2cm),可直接采用稀浆封层、微表处、超薄磨耗层及同步碎石封层等措施来修补,这些方法还具有预防车辙等病害进一步发展的作用。其处理方法,可参看本学习情境7.3.5内容。

3. 结构型车辙

这类因基层强度不足、水稳性能不好,使基层局部下沉而造成的车辙,应先处治基层后再铺筑面层。

7.3.3 沥青路面的水损坏病害及其处治措施

【学习任务5】 学习沥青路面水损害病害知识,掌握沥青路面水损坏危害及产生原因,能进行沥青路面水损坏病害处治。

沥青路面的水损害破坏已经成为我国公路沥青路面破坏的一种主要形式。沥青路面水损害是指沥青路面施工完成以后,水和空气通过混合料中的空隙和与外界的连通空隙进入混合料内部;如果水分不能及时排出,水就会存留在混合料内,在车辆荷载的动水压力和温度的共同作用下,循环反复,将使沥青和矿料发生剥离,造成强度下降。如果水损害进一步发展,就会导致其他的一系列诸如裂缝、唧浆、松散、坑槽等多种形式的破坏。

一、沥青路面水损坏的特点

沥青路面水损坏有如下几个特点:
(1)破坏发生在雨季或者春融季节,有时一场连续几天的大雨就会导致严重破坏。
(2)行车道破坏严重,超车道一般没有破坏,显然与重车、超载有关。
(3)破坏之初一般都先有小块的网裂、冒白浆(唧浆),然后松散成坑槽。
(4)发生水损坏的地方一般是透水较严重,且排水不畅的部位,如挖开可见下面有积水或浮浆。
(5)一般不会全路同时破坏,这显然与沥青混合料的不均匀有关,有些不均匀程度较严重的路段甚至会同时发生泛油。

二、沥青路面水损坏的危害

沥青路面水损坏会引起如下几个方面的危害：

1. 水损坏引起裂缝

水渗入并滞留在沥青混合料层内，在行车作用下，使沥青混合料中部分矿料上的沥青剥落，导致沥青混合料强度降低，并在路表面产生裂缝。

2. 水损坏引起路面唧浆

当水透过沥青面层（两层式或三层式）滞留在半刚性基层顶面时，在行车挤压作用下，自由水产生很大的压力，并冲刷基层表面的细料，形成灰白色泥灰浆。灰浆被行车荷载压挤到路表面形成唧浆。在灰浆数量大的情况下，可能立即产生坑洞；在数量小的情况下，可使路面由开裂逐渐变为松散，之后降水则更容易透入，最终导致路面破坏。

3. 水损坏引起坑槽

由于水损坏的存在，而使沥青混合料的整体性与强度降低，导致沥青与集料脱离，在重载高速行车的作用下，使沥青从矿料表面剥落下来，局部沥青混凝土变成松散状态，碎石被车轮甩出，由此形成坑槽，严重影响路面结构强度和行车安全性及舒适性（见图7-18）。

图7-18 坑槽

虽然裂缝、唧浆、松散和坑槽都不同程度地降低了路面的使用性能，然而水损坏的危害不仅局限于此，更多的在于沥青路面结构性的破坏。

4. 路面结构性损坏

沥青混合料依靠沥青将集料黏结在一起，形成具有一定强度的结构。根据莫尔-库仑强度理论，沥青混凝土的抗剪强度由如下两部分组成：

(1) 摩擦阻力部分，主要来源于集料颗粒间的内摩阻力。

(2) 混凝土的黏结力，主要来自于沥青自身及其与集料的黏附力。

沥青混合料受剪时，既存在集料间的相互错位摩阻力，又有集料颗粒间沥青膜的黏滞阻力。所以，沥青混合料的抗剪强度不仅同集料的级配组成、形状和表面特性有关，也同沥青的性质有关。大量的试验结果表明，沥青混合料的黏结力主要取决于沥青的黏度、用量及其与集料的黏附力。与抗剪强度不同，沥青混合料的抗拉强度基本上来源于沥青与集料的黏附力。

沥青与集料间的黏附力一旦遭到破坏，就意味着抗剪强度的大幅度降低和抗拉强度的完全丧失，沥青结构层在外力的作用下产生破坏将在所难免。

三、沥青路面水损坏的成因

影响沥青路面水损坏的因素可分为内部因素和外部因素。外部因素主要有水、荷载、温度和施工碾压的影响等；内部因素有沥青与矿料的性质、沥青混合料的空隙率、路面结构排水系统等。

1. 外部因素

(1) 水

除了沥青混合料中的空隙允许水分通过以外,其他形式的空隙和孔也会对沥青混合料的水敏感性有一定影响,如集料表面和内部不同尺寸和数量的空隙等。路面施工完成以后,水和空气就会通过这些相对较大的与外界连通的空隙进入混合料内部。水分进入沥青路面结构层内,并侵入矿质集料内,由于表面张力(和其他化学力)的作用,使沥青与石料间的黏结被削弱或完全剥离,汽车轮胎对路面的挤压揉搓作用及与路面间的真空吸附作用加速了剥离的进程,致使路面很快损坏。如果这种损坏进一步发展,就会导致其他的一系列诸如松散、离析、唧浆、车辙等更多形式的破坏。

(2)荷载

行车荷载对路面中的水产生动水压力,由此加剧了水对沥青与矿料的剥离作用,使水损坏进一步恶化。行车道与超车道上水损坏程度明显的差异,也说明了荷载对水损坏的影响。

(3)施工碾压的影响

沥青路面在施工过程中,如遇雨天一部分水分经碾压被封闭在沥青混合料中,将严重影响沥青与矿料的黏结,影响施工层与下层的接合,为水损坏埋下隐患。同样,寒冷潮湿的气候条件对施工也是很不利的,也将影响沥青混合料的压实和黏结,影响混合料的水稳定性。施工工艺对混合料的水稳定性的影响集中体现在压实上,没有得到很好压实的混合料,空隙率加大,对各种使用性能都有影响。开放交通后的行车碾压会造成混合料的压密变形而形成不正常的车辙,更严重的是水进入空隙成为水损坏的祸根。

2. 内部因素

(1)集料性质

集料是由矿物质组成的,每种矿物质都有其独特的化学性质和晶体结构。对于剥落而言,关键是集料对水的吸附能力的大小,亲水性材料对水的吸附能力比沥青大,而憎水性材料恰好相反。通常亲水性材料有较多的硅质含量,集料显酸性。而憎水性材料硅质含量较低,集料呈碱性。另外,集料表面的化学性质、表面积、孔隙大小等均对沥青混合料水稳定性有影响。当集料表面含有铁、钙、镁、铝等高价阳离子时,矿料与沥青产生化学吸附而形成稳定的吸附层;而当矿料含有钠、钾等低价阳离子时,矿料与沥青产生化学吸附时形成不稳定的吸附层,遇水时易被乳化。集料的表面积越大,越有助于形成牢固的沥青吸附层。集料表面的洁净程度对集料与沥青的黏附性有很大影响,泥土粉尘将成为黏附沥青的隔离剂,如果遇水,水分湿润泥土,更加容易造成剥落。此外,集料的致密程度及吸水率对混合料的强度形成有一定影响,过分坚硬致密的石料在破碎后如不能形成粗糙的表面,沥青又不能吸入矿料内部,沥青膜很薄,沥青用量严重偏少,对沥青混合料的强度形成不利。有些吸水率稍大的集料,只要施工时彻底干燥,沥青将会被吸入集料内部一部分,反而有良好的水稳定性。

(2)沥青性质

黏性大的沥青对于抵抗水的置换要比黏性小的沥青好,这是由于黏性大的沥青中存在有较多的极性物质,并具有良好的湿润性。聚合物改性沥青通常具有较好的抗水性能。

(3)沥青混合料的空隙率

沥青混合料抗水能力的主要指标是其设计空隙率和路上实际的空隙率。研究表明,沥青路面的空隙率在8%以下时,沥青层中的水在荷载作用下一般不会产生动水压力,不容易造成水损坏。而排水性混合料路面的空隙率在大于15%时,一般都采用改性沥青,且水能在空隙中自由流动,因而,也不容易造成水损坏。而当沥青路面的空隙率在8%~15%之间时,水容易进入混合料内部,且在荷载作用下,易产生较大的动水压力,易造成沥青混合料的水损坏。

沥青混合料设计空隙率过大或沥青路面施工过分强调平整度,牺牲密实度,致使路面碾压不足,都会影响沥青路面水稳性。施工中沥青混合料的离析,使得沥青路面的水稳性下降。

(4) 沥青混合料的集料离析和温度离析的影响

沥青混合料粗细集料离析和施工时混合料温度不均匀导致的压实度的差异,分别叫集料离析和温度离析。造成这两种离析的原因是多方面的:

①在沥青混合料拌和过程中,拌和时间或温度是影响混合料的质量的关键因素。

②运输过程会造成集料和温度的离析。在装料卸料时,大的向下滚,而细的滚得少。在运输过程中必然会降温,但降温的程度是不一样的,尤其是当混合料不采取保温措施时,表面降温快,内部降温慢。降温程度还与气候、环境条件、混合料类型、车载厚度有密切关系。

③摊铺过程中的混合料在摊铺机中向两边滚动,造成离析,在全幅摊铺时更为明显。

④混合料压实不均匀。

路面的水损坏往往都是局部发生的,轻微水损坏是在路面上偶尔出现的小坑;严重水损坏是在行车道上有一段段的损坏,甚至有连续几公里的损坏。沥青混合料的离析和沥青路面局部压实度不均匀是造成路面局部损坏的原因。离析表现为在同一个区域内粗细集料不均匀,偏离了设计级配,沥青的含量与设计的最佳含量不一致等。粗集料集中的部位往往空隙率过大,将加速出现水损坏,易于形成坑槽。粗集料偏多的部位,沥青混合料拉伸强度低,抗裂性能差,疲劳寿命降低。相反,细集料集中的部位,沥青混合料空隙率过小,这将导致路面产生永久变形,并出现泛油。

(5) 路面排水的影响

进入路基面的水如果没有出路,则滞留在路面结构中,引起路基路面的各种损坏,甚至是结构性破坏。因此,路基路面结构层内的排水设计对防止水损坏起着举足轻重的作用。

四、沥青路面水损坏的处治

(1) 因水损害导致的裂缝、唧浆、松散、坑槽等病害,可参照本章相关内容介绍的方法处治,之后再采取预防性处治措施控制病害发展。

(2) 对于水损坏严重的路段,或者水损坏已危及路面的结构强度与承载力时,或者路面结构内的积水无法排出时,要想根本解决问题,就必须对路面进行大修,将水损坏影响到的部位挖除,重新进行面层设计和施工,进行系统的防水与排水设计。在翻修过程中,要分别从结构设计、防排水设计、材料、配合比设计、施工、日常维护、交通及环境等各个方面着手改进。其防治措施,汇总在表7-4中。

沥青路面水损害破坏的防治措施　　　　表7-4

影响因素	防治措施
结构设计	①采用合理的沥青路面结构设计,如尝试采用柔性基层或复合式基层沥青路面结构; ②控制半刚性基层强度,调整级配,提高抗冲刷能力,提高排水性能; ③适当增加沥青层厚度,使用上封层、下封层

续上表

影响因素	防 治 措 施
防排水设计	①保证路表横坡度,确保排水通畅; ②保证路面结构层内部排水畅通,全线设置纵向渗水沟; ③做好中央分隔带封水,要求护栏柱安装提前并灌沥青堵缝; ④取消中央分隔带绿化,改为封闭方式; ⑤改封闭式路肩及边坡为开放式; ⑥保证边沟尺寸,防止边沟水倒灌
材料	①尽可能选择与沥青黏附性好的集料,但不要仅限于玄武岩;不使用酸性石料的石屑,其质量必须符合规范要求,减小含泥量,积极使用机制砂;矿粉必须是石灰岩矿粉; ②采用酸值较小的沥青,采用改性沥青,加强与集料的黏结;采用针入度较小的沥青; ③推广掺加消石灰或具有长期有效的抗剥落剂
配合比设计	①采用合理的配合比设计方法; ②严格控制设计空隙率,根据各结构层功能设计空隙率; ③科学地看待构造深度指标; ④确保水稳定性检验指标合格
施工	①减小材料生产、运输、存放、使用过程中的离析; ②减小沥青混合料运输、摊铺过程的离析; ③避免施工中沥青混合料离析; ④优选轮胎压路机搓揉碾压,提高密水性;防止片面追求平整度而人为减少碾压次数,确保压实层厚度与最大粒径相匹配; ⑤重点控制工艺,不迷信钻孔检测结果; ⑥努力改善沥青层与半刚性基层之间的层间黏结,改变乳化沥青透层油的喷洒时间;更换透层油品种,采用稀释沥青;按规范补充透层油深度要求,粒料基层大于 $10\mu m$,半刚性基层不小于 $5mm$;清除半刚性基层上的浮灰,使沥青层和基层连续的透层油起作用
日常维护	①及时发现初期损坏、失效的排水设施,立即采取措施,进行补救; ②发现有唧浆及小的局部网裂,立即挖补;发现有坑槽,采用冷补材料,加快补坑速度;发现路面开裂立即封缝(必要时扩缝); ③对渗水严重的路段立即采用微表处全面封水
交通	大力整治超限超载车辆
环境	重视对水的整治,从设计、施工、养护各个环节做好防、排水工作; 及时除掉积存的冰雪

7.3.4 沥青路面的其他常见病害及其处治措施

【学习任务6】 学习沥青路面其他常见病害知识;掌握沥青路面拥包、沉陷、波浪与搓板、冻胀和翻浆、坑槽、麻面与松散、泛油、脱皮、啃边、磨光产生原因;能进行沥青路面常见病害处治。

沥青路面的其他常见病害主要有:拥包、沉陷、波浪与搓板、冻胀和翻浆、坑槽、麻面与松散、泛油、脱皮、啃边、磨光等。现将各类病害成因及处治分述如下:

一、沥青路面拥包的成因及处治

1. 拥包的成因

(1)沥青面层中沥青含量过多、黏度和软化点偏低,矿料级配不良,细料偏多,致使面层材料自身的高温抗剪强度不足,在行车作用下产生拥包。

(2)基层局部含水率过大,水分滞留于基层,或基层浮土过多,或透层沥青洒布不符合要求等原因,影响面层和基层之间的接合,在行车水平力的作用下,使路面产生推移而形成局部不规则隆起的变形。

(3)由于基层局部强度不足或水稳性不好,使基层松软,在行车作用下,形成局部拥包。

2. 处治措施

根据拥包产生的不同情况,可采用下列方法之一进行处治:

(1)属于施工时操作不慎将沥青漏洒在路面上形成的拥包,将拥包除去即可。

(2)已趋于稳定的轻微拥包,将拥包采用机械刨削或人工挖除。如果除去拥包后,路表不够平整,可刷少量沥青,再撒上适当粒径的矿料后扫匀、整平。

(3)因面层沥青用量过多或细料集中而产生较严重拥包,应用机械或人工将拥包全部除去,并低于路面约10mm。扫尽碎屑、杂物及粉尘后用热沥青混合料填平并压实。

(4)如果路面连续多处出现拥包且面积较大,但路面基层仍属稳定,则应将有拥包的路面面层全部挖除,然后重作面层。

(5)因基层局部含水率过大,使面层与基层层间接合不良而被推移变形造成的拥包,应把拥包连同面层挖除,将水分晾晒干,或用水稳定性较好的材料更换已变形的基层,再重作面层。

(6)属于基层局部强度不足或水稳性不好,使基层松软而导致的拥包,应将面层和基层完全挖除。如土基中含有淤泥,还应将淤泥彻底挖除,换填新料并夯实。在地下水位较高的潮湿路段,应采取措施引出地下水并在基层下面加铺一层稳定性好的材料,最后重作面层。

二、沥青路面沉陷的成因及处治

1. 沉陷的成因

沉陷是由于路基、路面产生竖向变形而导致路面下沉的现象。通常有如下3种情况:

(1)均匀沉陷:由于路基、路面在自然因素和行车作用下,达到进一步密实和稳定引起的沉陷,一般不会引起路面破坏。

(2)不均匀沉陷:由于路基、路面不密实,碾压不均匀,在水的侵蚀下,经行车作用引起的变形。

(3)局部沉陷:由于路基局部填筑不密实或路基有枯井、树坑、沟槽等,当受到水的侵蚀而沉陷。

2. 处治措施

(1)因路基不均匀沉降而引起的局部路面沉陷,若土基和基层已经密实稳定,不再继续下沉,可只修补面层。此时应根据路面的破损状况,分别采取不同的处治措施。

①路面略有下沉,无破损或仅有少量轻微裂缝,可在沉陷处喷洒或涂刷黏层沥青,再用沥青混合料将沉陷部分填补到与原路面齐平并压实。

②因路基沉陷导致路面破损严重,矿料已松动、脱落形成坑槽的,应按照坑槽的维修方法予以处治。

(2)因土基或基层结构遭到破坏而引起路面沉陷,应参照有关要求处治好基层后再重做面层。

(3)桥涵台背因填土不实出现不均匀沉降的处治方法:

①对于台背填土密实度不够的,应重新作压实处理,台背死角处的压实采用夯实机械。

②对含水率和孔隙比均较大的软土路基或含有机物质的黏性土层,宜采取换土处理。换土深度应视软层厚度而定。换填材料首先应选择强度高、透水性好的材料,如碎石土、卵砾土、中粗砂及强度较高的工业废渣,填料要求级配合理。

③在对台背填土重作压实处理的基础上,加设桥头搭板。

三、沥青路面波浪与搓板的成因及处治

1. 波浪与搓板的成因

影响路面不平整的主要原因有:路面设计强度、路面底基层及基层的施工质量、路面施工机械的选用及路面材料的质量等。

(1)沥青混合料的配合比不合理、设计强度不足,难以抵抗行车水平荷载的作用。

(2)基层做得不平,无论怎样使面层摊铺平整,但压实后也因虚铺厚度不同,路面产生不平整。

(3)路基不均匀沉降,造成已铺筑路面出现坑洼。

(4)沥青混合料的拌和质量不符合要求,会造成面层的不平整和波浪。

(5)路面摊铺机结构参数不稳定、行走装置打滑、摊铺机摊铺的速度快慢不匀、机械猛烈起步和紧急制动以及供料系统速度忽快忽慢都会造成面层的不平整和波浪。

(6)碾压工艺不合理造成的路面不平整。

2. 处治措施

(1)属于面层原因形成的波浪或搓板可按下述方法进行维修。

①路面仅有轻微波浪或搓板,可采用以下方法之一予以处治:

a. 在高温季节路面发软时,利用重型压路机沿与路中心线成45°角的方向反复进行碾压以适当改善路面的平整度。

b. 在波谷部分喷洒沥青,并匀撒适当粒径的矿料,找平后压实。

c. 将凸起部分铣刨削平。

②波峰与波谷高差起伏较大时,应顺行车方向将凸出部分铣刨削平,并低于路面约10mm。削除部分喷洒热沥青,再匀撒一层粒径不大于10mm的矿料,扫匀,找平,并压实。

③严重的、大面积波浪或搓板,应将面层全部挖除,然后重铺面层。

(2)如果基层平整度太差,应将基层处治后再重铺面层。

(3)若面层与基层之间存在不稳定的夹层,面层在行车荷载的作用下推移变形而形成波浪(搓板),应挖除面层,清除不稳定的夹层后,喷洒黏结沥青,重铺面层。

(4)属于基层局部强度不足,或稳定性差等原因造成的波浪(搓板),应先对基层进行处治,再重做面层。

四、沥青路面冻胀和翻浆的成因及处治

1. 冻胀和翻浆的成因

冻胀和翻浆多发生在北方和东北地区挖方或填挖交界的路段,主要是由于路基排水设计不合理,造成路基含水率过大引起的冬季冻胀、春融翻浆。

2. 处治措施

(1)因路基冻胀使路面局部或大面积隆起影响行车时,应将冻胀的沥青路面刨平,待春融后按翻浆处理方法予以处治。

(2)因冬季基层中的水结冰引起冻胀,春融季节化冻而引起的翻浆,应根据情况采用以下方法之一予以处治。

①在有翻浆迹象的地方,用人工或机械将2~5cm直径的钢钎打入(钻入路面以下,穿透冻层一般1.3m以上);然后灌入砂粒,使化冻的水迅速渗入冻层以下。

②局部发生翻浆的路段,可采用打石灰梅花桩或水泥砂砾桩的办法予以改善。桩的排列密度及深度,应视翻浆程度而定。

③加深边沟,并在翻浆路段两侧路肩上交错开挖宽30~40cm的横沟,其间距为3~5m,沟底纵坡不小于3%,沟深应根据解冻情况,逐渐加深,直至路面基层以下。横沟的外口应高于边沟的沟底。如路面翻浆严重,除挖横沟外,还应顺路面边缘设置纵向小盲沟。交通量较大的路段也可挖成明沟,但翻浆停止后,应将明沟填平恢复原状。

(3)因基层水稳定性不良或含水率过大造成的翻浆,应挖除面层及基层全部松软部分。将基层材料晾晒干,并适当增加新的硬粒料(有条件时应换填透水性良好的砂砾或工业废渣等),分层(每层不超过15cm)填补并压实,最后恢复面层。

(4)低温季节施工的石灰稳定类基层,在板体强度未形成时雨水渗入,其上层发生翻浆形成坑槽,应先处治基层,再修复面层。

五、沥青路面坑槽的成因及处治

1. 坑槽的成因

坑槽产生的主要原因是面层开裂后未及时养护而逐渐形成的,是由龟裂和松散等水损坏进一步发展的结果。另外基层局部强度不足,在行车作用下也易产生坑槽。

2. 处治措施

(1)路面基层完好,仅面层有坑槽时可按下述方法进行维修。

坑槽修补主要是针对坑槽、局部网裂、龟裂等病害的修补和加强,同时还可对局部沉陷、拥包以及滑移裂缝等病害进行修补。通常沥青路面坑槽修补的施工工艺为:测定破坏部分的范围和深度,按"圆洞方补"原则,画出大致与路中心线平行或垂直的挖槽修补轮廓线(正方形或长方形)。槽坑应开凿到稳定部分,槽壁要垂直,并将槽底、槽壁清除干净,在干净的槽底、槽壁薄刷一层黏结沥青,随即填铺备好的沥青混合料;新填补部分应略高于原路面,待行车压实稳定后保持与原路面相平。具体的坑槽修补方法较多,一般有热补法、喷补法、热再生法等3种方式。

①热补法:其修补工序是首先用破碎工具铲除需补部位旧路面;然后喷洒沥青黏结层,填充新混合料,并摊平、压实。

②喷补法:这种方法利用高压喷射方式,将乳化沥青经过喷管与输送来的集料相混合,

通过控制喷管上的乳液、集料和压缩空气3个开关,把混合料均匀、高速地喷洒到坑槽中,达到密实黏结效果,无须碾压,不需沥青混凝土拌和厂配合,且不受气候变化影响。

③热再生法:其修补方法是先将高效热辐射加热板放置到待补区域,使旧沥青路面软化,加入适当比例的再生剂或改性沥青,收集到搅拌锅中,同时添加部分新拌沥青混合料,拌和均匀,然后使再生机按照路面高程设计要求进行摊铺,最后由压路机组对摊铺后路面进行压实,使再生路面的路用性能达到设计要求。

(2)对交通量较小的路段,在低温寒冷或阴雨连绵的季节,无法采用常规方法,也无条件采用合适的材料修补坑槽时,为防止坑槽面积的扩大,可采取临时性的措施,对坑槽予以处治,待天气好转后再按规范要求重新修补。

(3)若因基层结构组成不良,如含泥多、含水率过大或基层局部强度不足等使基层破坏而形成坑槽,则应先处治基层,再修复面层。

六、沥青路面麻面与松散的成因及处治

1. 麻面与松散的成因

麻面与松散产生的原因主要是使用的沥青稠度偏低、用量偏少黏结力差,或沥青加热时温度过高,与矿料黏附力不足;矿料级配偏粗、过湿,嵌缝料不规格,或在低温、雨季施工等,均可使粒料脱落形成松散或麻面。基层或土基湿软变形,也可导致麻面与松散。

2. 维修措施

(1)基层稳定,仅面层出现麻面或松散时按下列要求进行处治。

①路面因嵌缝料散失出现轻微麻面,当沥青面层不贫油时,可在高温季节撒适当的嵌缝料,并用扫帚扫匀,使嵌缝料填充到石料的空隙中,对于轻微麻面也可用稀浆封层处治。

②小面积麻面可用棕刷在麻面部位涂刷稠度较高的沥青,再撒铺矿料。

③大面积麻面应喷洒稠度较高的沥青,撒适当粒径的嵌缝料,并使麻面部分中部嵌缝料稍厚,周围与原路面接口要稍薄,定形要整齐,再控制车碾压成型。

④因沥青量偏少或低气温施工造成的沥青面层松散,应采用以下方法处治:

先将路面上已松动了的矿料收集起来,待气温升至15℃以上时,按 $0.8 \sim 1.0 kg/m^2$ 的用量喷洒沥青,再均匀撒上 3~5mm 的石屑或粗砂($5 \sim 8 m^3/1000m^2$),用轻型压路机压实。

⑤如在低温潮湿季节,宜采用乳化沥青作封层处理。

⑥对于因油温过高,沥青老化失去黏结性而造成的松散,应将松散部分全部挖除后,重做面层。

⑦对因沥青与酸性石料间的黏附性不良而造成路面松散,应将松散部分全部挖除后,重做面层。重做面层的矿料不应再使用酸性石料,应在沥青中掺入抗剥离剂、增黏剂或使用干燥的消石灰、水泥等表面活性物质作为填料的一部分;或采用石灰浆处理粗集料等抗剥离措施,以提高沥青与矿料的黏附力,并增加混合料的水稳性。

(2)由于基层或土基软化变形而造成的路面松散,应参照有关规定,先处理好基层后,再重做面层。

七、沥青路面泛油的成因及处治

1. 泛油的成因

沥青路面泛油主要是由于沥青面层沥青用量过大、稠度太低、热稳定性差等原因引起,或

者高温下层黏结料上溢等都易引起泛油。

2. 处治措施

根据泛油的程度,选择不同的方法进行处治。

(1)对泛油的路段,应先取样做抽检试验测定出油石比,然后采取相应的处治措施。

(2)只有轻微泛油的路段,可撒 3~5mm 粒径的石屑或粗砂,并控制行车碾压。

(3)泛油较重的路段,可先撒 5~10mm 粒径的碎石,控制行车碾压。待稳定后,再撒 3~5mm 粒径的石屑或粗砂,并引导行车碾压。

(4)面层含油量高,且已形成软层的严重泛油路段,可先撒一层 10~15mm 粒径碎石,用压路机将其强行压入路面,待基本稳定后,再分次撒上 5~10mm 粒径的碎石,并引导行车碾压成型。

(5)处治泛油应注意以下事项:

①处治时间选择在泛油路段已出现全面泛油的高温季节。

②撒料应顺行车方向,先粗后细;做到少撒、薄撒、匀撒、无堆积、无空白。

③禁止使用含有粉粒的细料。

④引导行车碾压,使所撒石料均匀压入路面。

⑤在行车碾压过程中,应及时将飞散的粒料扫回,待泛油稳定后,将多余浮动的石料清扫并回收。

八、沥青路面脱皮的成因及处治

1. 脱皮的成因

沥青路面脱皮产生的原因主要有以下几点:

(1)铺筑面层时,基层未洒透层油,面层与基层黏结不良,在行车作用下,面层发生推移现象,形成脱皮。

(2)层铺法施工时,上下层间有浮土或因潮湿而形成隔层,表层被行车推移。

(3)面层矿料含土量大,粉料多或矿料潮湿,施工中碾压过度,矿料被压碎,形成阻碍油料渗透的隔离层,破坏了嵌缝料和主层矿料的黏结,在行车作用下使面层矿料脱落。

(4)在原沥青路面上做沥青加铺层时,老路面上未洒黏层油,或低温施工,或加铺层渗水,春融季节,在行车的作用下,使加铺沥青层破坏脱落。

2. 处治措施

(1)由于沥青面层与封层之间黏结不好,或初期养护不良引起的脱皮,应清除已脱落和已松动的部分,再重新做封层,所做封层的沥青用量及矿料粒径规格应视封层的厚度而定。

(2)面层与基层之间因黏结不良而产生的脱皮,应先清除掉脱落、松动的面层,分析黏结不良的原因。若面层与基层间所含水分较多,应晾晒或烘干;若面层与基层之间夹有泥层,则应将泥沙清除干净,喷洒透层沥青后,重做面层。

九、沥青路面啃边的成因及处治

1. 啃边的成因

沥青路面啃边产生的主要原因如下:

(1)路面宽度不适应交通量的需要,路肩不密实,机动车会车或超车时碾压路面边缘造成啃边。

(2)路肩与路面衔接不平顺,以致使路肩积水,路面边缘湿软,在行车作用下形成啃边。

(3)沥青路面两边未设置路缘石或路基宽度不够。

2. 处治措施

(1)因路面边缘沥青面层破损而形成的啃边,应将破损的沥青面层挖除,在接茬处涂刷适量的沥青,用沥青混合料进行填补,再整平压实。修补啃边后的路面边缘应与原路面边缘齐顺。出现大面积啃边,应进行修补,其修补方法与处治坑槽方法基本相同。

(2)路面边缘的基层因松软、沉陷而形成的啃边,应先对路面边缘基层局部加强后再恢复面层。

(3)加强路肩的养护工作,及时铲除高路肩;随时注意填补路肩上的车辙、坑洼或沟槽;经常保持路肩与路面衔接平顺,并保持路肩应有的横坡,以利排水。

(4)为防止路面出现啃边,宜采取以下措施:

①用砂石、碎砖(瓦)、工业废渣等改善、加固路肩或设硬路肩,使路肩平整、坚实。

②将路面基层加宽到其面层宽度外 20~25cm,在行车量较少的路段,可在路面边缘设置略低于路面的路缘石。

③在平交道口或曲线半径较小路面内侧,可适当加宽路面。

十、沥青路面磨光的成因及处治

1. 磨光的成因

沥青路面磨光多发生在高等级公路上,主要是由于路面在行车水平力的作用下路面表层集料棱角被磨掉,或沥青路面油石比含油量过大,泛油严重所造成。

2. 处治措施

(1)对已磨光的沥青面层,可用路面铣刨机直接恢复其表面的粗糙度。

(2)对高速公路、一级公路的沥青路面,石料棱角被磨掉,路面光滑,摩阻系数低于要求值时,应加铺抗滑层。

(3)对表面过于光滑,摩擦系数特别小的路段,应做封层或进行罩面处理。

①封层可以采用拌和法或层铺法施工的单层表面处治,也可以用乳化沥青稀浆封层。

②罩面宜采用拌和法。

③封层与罩面前,应先处治好原路面上的各种病害,若原路表面有沥青含量过多的薄层,应将其刮除掉后洒黏层油。

近几年国内外在对病害处治中,还有不少行之有效的新方法、新措施,也不断有新材料和新设备使用,在此不能一一介绍。

7.3.5 沥青路面预防性养护技术

【学习任务7】 学习沥青路面预防性养护知识;掌握沥青路面各类预防性养护技术的特点,能进行沥青路面预防性养护。

沥青路面预防性养护是在公路还未发生损坏前或产生轻微病害尚未破损前,采取前瞻性、预见性的手段和有效的养护措施,把公路病害及造成病害的因素发现在先、处治在前,防止病害发展的一种措施。

封层类预防性养护技术是铺筑厚度小于 3cm 的一种薄层路面,其厚度一般在 1.0~3.0cm。由于厚度较薄,在计算路面厚度时,其强度一般不计算在内,对于路面结构的补强作用也很小,但能改善路面状况、提高道路安全性、降低寿命周期费用、减少拥塞、更有效地使用投资。不同封层类型的技术特点和适用性,如表7-5所示。

不同封层类型的技术特点和适用性　　　　　　　　　　　　表7-5

类型		技 术 特 点	适 用 性
封层	稀浆封层	由细集料、沥青乳液、水和矿粉组成的混合料,用于路面的过度氧化和硬化问题。稀浆封层能延缓表面松散,密封小的裂缝和提高表面摩擦系数	减慢氧化过程而且帮助路面防水,阻止水分进入基层材料;增加表面摩擦力,要求路面干燥而松散
	微表处	是聚合物改性的稀浆封层;微表处成型是一个化学过程,而稀浆封层成型是一个热过程。微表处也可用来处治车辙	当车辙深度超过19mm或摩擦系数下降到无法接受的程度。当路面有微小裂缝或中等到严重氧化的时候,道路表面的过度氧化和硬化的时候
	同步碎石封层	是一种特殊的碎石封层,沥青黏结料和石料同步撒(洒)铺,采用改性沥青等,可以增强黏结力	可延缓路面松散和老化,改善车辙,减少水分侵入,改善表面抗滑性能,可适用重交通量道路使用
	碎石封层	用来密封小的裂缝,防止雨水进入路面结构内,减少道路表面的氧化和提高摩擦系数	能预防在低交通量路面上进一步的磨耗,消除松散,缓解老化,减少水分侵入,提高抗滑能力,密封裂缝。可修复状况较差路面
	雾状封层	用稀释的乳液(通常是1:1的比率)滋养路面,延迟路面的松散和氧化。是一种临时性的处理	用来密封和滋养旧沥青路面,封闭小的裂缝,防止松散。实施雾状封层的旧路面应该是多孔地,以便吸收足够量的乳液

一、乳化沥青稀浆封层技术

乳化沥青稀浆封层技术是以级配的砂石材料为集料,选用满足某种技术要求的乳化沥青材料作为结合料,加入适量的水、填料和必要的外加剂,在专用的稀浆封层机具内,按设计比例配制成具有一定技术性能且达到某种功能要求的稀浆混合料。这种稀浆混合料的稠度较稀,形态似浆状,铺筑厚度一般在3~10mm,主要起防水或改善恢复路面功能的作用,故称乳化沥青稀浆封层,又简称为稀浆封层。

稀浆封层技术既可用于旧路面维修,也可用于新路面养护,对于砂石路面可以作为防尘措施,还可用于路面下封层和桥面防水层。

1. 稀浆封层的特性

稀浆封层技术应属乳化沥青材料在工程应用方面的发展,所以稀浆封层的特性主要取决于稀浆混合料的性能。稀浆封层具有如下特性:

(1)乳化沥青与矿料的吸附性

①当选用阳离子乳化沥青时,由于沥青乳液中的沥青微粒表面带有正电荷,湿矿料表面带负电荷;乳化沥青微粒与矿料接触时,异性电荷相吸,沥青微粒可透过矿料水膜牢固地吸附在矿料表面,将矿料表面及沥青乳液中的水离析出来,稀浆固化成型不完全靠水分蒸发,主要靠离子电荷的吸附作用。

②当选用阴离子乳化沥青时,由于沥青乳液中沥青微粒表面带负电荷,湿矿料接触时,表面同性电荷相斥,稀浆破乳固化成型要靠水分蒸发,不但干燥凝固的时间要长,而且沥青与矿料的黏附力也不如阳离子沥青乳液牢固。当在拌和稀浆时,先在矿料中加入水泥或石

灰粉,再加水拌和后,矿料表面附有钙、镁离子,表面带有正电荷,可与沥青微粒表面的负电荷产生异性吸附作用,沥青与矿料的黏附力提高很大。

铺筑稀浆封层不论选用阳、阴离子乳化沥青或用酸、碱性矿料,沥青与集料都能牢固黏附。但从破乳过程看,阳离子乳化沥青主要靠离子电荷吸附作用排出水分,而阴离子乳化沥青中水分主要靠蒸发排出,为此选用阳离子乳化沥青优于阴离子乳化沥青,在加入水泥或石灰后,两种乳化沥青使用效果都很好。

(2)乳化沥青与矿料的裹覆性

沥青乳液同矿料拌和时,沥青乳液的黏度越低其流动性越好,沥青对矿料的裹覆性能也越好。沥青稀浆加水拌和时,加入的水对沥青乳液起稀释作用,降低了沥青乳液的黏度,使之有更好的流动分散性,加之沥青微粒与矿料表面的离子电荷吸附作用,能使沥青微粒完全地裹覆在所有矿料的表面上,形成一定厚度的沥青薄膜,使沥青在集料表面均匀分布,形成既有足够的结构沥青黏附矿料,又无过多的自由沥青降低稀浆混合料硬化后的热稳定性和强度。

(3)稀浆封层与原路面的黏结性

稀浆混合料中含有较多水分,具有良好的流动性,稀浆中沥青微粒与矿料又有牢固的黏附力。沥青稀浆摊铺时,只要原路面扫净润湿,稀浆中沥青微粒就能与原路面上露出的矿料很好黏结,稀浆并能渗透到路面缝隙中去,加强了原路面的接合。由于沥青稀浆同原路面上的沥青与矿料都能很好黏结,为此,乳化沥青稀浆封层既可用于新、旧沥青路面,又可用于砂石路面或桥面防水。

(4)稀浆封层的耐久性

乳化沥青稀浆拌和时在矿料中加水拌和后掺入沥青乳液,稀浆中的水对矿料起润湿作用、对沥青乳液起稀释作用,降低了沥青乳液黏度,增加了混合料的和易性;虽然矿料较细,由于混合料很稀,在常温下仍能拌和摊铺。待稀浆封层破乳成型硬化后,由于稀浆封层矿料级配组成与热细粒式沥青混凝土相当,因此,稀浆封层具有与热细粒式沥青混凝土同样的使用寿命。

(5)稀浆封层具有良好的防水性

由于稀浆混合料使用密级配细集料和沥青用量增多,稀浆封层混合料的密实度高、空隙率小,铺筑稀浆封层后,对路面或桥面具有良好的防水作用,地表雨水不能渗透,地下水不能迁移。由于稀浆有良好的流动性,能灌满原路面的裂隙,可起到封闭路面裂缝的作用。

改性稀浆封层技术,除具有普通稀浆封层技术所有性能外,还独具如下特性:

①施工进度快,封闭交通时间短;

②可修补路面车辙,能治理路面裂缝;

③提高路面抗滑性能,同时降低行车噪声。

2.稀浆封层技术的应用范围

稀浆封层的铺筑厚度很薄,根本起不到补强层或整平层的作用,但若将稀浆封层铺筑在旧路面上,能明显改善或恢复原路面的使用性能,起到沥青表面处治结构层的作用。铺筑在新路面的基层上可起到防水封层和施工养生的作用。目前稀浆封层主要用于以下几个方面。

(1)沥青路面表面处治。在旧沥青路面上加铺稀浆封层,可以治理裂缝,提高路面耐久性和使用性能；在新铺沥青贯入式路面或粗粒式沥青混凝土面层上加铺稀浆封层，可以提高路面防水性，延长使用寿命，降低养护费用。

（2）水泥混凝土路面表面处治。在旧水泥混凝土路面上，尤其在碾压混凝土路面上加铺稀浆封层，可以改善行车条件，降低行车噪声，增加乘客舒适感。

（3）桥面维修或防水处理。在旧桥面上加铺稀浆封层，对桥面病害进行有效处治，除明显改善行车条件外，还相对减小桥面自重；在新建水泥混凝土桥面上加铺稀浆封层，可显著提高桥面铺装层的防水性（尤其对城市高架桥）和桥面耐久性，延长桥梁寿命。

（4）路面下封防水处治。在高速公路的路面基层上或隧道路面排水基层以下加铺稀浆层，能显著提高路面的防水性能，可起到延长高等级路面耐久性作用。

（5）砂石路表面处治。在低等级道路的砂石路面上加铺稀浆封层，可使砂石路面的外观具有沥青路面的特征，可提高砂石路面的耐久性能，防止扬尘，改善行车条件，明显降低砂石路面的日常养护经费。

（6）其他应用。稀浆封层技术还可能用于城市道路、厂区道路、停车场、运动场以及飞机场等场所。

3. 稀浆封层技术应用的局限性

稀浆封层作为一项新技术，无疑有它的先进性，但对待该项技术应有客观的认识，并进行科学的应用。经过工程实践证明，稀浆封层技术不能处理所有路面病害。

（1）当路面的强度或承载能力不能满足交通荷载的基本要求时，不能采用稀浆封层技术方案。

（2）当沥青路面出现泛油或水泥混凝土路面出现断板等病害时，不能选用稀浆封层技术去进行表面处治。

（3）当路面结构层出现反射性开裂时，采用稀浆封层技术方案不可能阻止或控制路面反射性开裂的发生。

4. 稀浆封层材料的组成和基本要求

（1）稀浆封层混合料基本组成

稀浆封层混合料由乳化沥青、外加剂、填料、集料和水等基本原材料组成。其常用工程材料配比，如表7-6所示。

稀浆封层混合料基本组成配比　　　　表7-6

材料名称	乳化沥青	外加剂	填料	集料	水
组成配比(%)	10~20	2~4	1~3	100	5~15

混合料的施工配比应通过试验来确定。

（2）稀浆封层原材料基本要求

①乳化沥青。乳化沥青是稀浆混合料的重要组成部分，它用来裹覆集料，最终作为黏结料存在于稀浆封层中。道路工程中的乳化沥青有阳离子型和阴离子型，而根据破乳速度又可分为快裂、中裂和慢裂。

稀浆封层使用阳离子慢裂型乳化沥青必须符合 ASTM 的 CSS-1h 的要求，这是传统的慢裂型乳化沥青；我国交通运输部规范《道路用乳化沥青技术要求》中的 BC-3 和 BA-3 型乳化沥青也可用于稀浆封层路面；另外，ISSA 对用于稀浆封层的乳化沥青还有特别要求。以上规范及要求，见表7-7和表7-8。

ASTM 和交通运输部有关慢裂型阳离子乳化沥青的技术要求　　　　表 7-7

测试项目		ASTM CSS-1h	JTJ BC-3
筛上剩余量(%)		≤0.1	≤0.3
筛孔(mm)		0.85	1.18
破乳速度试验		慢裂	慢裂
黏度	赛波特黏度(25℃)(s)	20~100	
	恩格拉黏度 E		15~40
蒸发残留物含量(%)		≥57	≥60
残留物性质	针入度(100g,25℃,5s)(0.1mm)	40~90	80~120
	延度(25℃,5cm/min)	≥40mm	≥80%
	溶解度(三氯乙烯)(%)	≥97.5	≥97.5
贮存稳定性	5d(%)	≤5	≤5
	1d(%)	≤1	≤1
与矿料的黏附裹覆等级			2/3
细集料拌和试验			均匀
水泥拌和试验(%)		≤2(筛孔1.4mm)	≤5(筛孔1.18mm)

ISSA 对稀浆封层用乳化沥青的特别要求　　　　表 7-8

测试项目	稀浆封层	精细表面处治
蒸发残留物含量(%)	≥60	≥62
蒸发残留物针入度(0.1mm)	40~90	40~90
蒸发残留物软化点(℃)		≥57

由于使用要求的提高和技术进步，阳离子快凝乳化沥青(CQS)正被使用于要求较快开放交通的稀浆封层施工中。

②外加剂。外加剂又称为添加剂，外加剂的主要功能是改善稀浆混合料的施工和易性，调节破乳时间。外加剂的选择应与乳化沥青材料相匹配，掺量和掺配工艺根据施工现场具体条件通过试验确定。

③填料。稀浆封层中的填料，不仅填充混合料的空隙，还可以调节混合料稠度，提高封层强度与耐久性。因此，稀浆封层的填料最好选用普通硅酸盐水泥，也可用磨细粉煤灰代替。

④集料。集料的级配、坚固性、抗压碎能力和清洁度是选择集料的重要参数。采用符合级配要求的集料，才能形成密实的稀浆混合料。

⑤水。水的作用是用控制加水量来保证混合料的稠度、摊铺效果以及破乳时间。

5. 稀浆封层施工机械

稀浆封层的主要施工机械是稀浆封层机，它能自行行走，可装载原材料，能够连续拌和与摊铺。稀浆封层机主要由储料仓、搅拌箱、摊铺箱组成。

6. 稀浆封层施工工艺

(1) 基本要求

稀浆封层技术包括新材料、新机具和新工艺，成功地应用该项技术，现场施工应满足下面几个基本要求。

①严格筛选和控制原材料质量,必须符合现行有关技术规定。

②稀浆封层机工作状态良好,计量控制准确可靠,混合料拌和均匀,摊铺平整。

③配备技术熟练的操作人员,建立原材料筛选、配比试验、机具标定及操作控制等一系列严格自检制度。

(2)施工要点

①设备标定。稀浆封层摊铺机在施工之前应使用施工用料对各种材料的输出速度予以标定,以便使摊铺机能够按试验室确定的配合比摊铺。通常在施工用料不改变时可每年标定一次,当某种材料发生改变时应使用新材料重新标定。

②下承层的准备:

a. 修补缺陷:下承层严重的缺陷在正式施工前应予以修补,如大的裂缝要进行灌缝封闭,坑槽需要补平。

b. 清洁下承层表面:对于下承层的尘土、树叶、树枝等杂物应清洗干净,否则会造成稀浆封层脱皮。

洒布黏层油:有条件时,在下承层上洒布少量黏层油(乳化沥青 $0.3L/m^2$)以便于黏结。

③摊铺。当各项准备工作完毕后即可进行摊铺施工。摊铺过程中对于表面或边缘的小的缺陷可人工修补。一般稀浆封层不需碾压,可由行车进行压实。但在某种特定条件下或在低交通量的路段要用小吨位压路机碾压,也可以采用轮胎压路机碾压。

④养生。稀浆封层路面的养生过程实际上是乳液中的沥青颗粒取代集料表面的水分,由半液态转变为固态,同时彻底排出水分的过程。慢裂-慢开放交通体系以水分物理蒸发为主,而快裂-快开放交通体系以沥青颗粒取代为主。

(3)稀浆封层的外观质量要求

表面应平整、密实,无松散、无轮迹;纵、横缝衔接应平顺,外观颜色均匀一致;与其他构造衔接应平顺,无污染;摊铺范围之外无流出的稀浆混合料;表面粗糙,无光滑现象。

二、微表处技术

微表处是一种采用高分子聚合物使乳化沥青改性的铺筑技术,被认为是修复道路车辙及其他多种路面病害最有效、最经济的手段之一。

微表处技术源于20世纪60年代末至70年代初的德国。微表处技术在1980年传入美国。现已在欧美和澳大利亚得到普及,并且正在向世界其他地区推广、发展。表7-9所示为世界一些主要国家的微表处年用量。

一些主要国家的微表处年用量　　　　　表7-9

国家	美国	加拿大	南非	英国	德国	法国	西班牙	意大利	澳大利亚
年用量($10^6 m^2$)	45	5	4.34	2.75	20	7	10	1	1.6

普通稀浆封层技术与微表处技术都是利用由级配集料、乳化沥青、填料和水所组成的混合料进行施工的,不同的是后者所采用的材料是经过严格检测筛选出来的,其中还包括高分子聚合物和其他添加剂,因而相比之下微表处技术具有更多的优点。

1. 微表处技术特点

(1)施工速度快。连续式稀浆封层机1d之内能摊铺500t微表处混合料,折合为一条10.6km长的标准车道,摊铺宽度最小可达9.5m,施工后1h即可通车,适用于大交通量的高速公路及城市干道。

(2)微表处可提高路面的防滑能力,增加路面色彩对比度,改善路面性能,延长路面使用寿命。

(3)养护时间由一般稀浆封层的4~5h缩短为1.5~2.5h,成型快,工期短,施工季节长,可以夜间作业,尤其适于交通繁忙的公路、街道和机场道路。

(4)常温条件下作业,降低能耗、不释放有毒物质,符合环保要求。

(5)在面层不发生塑性变形的条件下,可修复深达38mm的车辙而无须碾压。它是不用铣刨解决车辙病害的独特方法。

(6)因为微表层很薄,所以在城市主干道和立交桥上应用不会影响排水,用于桥面也不会增加多少重量。

2. 微表处应用场所

微表处是道路养护方法之一,对出现在高速公路、城市干道和机场道路上的各种病害的修复最为行之有效。微表处主要用于道路表面层,首先应该考虑使用的地方是:

(1)高速公路的抗滑表层和车辙处理。

(2)城市快速路和主干路的表面抗滑、低噪声、美观处理。

(3)公路重交通路面,重载及超载车多的路段,解决渠状车辙,公路弯道、匝道、交叉路口。

(4)在水泥混凝土路面上起到磨耗层作用,可治理表面磨光、露骨,提高平整度,降低渗水率。

(5)机场停机坪道面,可以耐磨,抗变形,显著减少集料的飞散量。

(6)立交桥和桥梁桥面,特别是钢桥面铺装在治理病害、改善表面状况的同时,不会过多地增加桥身自重。

3. 微表处施工技术基本要点

(1)对改性乳化沥青的基本要求

改性乳化沥青的特性主要与乳化剂和改性剂的选择有关,为了达到快开放交通的要求,乳化剂必须是慢裂快凝的阳离子乳化剂,且所用乳化剂不能对沥青性能造成影响;对各种沥青的适应性要好,与改性剂要有良好的配伍性。改性剂的选择应根据不同地区的气候、交通特点进行试验后确定。

(2)填料、水和添加剂材料的基本要求

微表处混合料中填料、外加水和添加剂的作用、规格,与普通稀浆封层混合料所要求的基本一样。

(3)施工设备和基本要求

①比较准确的计量仪器。由于微表处施工时对各种物料的配比要求较严,所以,要有准确的计量。

②双轴强制式搅拌箱。因为要达到微表处施工,混合料搅拌时间不能过长,但又必须在短时间内搅拌均匀,因而传统的螺旋式搅拌箱就不能满足要求。

③特殊设计的填补车辙的摊铺箱。它能将粒料最大的部分送到车辙的深处,从而使稳定性最好,其边缘能自动变薄铺开。

④添加剂系统。它能方便地把缓凝剂或促凝剂加入混合料中。

⑤在施工之前,每台封层机都要进行标定。在标定已经完成并且合格后,封层机才能投入使用。

⑥气候要求:在路面或空气温度达到10℃并且持续下降时,不允许进行微表处施工;但是在路面或空气温度达到7℃并且持续上升时,允许进行微表处施工。

(4)施工基本要点

微表处施工工艺流程,如图7-19所示。

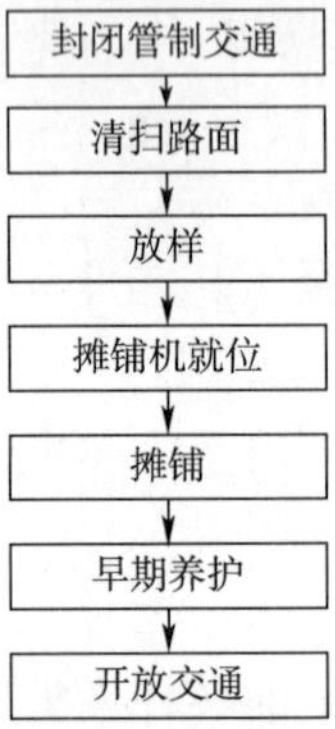

①施工前路面准备。在进行微表处施工前,必须把路面上所有遗留的材料、泥土、杂草等有害物质清除干净。若用水冲洗路面,则要等所有的路面裂缝完全干燥。如果原路面光滑、松散或是水泥路面,就可以采用洒黏层油的方法,其他情况下一般不要求洒布。

②预湿水。使用搅拌箱前的喷水管将路面进行预先湿润,喷水量可根据当天施工期间的气温、湿度、表面纹理和干燥情况进行调节。

天气过于干燥炎热时,对原路面进行预洒水,有利于稀浆对原路面的牢固黏结。一些新式的稀浆封层机都带有预洒水设备,只需摊铺时打开即可。对于无洒水系统的摊铺机或人工摊铺,可采取其他方式洒水,但应避免洒水过多,量的控制以路面无积水为宜,洒水后可立即摊铺。

图7-19 微表处的施工流程

③封层机启动前,摊铺箱中必须有一定量的混合料,而且稠度适当,分布均匀,封层机才能匀速前进。

每天工作结束后必须清洁摊铺箱,不应有漏浆现象,其侧面应安装橡胶板以使侧面保持整洁。摊铺箱的拖动应保持平稳无振动,机器的速度应一致,不能忽快忽慢。

摊铺的速度应根据路面的状况进行调整。在铺较薄的封层时,摊铺速度对封层的影响更加显著。摊铺速度主要取决于两大因素:

a.集料的级配;

b.原路面的表面纹理。

微表处的摊铺厚度的控制也是微表处施工中重要的一个环节,不合理的厚度会减少微表处的寿命。

④避免出现过大颗粒及细料凝块。

石料中难免会有超径的颗粒,这些颗粒有可能会卡住搅拌轴,引起机械故障,更有可能卡在橡胶刮板下面,形成纵向划痕。

矿料受潮时会产生细料凝块,特别是对于砂当量较低的矿料。这种凝块也容易造成纵向划痕,有时也可能在摊铺箱下压碎,给封层表面留下一条松散的浅色痕迹,通车后这条痕迹很容易跑散而形成一条凹槽。为避免这种现象,应将装入矿料箱的矿料过筛。

⑤做好接缝处理。在纵向或横向接缝上不允许出现接缝不平、局部漏铺或过厚;纵向接缝尽可能设置在车道标线上,并尽可能减少纵向接缝。

⑥在拌和与摊铺过程当中,混合料不得出现水分过多和离析现象,任何情况下都不能在摊铺过程当中直接向摊铺箱内注水。

⑦在摊铺箱不能到达的地方必须采用人工施工,通过人工用橡胶辊碾压封层达到均匀和平整。有些路段不适于机械摊铺,须通过人工摊铺来完成,这些地段的摊铺可以用胶滚来完成。人工摊铺的原则是越少越好,人工摊铺的稀浆越多,发生的离析也越多。

⑧固化成型前禁止一切车辆驶入,行人不得踏入,严格管制交通。微表处施工完后需要一个成型养护的过程。养护的时间,视稀浆混合料中水的蒸发及黏结力的大小而变化,通常认为,当黏结力达到 $1.2\text{N}\cdot\text{m}$ 时,稀浆混合料已经初凝;当黏结力达到 $2.0\text{N}\cdot\text{m}$ 时,稀浆混

合料已凝固到可以开放交通的状态。

（5）微表处施工现场质量控制

微表处施工现场材料检测项目,如表 7-10 所示。

现场材料检测项目一览表　　　　　　　　表 7-10

检测项目	目的	检查时机
集料筛分试验	检验级配是否变化	每 500t 检一次,如有问题可增加次数
乳液筛上残余量	是否有大颗粒沥青	每天 1 次或每批 1 次
填料	是否变质,种类是否符合要求	每天 1 次
水	pH 值是否正常	施工前检查 1 次,水源变化后,还须再检查

施工好的微表处应当满足以下要求：

①表面平整、密实、无松散、无轮迹；

②纵、横缝衔接平顺,外观色泽均匀一致；

③与其他构造物衔接平顺,无污染；

④摊铺范围以外无流出的稀浆混合料；

⑤表面粗糙,无光滑现象。

三、同步碎石封层技术

所谓同步碎石封层,就是用专用设备即同步碎石封层车及黏结材料（改性沥青或改性乳化沥青）同步铺撒在路面上,通过自然行车碾压或轮胎压路机碾压形成单层沥青碎石磨耗层,主要作为路面表处层使用,也可用于低等级公路的面层施工。同步碎石封层技术缩短了黏结剂喷洒与集料撒布之间的间隔,增加了集料颗粒与黏结剂的裹覆面积,更易保证它们之间稳定的比例关系,提高了作业效率,减少了设备配置,降低了施工成本。沥青路面经过同步碎石封层处理后,使路面具有良好的抗滑性能和防渗水性能,能有效治愈路面贫油、掉粒、轻微龟裂、车辙、沉陷等病害,主要用于道路的预防性养护和修复性养护。

1. 同步碎石封层技术特点

（1）同步碎石封层实质是靠一定厚度沥青膜（1~2mm）黏结的超薄沥青碎石表面处治层,其整体力学特征是柔性的,能增加路面抗裂性能、治愈路面龟裂、减少路面反射裂缝、提高路面防渗水性能,用于道路养护可延长路面使用寿命 10 年以上,若使用聚合物改性黏结料效果更佳。

（2）同步碎石封层可以大大提高原路面的摩擦系数,即增加路面防滑性能,并能使路面平整度得到一定程度的恢复。

（3）通过采用局部多层摊铺不同粒径石料的施工方法,同步碎石封层能有效治愈深达 10cm 以上的车辙、沉陷等病害。

（4）同步碎石封层可以作为低等级公路的过渡型路面,以缓解公路建设资金严重不足的矛盾。

（5）同步碎石封层工序简单、施工速度快,可即时限速开放交通。

（6）同步碎石封层的性能价格比明显优于其他表处方法,从而大大降低道路的维修养护成本。

2. 同步碎石封层技术的适用性

同步碎石封层主要对公路表面进行处治,可用于高速公路、普通公路、城市道路及乡村公路,也可用作新建道路的基层。

3. 同步碎石封层的材料

(1)黏结料

同步碎石封层技术对沥青没有特别严格的要求。可以使用不同的沥青结合料,如软化纯沥青、聚合物改性沥青、乳化沥青、聚合物改性乳化沥青、稀释沥青等。热沥青主要用于大规模封层,热沥青要求具有较好的黏结性、一定的抗老化、高温具有较高黏度、低温具有较好的延性等性能。

(2)石料

碎石要求是经过反击破碎(或锤式破碎)得到的碎石,针片状石料严格控制在15%以内,几何尺寸要好,不含杂质和石粉,压碎值小于14%,对石料酸碱性无特殊要求,并严格经过水洗风干。

4. 同步碎石封层设备

同步碎石封层技术主要是同步碎石封层车,与同步碎石封层车配套的主要机械设备有转载机、石料加工清洗设备、胶轮压路机、洒水车、路面除尘设备、小型铣刨设备、热沥青加(保)温车、(乳化)沥青运输车等。在同步碎石封层车的使用上,该项技术对操作人员的要求较高,操作人员必须懂得机械的工作原理,同时操作要相当熟练。

5. 同步碎石封层施工

同步碎石封层施工前,要对公路表面损伤进行诊断,明确将要进行修补的要害问题;充分考虑沥青结合料和集料的质量标准,比如其润湿性、黏合性、耐磨性、抗压性等;在技术规范所允许的范围内进行摊铺操作;正确合理地选择材料,确定级配,正确操作摊铺设备。

(1)常用的结构:普遍采用间断级配结构,碎石封层所用石料粒径范围有严格要求,即等粒径石料最理想。考虑到石料加工的难易程度及路面防滑性能的要求不同,可采用 2~4mm、4~6mm、6~10mm、8~12mm、10~14mm 等 5 档,比较常用的粒径范围为 4~6mm、6~10mm 这两种,而 8~12mm 和 10~14mm 两档主要用于低等级公路过渡型路面的下面层或中面层。

(2)根据路面平整度情况和抗滑性能要求确定石料的粒径范围。一般路面进行一次碎石封层即可,在路面平整度较差时可选用适宜粒径的石料作为下封层找平,然后再作上封层。碎石封层作为低等级公路路面时须 2 层或 3 层,各层石料粒径应互相搭配,能形成嵌挤作用,遵循下粗上细的原则。

(3)封层前要对原路面进行认真清扫,作业过程中应保证足够数量的胶轮压路机,以便在沥青温度降低之前或乳化沥青破乳后能及时完成碾压定位工序。另外,封层后即可通车,但在初期应限制车速,待 2h 后可完全开放交通,从而防止快速行车造成石子飞溅。

(4)使用改性沥青作为黏结料时,为保证雾状喷洒而形成均匀、等厚度的沥青膜,必须保证沥青的温度在 160~170℃范围内。

(5)同步碎石封层车的喷油嘴高度不同,所形成的沥青膜厚度会不同(因为各个喷嘴喷出的扇形雾状沥青重叠情况不同),所以必须通过调整喷嘴高度使得沥青膜的厚度符合要求。

(6)同步碎石封层车应以适宜的速度均匀行驶,在此前提下石料和黏结料两者的撒布率必须匹配。

(7)作为表处层或磨耗层的碎石封层,其使用条件是原路面平整度和强度满足要求。

同步碎石封层施工现场见图 7-20;施工完成后的表面见图 7-21。

图 7-20　同步碎石封层施工现场　　　　图 7-21　施工完成后的表面

四、碎石封层

碎石封层(Chip Seal)技术,也称为石屑封层,是在需要修复的路面上洒布一定量的沥青结合料后立即进行集料撒布的一种路面预防性养护技术。根据撒布的层数可分为双层碎石封层和单层碎石封层。

1. 碎石封层的作用

(1)增加路面抗滑性,提高行驶安全程度。
(2)提高路面防水性,减少路面水损害。
(3)防止下层路面氧化、老化和磨耗。
(4)赋予干燥风化路面以新生命。
(5)对小型裂缝及不完整部分进行填封。
(6)改善路面纹理结构。
(7)成本低且能快速进行路面更新。

2. 碎石封层的缺点

由于该技术的自身较难克服的弱点限制了该技术在重交通、高速道路的使用。但随着材料改进与技术的发展,碎石封层也越来越多地用于重交通量的道路。为了提高其黏结性,较多采用橡胶沥青作为胶结料,即 SAM 应力吸收层。

3. 碎石封层的施工工艺

(1)路表面状况进行调查——对路面进行处理。
(2)路面清扫——提高沥青与路面的黏结。
(3)改性沥青洒布——沥青的温度应控制在 65~85℃之间。
(4)集料撒布——集料撒布车与沥青洒布车的间隔应不超过 45m。
(5)碾压——对路面进行碾压,将该层压实度控制在 30% 以下,碾压应在集料撒布后 5min 内完成。
(6)路面清扫——避免通车后表面石料飞散。
(7)按缝处理——平顺一致,不出现集料堆积或露白现象。
(8)开放交通——施工 24h 后方能开放交通,若交通控制较困难,在新铺筑路面通行时应控制车速不大于 40km/h。

4. 质量检查标准

碎石封层施工质量检查,如表 7-11 所示。

碎石封层施工质量检查

表7-11

项　　目	检查频率	质量要求或允许误差	试 验 方 法
沥青用量	每半天1次	设计±0.2kg/m²	称定面积收取沥青用量
集料用量 ≥4.75 ≤2.36 0.075	每半天1次	设计±1.0kg/m² ±5.0% ±3.0% ±1.0%(<2.0%)	称定面积收取集料用量并进行筛分
集料含水率	每半天1次	<4.0%	T 0307
渗水试验	1处/1000m²	渗水量<5mL/min	用渗水仪,每处2点
制动试验	1处/2000m² (仅试铺段做制动试验)	沥青层不破裂,表面不推移脱落	7d后用BZZ—60标准汽车以50km/h车速紧急制动
外观检查	随时全面	外观均匀一致,无成团成条现象,不起皮,无油包和露黑等现象,无多余沥青	

五、雾封层

雾封层是将乳化沥青、改性乳化沥青以雾状喷洒在沥青路面上,封闭路面孔隙,修复路面老化,改善路面外观的一种沥青路面养护技术。雾封层材料可以填封微小裂缝和表面空隙,起到防水和抑制松散的作用,防止路面材料进一步老化,维持路面的使用功能,延长道路的使用寿命。雾封层施工工艺简单,开放交通迅速(2~3h就可以开放交通)。雾封层能有效地改善路面功能,明显提高老化沥青的针入度、软化点和延度,但是雾封层不能改变路面的结构承载能力,因此,雾封层技术主要用于路面结构承载能力完好地出现早期破坏的路面上。

1. 雾封层的施工

雾封层施工包括施工前准备、雾封剂的喷洒和养护并开放交通等3个主要环节。

(1)施工准备

在雾封层施工之前,道路表面必须用道路清扫机、电动扫帚或者用水冲洗除去泥垢、灰尘和残留物。在施工前路表面必须保持清洁和干燥,如需用水冲洗,必须在施工前24h完成,以给路面足够的时间达到干燥状态。

(2)雾封剂的喷洒

雾封剂的喷洒均采用专用的喷洒设备;施工中质量控制的关键是喷洒量,喷洒量过大会造成路面打滑。而控制用量主要从整体用量和局部用量两个方面进行。

整体用量合适时,喷洒的均匀性好坏就决定局部用量的大小。因此不仅要控制整体用量,还要做到均匀喷洒。喷洒方式一般有人工喷涂和机械喷涂两种。

(3)养护并开放交通

施工期间,须将施工区域进行封闭,禁止车辆、行人等进入。雾封层施工后,须待乳液破乳、成型后才能开放交通。开放交通的时间需根据不同的施工因素及雾封层材料确定。一般情况下施工后2h即可开放交通。

2. 工程质量要求

(1)路面应表面均匀,无花露白,无条痕,无泛油等现象,不污染其他构造物。

(2)纵向搭接处应紧密、平整、顺直。

(3)路面渗水系数应不超过 20L/min。

(4)沥青洒布率应满足设计值 ±5% 的范围。

(5)路面摩擦系数应不低于原路面。

六、改性沥青薄层罩面技术

薄层罩面也是一种很早采用的传统预防性养护方法,它是在原有路面上加铺一层厚度不超过 5cm 的热沥青混合料。薄层罩面可以有效地防止品质正在下降的路面继续恶化,改善其平整度、恢复它的抗滑阻力,校正路面的轮廓,对路面也有一定的补强作用,但在多数情况下费用-效益较其他预防性养护方法差。薄层罩面在施工中最大的困难是由于层面较薄、容易冷却又不宜使用振动压路机,因而不易达到较高的密实度。

1. 材料与结构要求

(1)结合料宜使用性能较好的 SBR 改性沥青。

(2)矿料的选择宜采用耐磨、强度高的石料。

(3)高速公路、一级公路宜采用中粒式、细粒式密级配沥青混凝土或沥青玛蹄脂结构;二级公路可采用热拌沥青碎石混合料结构;三级或三级以下公路可采用沥青表面处治层结构。

(4)所采用的结合料、矿料、沥青混合料的规格、各项技术指标要求,必须符合《公路沥青路面施工技术规范》(JTG F40—2004)或其他有关规范的规定。

2. 厚度要求

罩面厚度应根据所在路段的交通量、公路等级、路面状况、使用功能等综合考虑确定。

(1)当路面状况指数、行驶质量指数在中、良等级,路面仅有轻度龟裂时,可采用较薄的罩面层厚(1.0~3.0cm)。

(2)当路面破损、平整度、抗滑三项指标都在中等以下,又要求恢复到优、良等级时,应采用较厚的罩面层厚(3.0~5.0cm)。

(3)高速公路、一级公路罩面宜采用 4.0~5.0cm 的厚度;其他公路可采用较薄的罩面层厚(1.0~4.0cm)。

(4)各级公路的罩面层厚度,不得小于最小施工层厚度。

以上各指数、指标源自《公路沥青路面养护技术规范》(JTJ 073.2—2001)。

3. 施工

改性沥青罩面的施工,除应按《公路沥青路面施工技术规范》(JTG F40—2004)有关规定执行外,还应注意下列要求:

(1)对确定罩面的路段,在罩面前必须完成翻浆、坑槽、严重裂缝、沉陷、拥包、松散、车辙等病害的修复工作,并清除路面上的泥土杂物。

防止原沥青路面的裂缝发射到罩面层上的方法是在原路面与罩面层间设置中间层。其常用的方法有:大粒径透水性沥青碎石连接层、SAMI(应力吸收薄膜中间层)、土工布或玻璃纤维格栅夹层。

(2)根据施工气温、旧沥青路面状况等因素采取相应施工工艺措施,罩面前必须喷洒黏层沥青,确保新旧沥青层结合;沥青用量为 $0.3~0.5kg/m^2$,裂缝及老化严重时宜为 $0.5~0.7kg/m^2$。有条件时,洒黏层沥青前最好用机械打毛处理。

(3)罩面不应铺在逐年加厚的软沥青层上,也不应铺在与原沥青路面接合不好、即将脱皮的沥青罩面薄层上,应将其铲除、整平后,再进行罩面。

(4)当气温低于10℃或路面潮湿时,不得浇洒黏层沥青,不得摊铺沥青罩面层。

(5)碾压机械应选择高频低幅振动压路机(如频率70Hz左右,振幅0.2mm左右)。

七、超薄层沥青混凝土罩面技术

我国《公路沥青路面设计规范》(JTG D50—2006)规定,超薄磨耗层是一种具有较大构造深度、抗滑性能好的磨耗层,适用于路面较平整、辙槽深度小于10mm、无结构性破坏的公路;为提高表面层服务功能的养护维修措施,也适用于新建公路的磨耗层。磨耗层一般厚度为20mm左右,混合料宜选用断级配、改性沥青或其他添加剂,以提高超薄磨耗层的水稳性。按薄沥青混凝土面层的厚度,可将其分为3种,即薄沥青混凝土面层25~30mm,很薄沥青混凝土面层20~25mm,超薄沥青混凝土面层15~20mm。

1. 超薄沥青混凝土具有以下特点

(1)超薄沥青混凝土是明显的断级配;胶砂的含量较少;不需要沥青流出抑制剂,如纤维。结合料常用纯沥青或改性沥青。

(2)其空隙率约为6%~12%,在空隙率过大而产生透水时必须采用厚黏层(通常采用改性结合料),粗糙的表面可保证高的抗滑能力。

2. 超薄沥青混凝土罩面的适用性

超薄沥青混凝土罩面必须铺筑在路面结构强度和下层沥青面层的高温抗形变能力满足要求的路面上,因为超薄层沥青混凝土不能提高路面结构的强度或承载能力,也不能提高沥青路面的高温抗形变能力和防止原路面的反射裂缝。另外,超薄层罩面结构应分为两个层次:表面磨耗层和黏结防水层。由超薄沥青混凝土面层形成的表面抗滑磨耗层可提供一个安全、舒适、耐久的行驶表面,恢复路面的表面功能,提高路面的抗滑性能,改善路面的平整度;通过黏结防水层保证超薄沥青混凝土罩面与原路面接合紧密,防止雨水下渗,适度延缓旧沥青路面的反射裂缝。

超薄沥青混凝土罩面,主要解决以下路面问题:

(1)路面有轻微到中等的病害。

(2)路面光滑,摩擦系数不够。

(3)行驶过程中路面噪声过大。

(4)路面纹理深度不够。

3. 施工工艺

(1)原路面的准备

将所需罩面的原沥青混凝土面层用铣刨机铣刨20mm,且使构造深度达到2mm以上,然后清理路面,不得有尘土、杂物和油污。

(2)SBS改性沥青黏结防水层

准备喷洒沥青的工作面应整洁无尘埃。当黏有土块或在铣刨过程中形成有沥青胶砂残块时,应铲除掉并用强力吹风机吹扫干净。洒布沥青材料的气温不应低于10℃,风速要适度。在浓雾或下雨天气路面潮湿时不应施工。洒布改性沥青,沥青须全路满铺,达到无破洞、漏铺、脱开等现象的要求。防水层改性沥青的喷洒量为$1.6kg/m^2$,为保护此沥青膜在施工过程中不被破坏,一般须在沥青膜上稀撒满铺50%~60%的9.5~13.2mm的单一粒径碎石。碎石粒径应与黏结防水层上铺筑的沥青混凝土粒径相匹配,并用两轮或轮胎压路机碾压成型。

(3)超薄沥青混凝土施工过程中的温度控制

由于沥青混凝土层厚较薄,且碎石含量很大,因此在施工时热量散发较快,所以各环节的温度控制都应较规范规定稍加提高。采用改性沥青时,沥青加热温度控制在170℃左右,矿料加热温度控制在190℃左右,出厂温度控制在180℃左右,摊铺温度在170℃左右,碾压温度不低于160℃为宜;采用改性沥青并掺加橡胶粉时,矿料加热温度再提高5℃左右;采用重交沥青混凝土时,沥青加热温度控制在165℃左右,矿料加热温度控制在185℃左右,出厂温度控制在165℃左右,摊铺温度在155℃左右,碾压温度不低于155℃为宜。

(4)沥青混合料的压实

由于罩面层摊铺厚度小,压路机的振频与振幅宜采用"高频、低幅"的方式碾压。在倒车时,应先停止振动,并在向另一方向运动后再进行振动,以避免混合料因"过压"而形成"拥包"。

任务7.4　沥青路面的再生利用

【知识目标】
　　掌握沥青路面再生利用方法;熟悉沥青路面热再生和冷再生的工艺特点及关键工序。
【能力目标】
　　能合理选择沥青路面再生利用方法,并完成沥青路面再生利用实施。

7.4.1　沥青路面再生利用的定义及分类

【学习任务8】　学习沥青路面再生定义和分类知识;掌握沥青路面各类再生技术的特点。

我国公路建设与养护需要寻求一条低能耗、可持续的发展道路,因此对废旧沥青混合料的再生利用是有其现实性和时代性的,随着我国高等级沥青路面维修养护量的不断增加,沥青混合料再生技术必将得到更广泛的应用。

一、沥青路面再生利用的定义

沥青路面再生技术是将需要翻修或者废弃的旧沥青路面,经过翻挖回收、破碎、筛分,再和新集料、新沥青材料适当配合,重新拌和,形成具有一定路用性能的再生沥青混合料,用于铺筑路面中、下面层或路面基层的整套工艺技术。

"再生利用"有3个层次:
(1)沥青路面基层和(或)底基层的再生利用。
(2)沥青面层的再生利用。
(3)沥青的再生利用。

对于沥青路面基层和(或)底基层的再生,首要的问题是解决材料的分类和破碎;然后按基层或底基层的设计要求进行级配。它可以单独再生后作为基层或底基层,也可以与既有沥青面层一起再生后作为基层或底基层。

对于沥青面层的再生,是将其混合料进行再生,最后重铺成为面层。

对于沥青的再生,由于既有沥青面层中的沥青不能单独分离出来,只能在其沥青混合料的再生过程中完成。

二、沥青路面再生技术分类

路面再生的种类很多,按再生形成的层位不同可分为再生面层、再生基层和再生底基层;按再生方式的不同可分为热再生和冷再生;按拌和地点的不同可分为现场再生和厂拌再生。因此,沥青路面再生技术可分为:现场热再生、现场冷再生、工厂热再生和工厂冷再生四大类。在工程中应考虑旧路面基层损坏情况和沥青路面面层的厚度来选择再生方案。表 7-12 所示,给出了沥青路面再生推荐方案。

沥青路面再生推荐方案　　　　表 7-12

基层情况	面层厚度(cm)	再生方案
损坏	9~20	工厂再生
完好	≤4	现场再生
	4~6	工厂再生或现场再生
	≥6	工厂再生

7.4.2 现场再生技术

【学习任务 9】 学习沥青路面现场再生知识;掌握沥青路面现场热再生和现场冷再生技术的特点。

一、现场热再生技术

1. 概述

现场热再生就是在现场用原地再生的方法修复已破坏的沥青路面,因此该方法中新材料的使用最少。具体是指现场加热软化旧路面表面,然后将路面表面材料移开,与再生剂混合,也可能加入新沥青或集料,不必从老路面运走回收的材料,只需在现场直接重新摊铺路面。

这种方法有时也被称作表面再生,其工艺流程见图 7-22。加热翻松通常将原表面以下 25mm 的沥青面层翻开,使之再生,并使路面最终成型。而重新铺面则将路表面以下 25mm 的路面进行循环利用,加入再生剂以改进沥青黏度,然后在再生后的面层上摊铺一层薄罩

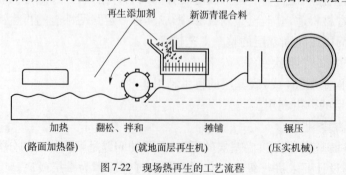

图 7-22 现场热再生的工艺流程

面。重新拌和是将新材料与回收的材料一起在拌和锅中拌和均匀,然后将混合料摊铺为磨耗层。这些方法中的翻松过程有时以铣刨来代替。

2. 现场热再生的优缺点和适用性

现场热再生可用于修正大多数路表面破坏,甚至包括表面混合料组成缺陷而引起的破坏。与其他修复方法相比,用现场热再生方法修复路面不会改变排水、路缘、下水道、人行通道、路肩及其他结构物。

现场热再生仅限于路面有足够承载能力时使用,只对表面25~50mm或适当厚一点的路面进行再生。结构不足的道路不适用此方法,除非设计中考虑了强度的要求。

旧路有明显基层破坏、不规则的频繁修补,以及需对排水进行较大改进时,该方法不适用。

适于现场热再生的道路,沥青面层至少应有75mm厚,过薄的沥青面层容易使基层被翻松齿轮产生的横向剪切应力撕开、打散。如果表面开裂已到达基层,此方法不适用,因为再生后裂缝还会重新出现。

该技术主要局限性如下:

(1)仅适用于基层完好的沥青路面再生。

(2)加热沥青面层的深度一般不超过5cm。

(3)施工容易受气候的影响,寒冷季节一般不宜施工。

(4)在现场加热时,很容易出现表层沥青焦化而里层沥青还未软化的现象。

二、现场冷再生技术

1. 概述

现场冷再生是指利用旧沥青路面材料(包括面层材料和部分基层材料)进行破碎加工,需要时加入部分新集料或细集料,按比例加入一定剂量的添加剂(水泥、石灰、粉煤灰、泡沫沥青、乳化沥青等)和适量的水,在自然的环境温度下连续地完成材料的铣刨、破碎、添加、拌和、摊铺及压实成型的作业过程,重新形成结构层的一种工艺方法(见图7-23)。

现场冷再生有两种方式:全深度和半深度。在全深度再生中,沥青层和一部分集料基层被铣刨、破碎,与胶结料混合,摊铺作为稳定的基层。在半深度再生中,一部分沥青层,通常50~100mm,被再生作为低交通量或中等交通量的道路的基层。

图7-23 冷再生设备

2. 现场冷再生的适用性

采用现场冷再生可以使路面恢复所需的线形、断面,消除原路面的车辙、不规则和不平整的区域;还可以消除横向、反射和纵向裂缝。现场冷再生不需要将沥青路面再生材料运到拌和厂,然后再将冷再生材料运回施工现场,节约了运输费用。

3. 现场冷再生的优点

(1)充分利用旧路面的集料,减少对石料的开采,从而保护资源,特别是在路面集料比较紧缺的地区更是如此。

（2）通过再生利用减少了对沥青材料的需求，路面中残留的沥青可以通过再生方式得到利用。

（3）现场冷再生可以使已破坏的路面恢复到原有的路面路拱及坡度，这对于路面排水、跨线桥净空控制等非常重要。

（4）现场冷再生不需要加热，节约能源，减少了烟尘、废气对环境的污染，现场冷再生比现场热再生更环保。

（5）现场冷再生已被证明可以减少沥青路面的反射裂缝。通过延缓和减少反射裂缝，可以延长路面的使用寿命，并提高行车的舒适性。

（6）由于现场利用旧路面材料，减少了材料的往返运输，减少了燃油消耗。

（7）在相同的条件下，与其他的路面改造方案相比，现场冷再生由于利用旧路面材料，工程造价降低。

（8）现场冷再生减少路面材料的往返运输，施工时对相邻车道的交通影响较小，减少了交通延误。

（9）通过现场冷再生和加铺新的罩面，可以比较彻底地解决各种路面病害，如纵横缝、坑洞、车辙、不规则裂缝。

（10）现场冷再生可以减少工程设计、测量的时间和费用。

4. 现场冷再生的缺点

（1）现场冷再生还是比较新的路面改造技术，其混合料配比设计的经验还不是很成熟，目前很多大学、公司等研究机构正在进行配合比设计的研究工作。

（2）现场冷再生的质量不如集中厂拌再生可靠，旧路面的材料状况影响再生路面的性质。

（3）现场冷再生的工艺需要相对温暖、干燥的施工环境，气候条件要求高。

（4）现场冷再生的路面水稳性差，易受水分的侵蚀而剥落，因此需要一个封层或热拌沥青混凝土罩面层。

（5）为了获得足够的强度，乳化沥青冷再生路面通常需要2周的养生时间。

（6）通常沥青路面的铣刨深度为10~15cm，这样可以消除反射裂缝。根据旧路面开裂的情况，现场冷再生可能会侵入一部分基层材料，这样很难保证再生后路面的均匀性。

7.4.3 工厂再生技术

【学习任务10】 学习沥青路面工厂再生知识；掌握沥青路面工厂热再生和工厂冷再生技术的特点。

一、工厂热再生技术

1. 概述

工厂热再生技术是将旧的沥青面层混合料切削回收，集中到再生拌和厂，再根据旧沥青混合料技术性能的变化，掺入不同的添加材料；然后拌和成符合路面技术性能要求的再生混合料，运入施工现场，摊铺并碾压成为新的沥青路面。

工厂热再生出来的沥青混合料常用作高等级公路的中、下面层或一般公路的各结构层。

2. 厂拌热再生的优点

（1）再生混合料的性能与传统的混合料性能相同或比其更优，可用于沥青路面的表层。

(2)再生沥青路面可以重复使用旧沥青路面材料,减少新材料的用量,节约自然资源,减少废料处理问题并降低相关费用,具有较高的经济性。

(3)可以用来修正原沥青路面的设计问题,使其性能优化,且可修复路表面绝大多数的破坏如松散、泛油、集料磨光、车辙和裂缝等。

(4)通过添加新的集料、沥青或添加剂改善原混合料的级配和沥青问题,可以在厚度不变或变化较小的情况下改善路面结构。

(5)可以维持原路面的线形和高程不变。

(6)再生热拌沥青混合料的运输、摊铺和碾压设备及施工工艺与传统的热拌沥青混合料基本相同,只需要对现有的机械设备做较小的改动,且可以满足现有的环保要求。

3. 厂拌热再生的局限性

(1)一般的厂拌热再生混合料中回收的沥青混合料用量较少,仅为混合料总量的10%~30%。

(2)厂拌热再生混合料生产过程中的产量和生产效率受沥青混合料用量的影响。

(3)厂拌热再生施工对交通的干扰较大。

(4)混合料运输的费用较高。

(5)厂拌热再生混合料的摊铺温度比传统的热拌沥青混合料略低,这主要是为了避免出现拌和楼中混合料加热温度过高的现象。由于厂拌热再生混合料的出料温度略低,再生混合料比一般混合料硬,因此可供碾压的时间也略为减少。

二、工厂冷再生技术

1. 概述

工厂冷再生是将旧的沥青路面切削回收,集中到再生拌和厂,采用乳化沥青或水泥与旧料和新集料在常温下拌和成混合料,经摊铺、碾压而成沥青路面的施工方法。

若回收的是半刚性基层材料,可采用水泥与旧料和新集料在常温下拌和成混合料,用作基层或底基层。其施工工艺同半刚性基层材料的施工。

若回收的是沥青面层材料,采用乳化沥青与旧料和新集料在常温下拌和成混合料,用作高等级公路的下面层、基层或底基层,或用作一般公路的面层或基层。

对冷拌再生材料进行试验非常重要。可以使用多种冷再生剂或乳化液将旧沥青胶结料的性能恢复至接近原有状态。将回收材料研磨成适宜的尺寸,然后通过试验确定适量的添加剂,再摊铺、碾压到要求的密度,表面再以热沥青薄层罩面、表面处治层等罩面。

2. 工厂冷再生的适用性

冷再生需要较高的生产率,对混合料级配控制较严格。旧沥青面层料堆适合厂拌生产或因某些原因旧路面材料需运走,现场冷再生不作考虑时的选择。

工厂冷再生可用于沥青路面结构性破坏时的重建,修复面层和基层的病害。这些破坏包括:横向裂缝,车辙,坑洞,表面不规则破坏或前述几种破坏的综合。工厂冷再生的优点在于:在不改变路面横向、纵向几何特征的情况下对路面的病害有显著的改善;工厂冷再生也可改善路面的几何线形和修复任何类型的裂缝。工厂冷再生的路面一般能满足正常的需要,但为了防止工厂冷再生路面发生水损害以及分散交通荷载作用的需要,常常在工厂冷再生路面上加铺一层热拌沥青混合料。

案例

案例1　沥青路面裂缝修补

××高速公路全长199.31km,位于华北平原东北部,冬季极限最低气温-23℃。于1999年9月1日正式建成通车。因1999年、2000年冬季连续两年降雪量大,气温低,通车的当年路面即产生横向温度裂缝,并呈逐年增加趋势。到2002年3月底累计完成沥青路面灌缝修补378km,路面灌缝成为日常养护工作中的一项重要内容。现将××高速公路通车3年来的沥青路面裂缝修补技术介绍如下。

一、沥青路面裂缝的现状

从路表面裂缝情况看,软土路基路段内的裂缝最多,路面(双幅)裂缝平均2112m/km,平原区平均1342m/km,平原微丘区平均532m/km。裂缝最窄0.2mm,最宽约12mm。最长的纵缝连续长2863m,纵缝合计长5891m,横缝合计长176969m。其中横向裂缝中半幅贯通的裂缝约30~50m一道,多数路面横向裂缝长5~10m,约占总量的70%。横向裂缝密度最大的路段内92条/km。挖方段内路面裂缝较少,平均150m一道,SMA路段平均80m一道。地基土质为重黏土路段内裂缝较多,砂土路基段内的路面裂缝较少。3年来完成的路面裂缝修补长度分别为2000年65239m,2001年130425m,2002年182860m。

二、路面裂缝原因分析

沥青路面开裂的原因和裂缝的形式多种多样。影响沥青路面裂缝的主要因素有:沥青质量和沥青混合料的性质、基层材料的性质、气候条件(特别是冬季气温的变化及其变化幅度)、交通量和车辆类型以及施工质量等。按开裂的形式主要分为纵向裂缝和横向裂缝。

1. 纵向裂缝

Kl17+500~K136+000路段纵向裂缝较为普遍,最长一条约2.8km,究其原因主要是由于路基变形引起的,该段地基土为重黏土。路基填土高度为2.8~3.2m,由于路基填土不均匀,影响了路基的整体性。雨季两侧边沟积水,外侧路基浸泡使黏土地基和路基含水率饱和,造成地基承载力下降,路基整体强度降低,在超重车荷载作用下产生路面纵向开裂。此种裂缝的位置多沿行车轮迹方向,开裂时间在雨季后发生。

在K157+800(陡河桥西桥头)和K248+700~K248+900处存在两处纵向裂缝,均在通车半年内产生纵向开裂。在距路面外边缘2m处产生裂缝,主要是由于路基填土较高(约12m),施工控制不严,引起路基不均匀沉降而造成的。在K248+850处的纵向裂缝长179m,距路面边缘2.5m,且双幅对称发生纵向开裂。该段路基填料为石方路堑开炸的风化土石混合料,开裂主要原因是:

(1)原地面为沟壑状无法进行填前碾压。

(2)路基填料自身空隙率大不易压实,路基成型后自然压密引起。

(3)路基填料粒径大,压实功小,无法检测压实度。

该段纵向裂缝宽达3.5cm,裂缝两侧相邻高差达1.5cm,纵向呈台阶状,严重影响行车舒适性。

2. 横向裂缝

横向裂缝是沥青路面常见病害之一。导致路面横向裂缝有多种原因,如温度变化、地基变形、半刚性基层反射裂缝、行车荷载疲劳裂缝等。横向裂缝有以下几种表现形式:

(1)低温横向收缩裂缝。沥青混凝土是一种热胀冷缩型材料,其温度收缩系数约为$25 \times 10^{-6} \sim 40 \times 10^{-6}$,冬季一次大幅度降温产生的拉应变可能达$300 \times 10^{-6} \sim 500 \times 10^{-6}$,远远超出沥青混合料的极限拉应变,沥青面层表面薄弱处就会产生裂缝。沥青面层的薄弱处越多,产生的横向低温裂缝愈多。

(2)温度疲劳裂缝。由于环境气温反复升降,在沥青面层中产生温度应力,温度应力的反复作用使沥青面层产生温度疲劳裂缝。

(3)反射裂缝。高速公路路面基层普遍采用水泥稳定级配碎石材料,水泥碎石的抗压强度要求不断提高($\geq 4MPa$)。而水泥碎石干缩和温度收缩特性,导致基层成型后一般存在明显或隐性裂缝,裂缝间距约为$15 \sim 30m$。在行车荷载作用下,特别是超重车较多的情况下,半刚性基层底部产生过大的拉应力,导致基层开裂。随着荷载的反复作用,裂缝会逐渐扩展到沥青面层。

(4)其他横向裂缝。如由于桥头路基沉降引起的沿桥涵台背方向的横向裂缝,路面施工工作接缝开裂,桥面铺装水泥混凝土绞缝质量不好而引起纵向开裂等。

3. 裂缝对沥青路面的危害

沥青路面裂缝是常见病害之一。如果沥青路面裂缝得不到及时修补,将对路面的使用寿命和行车舒适性带来影响。裂缝对沥青路面的危害主要表现在以下几个方面:

(1)缩短路面的使用寿命。裂缝的初期(1~2年内)对路面的使用性能无明显影响,但随着路表面雨水或雪水的逐渐浸入,导致裂缝两侧的路面结构或土基含水率增加,在行车荷载作用下,加速了路面的破坏。

(2)纵向裂缝的发生容易形成沿行车方向呈台阶状,影响行车的舒适性。

(3)桥头跳车处的路面横向裂缝,在路面积水的作用下加速了跳车现象的发展。

(4)块状的路面纵横裂缝如不能及时修补,将很快发展成为网裂、松散甚至坑槽。

三、沥青路面裂缝的修补方法

裂缝的修补具有很强的时限性,安排修补时间不当将大大影响灌缝的质量和效果。沥青路面裂缝修补方法很多,一般可根据裂缝的宽度和深度确定具体的修补工艺。在过去的3年中,根据路面裂缝的实际情况主要采用了下述4种裂缝处理方法:

1. 压浆法

在K248+700~K248+900段路面纵向裂缝采取了压浆处理。因该段裂缝宽度达35mm,路基填土高达20m以上,如不进行彻底处治将严重危及路基稳定与行车安全。施工时压入水泥净浆,水泥为325号普通硅酸盐水泥,水泥净浆水泥用量为$350kg/m^3$,注浆压力为1.5MPa。压浆前用环氧砂浆对裂缝表面进行封堵,沿裂缝每隔15m预埋一注浆管,从一端开始,依次注浆直到相邻注浆管溢出浆液为止,压浆前移。如中间有压浆管不能溢出浆液,则将压浆泵移至相邻的下一孔管进行注浆。该段于2000年4月下旬施工,经过2年多行车观测效果良好,未发生继续开裂和其他病害,起到了保护路基稳定和防止雨水侵蚀的作用。

2. 沥青灌缝

沥青灌缝一般采用重交通道路石油沥青AH-90号。首先对沥青进行现场加热,温度控制在150~160℃(其中一部分沥青采用了SBS改性沥青),用铁壶或专用容器将热沥青灌入缝内,一般需浇灌2~3遍,待沥青温度下降至常温后即可开放交通。此种方法操作简单,使用设备和人员修补费用低,速度快,每人每天可完成灌缝250~300m。但有如下缺点：
（1）由于裂缝未清扫造成黏结不牢固，一般第二年都需重新灌缝。
（2）夏季气温高时，沥青体积膨胀溢出路面被行车黏走。
（3）每年重复施工，累计费用增加。
（4）长时间人工作业的危险性较大。

3. 溶剂性改性沥青材料灌缝

溶剂性改性沥青材料灌缝的施工工艺流程如下：
（1）先用4~6MPa压缩空气对裂缝进行清理，一般需2遍。
（2）用竹片或铁铲清除缝中剩余杂物。
（3）用改装后煤气罐盛入2/3体积的溶剂改性沥青灌缝（在普通沥青中加入SBR等3种改性剂，常温下具有流动性），并用气泵加压至4MPa向裂缝中灌入，一般需浇灌2~3遍，直至灌缝材料与路面平齐为止。
（4）将过筛细砂撒在灌缝表面，并用铲抹平，即可开放交通。

此种方法所用灌缝材料为专用灌缝材料，具有良好的低温稳定性、渗透性，无须加热，设备比较简单，一套设备一天可完成800~1000m灌缝，灌缝效果较好，使用寿命一般在3~5年，但灌缝材料较贵。

4. 进口灌缝胶修补裂缝

为了探索沥青路面裂缝修补技术，采用新材料、新工艺，高速公路管理处于2002年3月引入了进口的高速公路路面裂缝修补技术。在位于K100+441~K117+500长17km软基路段进行了灌缝施工。共计完成裂缝修补35960m。

本次所用灌缝材料为原装进口路面裂缝密封胶。这是一种高分子聚合物橡胶改性材料，常温下外观为固体，用纸箱包装，每箱25kg，使用前加热到188℃成液体状，具有良好的流动性和黏结力，能够同沥青混合料融合到一起。密封胶冷却后，在常温和低温状态下，具有很高弹性，延伸长度约10~15倍，弹性恢复达99%。密封胶在-20~120℃温度范围内能跟随裂缝的扩张与收缩而产生弹性变形，始终保持其稳定的密封作用。其主要技术指标如下：25℃针入度65(0.1mm)；软化点≥63℃；5℃延度（低温）≥22cm；黏着张力（ASTM D5329）≥500%；施工加热温度188℃。灌缝设备（进口）有2台，一台为MODEL200型开槽机，另一台为MODEL125D型灌缝机。

（1）裂缝修补方案，沥青路面裂缝修补方案设计了以下4种方式：
①标准槽非贴封式，即开槽深20~50mm、宽20mm，密封胶与槽灌平即可不加贴封层；
②标准槽贴封式，即开槽深20~50mm、宽20mm，密封胶灌满缝后，路面加封2~3mm厚80~100mm宽贴封层；
③浅槽贴封式，开槽深5mm、宽40mm，灌缝加贴封层式；
④简单无槽贴封式，适用于裂缝宽度小于3mm，即不开槽，只在路面裂缝处贴封宽度12.7mm的密封胶。

这次采用的标准槽贴封式修补法，开槽深度和宽度各为20mm，表面贴封宽度60mm，厚度2~3mm。

（2）进口灌缝胶裂缝修补工艺流程如下：
①封闭交通。按照规定摆放安全标志，设专人指挥交通，并根据工程进度随时移动标志牌。

②按照要求尺寸沿裂缝方向进行开槽作业。

③清理开槽。用高压空气进行吹缝，BE6200型鼓风机可产生6.33kg/cm 压力 和 $4.2m^3/mm$ 的气流，能够将开槽后缝内的松散颗粒和杂物彻底清理干净。

④灌缝前预热。用普通液化气罐外接喷火装置，在实施灌缝前对凹槽加热，温度达到80~100℃即可，有利于灌缝胶和沥青混凝土的牢固黏结。

⑤灌缝。在密封胶加热温度达到188℃时，加热炉盘自动停止加温进入保温状态，这时用灌缝机自带的具有刮平装置的压力喷头将密封胶均匀灌入槽内。灌缝分两次灌满：第1次灌入槽深的4/5；第2次灌满并在槽口两侧拉成宽60mm、厚3mm的贴封层。

⑥撒料养护。在刚灌满的密封胶表面撒布石粉或细砂，待灌缝胶冷却至常温后即可开放交通，一般冷却时间为15min。

⑦质量检验。用密封胶修补裂缝，其外观质量验收标准为：密封胶高于路表面2~3mm；贴封层边缘整齐，灌缝充分饱满，表面平整；无颗粒状胶粒；灌缝胶经行车碾压后不得发生脱落变形。

案例2 微表处修补车辙

一、概况

湖北省某高速公路全长339km，北接河南信阳，自大悟县九里关入鄂，经孝感、武汉、咸宁三市，由赤壁市土城进入湖南省。路面结构设计为4cm super12.5沥青混凝土上面层+6cm AC20-Ⅰ沥青混凝土中面层+6cm AC-20S沥青混凝土下面层+20村民水泥稳定级配碎石上基层+20cm 水泥稳定级配碎(砾)石下基层+20cm 水泥稳定碎石底基层。自建成通车以来，交通量增长迅速，由刚开通时的日均交通量不足千辆，到目前的日均交通量近3万辆，年平均增长率超过10%。

二、公路车辙情况调查

根据《高速公路养护质量检评方法》规定，高速公路每季度进行一次路面车辙情况调查。调查结果显示，全线共有车辙约150km（单车道），其中轻度车辙（≤25mm）140km，重度车辙（>25mm）10km。由于本高速公路交通量主要为大型货车，加之夏季气温较高，路面病害以车辙为主，而且夏季车辙发展迅速。为改善行车环境，节省养护费用，高速公路管理处决定采用微表处工艺对路面车辙进行处理。

三、应用实例

1. 车辙路段处治方法选定

原路面15mm以下的车辙可直接进行微表处罩面；深度15~25mm的车辙应首先进行微表处车辙填充，然后再进行微表处罩面，也可采用双层微表处；深度25~40mm的车辙应首先采用多层微表处车辙填充；深度40mm以上的车辙，不宜采用微表处车辙填充处理。

2. 材料的选定及配合比设计

微表处工艺对沥青、粗细集料等材料的要求都非常高，施工单位根据多年以来的成功经验，优选了原材料。

(1) 改性乳化沥青

改性乳化沥青技术要求，如表7-13所示。

(2) 粗细集料

本工程采用湖北京山玄武岩作集料，见表7-14。

改性乳化沥青技术要求 表 7-13

检测项目		技术指标	检测结果	试验方法
筛上剩余量(1.18mm)(%)		≤0.1	0.05	T 0652
破乳速度		慢裂	慢裂	T 0658
电荷		阳离子正电(+)	阳离子正电(+)	T 0653
沥青标准黏度 $C_{25,3}$(s)		12~60	13.5	T 0621
蒸发残留物含量(%)		≥60	62.1	T 0651
蒸发残留物性能	针入度(100g,25℃,5s)(0.1mm)	40~100	60.2	T 0604
	延度(5℃)(cm)	≥20	>100	T 0605
	软化点(℃)	≥53	57.5	T 0606
	溶解度(三氯乙烯)(%)	≥97.5	98.1	T 0607
贮存稳定性	1d(%)	≤1.0	0.4	T 0655
	5d(%)	≤5.0	4.3	T 0655

集料技术要求 表 7-14

检测项目		技术指标	检测结果	试验方法
粗集料	洛杉矶磨耗损失(%)	≤28	21.4	T 0317
	石料磨光值(PSV)	≥42	53.9	T 0321
	坚固性(%)	≤12	9.4	T 0314
	针片状含量(%)	≤15	8.2	T 0312
细集料	坚固性(>0.3mm 部分)(%)	≤12	11.1	T 0340
合成矿料	砂当量(<4.75mm 部分)(%)	≥65	70.5	T 0334

(3)配合比设计

矿料级配范围采用 MS-3,其要求的级配范围见表 7-15;集料筛分结果见表 7-16。

矿料级配 表 7-15

筛孔(方孔筛 mm)	9.5	4.75	2.36	1.18	0.6	0.3	0.15	0.075
通过率(%)	100	70~90	45~70	28~50	19~34	12~25	7~18	5~15

集料筛分结果 表 7-16

筛孔(方孔筛,mm)	5~10mm (通过率,%)	3~6mm (通过率,%)	0~3mm (通过率,%)	合成级配
9.5	100	100	100	100
4.75	25.3	95.3	99.7	76.5
2.36	3.5	30.2	91.7	52.9
1.18	1.9	23.5	60.2	35.4
0.6	1.3	13.8	45.2	23.0
0.3	1.0	8.9	28.1	16.1
0.15	0.7	5.9	16.2	9.5
0.075	0.4	3.1	12.4	6.9

外加水的确定:《微表处和稀浆封层技术指南》要求微表处用不得含有有害的可溶性盐

类、能引起化学的物质和其他污染物,一般可采用饮用水。本次施工根据稠度试验确定最佳用量(见表7-17),以保证施工时混合料具有适宜的稠度与和易性。

稠度试验结果 表7-17

集料含水率 (%)	集料质量 (g)	填料用量 (%)	乳液含水率 (%)	乳液用量 (%)	外加水含量 (%)	合计含水率 (%)	稠度 (mm)
0 (烘干集料)	500	2	37.9	10.5	8.0	12.0	20
	500	2	37.9	10.5	8.5	12.5	25
	500	2	37.9	10.5	9.0	13.0	30

一般情况下,稠度为20～30mm时加水量比较适宜,从表7-17可以看出,当含水率为集料总量的12%～13%时,稠度为20～30mm。

改性乳化沥青用量的确定:根据规范推荐和经验确定油石比为5.5%～8.0%,改性乳化沥青的设计要求沥青含量为60%～65%,故改性乳化沥青的用量范围分别为8.46%～9.17%、12.31%～13.33%。

根据湿轮磨耗与负荷轮试验,确定改性乳化沥青的最佳用量,见表7-18。

混合料磨耗、黏砂试验结果 表7-18

油 石 比	磨耗值(g/m²)		黏砂值(g/m²)
	1h	6d	
5.5	612.9	904.3	324.1
6.0	452.9	789.3	354.1
6.5	356.1	652.4	421.6
7.0	298.4	552.9	451.6
7.5	285.7	487.6	554.6

最终确定的最佳乳化沥青含量为10.1%。

根据以上试验确定的微表处级配为矿料:改性乳化沥青:外加水量:填料 = 100:10.1:8.5:2.0。各项指标均符合规范要求。

(4)混合料的技术指标

根据以上级配,试验得出混合料的各项指标见表7-19。

微表处混合料要求 表7-19

试验项目		标 准	试 验 值
可拌和时间(25℃)(s)		>120	>120
黏聚力(N·m)	30min	≥1.2	1.5
	60min	≥2.0	2.4
湿轮磨耗值(g/m²)	1h	≤540	452.9
	6d	≤800	789.3
负荷车轮黏附砂量(g/m²)		≤450	354.1

四、施工过程控制

1. 工艺简介

按以下工艺进行施工:路况调查→病害处理(包括坑槽修补、灌缝、铣刨等)→填充车辙→养生→开放交通→微表处罩面→养生→开放交通(见图7-24)。

2. 施工要求

微表处施工前,必须满足以下条件:

(1)必须采用专用机械施工。微表处摊铺机、拌和箱必须为大功率双轴强制搅拌式,摊铺槽必须带有两排布料器,摊铺机必须具有精确计量系统并可记录或显示矿料、乳化沥青等的用量,采用微表处修补车辙时还必须配有专用的V形车辙摊铺槽。

图7-24 微表处施工现场

(2)施工、养生期内的气温应高于10℃。

(3)不得在雨天施工。

(4)严禁在过湿或积水的路面上进行微表处施工。

(5)原路面宽度小于5mm的裂缝应进行灌缝处理。

(6)原路面局部破损(如坑槽、松散等)应彻底挖补。

(7)原路面的拥包等隆起型病害应事先进行处理。

3. 施工质量控制

在微表处施工过程中,从以下方面对施工质量进行了控制:

(1)严把材料关。一是控制料源,所有矿料全部为施工前试配合格的京山玄武岩,不允许中途更换料源;二是控制乳化沥青质量,施工用乳化沥青为自行制作,其所用基质沥青和改性剂料源稳定,全部为一批次进货。

(2)严把设备关。一是设备必须满足车辙填充的要求,必须配有专用的V形摊铺槽;二是进场设备必须进行标定,满足精度要求;三是必须有计量、拌和设备,否则不得开工。

(3)通过铺筑试验段确定施工配合比和施工工艺。施工单位进场后,选定了合适的路段进行试验段铺筑,进一步明确了施工配合比和施工工艺。

(4)严格控制施工时间。由于施工单位进场时间是10月底,气温已临近10℃,下午6点钟左右气温已降至10℃附近。

(5)严格控制摊铺速度。为保证搅拌速度与摊铺速度基本一致,根据开放交通时间和摊铺槽的大小,确定了摊铺时车辆的行驶速度。

(6)严格控制开放交通时间。摊铺后为保证混合料的黏聚力,防止剥落,应根据气温情况,确定开放交通时间,一般不得少于4h。

4. 施工质量检测

微表处施工完成一个多月时间后,经实地观测,工程外观、抗滑性能、渗水系数、平整度等指标均符合要求。现将部分检测指标摘录于表7-20。

现场检测结果 表7-20

桩号	K30+300	K30+500	K30+700
摆值(BPN)≥45	51	51	50
构造深度(mm)≥0.60	1.1	1.0	1.2
渗水系数(mL/min)≤10	0	0	1

五、处治效果

经过微表处填充车辙并罩面后,高速公路行车环境得到了明显改善;特别是在雨天行车时,由于其表面粗糙,构造深度较大,车辆抗滑能力明显提高。

案例3 微波修补沥青路面坑槽施工工艺

微波设备主要解决日常的坑槽、脱落、路面污染等病害。其中表层坑槽损坏与脱落、路面污染的修补工艺一样,都属于处理面层病害;同时由于早期修补过的路面进行返修时,存在中层破损的现象;由于施工原因,大部分病害类型属于基层破损,所以必须先处理基层。

一、表层病害微波修补工艺——同步就地热再生

适用深度小于6cm沥青路面表层病害修补工艺或一些外力损伤性病害,可再生的路面,再生料需求小于或等于$0.5t/m^2$,此类病害采用同步就地热再生工艺。具体为:

1. 清洁路面

根据路面破损程度和病害大小,放置适量的冷料块(见图7-25)。冷料块的放置量应比实际需求多,加热后多余的热料可放置在微波设备的保温箱中,便于下次使用。

2. 加热

用微波加热墙对沥青路面和冷料同时加热,加热时间一般在15~20min,被加热的路面和冷料在130~160℃,具体温度以设备实测温度为准(见图7-26)。微波设备加热前,应注意将微波屏蔽网充分接触地面,四角限位开关无报警情况下,设备才能正常启动。

图7-25 放置冷料块

图7-26 沥青路面和冷料同时加热

3. 添加乳化沥青

根据路面沥青缺损程度,适当添加乳化沥青(见图7-27)。

4. 修补

加热后的沥青路面新旧进行充分拌和,比按照"圆洞方补、斜洞正补"的原则对加热路面进行规整(如图7-28)。

图7-27 喷洒乳化沥青

图7-28 整平

5. 碾压

压路机碾压时,路面起压温度应在 80~100℃ 之间,压路机应垂直、水平方向均压。一般先静压 2 遍→振压 4 遍→静压 1 遍,压实后的路面温度应在 50~60℃ 之间为宜(如图 7-29)。

6. 开放交通

检测修复效果(见图 7-30),当路表面温度低于 40℃ 时,方可开放交通。

图 7-29 压路机进行碾压

图 7-30 测量修复

二、中层病害损坏,不可再生——热槽热补工艺

本工艺适合病害已经达到中层,且面层或中层已经无法再生,或公路已经超过 10 年的服务期,或业主要求不能使用再生料的情况。为了确保修复质量,病害深度不超过 8cm,建议采用热槽热补的施工工艺,具体如下:

1. 确定路面病害

确定路面病害,并标记病害位置(见图 7-31)。

2. 切割病害处

切割路面时,应按照"圆洞方补、斜洞正补"的原则(见图 7-32)。

图 7-31 标记病害位置

图 7-32 切割

3. 破碎病害处并清理

破碎病害处并清理干净(见图 7-33)。

4. 喷洒乳化沥青

在喷洒乳化沥青时,除底部喷洒外,四周也应喷洒到位(见图 7-34)。

5. 填上新的冷料(如图 7-35)

6. 用微波加热墙加热

在微波加热器覆盖冷料时,冷料的高度不应超过加热墙能容纳的空间高度,同时屏蔽网充分接触路面,四角限位开关不出现报警现象(如图7-36)。

图 7-33　清理

图 7-34　喷洒乳化沥青

图 7-35　填补冷料

图 7-36　加热

7. 碾压

平整后用压路机压实,压路机碾压时,路面起压温度应在 80~100℃ 之间,压路机应垂直、水平方向均压。一般先静压 2 遍→振压 4 遍→静压 1 遍,压实后的路面温度应在 50~60℃ 之间为宜。

8. 开放交通

当路表面温度低于 40℃ 时,方可开放交通。

三、深层唧浆修补工艺——不可再生,热槽热料供应修补方式

本修补工艺适合由于基层破损反射形成的病害,该类病害必须先处理基层,分层压实,确保修复质量。同时该工艺也适合面层和中层较厚的路面病害,超过 8cm 需要进行分层压实,现场需要大量新热料的工艺。

1. 加热

微波加热病害区域,加热时间 (20~25min),可以大大减少人工挖掘基层的时间(见图7-37)。

2. 清理

(1)清除基层

微波加热后将面层和中层无法再生的旧料除去,同时利用液压镐清除基层(见图7-38)。

图 7-37　微波加热

(2)放入新的沥青冷料

在处理唧浆的同时,可以将新的沥青冷料放在微波设备专用金属模具箱中(见图7-39),模具箱可容纳1.5t冷料,现场加热时间为15~20min。利用金属反射微波的特性,对冷料可快一倍的时间加热到所需要的温度,15~20min可现场获取1.5t新料,为唧浆病害提供充足热料,模具为可拆卸组件,方便携带,可根据各层面不同级配的料同时加热,分开使用。

图7-38 清理　　　　　图7-39 放入新冷料

3. 加热冷料

用微波加热墙对金属模具现场加热冷料。注意金属屏蔽网需全部在金属模具的外围,加热时间15~20min,温度可达130~160℃(见图7-40)。

4. 喷洒乳化沥青

首先清洁基层病害部位,并喷洒乳化沥青(见图7-41)。

图7-40 加热冷料　　　　　图7-41 喷洒乳化沥青

5. 填充基层

从特制微波金属模具箱中取出基层热料,填充在基层处(见图7-42)。

6. 压实基层

基层料填充基层,并根据病害大小用冲击夯或压路机对基层进行压实,注意起压温度应控制在90~100℃(见图7-43)。

7. 中层修复

(1)处理好基层后,应在基层和中层间喷洒乳化沥青,形成黏层。破乳后在微波模具料仓中取中层料填充在中层处(见图7-44)。

(2)用人工填充中层填料(见图7-45)。

8. 碾压

根据病害大小选择冲击夯或压路机对中层进行碾压(见图7-46)。

9. 层间喷洒乳化沥青

在中层处理好后,喷洒乳化沥青,破乳后形成面层与中层的黏层(见图7-47)。

图7-42 填充基层

图7-43 压实基层

图7-44 层间喷洒乳化沥青

图7-45 填充中层料

图7-46 碾压中层

图7-47 中层喷洒乳化沥青

10. 填充面层

从金属模具中取面层料,填充在面层(见图7-48)。

11. 碾压

摊平后用压路机进行压实。起压温度应控制在90~100℃(见图7-49)。

图7-48 填充面层

图7-49 碾压面层

12. 开放交通

记录并检测修补效果后开放交通,开放交通时,修补路面的温度应低于40℃。

思考与练习

一、选择题

1. 薄层罩面也是一种很早采用的传统预防性养护方法,它是在原有路面上加铺一层厚度不超过( )cm 的热沥青混合料。
   A. 5 　　　　　B. 7 　　　　　C. 0.5 　　　　　D. 15

2. 下列材料可作为裂缝修补时的填缝材料的是( )。
   A. 高分子聚合物改性沥青　　　B. 热拌沥青混合料
   C. 水泥稳定粒料　　　　　　　D. 开级配沥青混合料

3. 提高沥青路面水稳性的措施有( )。
   A. 使用聚合物改性沥青　　　　B. 减少沥青用量
   C. 沥青路面空隙率在8%~15%　　D. 提高拌和温度

二、填空题

1. 沥青路面的主要病害可分为_____、_____、_____和其他病害4大类型。
2. 沥青路面横向裂缝可分为荷载型裂缝和_____两大类。
3. 裂缝填缝材料可分成3种类型:第1类是热灌式橡胶沥青或高分子聚合物改性沥青;第2类是有机硅树脂;第3类是_____。
4. 按车辙的不同形成过程,可将其分成_____、_____和结构型车辙3类。
5. 沥青路面再生技术可分为:现场热再生、_____、工厂热再生和_____4大类。

三、名词解释

1. 稀浆封层
2. 预防性养护
3. 沥青路面再生
4. 同步碎石封层

四、问答题

1. 沥青路面裂缝产生的原因有哪些?有哪些处治措施?
2. 沥青路面车辙发生的原因有哪些?有哪些处治措施?
3. 沥青路面水损坏发生的原因有哪些?有哪些处治措施?
4. 简述微表处预防性养护的技术要点。
5. 简述沥青路面工厂热再生技术要点。
6. 简述沥青路面坑槽的成因及处治措施。
7. 简述薄层沥青混凝土罩面技术的要点。

参 考 文 献

[1] 杨锡武.特殊路基工程[M].北京:人民交通出版社,2006.
[2] 王玉,任锦雄.公路工程质量通病防治指南[M].北京:人民交通出版社,2002.
[3] 马华堂,张新旺.公路工程病害分析与防治技术[M].郑州:黄河水利出版社,2003.
[4] 张勇,杨广庆,吕鹏,张保俭.高等级公路路基病害分析与防治技术[M].北京:人民交通出版社,2007.
[5] 交通运输部公路司.公路工程质量通病防治指南[M].北京:人民交通出版社,2002.
[6] 陕西省公路局.公路工程八大通病分析与防治[M].北京:人民交通出版社,1999.
[7] 夏连学,赵卫平.路基路面工程[M].北京:人民交通出版社,2001.
[8] 李瑾亮.地质与土质[M].北京:人民交通出版社,1999.
[9] 高速公路丛书编委会.高速公路路基设计与施工[M].北京:人民交通出版社,1998.
[10] 铁道部第一工程局.铁路工程施工技术手册——路基[M].北京:中国铁道出版社,1994.
[11] 俞高明.公路施工技术[M].北京:人民交通出版社,2002.
[12] 齐丽云.工程地质[M].北京:人民交通出版社,2003.
[13] 金桃,张美珍.公路工程检测技术[M].北京:人民交通出版社,2005.
[14] 张超,等.路基路面试验检测技术[M].北京:人民交通出版社,2006.
[15] 梅仕然,马新.傍山高陡填方软土路基的处治设计[J].工程地质学报.2007(15).
[16] 邓辉.浅谈土工格栅柔性挡墙在膨胀土路堑边坡防护加固中的应用[J].沿海企业与科技.2009(4).
[17] 中华人民共和国行业标准.JTG B01—2003 公路工程技术标准[S].北京:人民交通出版社,2004.
[18] 中华人民共和国行业标准.JTG F10—2006 公路路基施工技术规范[S].北京:人民交通出版社,2006.
[19] 中华人民共和国行业标准.JTG F80/1—2004 公路工程质量检验评定标准(土建工程)[S].北京:人民交通出版社,2005.
[20] 中华人民共和国行业标准.JGJ 79—2012 建筑地基处理技术规范[S].北京:中国建筑工业出版社,2013.
[21] 中华人民共和国行业标准.JTG H30—2004 公路养护安全作业规程[S].北京:人民交通出版社,2004.
[22] 中华人民共和国行业标准.JTG C20—2011 公路工程地质勘察规范[S].北京:人民交通出版社,2011.
[23] 中华人民共和国行业标准.JTG D30—2004 公路路基设计规范[S].北京:人民交通出版社,2004.
[24] 中华人民共和国行业标准.JTJ 015—91 公路加筋土工程设计规范[S].北京:人民交通出版社,1991.

[25] 中华人民共和国行业标准.JTJ 035—91 公路加筋土工程施工技术规范[S].北京:人民交通出版社,1991.

[26] 中华人民共和国行业标准.JTG/T D32—2012 公路土工合成材料应用技术规范[S].北京:人民交通出版社,2012.

[27] 中华人民共和国行业标准.JTG E50—2006 公路工程土工合成材料试验规程[S].北京:人民交通出版社,2006.

[28] 中华人民共和国行业标准.JTJ 076—95 公路工程施工安全技术规程[S].北京:人民交通出版社,1995.

[29] 中华人民共和国行业标准.JTG E60—2008 公路路基路面现场测试规程[S].北京:人民交通出版社,2008.

[30] 中华人民共和国行业标准.JTG H10—2009 公路养护技术规范[S].北京:人民交通出版社,2009.

[31] 中华人民共和国行业标准.JTJ 073.2—2001 公路沥青路面养护技术规范[S].北京:人民交通出版社,2001.

[32] 中华人民共和国行业标准.JTJ 073.1—2001 公路水泥混凝土路面养护技术规范[S].北京:人民交通出版社,2001.

[33] 中华人民共和国行业标准.JTG H20—2007 公路技术状况评定标准[S].北京:人民交通出版社,2007.

[34] 赵怀志,李强,程珊珊,潘玉利.JTG H20—2007 公路技术状况评定指南[S].北京:人民交通出版社,2008.

[35] 伍石生,郭平,张倩.公路养护与抢修实用技术[M].北京:人民交通出版社,2008.

[36] 金志强.水泥混凝土路面养护维修手册[M].北京:人民交通出版社,2003.

[37] 李上红.公路工程施工常见地质病害处治技术[M].北京:人民交通出版社,2004.

[38] 徐世法,季节,罗晓辉,高建立.沥青铺装层病害防治与典型实例[M].北京:人民交通出版社,2005.

[39] 李华,缪昌文,金志强.水泥混凝土路面修补技术[M].北京:人民交通出版社,1999.

[40] 沙庆林.高速公路沥青路面早期破坏现象及预防[M].北京:人民交通出版社,2001.

[41] 沈金安,李福普,陈景.高速公路沥青路面早期损坏分析与防治对策[M].北京:人民交通出版社,2004.

[42] 吕伟民,严家饭.沥青路面再生技术[M].北京:人民交通出版社,1989.

[43] 赵振东,陈惠民.公路养护工程常见病害及防治[M].北京:人民交通出版社,2006.

[44] 邓卫东.公路边坡稳定技术[M].北京:人民交通出版社,2006.

[45] 赵宝平.国内外公路养护技术分析研究[J].交通标准化.2005,5.

[46] 王松根,张玉宏.旧水泥混凝土路面碎石化再生技术研究与应用[J].公路交通科技应用技术版,2006,11.

[47] 张玉宏.水泥混凝土路面碎石化综合技术研究[J].交通标准化.2005,5.